U0611766

◆高等院校会展专业教材

◆南开大学出版社

◆史国祥　主编◆

会展导论

图书在版编目(CIP)数据

会展导论 / 史国祥主著. —天津：南开大学出版社，
2009.7

（高等院校会展专业教材）

ISBN 978-7-310-03196-2

Ⅰ.会⋯　Ⅱ.史⋯　Ⅲ.展览会－高等学校－教材　Ⅳ.
G245

中国版本图书馆 CIP 数据核字(2009)第 112877 号

南开大学出版社出版发行

出版人：肖占鹏

地址：天津市南开区卫津路 94 号　　邮政编码：300071

营销部电话：(022)23508339　23500755

营销部传真：(022)23508542　　邮购部电话：(022)23502200

*

天津市蓟县宏图印务有限公司印刷

全国各地新华书店经销

*

2009 年 7 月第 1 版　　2009 年 7 月第 1 次印刷

787×960 毫米　16 开本　20.875 印张　381 千字

定价：34.00 元

如遇图书印装质量问题，请与本社营销部联系调换，电话：(022)23507125

前　言

　　会展作为一种新的经济现象和活动方式，引起了学术界的广泛注意，各种相关研究的成果不断见诸报章书刊，极大地拓展和丰富了我们对会展现象的认识。同时，进入 21 世纪以来，中国会展业呈现快速增长的发展势头，又为我们提供了丰富的研究素材。这一切都为《会展导论》的编著提供了便利。

　　上海师范大学旅游学院是教育部首批批准开设会展专业的院校之一。八年来，经过我们的教学实践和科研，"会展导论"作为会展专业基础理论课程已日臻完善。2007 年上海市教委将我院的"会展导论"列入"重点课程建设项目"（项目编号：20715），项目组由史国祥、郑建瑜、王春雷、王红梅组成。《会展导论》教材作为该项目建设的成果之一，是项目小组全体成员共同努力的结果。本书的内容尽可能地吸收了学术界近几年已形成的成果，同时，我们的团队——上海师范大学旅游学院会展系的全体教师都毫无保留地贡献了自己的研究成果。可以毫不夸张地说，本书几乎每章都有我们已见诸报刊的最新研究心得。

　　在研究思路上，本书坚持从会展现象入手，由表及里、由事实到理论提炼学科研究规范，一切概念和规律表述都源自对实践的认识和升华（第 1 章）；在体系构架上，通过对会展活动中的经济现象和经济关系的梳理，紧扣其内在的本质联系展开。会展活动中的经济现象和经济关系，主要包括两类规律：一类是反映社会经济运行的一般规律，如供求规律，在会展活动中是以特有的形式表现出来的；再一类是会展经济内部的特有规律。上述两种类型的经济规律在会展经济活动中的作用是错综复杂的。从会展产业活动运转的角度来看，又可以分为三个不同的层次：最里层，会展企业受内在动力和外部压力的作用而运转；中间层，受会展行业的内部数量、质量及其结构的制约；最外层，会展活动的运转受产业市场及外部社会因素制约。与会展经济活动运转的三个层次相对应，会展导论对会展规律性现象的研究，也可分为三大系统：首先，从最里层的内在驱动因素及制约条件入手，通过对会展的供给和需求分析，寻找其供求均衡点的市场表征和运行机制（第2章）；其次，研究会展产业业内部各行业的结构和运行，揭示出各个环节之间的内在联系和规律（第3、4、5、6章）；最后，研究会展产业运行的外部环境，从中揭示出会展产业的依托和制约条件（第7、8章）。三个系统的分析以会展需求与会展供给的矛盾为贯穿会展经济活动始终的主线，它决定了会展企业（乃至会展行业）如何利用有限的资源进行配置的机制和会展产品生产模式，并受制于产业生成和依托的城市经济发展水平和其他社会因素。这三方面既相互矛盾，又相互依存，它们的矛盾运动使会展经济活动既有复杂纷繁的现象形态，又有内在的有机联系和规律可循。

史国祥担任全书的体系构建和统稿工作，并撰写了第4、5、6、7章；王红梅担任了第1、2、3章的写作工作，郑建瑜担任了第8、9章的写作工作。要特别说明的是，王春雷博士贡献了他关于城市会展模式和"事件业"的研究成果。张文建教授在服务经济理论方面提供了许多宝贵的见解，郑建瑜博士在会展场馆管理方面无私地提供了专业帮助。此外，参考文献中所列各位专家的研究成果在本书中随处可见。毫无疑问，本书是集众家之大成的集体智慧的结晶，也是在金辉老师《会展概论》基础上的升级版。

目　录

第一章

绪论

学习目的

掌握本章中对会展现象所运用的分析方法和论证思路，理解会展作为一种产业活动现象的形成、结构及其运行特点。

主要内容

会展产业现象描述及评判依据；会展产业现象的形成、结构和运行特点；会展现象的经济学思考；会展导论的学科研究方法、对象及任务。

会展活动古已有之，而会展作为一种被广泛关注的社会现象不过是近几十年的事。由于会展活动是一个尚处在发展过程中的社会现象，又与其他社会活动和现象有着很多的交叉、渗透、重叠和遮蔽关系，从而增加了人们对它的本质属性认识的困难。本章将就会展活动如何作为一种社会现象加以研究，通过这种研究尽可能真实地揭示会展产业现象的形成、结构和运行特点。

第一节　会展活动的历史演变及概念界定

一、会展活动的形成与发展

会展活动指人类在日常的经济和社会活动中，在特定的空间、时间内多人集聚，围绕特定主题定期或不定期所进行的集体性的物质、文化、信息交流的活动。它是人类物质文化交流活动发展到一定阶段的产物。会展活动的出现有赖于人类社会发展到一定阶段，生产力的发展导致剩余产品出现和社会分工深化等诸多要素。从原始氏族部落协调内部事务及沟通部落之间重大事务的早期会议形态，到古代用于交换产品的集市展示和宗教活动展示程式，直至现代的展览会、国际会议、事件庆典等都可归结为会展活动。会展活动随着人类社会的发展，其形态和种类日渐丰富，且不断发展。会展是随着经济发展的需要而产生并发展的，也就是说经济发展是会展业发展的前提条件，而会展业反过来又服务于经济。

（一）原始阶段的会展

人类社会会展活动的原始阶段萌发于原始社会的物物交换和氏族部落协调内部事务及沟通部落之间重大事务的早期会议形态。由于社会分工的出现，生产力得到一定程度的发展，出现了剩余产品，从而产生了物物交换的现象，这种现象具备了展览的基本特证，即通过展示来达到物品交换的目的，但此时的展出尚未形成时空上的固定形态。而部落内部及部落间相关人员的聚集与事务的协商，又成为了现代会议的雏形。可见，会展活动是着人类文明的产物。

（二）古代阶段的会展

随着社会经济的发展，物物交换的规模在不断扩大，次数也在不断增多，古代商业贸易活动也逐渐活跃并繁荣起来，逐渐形成时间和地点上相对固定的集市形态。在我国，集市贸易，上古称为"廛"，即有"列廛于国，日中为市"（《路史·炎帝》）的记载。古籍中有不少记载古代集市由炎帝开创。《幼学琼林·制作》云："兴贸易，制耒耜，皆由炎帝。"这是对这位中国原始交易市场鼻祖的充分肯定。《五德志》说：炎帝神农氏"日中为市，致天下之民，聚天下之货，交易而退，各得其所"。炎帝教了人们以太阳影子的位置计时，正午开始市场交易，交易完后退场，每人得到所需要物品。原始社会的华夏先民最早的贸易形式是以物易物。后来发现这种以物易物的交易方式常因对货物价值的认定产生分歧，导致贸易不公平现象的发生。于是，神农便以产于沿海不易得到因而价值较高的稀罕物——贝壳作为等价通行物，以其大小、多少来确定各种农牧渔猎产品的价格，让人们走上等价交易的轨道。

庙会，又称"庙市"或"节场"。庙会风俗与佛教寺院以及道教庙观的宗教活动有着密切的关系，同时它又是伴随着民间信仰活动而发展、完善和普及起来的。早期庙会仅是一种隆重的祭祀活动，随着经济的发展和人们交流的需要，庙会就在保持祭祀活动的同时，逐渐融入集市交易活动。这时的庙会又得名为"庙市"，成为中国市集的一种重要形式。随着人们的需求变化，又在庙会上增加了娱乐性活动，于是逛庙会成了人们过年过节不可缺少的内容，此时庙会又叫"节场"。

国际会议的雏形很早即出现了。在中国，早在东周列国时代即有诸侯之间的集会。公元前 651 年，齐恒公曾同宋、鲁、卫、吴等国诸侯会盟于葵丘。及至公元前 546 年，多年争霸的晋楚两国，在宋都商丘召开了弭兵大会。这是一次和会，与会者有 14 国之多。在西方，公元前 8 世纪出现的《荷马》史诗亦记载了希腊各邦之间举行会议讨论战争或媾和问题。应该说，国际会议始于中国和希腊。

欧洲集市最早出现在希腊，是交换、买卖奴隶的集市。之后的古罗马广场则发展成具有集市、公共讨论与交流区、政治家们的辩论演说场所等多功能的市场，古罗马广场是罗马城的核心，原为沼泽地带，大约公元前 6 世纪加以整修，成为市场和集会之地。历代统治者在这里修建庙宇、宫殿、会议场所、政府机构；帝国时期添置尤多，而且规模宏大，石筑工程精细，十分壮观，广场上还有店铺和摊棚。它是政治、宗教、商业和公众活动的中心。会展业中的专业术语"Conference"来源于拉丁文"Conferentiae"，其原意是"把大家带到一起来"。"Auditorium"来源于"Auditorius"一词，原意是"听的地方"。到了 11～12 世纪，欧洲的集市达到繁荣鼎盛时期。欧洲早期集市形式比较集中，具有功能齐全、举办周期较长等特点。到中世纪，集市规模有所扩大，同时出现了一些由官方控制的大集市，能吸引欧洲各地的商人，并具有货币兑换、仲裁等功能。根据约翰·格里森的记载，当时有一个清晰可辨的跨越几个世纪的博览会演变模式，并不断扩展成为连续的发展阶段。

术语"Messe"（博览）的早期含义始于 1329 年，并可以在德语词源中找到，但直到中世纪后期和现代社会早期，该术语的使用一直很不明确。通常，它与"义卖会"或"市场"作为同义词来使用，从 16 世纪中叶起才开始形成一个明确的概念。由于拉丁文术语"Missa"与"forum"，"feriae"和"nundinae"皆为密切联系的同义词，因此在欧洲语言中演变出不同的术语。"forum"和"feriae"在法语中变成术语"foire"，而在英语中采用术语"fair"。在德语中，源词"Missa"变成术语"Messe"。[1]

作为欧洲商业贸易的一个重要制度的博览会体制可以追溯到中世纪后期。"博览会"的一个典型特征是来自各地的贸易集中在一个主要场所，它作为地域性的重要交易市场拥有悠久的历史。它对交易者来自什么地方没有限制，并受皇权保护。早期博览会场所起源于法国北部的香槟地区。其基本结构于 1200 年前就已经在博览原则中发展起来，为欧洲建立可靠有效的商业贸易打下基础。在佛兰德斯地区和布拉班特地区，西欧南北贸易比较活跃，那里的经济高度发达。早期贸易的繁荣带来了西北欧博览会地区政治经济的繁荣，促进了对来自

---

1 曼弗雷德·基希盖奥格等. 博览管理. 上海财经大学出版社，2008 年 3 月版. 第 5～7 页.

远方的有价值的贸易产品和奢侈品的地域性需求的增长，而且，该发展得益于和重要经济区相连的有利的交通基础设施。远途贸易集中在西欧是由于便利的交通和其他有利条件，博览会在同一地区重复举行，导致既定惯例的国际收支体系的出现。它的发展伴随着皇室为保护商业和贸易所采取的法律措施，准许外国人免费进入博览会，也保证皇室保留各自稳定的货币和财政政策的权利。

（三）近代阶段的会展

18世纪中叶，英国人瓦特改良蒸汽机之后，以机器生产逐步取代手工劳动，以大规模工厂化生产取代个体工场手工生产，后来又扩充到其他行业。这一系列技术革命引起了从手工劳动向机器生产转变的重大飞跃，随后传播到英格兰直至整个欧洲大陆，19世纪传播到北美地区。工业革命大大促进了社会生产力的发展，对会展业的发展也有着不可磨灭的功勋。世界近代会展阶段为公元17～19世纪，这一时期欧洲展览会出现了革命性的变化，出现纯展示性的艺术展、纯宣传性的国家工业展。其中1851年的英国"万国工业博览会"（The Great Exhibition of Industry of All Nations）堪称世界展览会历史上的里程碑。当时，工业革命使英国成为"世界工厂"，为向世界展示其强大国力，举办了此次史无前例的盛会，历时5个月，观众六百多万人次，这标志着人类发现了一种国际间大规模文明交流的新形式。这种展览会逐渐发展成全面反映人类科技、文化的独特的展览会——世界博览会。英国"万国工业博览会"被视作世界上第一个世界博览会，此后，世界博览会每两年举办一届，几乎不间断地延续到今天，每届世博会都是一部生动的百科全书。一个半世纪以来，世博会向世人隆重推介了世界首创的重大发明，如1876年费城世博会上的贝尔电话机、爱迪生留声机，1939年纽约世博会上的电视机，1964年纽约世博会上的电子计算机技术、复印机，1985年筑波世博会上的机器人技术，等等。历届世博会递交的评奖报告，有千余种新开发产品，记录了人类征服自然，提高生产率，改善生活质量的历程，堪称人类历史进程的里程碑。

中国近代会展史始于清代，如北京的白塔寺、隆福寺和护国寺等是当时著名的三大庙会。清代在传统集市的基础上，又逐步发展了具全国规模的一些专业集市，如无锡、芜湖的米市。最典型的是河北安国的药市，作为专业的药材集市，安国药市已初步具备近代专业博览会的形式和内容。清代后期，随着资本主义商品经济的发展，中国早期的博览会出现。1905年，清工商部在北京前门设"京师劝工陈列所"，展示各地工业品，同时附设劝业商场销售商品。这是中国博览会的雏形。1909年，江苏教育总会在沪召开全省学堂成绩展览会，这是我国首次以"展览会"命名的展览。1910年，清廷在南京举办南洋劝业会，掀开了中国近代展览史的第一页。南洋劝业会是中国历史上具现代展览概念的第一个商业博览会。大会分设各省纺织、茶叶、工艺等展馆，会期三个月，观众达二十多万。1935年11月8日至1936年3月7日在伦敦举办伦敦中国艺术国际展览会，这是中国近代第一次出国展览。那次展览会共展出商品3 000余件。参观人数达到了42万人次，以至中国的瓷器、绸缎、茶叶畅销一时，中餐馆生意兴隆，在英国乃至整个欧洲引起了巨大轰动。

具有现代意义的国际会议当推1648年的威斯特伐利亚会议。会议签订了和约，结束了欧洲国家间30余年的宗教战争。这个会议先由战争双方，即天主教公国和新教公国代表，分别举行平行的会议，然后构成一个大会，历经4年的讨论达成协议。它开创了通过国际会议解决争端的先例。具有历史意义的政治性国际会议应是1814年的维也纳会议。拿破仑战争结束之后，相互敌对多年的6个欧洲君主举行了会议，重新调整欧洲各国的疆界，达成了新的"力量平衡"，使欧洲强国的均势得以持续30余年。19世纪，国际会议日趋频繁，成为国际生活的重要组成部分，被称为"国际会议的世纪"。

（四）现代阶段的会展

世界会展的现代阶段表现为贸易展览会和博览会成为产品流通的重要渠道，其标志是1894年的德国莱比锡样品博览会。样品博览会以展示作为手段，交换作为目的，它在生产者和购买者之间组织有效的货物运作。1912年，法国议会主席艾杜阿·赫里欧把莱比锡样品博览会称作为"博览会之母"。他评价样品博览会是"在最有限的空间和尽可能最短的时间内，用最简单的方法完成最大的交易"。样品博览会是现代贸易展览会和博览会的早期形式。第一次世界大战前后，各国建立贸易壁垒。作为促进经济发展的一个重要手段，综合性质的贸易展览会和博览会迅速发展成为主导形式，这一阶段贸易展览会和博览会具有综合性、国家性或地区性两大特征。

随着会展活动的增多，博览会的频繁举办和缺乏管理，引发了不少问题，如举办水平参差不齐、参展国及参展商的利益得不到保障、主办国因组织工作不力造成经济亏损、在不同地方同时举办的博览会给参展国带来困惑等，许多国家也曾采取各种措施，力图扭转这种混乱局面。为保护主办国和参展商的共同利益，展览业急需通过制度的建设来建立会展业的秩序，提升展出水平和展出效应。1907年由法国政府首先提出号召，1912年德国政府响应并召集起有关国家政府，开始为公约的制定做准备。不少国家政府积极响应，纷纷表达了确立举办世博会规范的愿望。1912年柏林外交会议使得建立一个协调和管理世界博览会的国际性公约成为了可能。但是，1914年第一次世界大战使这个外交协议遭到夭折。1920年，有关国家政府再次将制定公约之事提到议事日程。1924年，国际商会在巴黎召开了国际展览会议，此后一年，国际展览业协会（UFI）

在意大利米兰成立。该协会成立后，制定了一系列的展览规章制度和采取一系列措施，为维护国际展览业的正常秩序起到了一定的作用。1928 年由法国发起在巴黎成立了国际展览局（BIE）。BIE 的总部设在巴黎，下设 4 个专业委员会：（1）执行委员会；（2）条法委员会；（3）行政及预算委员会；（4）信息委员会。国际展览局属政府间国际组织，其作用包括组织考察申办国的申办工作、协调展览会的日期、保证展览会的质量等。它的存在对规范、管理和协调世博会的举办，产生了很好的效果。国际展览局的收入，主要来自申办展览会的注册费和举办期间门票收入的一定比例。1928 年 11 月 22 日，BIE 召开了有 31 个国家的代表参加的会议，在这次会议上，正式签订了《国际展览公约》。《国际展览公约》是人类历史上第一个关于协调和管理世界博览会的建设性公约。它对世界博览会的性质、分类、举办条件、举办周期、申办城市以及主办国的责任和参加国的义务都作出了明确规定。为鼓励世界上一些发展中国家共同参与世界博览会，《国际展览公约》还有要求主办国对发展中国家予以资助的规定。该公约经多次修订，一直沿用至今，使得国际展览业逐步走上规范发展的道路。

第二次世界大战后，一批因战争而中断或停办的展览会和博览会重新登上历史舞台，为世界经济的复苏和繁荣注入了勃勃生机。"二战"后的贸易展览会和博览会逐步朝专业化的方向发展，到 20 世纪 60～80 年代，在世界范围内急剧发展，成为一个庞大的行业，并形成完整的体系。在全球信息化时代，博览会保持了作为会议和人际交流场所的重要性，物力、实力、灵活性、持续发展和国际化已经成为当今公认的博览会特征。虽然博览会始于八个多世纪以前的法国北部，但它仍保持着作为一个发现"新生事物"的地方、人与人之间思想交流的中心和商业贸易场所的魅力，是当今横跨全球的国际博览会体制的支柱。

我国现代会展业在新中国成立后的计划经济体制下走上了政府主导型的发展模式。1951 年 3 月，我国以中华人民共和国的身份首次参加了"莱比锡春季博览会"，这标志着我国出国展迎来了新的开端。"莱比锡春季博览会"是冷战时期沟通东西方政治、经济和文化的最重要的桥梁和纽带。中国通过参加该博览会，不仅解决了产品出口问题，而且还了解到许多国际新技术的发展动向，从而为中国经济的发展打开物质和技术之门。同时，为打破帝国主义对我国的经济封锁，发展我国与世界各国的贸易关系和友好往来，中国出口商品展览会（中国出口商品交易会的前身）于 1956 年秋季在广州应运而生。首届交易会于1957 年春在原中苏友好大厦举办，展馆面积 18 000 平方米，参展交易团 13 个，参展商品 12 000 余种，来自 19 个国家和地区的客商共 1 223 人次到会洽谈，成交 1 754 万美元。广交会是中国历史最长、规模最大、层次最高、到会客商最多、成交效果最好的，具有综合性、多功能的国际贸易盛会。改革开放后，中国的会展业真正迎来了大发展的历史机遇，经济市场化改革为会展业的发展创造了良好的环境和条件，会展活动朝规模化、现代化、专业化、品牌化方向发展。上世纪90年代后，我国会展业更是驶入了高速发展的快车道，北京亚运会、PATA年会、世界建筑师大会、1999年昆明世界园艺博览会、2001亚太经济合作组织年会、上海中国国际工业博览会、广交会、海南博鳌论坛、2008年北京奥运会等一大批具有国际影响力的大型会展活动在我国不同城市举办，提高了中国会展业的国际声望，强有力地带动了我国国民经济的发展。近些年，会展业更是以年均20%左右的速度增长，并形成了一批较具实力的会展产业区，带动了区域内相关产业的快速发展。

二、会展活动与会展现象分析

"会展"是汉语词库中新出现的一个词语。从字面理解，"会展"由会议和展览两个词语组合而成，但国外并没有一个单词来直接与"会展"对应。"有些人喜欢使用'会展'一词，主要是因为会展有重大事项或规模较大的含义。"[1]

从外部呈现稳定结构的静态形态来看，"展览"是一个最没有歧义的形态；"会议"因有很高的场馆要求，影响大且规格高，与展览有明显的相似性也被广泛认可；因展览、会议与旅游有极强的关联度并引发都市旅游新业态的产生，"会展旅游"也成了一个略有争议的形态；因场馆要求相似或影响规格相似被引申出来的"节事"，也被学术界广泛认同。在美国，近年来更倾向于用"事件"（Event）来取代"会展"，认为其涵义不仅涵盖了会议、展览与节事，而且更加丰富和广泛。

从与社会环境存在着有机联系的动态形态来看，是哪些现象植根于特定的社会环境并引起人们的关注呢？首先，在现代经济体系中，会展活动已成为经济活动的重要方式之一，在一些区位条件优越的区域经济体系中，甚至成为经济发展的主要推动力。近几十年展览业发展迅猛，前景广阔。据不完全统计，目前世界上定期举行的大型展览会与博览会达4 000多个。进入21世纪后，尽管国际展览业受恐怖袭击、"非典"等影响有所下滑，但重心开始向亚洲尤其是中国转移。全国上规模的展览场馆有约160座，每年举办各类展览会4 000多场，在全球展览业中异军突起，总规模年均增长近20%，2006年展览业直接产值达到140亿元人民币。展览业正在成为中国服务业中增长快、发展潜力大、前景看好的行业之一。其次是会议业的异军突起。全球性经济会议、行业会议、跨国公司会议、专业技术研讨会、新技术新产品发布会等数量巨大。据国际会议

---

1 桑德拉·L.莫罗.会展艺术.上海远东出版社，2005年8月第一版.第10页.

协会前任主席图尤拉·林德博格估算,世界范围内会议市场的总价值约为 2 800 亿美元,其中国际部分 780 亿美元。[1]又次,是会展业与旅游业的融合生长形成"会展旅游"的产业发展趋势。旅游与会展产业在高端出现融合发展的趋势,都市旅游率先完成了从传统服务业向现代服务业转变的产业能级提升(注:旅游业整体转型尚待观察),它的服务半径从生活服务延伸到了生产性服务,最能反映这一状况的就是代表生产性服务业的都市旅游新业态的兴起,如会展旅游、奖励旅游、商务旅游、节事旅游、咨询旅游等。[2]最后,适应城市化发展和城市经济结构调整的时代要求,一个城市在完成工业化后的转型期,新型的第三产业,尤其是现代服务业的比重会大幅度上升,无论是企业的生产经营要求,还是人们生活方式的改变,甚至城市功能的升级,都要求有新的产业形态和有别于传统工商业的经济功能的产生。会展具有其他经济活动都不具备的功能和作用,这种功能和作用几乎涵盖了商品交易、信息交流、产业运作、精神生活、文化传媒、社会公众、城市经济等诸多领域,其形态和边界与其他社会与经济活动犬牙交错、重叠遮蔽、互为条件。

将会展的静态形态和动态社会联系结合起来看,会展现象不是一个个孤立的概念,而是一个在特定社会系统中产生和发展的社会经济现象。

首先,会展是一个产业现象。依据产业定义,界定某种社会经济活动和经济现象是否演变为某种产业的判断标准是:(1)在国民经济结构中存在以行业为中心和支撑、形成提供专门支持与服务的附属或配套行业和企业、功能明确而又独特的经济事业;(2)根据其总产值占当地 GDP 的比例而定,某产业的总产值占当地国内生产总值的 2%~3% 以上,即可被认为是一个产业。从国际会展业分析,2003 年全球会展业的直接经济收入达 2 800 亿美元,当年全球生产总值约 30 万亿美元,占 1% 弱,形成了相当的行业规模。据此可以确定,国际会展活动已形成产业。从中国的情况看,进入 21 世纪以来,我国会展业每年以 20% 的速度递增。2006 年直接产值达 140 亿元。目前全国上规模的展览馆已有约 160 个,全国上万平方米的展览馆达到 30 个以上,并形成了北京、上海、广州、南宁、大连等地区五大会展经济产业带,中小城市会展业快速发展成为中国会展业的新特色;根据中国贸促会的研究显示,未来 5 年至 15 年内,中国会展业年均增长率将保持在 15%~20% 左右。预计到 2010 年,我国会展业总收入将超过 200 亿元;2020 年,我国会展业总收入将超过 1 000 亿元。如果按照严格的产业定义,我国会展业还很难称为产业,但就其发展势头以及在国民

---

1 图尤拉·林德博格. 国际会议业的现状和发展趋势. 上海人民出版社"中外会展述论"2006 年 5 月版. 第 10 页.

2 张文建、史国祥. 论都市旅游业与会展业的边界融合趋势. 社会科学(上海),2007 年第 7 期. 第 17~23 页.

经济结构中的地位看，把会展业看成是一个产业也无可厚非。国家统计局 2002 年根据最新情况和需要，对国民经济分类体系作了重新修订，在新增的"商业服务业"大类中增加了"会议及展览服务业"小类，并赋予行业编码 L7491，结束了我国国民经济行业分类中没有会展产业的历史，这标志着会展业作为一个产业范畴纳入了国民经济管理体系。

其次，会展产业是现代服务业的重要组成部分。会展按国际上的划分属于服务贸易。根据《服务贸易总协定》的主要条款及内容，在国际服务贸易的 12 个部门分类中，会展属于职业服务（生产性服务）范畴，它提供下列服务产品：（1）策划和举办各种国际国内会议；（2）策划和举办各种国际和国内的展销会、展览会、交易会和博览会；（3）策划和安排各种奖励会议和奖励旅游活动；（4）策划和举办各种节事活动；（5）提供上述各项活动所需的场馆和设施及其配套服务；（6）安排并提供上述活动参与者所需的住宿、餐饮、交通、游览、娱乐、购物等各种生活接待服务。[1]

最后，会展是城市经济的产物，并受制于城市经济的发展而形成不同的发展格局和模式。大部分城市在现代化的过程中都面临着社会资源的局限、商务成本不断提升、经济发展和社会环境协调等问题。城市经济要扬长避短，通常都会调整产业结构，优先发展第三产业。会展业因其消耗资源小、产出效益大、关联度强而被不少城市选为优先发展的产业。当然，并不是所有城市都适合于发展会展业。

三、会展相关概念的界定

（一）会展的界定

会展到底应该理解为什么？关于其基本含义，国内业界和学界给出了许多不同的见解。有人认为会展主要指会议和展览，也有人建议采用 MICE（会奖旅游）的内容来界定会展，即会展包含 Meeting（会议）、Incentive（激励）、Conference（大型企业会议）、Exhibition（展览活动）四个方面。

王春雷在《第四次浪潮——中国会展业的选择与明天》一书中提到：在美国学术界，基本上没有"会展业"（Convention & Exhibition Industry）和"MICE Industry"之说，而是将其大致分为两派：一派倡导将相关行业分开，如展览业、会议业、体育业、旅游业等；另一派则倾向于事件产业（Events industry）的提法，并把会议、展览会、体育赛事、旅游节庆等都包括在事件内。目前美国会展行业内最有影响的专业协会有美国国际展览与事件协会（IAEE）、美国专业

---

1 金辉. 会展概论. 上海人民出版社，2005 年 8 月版. 第 6 页.

会议管理者协会（PCMA）、国际会议专家协会（MPI）和国际特殊事件协会（ISES）等。

胡平在《会展管理概论》一书中综合了国内外各种主流观点后，将会展定义为特定空间的集体性物质或精神的交流或交易活动。"特定空间"是指活动必须有特定的目的地或场地，这一目的地或场地可以是有形的、实体的，也可以是无形的、虚拟的；"集体性"是指活动要有一定的规模，有一定的影响力；"物质或精神"是指活动的承载物可以是物质形态，如展品，也可以是精神形态，如会议主题；"交流或交易"是指活动目的可以是交流，也可以是交易。她认为广义的会展概念就由这四个方面的特征贯穿起来。

史国祥在《会展经济》一书中认为，"会展"是一个形态多样且边界交叉的现象，之所以将展览与国际会议、体育赛事和大型节庆活动一起统称为会展，主要原因有三个：一是会展活动举办的场所、设施往往合二为一，如现代新建的会展中心或展览中心、大型酒店，一般都同时具备举行会议和展览的功能；二是会议和展览，尤其是大型会议和国际展览，都具有影响大、规格高、能够拉动社会综合消费等特点；三是很多大型活动呈现节中有展，展中有会，这些活动相互交叉、互相联动，若干个活动综合成一个个"事件"。

综观各家所述，会展是一个尚在发展中的概念。从会展包含的基本内容来看，会展是会议、展览、体育赛事、节庆活动的简称。从"会展"的内涵来看，它是一种形态多样且边界交叉的经济现象，承载社会各界利益，以展示和交流为主要手段，采用商业运作模式提供社会化服务，并具有一定规模的集体性活动。

（二）其他相关概念界定

1. 行业形态

行业是按企业的生产和商品形态进行分类和归属的，是指生产商品或者提供类似服务的企业所组成集合。会展业指以会展及服务为职业的企事业实体集合，属于微观层面。

会展行业是以会议展览组织和服务为核心，通过举办各种类型的会议、展览、节事活动并提供专业服务，获取经营收入的社会群体集合。

2. 产业形态

产业是指在国民经济结构中存在以行业为中心和支撑、形成提供专门支持和服务的附属或配套行业和企业、功能明确而又独特的经济事业，属于中观层面。

会展产业指围绕会议、展览、活动的举办，导致会展行业与其上下游行业（或企业）相互交融、相互关联、相互综合而成的产业链。会展产业具有高度的开放性和融合性，独立产业边界很难确定。

3. 经济形态

经济形态即"社会生活所必需的物质资料的谋得方式或生产方式"[1]，属于宏观层面。

会展经济指以会展产业为支撑点，通过举办会议、展览和节事等活动，引发关联效应，带动交通、通信、酒店、餐饮、娱乐、旅游、零售、广告、印刷、物流等相关行业发展的一种综合经济，即会展与相关服务的总和。

四、国内外会展研究综述

国外会展业起步早，有关会展方面的学术专著和研究论文相对较多。公开发表的以会议或展览为主题的专著多出现在 20 世纪 70 年代到 90 年代之间。较早的如拉克赫斯于 1951 年发表的《漫谈展览会》、1954 年泰姆普莱顿所著的《商人的博览会和展览会》和 1961 年富兰克撰写的《展览会——有关国际设计的调查》。1982 年美国人翰伦发表的 Trade Shows in the Marketing Mix，详细讲述了贸易博览会的发展历史、展出原因和展览的意义以及展览设计、成本控制、客户关系、效果评估等。Milton T. Astroff 1982 年提出了会展服务，他把会展服务分为四大类：人流、物流、信息流和资金流。安昌达人（1986）认为，发展会展经济需要城市基础设施、人文旅游环境、周边地区辐射能力、会展人力资源、会展管理体制、会展品牌建设、经济总量、产业基础、市场基础、对外贸易十大条件，并对会展经济从政治环境、经济环境、社会环境、人才环境和技术环境五个方面进行衡量。1991 年克里斯汀·克里斯曼所著的《贸易博览会展示大全》对展览筹备和运作管理作了详细的论述，堪称会展领域的一本经典指南。美国国际特殊活动学会主席 Joe Goldblatt 博士所著的《特殊事件：21 世纪全球事件管理》（第三版）等系列著作，对会展的全流程管理进行了充分的阐述，堪称会展管理的经典论著。在产业结构理论方面，刘易斯·卡布罗 2002 年在《产业组织导论》一书中指出，产业作为会展业发展的基础，是城市培育会展品牌的先天优势，会展经济只有与产业结构调整相结合才能发展壮大，才能带来长久的利益。在会展业与关联行业相互促进机制方面，国际著名的旅游学专家 Robert Christiemill 和 Alastair M. Morrison 在《旅游体系》一书中明确提到：商务旅游市场分为三个部分，即一般商务旅游、同会展有关的商务旅游以及奖励旅游。此外，国外还有许多与会展有关的刊物，较有影响力的有国际博览联盟主办的《博览会和展览会》，德国的《国际贸易展览会》、《会议行业》等，但这些刊物大多

---

1 参阅辞海·经济分册. 上海辞书出版社，1978 年版，第 2 页；程红. 会展经济：现代城市"新的经济增长点". 经济日报出版社，2003 年版. 第 7~9 页.

是介绍世界各地或本国的会展信息，在深入研究方面做得比较欠缺。

由于历史原因，中国会展业起步较晚，发展缓慢，只是近十来年，发展速度才明显加快。因此系统性的研究成果相对较少。国内最早较系统的研究著作是1990年中国农业展览馆协会组织编写和出版的《展览学概论》，该书对展览的若干基本问题进行了较详细的阐述，从而为之后的展览及会议研究打下了一定的基础。1993年潘杰撰写的《中国展览史》以及1999年林宁所著的《展览知识与实务》是这一时期的代表性著作。20世纪90年代后，随着对外经济、文化交流的迅速发展，国内会议和展览活动日益频繁，相关实践总结和理论研究也逐渐增多。值得注意的是，"会展经济"、"会展产业"的概念也被国内学术界提了出来。2000年10月国务院发展研究中心市场经济研究所举办的"会展经济发展研讨会"，为中国会展业的发展指明了道路，将会展经济的研究推向了一个新的起点。《旅游学刊》、《经济师》等诸多学术刊物开辟了"会展专栏"，与此同时，《中国会展》、《展览与市场》、《中国展会》等专业刊物也应运而生，所发表的学术论文多以会展经济界定、区域会展业发展实践经验总结、中外会展业发展比较分析、中国会展业发展现状及对策、会展企业经营管理等主题。

国内会展理论研究总体呈现以下几个方向。第一个方向是关于具体城市会展产业研究。任丽君通过归纳发现，从2000年开始，城市领域的会展理论研究逐步深入，刘春济、朱海森（2003）从政府、市场和企业等角度探讨了长江三角洲区域会展产业的合作策略，提出区域会展产业应协调发展的观点，张娟（2005）从会展产业与产业集群之间的互动关系入手，揭示了珠三角会展经济发展的本质原因；从2006年起，伴随着2008年北京奥运会和2010年上海世博会的临近，研究的篇数日益增加，研究视点深入而且更加细化。第二个方向是关于区域会展产业的研究。李海樱（2006）从会展与旅游的相互关系为切入点，分析会展旅游发展的条件和经济功能，并就会展旅游的市场外部性理论和市场营销理论，以昆明为例进行分析；付桦（2006）以海外会展产业发展为鉴，提炼出会展产业布局的区位决定理论，并预测了长江三角洲未来会展产业的空间格局走势。第三个方向是对我国会展产业的总体研究，分别是何建英（2003）对中国会展旅游业运行机制的研究、胡斌（2004）对我国城市会展产业发展动力系统的研究、方敏（2006）对中国会展业比较优势的研究、仇其能（2006）对中国会展产业链及运作模式的研究。第四个方向是将会展产业与相关产业，如旅游业相结合，进行实证分析，并针对案例进行具体研究，代表性论文有黎泽媛（2005）以成都市温江区会展旅游发展为例、丁春梅（2006）以上海世博会为例、蔡洁（2006）以重庆美博会为例、周慧颖（2006）以杭州西湖博览会为例等进行的研究。论文研究的主题是关于会展旅游产业的分析，包括开发策略、开发模式、信息化建设、营销策略和会展对城市旅游的影响等方面。第五个方向是城市会展产业竞争力的评价及微观个体的核心竞争力研究，代表性论文有：周素芬（2003）提出的我国会展企业发展应围绕其核心能力，实现投资方向相关多元化和投资主体多元化，使之成为具有国际竞争力的企业集团的观点；赵丽（2006）以迈克尔·波特的"钻石体系"为研究框架，密切结合会展业的产业特点和发展规律，层层分析城市会展业竞争力的相关影响因素，并利用德尔菲法构建城市会展产业竞争力评价指标体系并对北京、上海、广州作出实证分析。第六个方向是关于工程设计的研究，包括从安全性、艺术性再到标准化，多侧重于建筑、理工方面的研究。

第二节 会展活动经济分析

在现代经济体系中，会展活动已成为经济活动的重要方式之一，在一些区位条件优越的区域经济体系中，甚至成为经济发展的主要推动力。会展业的快速发展，可以带动一个地区或一个城市相关产业的发展，因此有人称会展业是"城市的面包"、"城市经济的助推器"。

一、会展活动的社会及经济内涵

会展经济作为一种新兴经济形态，是第三产业发展日益成熟后出现的一个综合性更强、关联性更大、收益率更高、经济辐射面更广的经济形态。其形成必须以会展产业的形成为条件，而会展产业的形成只有在生产力发展到一定历史阶段，要素能跨区域、跨部门流动才有可能。会展经济是一种以会展产业为支撑点，通过举办各类会议和展览及相关节事活动，传递信息，提供服务，继而引发关联效应，带动交通、通信、酒店、餐饮、娱乐、旅游、零售、广告、印刷、物流等相关行业发展的一种综合经济。它是在取得直接经济效益的同时，带动一个地区或一个城市相关产业的发展，达到促进经济和社会全面发展的一种经济形式。会展经济是市场经济发展到一定阶段的产物，是与市场经济对信息交流的内在要求相适应的，被认为是继金融、贸易之后，颇具前景的产业之一。会展经济与旅游经济、房地产经济一起，并称为新世纪"三大无烟产业"。

会展活动是人的社会性的最鲜明的体现，正是人的展示、交流这样的社会性需求，造就了会展这样的活动形式。当人的这种社会性物化为商品时，会展活动就进一步演变为市场活动。但是，在市场经济发展的很长一段历史时期中，由于商品供求之间的距离主要表现为物理性的距离，社会对商品的需求主要表现为生存层次的需求，因此，会展活动的特定的功能并没有全盘渗透到整个市场活动中去。事实上在这个历史阶段，商品供给对需求的满足，还不需要这些功能的介入，就好像商品的流通还没有在足够大的区域内发生时，它并不需要更高的物流技术介入一样。但是，会展作为人类的一种特定的社会活动即使在这个时期也一直在发展着，只是它并没有更多地显示它的经济内涵，更没有成为一个产业。

会议可以说是人类最古老的一种社会活动形式。但越往前追溯历史，就越可以发现会议更多地是属于上层建筑的一种活动，或者说是属于政治或者公共行政领域里的一种活动。在这个领域里，会议显示了它强大的交流、博弈和文化渲染及价值认同的功能。会集而议，交流便是会议的题中之义，交流往往是基于不同的思想和不同的文化，而在这些不同的思想和文化的背后，又往往存在着不同的利益，因此会议常常是这些不同利益进行博弈的一种形式，当然是一种更贴近人的社会性的文明的形式。与此同时，会议的文化渲染功能也是一种文化的价值认同功能，以会议的形式来强调和渲染一种文化主题，以达到对这种文化价值认同的目的。

展示或者展览，作为人类的一种社会活动形式同样是古老的。展示也是一种交流，同时也是一种比较和炫耀，这些都是出自人的社会本性。把各种引人注目的饰品放在身体的某一部位，这是自古就有的一种个人展示方式。这种方式一开始也许只有文化的含义而并无经济的内容。作为一种团体性的活动，展示或者展览同样可以追溯到非常久远的年代。只是当时的展示或展览更多的意义是政治和文化上的，而非经济的。

事实上，作为人类的一种社会活动形式，会议和展示常常是很难分清界限的。自古以来，人群集聚的活动常常是集会议与展示于一身的。那些有着各种名目和主题的活动，无论是喜庆的还是哀伤的，无论是严肃的还是轻松的，都发挥着人与人之间相互交流、相互展示、相互博弈、相互认同的社会功能。这就是我们所指称的会展活动的最基本的社会内涵。

纵观历史，社会经济的发展、经济时代的演变，使得上层建筑领域中的许多活动形式都在经济活动的领域中获得了新的内涵。今天的企业组织结构、贸易谈判方式、广告宣传手段、商业运作模式等，都可以在政治或文化领域中找到它们的原生态。会展也不例外。

在市场经济发展的现代历史中，商品供求之间的社会性距离开始显现，并日益扩展。这种社会性距离主要表现为消费者和商品在情感和认知上的距离。生活方式、社会归属、价值判断、文化认同等方面的差异，常常使消费者对身边的商品视若无睹。无情只为无缘，而缘不在于商品的实用价值，而在于商品的社会文化价值。恩格斯曾在《在马克思墓前的讲话》中指出了这位伟人一生的两大发现，其中之一就是，人只有在满足了衣食住行的基本需求后，才会去涉及文学、艺术、美学、哲学等领域，因此对人的行为的解释应当到物质资料的生产领域中去寻找。

今天，当人们超越了生理的和生存的需求阶段后，社会文化领域已经成了满足他们不断增长的需求的全新领域。和消费者消费商品联系在一起的是人的情感倾向的追求、审美情趣的流行、价值观念的认同，等等。人们依然注重商品所提供的效用，但这种效用未必一定是来自商品本身的实用性质。人们对商品实用性价值的关注越来越被对商品的社会性价值的关注所取代，商品的社会性流动，不仅取决于实用性基础上的交换，而且越来越取决于文化层面上的交流和比较。很显然，消费者和商品之间的这样一种社会性距离只有通过文化的路径才能予以缩短，会展就是在这样一个背景下被呼唤到经济活动中来，并逐步发展成一个产业。

本质上，会展就是主要依赖文化的渠道和手段来疏通和缩短消费者和商品之间在情感、审美、价值判断、文化认同等方面的距离。一次成功的会议或展示，一次集会议与展示于一体的大型活动，都有一个鲜明的文化主题，都有一套具有感染力的文化理念，都是通过文化的交流和沟通来获取消费者的认同，都是通过现场的情景渲染和体验使消费者在感情上亲近和接受自己的消费对象。会展为商品流通提供的服务，不是单纯地从商品本身的意义上来推介商品，它更注重推介的是一种商品所内含的，或与之相联系的、需要消费者去认同和体验的文化价值，是以这种商品为载体、为符号的一种审美情趣、一种生活方式、一种消费理念。

可以说，会展的功能最集中地体现了现代体验式消费经济的特征，在这种消费经济中，消费者已经不注重商品本身的实用价值，不注重传统的性价比，他们注重的是在商品消费中所获得的个人感受和体验。在很大意义上可以说，会展在商品流通中所提供的最重要的服务，就是向消费者传递这种体验。会展正是主要通过传递这种体验来缩短商品和消费者之间的社会性距离，来消弭二者之间的疏离感，从而创造价值，创造利润。有研究者把现代体验式的消费倾向称为非理性倾向，这种评判完全是站在传统工业社会的角度来认识问题的。实际上，体验式消费倾向偏离的只是传统的经济人理性，它表现的是人们的效用偏好和理性价值的嬗变，这种嬗变表明了一个新的经济时代的到来，这就是体验经济时代。而会展产业就是这个体验经济时代特有的产业，或者也可以说，会展产业是商品流通服务业在体验经济时代的一个全新的拓展。

二、会展活动趋向性分析

（一）会展活动产业化

1. 适应战后经济增长的发展需要，会展逐步演变为一种新的经济活动方式和先导性产业活动

"二战"后经济增长与之前的工业革命相比，科学技术已继土地、资本、劳动力要素后成为全新的生产力要素，如何获取和配置这种要素，需要一种创新的经济方式和机制。先进技术和科技资源作为一种支持经济增长的新型资源，其配置的方式难以在传统市场中找到理想平台。传统市场的交易对象是实体资源要素，它们在交易发生前都已独立存在，商品交换可以被分割成"买"和"卖"两个独立的过程，交易性市场成为连接生产和交换的桥梁和平台。先进技术和科技资源大多以非实体形态发散性存在，"连接桥梁"的两端支点根本不存在。因而"桥梁"本身也无用武之地。伴随经济增长的内在需要，它必然会寻找或创新一种适合的经济方式，会展就是在经济增长背景之下被改造创新出来的一种新的经济活动方式。新型的生产要素如知识、技术、创意、人才等新的交易对象呈现发散性和非实体形态，表现为分散的科技信息、技术思想和某种产品形式依托下的高科技、高知识、高文化、高服务、高信息等无形元素含量。要把这些元素表达出来并形成可供交易的对象，需要市场具有新功能。这些新功能包括信息收集整合与传播、产品教育和价值认知、双向和多向沟通等。会展是社会结构中信息云集、辐射广泛、传递直接的平台。会展平台所展示和交流的信息，是经过筛选、加工、整合的有效信息。会展将这些信息在一个特定时空中集聚，有利于参与者多维接触、彼此交流、激发灵感，从中获取有益资源。对经贸性展会而言，产品教育和价值感知的功能更为突出。展会平台成为买卖双方交流产品信息、价格信息、渠道信息的媒介。对参展商而言，通过本企业最新产品的陈列展示，面对大量的专业观众，可以直接领略到市场对本企业产品的反应，参照竞争对手的成就，作为新产品调整和进一步研发的依据。对于参观者而言，通过互动体验、专业知识介绍，可以提高对产品的感知价值，领悟科技发展的最新进展，把握行业发展的未来趋势。

2. 适应新的生产方式和运作机制要求，会展成为"外部经济内部化"的通道

亚当·斯密有个著名定理——劳动分工受市场范围的限制。由于企业受内部"市场规模"的限制，其内部分工达到一定水平后，当分工带来的专业化报酬的边际效应等于内部管理成本的增加时，组织内部的分工结构趋于稳定。要进一步提高分工水平和专业化报酬，就需要通过组织创新，将企业内部的分工向外部市场化，通过市场规模的扩大，进一步深化分工，企业要进一步提高分工水平和专业化报酬，就要将内部分工向外部市场化，形成以"外部市场范围"

为对象的开放的生产方式和运作体系。

这里涉及两个大问题：首先是存不存在这么一个"外部经济"？其次是如果存在，企业将"外部经济""内部化"的通道和机制将是什么？

（1）何谓"外部经济"

在"二战"后的欧美发达国家及近十年来的中国，出现了一个与企业边际报酬递减形成强烈反差的有趣现象，在地区或国家经济的层次上，（被度量的）产出增长超出了（被度量的）资本存货和劳动服务投入增长的现象，这就是广为人知的"剩余"，或被谑称为"对我们无知的度量"。[1]对"剩余之谜"所作的众多解释中，几乎无一例外地归结为"外部经济"。"外部经济"一般解释为劳动力质量提高和市场共享、中间投入品生产的规模经济以及技术变革和知识信息的外溢，形成专业报酬递增的经济现象。

（2）外部市场化的通道和机制是什么

20世纪80年代以来兴起的企业核心竞争能力战略和供应链管理，上下游企业之间的分工和协作，已成为企业分享专业报酬递增的重要战略。首先，报酬递增使很多企业的选址都摆脱了传统意义上的资源、中间投入品或者市场导向的特点，而更重视利用城市的专业服务功能。尤其是拥有某种新产品新技术的企业，一般更倾向于把企业设立在那些能够为该产业提供各类服务的城市中。其次是由技术进步而带来的技术和信息外溢的学习与分享。科技创新和人力资源的提升是个累积过程，它是一个开放的大系统中互相学习、相互交流、不断提升的系统合成过程。这个过程的关键就是如何有效地学习和掌握信息。信息具有公共产品的性质，一个厂商对外溢技术和信息的利用不会影响其他厂商的同时利用，所以，信息在一组厂商中的交换和传递就产生了正的外部性。一个区域或城市中，厂商间彼此拥有的信息结构不同并互补的话，其集聚数量越多，知识共享的外部性就越大。综合上述理论，"外部性经济"和技术进步正相关，由技术进步而产生的技术创新、信息外溢、人力资本具有累积因果效应并"极化"在大城市，这又导致经济集聚，使城市中生产性服务机构大量产生，中间品投入服务更具公共服务功能，结果是所有产业、行业、企业都有可能分享外部性经济的好处，从而在总量层面上产生"剩余"。由于科技进步和社会分工越来越精细，企业内部分工不可能通过无限制地扩大达到自给，而是在着力打造核心能力的同时，越来越倾向于运用市场化机制、进而达到借用外部经济提升内部竞争力之目的。"借用"的对象即是构成"外部经济"的技术创新、知识外溢、人力资源；"借用"的通道即是处于专业分工顶端的专业生产性服务机

1　尹伯成. 西方经济学. 上海人民出版社，1995年第二版，第464页.

构和社会功能性服务中介组织。市场机制在利用和配置"外部经济"方面发挥作用的形式和途径有许多,会展作为市场机制发挥作用的常态组织载体,在"外部经济"内部化的过程中有着独特的作用。

3. 适应城市转换经济发展方式,会展在一些区位条件优越的区域经济体系中成为经济发展的主要推动力

城市规模的扩大肯定会带来生产不经济。这就决定了大城市产业结构的发展方式和功能定位。首先,从经济发展方式讲,大城市优先发展低能耗、高附加值的产业和行业;其次,从功能定位讲,它要成为区域经济的研发中心和服务中心。优先发展现代服务业是城市经济功能升级的历史选择。在一些区位条件优越的城市,会展以其产业关联性强、辐射效应明显、产业服务功能独特而得以优先发展,国际会展往往选择那些代表地区或国家经济发展方向的大都市集聚。无论是企业的生产经营要求,还是人们生活方式改变,甚至城市功能升级,会展都能顺应这种要求而成为新兴的经济增长点;再次,城市的自然环境、文化和公共品(统称为"社会适宜程度")是决定一个城市经济增长的重要原因。城市中企业集聚会导致提供生产性服务的部门增加,从而中间产品的生产性服务和供给进一步细分化,形成有别于传统服务业的生产性服务业。生产性服务是指"市场化的非最终消费"[1],其服务半径大于传统服务业,对经济的拉动更为广泛和显著,特别是城市产业结构大规模升级,制造企业的追加业务不断外包,必将带动现代金融、贸易、商务、会计、物流、航运、通信、信息、会展、咨询、广告等现代服务业的日趋繁荣,导致城市(加总)层面出现规模报酬递增。

(二)会展活动经济化

所谓"会展活动经济化",是指会展作为一种新兴产业的形成和发展,必然会引发社会经济结构的变动。同时,社会经济结构变动也影响到资源在会展产业与其他产业之间的配置,引起要素跨产业流动和重新配置。这一过程便是由产业活动影响到社会经济活动的演进过程。

1. 会展产业先导化

所谓会展产业先导化是指会展产业发展速度快,成为经济体系中的先行发展部门,起到带头示范作用,引导着整个经济体系向前发展。产业先导化表现在如下几方面。

(1)增速快。会展产业的快速发展,能为产业规模扩张提供市场空间和积累能力,意味着能获得更多的经济业务,吸引更多就业人口,增加更多资源、

---

1 陈宪. 产业融合与能级提升. 文汇报, 2004 年 7 月 16 日, 第 5 版.

要素投入，获得更多收益，可用于再投入积累也更多。与其他产业相比，其对整个经济体系的产出贡献率更大。

（2）技术创新能力强。会展产业是一个涉及面广、交易方式多样、区域空间跨距大、时效性强的产业部门，对基础设施、社会公共产品的依赖性较强，如交通通信。会展产业技术创新是指会展产业形成和发展过程中所使用的技术方法、技术手段、技术理论的根本性变革，重新组合发展要素，使会展产业资源配置效率提高。

（3）制度创新速度快。会展产业只有不断地更新自己的内部组织结构和管理方式，提高经营决策效率，才能适应激烈变化的市场需求，在竞争中处于有利地位。会展产业的制度创新不仅包括会展企业内部的组织管理、决策机制、治理结构的创新，也包括会展产业外部制度条件的改善和优化。例如，国家制定相关政策法规，支持会展产业发展，在税收、市场准入等多个方面向会展产业倾斜。文化传统和伦理观念的开放与包容也是构成制度创新的重要内容。

（4）竞争力强。市场竞争是经济体制配置资源，引导要素流向的重要方式。会展产业必须比其他产业具有更强的市场竞争能力，才能在经济体系中发挥先导作用。会展产业获取有利竞争地位的策略较多。

（5）要素配置效率高。所谓要素配置效率，是指会展产业必须使流入的各种生产要素得到最合理的组合、最充分的利用。会展产业必须不断提高要素配置与利用的效率，引导一些优质要素资源流向本产业，形成引致效应，带动整个经济体的要素配置的优化和效率提高，发挥先导作用，如图 1-1 所示。

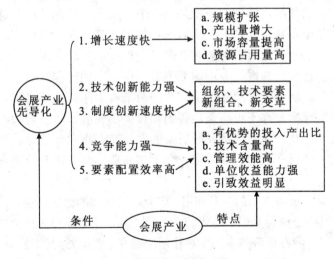

图 1-1 会展产业先导化

2. 会展产业主导化

会展产业在整个经济体系中起到主导性作用，包括如下几个方面的内容。

（1）产出量份额居主导地位。要在经济体系中起到主导作用，必须不断增加会展产业的产出量。当会展产业的产出量在整个经济体系中迅速增加，与其他产业部门相比居于前列时，就能够对总产出量发挥重要影响。此时，我们认为会展产业已经居于产出量的主导地位。产出量是衡量经济体系和产业的重要指标。产出量高说明经济体系或产业的生产、经营活动能力强，资源占用大或利用水平高，投入量大。反之，如果产出量较低，则表明该经济体系和产业的资源占用和利用水平、生产经营能力、投入量不足。当会展产业的产出量居于整个经济体系中一定比例时，产出量的变化对整个经济体系的发展变化产生主导影响。

（2）在产业结构变动中起主导作用。经济体系的结构始终处于变动状态，产业结构的变动又是变动的基础。如果会展产业在经济体系中无足轻重，则它在结构调整过程中的影响力有限。相反，当会展产业在产业结构中居于主导地位时，任何形式的产业结构调整都必须考虑其影响和作用。在产业结构调整过程中，处于主导地位的会展产业的发展变化成为整个结构变动的中心和主要载体，其他非主导产业都是随主导产业的变动而不断调整的。同时，产业结构变动也必然影响到资源在会展产业与其他产业之间的配置关系，引起要素跨产业流动和重新配置。一般而言，在市场经济条件下，资源和要素总是流向获利较高、具有较广阔市场前景的主导产业部门。在这一过程中，那些不具有市场竞争力的传统、落后产业部门将逐渐被淘汰。产业结构演进过程是一个新型产业部门不断发展壮大，落后产业部门逐渐被淘汰的过程。会展产业在经济体系中的主导作用不可能在会展产业形成后自动出现，要经历一个不断发展壮大的过程。会展产业由弱变强、由小变大的过程就是一个由非主导产业向主导产业演化的过程，也是一个产业结构不断调整的过程。任何一个经济体系的主导产业都不可能是世袭的和长期不变的，随着新兴产业的出现和发展壮大，一些不适应经济发展需要的主导产业将向非主导产业转化直到被市场淘汰。任何产业的发展都有一个生命周期，会展产业发展也存在生命周期。

（3）在技术进步方面起主导作用。作为新兴行业的会展产业要成为主导产业，其重要基础是成为知识、技术的主要吸纳者，推进新技术成果的广泛推广和应用。会展产业在经济体中的主导作用的确立，没有雄厚的技术、知识配置能力是难以达到的。在经济体的不同产业构成中，不同产业的市场竞争力、创新能力是不相同的。如果没有较强的知识、技术吸纳与配置能力，就不可能在市场竞争中特别是不同产业间的市场竞争中居于主导地位。具有先导作用的产业不一定就能自动地发展为主导产业，因为先导产业的技术领先优势如果不能持续保持，就必然在技术上为其他新兴产业所取代。因此，在经济体的技术进步中扮演主导角色是成为主导产业的重要前提之一。因为存在产业差异和技术引入差异，主导产业并不是在每一个领域都要保持技术主导影响，但在产业所涉及的技术领域必须保持主导性影响。

（4）在管理效能与创新上具有主导影响。经济体系内部的各产业之间及不同产业之间的竞争，还表现在管理效能与创新能力的竞争上。管理创新不仅是企业重要的发展动力，也是产业发展的灵魂。所谓会展产业的管理创新是指一种新的、更有效的、还没有被普遍采用的产业管理方式和管理方法的引入，是组织创新在产业层次上的反映。会展产业管理创新的主要目的是通过新程序、新规则的设定，尽可能降低整个产业的交易费用，提高整个产业的资源配置效率和经营活动水平。一个处于发展中的产业，必须进行不断的管理创新。因为产业生命周期不同，所处发展阶段不同，其管理创新能力也不同。一般而言，处于上升阶段的产业，管理创新能力强，而处于衰落状态的产业，管理创新能力弱。任何一个产业要想在经济体系中扮演主导产业的角色，其管理创新能力必须在经济体系的整个创新过程中扮演重要的主导作用。只有当会展产业的管理创新能力在整个经济体系的管理创新活动过程中发挥主导作用时，会展产业才有可能成为主导产业。

当然，在一个大国经济体系中，主导产业并不是唯一的。存在着多个主导产业彼此之间既相互竞争、相互联系又相互制约的可能性。会展产业主导化如图 1-2 所示。

图 1-2　会展产业主导化

3. 成为经济发展的创新点和发展极

发展极（Development Pole）是西方发展经济学的一个重要概念，指在一定时期内引导经济增长的主导部门和有创新力的行业聚集的经济增长中心或增长点。这一概念最早由法国经济学家费朗索瓦·佩鲁提出。发展极论者根据经济发展不平衡理论，认为经济体系不是在每个地方、每个行业以同样的速度增长的，而总是由大城市中心那些有创新力的企业开始，然后向周围地区扩展其效应，带动边缘地区的经济发展。这些大城市中心就被称为发展极。一个国家如果抓住全国若干个这样的大城市中心，就可以通过它们与全国各地发生纵横交错的联系，把整个国民经济带动起来。按照对边缘地区发挥作用的形式不同，可分为两类：一类是吸引中心，另一类是弥散中心。前者所起的作用是把边缘地区的居民吸引到发展极来，减轻边缘地区的人口压力，以提高边缘地区的人均福利水平；后者则是通过增加投资、人才流动来改变那里的经济状况。发展极理论对经济计划的指导思想产生了重要影响，使一些发展中国家的计划工作者把工作重点由以国民经济为整体进行规划，转为将其分解为较小的、较具体的组成部分进行规划。成为发展极和创新点的会展企业及其产业，能够利用规模效应和专业化分工带来的好处，提高资源配置效率，吸引其他产业和边缘区域的要素流入，甚至吸引国外或区域外部要素流入。这样，不仅使本区域获得资源配置效率带来的好处，还能深化与国际之间的分工，享受国际性要素流入带来的各种利益。同时。会展产业的发展，又会带动其他相关产业的发展，把发展效应引向其他产业和区域，从而带动经济体系的全面增长和发展，使会展产业制度与技术创新成果向其他行业与区域转移，带动整个经济体系的创新。

三、会展经济与会展管理科学内联关系

经济学是研究社会如何利用稀缺的资源以生产有价值的商品，并将它们进行有效配置的学科。这揭示了经济学的两大核心思想：稀缺与效率。稀缺是指世界上的资源是有限的，但是人们的欲望是无限的，因此，就一项经济活动而言，最重要的事情就是更好地利用这些有限的资源。这就要涉及"效率"这一概念。效率是指最有效地配置资源以满足人类的愿望和需要。这个观点适用于经济学和管理学，经济学一开始就是围绕物品的稀缺和效率作研究，管理学则从稀缺资源的优化配置来解决效率问题。

会展经济是有关会议和博览、节事活动等生产、交换、分配、消费的活动。会展经济是市场经济的阶段性产物，随着市场经济的发展而发展，是一种经济衍生品，是主体经济如农业经济、工业经济等发展到一定阶段的产物，它以主体经济的规模、水平、档次为基础，是世界经济皇冠上的宝石。"基础、组织、效益、吸引力和环境"是衡量区域性会展经济和城市会展发展的五大基本指标，会展经济具有的产业关联性和区域经济拉动性，成为世界经济中不可缺少的、具有动力性增长的内驱力。

随着社会的不断进步，会展产业的内涵不断丰富，外延逐步拓展，会展资源的领域也不断扩大。会展资源既包括现实性的也包括潜在性的，既有物质的也有非物质的。按资源的科学属性划分，可以分为自然类会展资源、文化类会

展资源、产业产品类会展资源和服务类会展资源。[1]会展资源是稀缺而珍贵的。正是由于会展资源的稀缺性，会展经济才有必要解决如何有效地利用有限的会展资源，提高会展业的投入产出比，以满足人们的不断增加的会展需求。会展经济的最有效发挥表现为能够通过对会展经济的科学管理和发展而优化社会经济资源，整合经济门类和优化产业结构，从而满足社会和人类不断增长的物质和文化需要，这也是倡导开创会展管理科学研究的目的。

通过对会展经济学和会展管理科学的研究，把会展经济活动置于会展业和会展产业的市场经济活动之中，考察会展企业的市场行为，提高会展企业的效益性和效率性，以及进行会展资源利用的有效性、生产质量和消费会展产品满意度的评估，规范市场行为，从而形成有序而可持续发展的市场竞争机制，是会展管理科学建设的目标。

会展经济学研究的主要内容是会展资源的稀缺性与效率性，即在国民经济中会展经济的规模、会展资源的价值评估以及会展的经济和社会贡献率。

会展管理科学研究涉及的则是会展宏观、中观和微观管理即会展产业政策，行业管理体系和管理机制，会展资源的开发，会展产品的生产、销售、服务和消费，会展企业管理，会展市场营销等有关会展资源优化配置与市场管理而带来的效果、效率、效益问题。

可见，中国会展经济学和会展管理科学的研究将围绕难以分割的两个主题，即会展经济的资源稀缺性和会展管理的效率性来进行。

四、会展产业发展的经济学思考

（一）会展产业属于流通过程中的生产性服务业

对会展的产业属性作准确的界定，是极其必要的。会展活动从其功能、参与者、企业组织等角度看，呈现多重形态和多元属性，使研究对象的边界产生了歧义与不确定性。对于会展现代形态的研究，分歧主要表现为两种不同观点：一种认为会展属于社会现象和社会活动中的大型事件（美国现用"Events"来表达），应纳入公共管理类，如教育部批准的全国第一批会展本科专业在学科目录上列入公共管理目录下的专业方向（1103，教育部 1998 年颁布）；另一种认为会展是随着服务经济兴起而形成的生产性服务业（张文建，2006），应纳入工商管理，如目前绝大多数院校在会展课程的设置上都将其设为工商管理类参照旅游管理（110206，教育部 1998 年颁布）二级目录下的一个专业方向。那么，会展到底是一种特定产业活动还是一种广泛的社会现象，或者是一种社会经济

---

1 任国岩. 中国会展资源分类及标准（上）. 中国会展，2006 年第 13 期.

活动和社会现象已经发展到了具备自身独有的形态和功能,从而成为一种产业呢?目前理论界和会展业界已形成的共识是,会展是一种产业现象,属于现代服务业。但进一步深入,在会展业是什么性质的服务业问题上,认识就非常不清晰。

1. 现代服务业概念

就现有文献而言,现代服务业的概念缺乏明确而又统一的表述。服务经济通常被与农业经济、工业经济并列而作为一种社会经济形态,而现代服务业也被许多文献表述为"服务经济"。那么,现代服务业到底是在服务经济这一社会形态下呈主导地位的新兴产业或行业呢,还是"服务经济"这同一事物的另一种表述?我们注意到,最近有些文献提出"经济服务化"概念,试图破解其中一些含混或似是而非的提法。

(1)服务经济概念

服务经济(Service-based Economy)是指以服务活动为主导经济活动类型的经济发展阶段,或者说一国从农业产品和工业产品的生产转向以服务产品的生产为主(姚为群,1999)。"服务经济"是相对于人类社会发展历史上的另两个阶段即"农业经济"和"工业经济"而言的。

20世纪60年代,富克斯(V. Fuches)就宣称美国在西方发达国家中率先进入了"服务经济"社会。他首次提出了"服务经济"的概念,认为是否"一半以上就业人口不从事食物、衣着、房屋、汽车或其他实物生产"是服务经济判断的标准。换句话说,如果服务业的就业比重超过50%,该社会就进入了"服务化"社会。

江泽民在中共"十五"大报告中就有这样的提法:"社会主义初级阶段,是由农业人口占很大比重、主要依靠手工劳动的农业国,逐步转变为非农业人口占多数、包含现代农业和现代服务业的工业化国家的历史阶段。"这里,现代服务业是与农业与工业相提并论的。

西方学者一般将服务经济称为"Post-industrialism"或"De-industrialization",即"后工业化"。他们认为,服务经济是工业化高度发展以后产业结构的一种转变过程,表现为产业结构中服务业的比重超过工业,成为经济活动的中心。由于历史上对服务的偏见以及服务本身特性的影响,对现代服务业的深入研究相当困难,近年来不少学者主张从统计角度分析服务业。现代产业分析的观点认为,某一产业在国民经济中的地位主要取决于三项指标:①该产业提供的就业量占全社会就业总量的比重;②该产业的产出(产值)在国民经济总量中的比重;③该产业在国际贸易中的比重。其中前两项指标为主要指标。世界银行提供的数据表明:人均收入达到1 000~1 500美元以前,服务业发展迅速,它占

GDP 的比重达 40%～50%；人均收入在 1 000～6 000 美元之间，服务业的比重相对稳定在 50%左右；6 000 美元之上服务业重新加速增长，占 GDP 的比重达 60%～70%。同样，服务业就业比重增长速度则更快。统计数据表明，当服务业产值占 GDP 50%以上、就业比重占 65%以上时，则可认定该社会已进入"服务经济"时代并形成了现代服务业。

（2）经济服务化

国内学者把服务业在整个经济活动中居于首屈一指地位的现象称为经济服务化（胡艳苹，2004）。经济服务化是指各种非实物经济活动领域扩大的现象，除了服务业在生产结构和就业结构的比重超过工农业部门比重的量的变化，更重要的是服务生产与实物生产的互相渗透、彼此合作程度加深，从而提高整个国民经济的质量（宋马林，2008）。此外，有些学者强调，经济服务化是产品型经济向服务型经济转变的过程，是服务性经济活动成长并成为经济活动主导方式的发展过程及其引发的经济和社会后果。经济服务化还包含服务本身的信息化而导致的结构高级化以及服务活动社会经济功能的转变。因此，服务经济化是一个综合的经济和社会的发展过程，对它要有全面的认识（白仲尧，1998）。

经济服务化就是经济活动中服务性要素逐渐增多并发挥主导作用的过程及造成的社会和经济结果，它以工业化为前提，并最终导致产业结构的变化。对它的理解要把握以下各要点：第一，经济服务化是个过程，该过程不仅体现在产品经济向服务经济的转变，还体现在当今产品型经济越来越多地依赖服务并将服务当作重要竞争手段，即生产型产业也会逐步服务化，服务性要素成为经济的主导要素；第二，经济服务化还是由过程造成的结果，其中最明显的是引起国民经济结构的变化，服务业逐渐超过农业和工业成为现代经济中的主导产业；第三，经济服务化并不意味着工业与服务业的隔离，相反，两者的联系更加紧密和频繁，相互渗透和彼此合作程度更加深化，具体表现为：工业为服务业发展提供坚实的基础，服务业使工业得到深化并重新获得发展动力，从而提高整个国民经济的质量。

（3）生产性服务业

1973 年，美国社会学家贝尔提出一个"后工业化社会"的概念。他指出，在"后工业化社会"，经济部门的重点将由物品的生产转向服务业。这些服务业并不包括工业社会中的运输、发送等生产辅助部门，而是对个人的服务（如家政等），对生产者的服务（如银行、保险、商业、交通、通信、公共事业），对公众事业的服务（如保健、教育、研究）及政府服务等四个方面。

贝尔提出的是个非常广义的概念，有些学者将其概括为五个方面：①工商服务，如咨询、金融等；②贸易服务，如零售、维修、物流等；③基础设施服务，如交通运输、通信等；④个人或社会服务，如餐饮、旅游、医疗、社区服务等；⑤公共管理服务，如教育、政府服务等（陈觉，2003）。

由于服务业的范围很广，联合国在其标准产业分类中区分为生产者服务业和消费者服务业。生产者服务业在其理论内涵上，是指市场化的非最终消费者（陈宪，2004）。近年来，有些学者主张，现代服务业核心就是生产者服务业。生产者服务业与消费者服务业的最大区别在于前者的服务半径大于后者，对经济的拉动更为显著和广泛，特别是城市产业结构大规模升级，制造业的追加业务不断外包，社会分工更加精细化和专业化，必然带动现代金融、贸易、商务、会计、物流、航运、通信、信息、会展、咨询、广告等生产性服务业的发展。现代服务业只有在城市产业结构大规模升级而引发的社会分工更加精细化和专业化的背景下才会形成。

（4）现代服务业的分类

按服务业在经济发展阶段中的持点分类 该分类法由 Katouzian1970 年提出。他以罗斯托的经济发展阶段理论为基础，根据各服务业在不同经济发展中的持点对服务业进行了宏观意义上的划分。该分类法对研究经济发展与产业发展两者间的关系很有启发。①传统服务业。这里的"传统"主要是指在生产方式上具有传统性，如家政服务、传统的商业服务就是这类服务的代表性部门。从发展趋势来看，传统服务业的比重正在下降，其生产方式结构正在破坏和重组。②补充性服务业。这类服务业是伴随制造业的发展而出现的。其产生和发展的动力来自工业生产的中间需求，换言之，这类服务是工业化过程的"伴生物"。如金融服务、通信服务和商业服务等就是补充性服务业的典型代表。对这类服务需求主要来自两个方面：一是工业化的发展，二是生产分工的发展。除了以上几种典型服务部门外，这类服务还包括政府部门针对工业化发展所作的制度性安排而引起的服务，如法律服务、行政性服务等。③新兴服务业。"新兴"的概念是指工业化后期，即所谓工业产品的大规模消费阶段出现加速增长的服务业，包括教育、医疗、娱乐、文化和公共服务等。这类服务业在人类发展史各个时期都存在，但只有在工业化后期才会成为具有普遍消费需求的行业。

联合国的标准产业分类 联合国在 1990 年公布了第三版的《经济活动的标准产业分类》（ISIC）（United Nations，1990），该分类以功能为主来进行，分为为生产者服务的服务业和为消费者服务的服务业（见表1-1）。

表 1-1 ISIC 服务业类

大类	小类
商业及零售业	批发业、零售业
酒店旅游业	
交通、仓储、通信业	海陆空交通、交通运输、旅游业（不含酒店）、邮政、通信业
金融中介	金融中介、保险与养老、其他金融活动
房地产、租赁与经营活动	房地产、租赁业、计算机服务、R&D 活动、其他经营活动
公共行政与国防	政府与国防
教育	
医疗及相关社会服务	
其他社会、社区服务	污水垃圾处理、社会社团、娱乐文化体育、其他服务
家庭雇佣服务	
国际及跨国组织	

资料来源：联合国. 经济活动的国际标准产业分类（ISIC）（第三版）.

我国的服务部门划分 1985 年，中华人民共和国国务院办公厅转发了国家统计局的报告，将第三产业分为两大部门、四个层次，如表 1-2 所示。

表 1-2 我国服务业分类简表

流通部门		服务部门	
第一层次	第二层次	第三层次	第四层次
	为生产、生活服务的部门	为提高科学文化素质服务的部门	为社会公共部门需要服务的部门
交通运输业、邮电通信、商业饮食业、物资供销与仓储	金融业、保险业、地质普查业、房地产业、居民服务、旅游业、咨询信息服务业、各类技术服务业	教育、文化、广播、电视、科研、卫生、体育、社会福利	国家机关、党政机关、社会团体、军队、警察

2. 会展业的产业属性

会展的产业属性是什么？目前理论界和实业界还没有统一的说法，比较流行的说法有："会展是人们进行信息交流、洽谈商务合作、开展市场营销以及满足人们某种精神需求的一种活动形式。对于企业或组织，它能起到桥梁、媒介和窗口的作用；对于各种节事活动的参与者而言，则能使参与其中的人们在精神上得到愉悦和满足。"[1] "会展是以追求直接经济效益或长远经济发展为目的，以企业化运作提供服务，以信息交流、技术演示、陈列展示物品为主要方式的

---

1 过聚荣. 会展导论. 上海交通大学出版社，2006 年 2 月第一版. 第 1～2 页，第 4 页.

集体性综合性活动，以及完成这些活动而引发的其他社会经济活动和经济现象。"[1] "会展经济是文化产业的核心化趋势。"[2]这些说法在某种程度上指出了会展业的某一方面的表现形式或外部特征，但并没有真正揭示出会展的本质及内部属性。由于会展不可能脱离社会经济环境而孤立地存在与发展，在不同社会经济条件下，会展的种类和表现形态是不断变化发展的，其本质属性也随之不断升华。遵循这样的思路，对会展的产业属性可梳理如下：①会展是商业服务业。从最一般意义上说，任何一个产业的形成都是社会分工的结果，而社会分工的前提和结果，都是劳动生产率的提高。马克思在对商业从制造业中分离出来进行分析时，非常精辟地阐述了这个理由。[3]根据同样的原理，会展是商业领域中新的产业分工的一种产物。会展源自商业流通。就会展的发展历程而言，农业从畜牧业中分离出来，产生了最初以物易物的集市贸易；工业从农业中的分离出来，集市贸易发展成了贸易展览会和博览会，贯穿其中的始终是交换这一环节，只是交换的范围从本地→区域→国家间不断扩大。会展这种最本源的属性至今仍然存在。因此，会展产生于流通领域。但会展与传统商业不同，它不是以货币为媒介，为"卖"而"买"，从卖买差价中获取利润。它是以信息为媒介，通过收集、整合、传递信息，创造服务产品价值并获取利润。它不直接参与交易，只是为买卖（或供求）双方提供沟通和交易平台。可见，会展源自商业流通，但在此基础上又进一步分离为独立的产业形态，成为区别于传统商品交易的一种新的市场形式，主要是为交易各方提供信息产品服务，以减少商品生产者和经营者的市场风险，降低交易费用，进而促进商品的流通。②会展是生产性服务业。20 世纪 80 年代以来，企业内部分工受市场规模的制约，出现了成本递增和规模效益递减的趋势。越来越多的企业舍弃了"小而全"的内部分工体系，在着力打造核心能力的同时，将追加业务大量外包，同时充分利用社会专业分工所产生的公共服务和研发成果，使存在于社会中这些"外部经济""内部化"，从而催生了现代金融、信息、物流、咨询、会展等一大批为生产者服务的现代服务业。80 年代中期以来，会展的主导形式是会议与专业展览相结合，各种衍生的会展形式迅猛发展并呈主流趋势，它们通常是以企业为单位，以"生产性服务"为特征，并逐步从现代服务业中独立出来，形成"生产者服务业"的新兴会展业。和传统的会展相比，它具有以下新的属性：一是大量信息流的集中，便于信息交换和技术扩散，同时也刺激新知识、新观念的产生。二是展示产业发展的趋势。新技术、新产品的展示往往会大量吸引研发人

---

1 向国敏. 会展实务. 上海财经大学出版社, 2005 年 1 月第一版. 第 24 页.

2 王亚川. 文化产业发展的若干趋势分析. 北京社会科学, 2006 年第四期. 第 12 页.

3 马克思. 资本论（第三卷）. 人民出版社, 1965 年 6 月第一版. 第 313～328 页.

员、制造商、消费者和服务商，各种不同背景人群的集聚，更易于从不同角度推进新产品、新技术的推广和应用。三是资源的有效利用和搜寻成本的节约。会展使分散在不同企业和研发单位的技术、产品及买卖方在一定空间集中，多样化的产品和技术为买方提供了便利，而大量买方的集中也为卖方创造了更多了解市场需求和销售的机会，从而为各方带来了时间、空间上的节约，资源利用率的提高。四是为生产者服务的特征尤为突出。专业会展往往是"有展必有会"，会议、论坛、研讨会的比重越来越大，服务的对象重点是生产者，最终消费者的参展也成了生产者了解市场需求、参与产品研发和改进的重要环节。五是具有价值感知和消费引导的功能。会展通过现场展示和渲染，使购买者（需求方）去感知和体验"无形元素"对象，并获得"感知价值"。感知价值指"市场中的价值是购买方企业参照可选供货商的产品和价格，对某一产品为其带来的经济、技术、服务和社会利益（benefit）中所获溢价（worth）的感知"。[1]因此，从参展商角度来讲，则可利用展示、演讲等手段实施产品教育，并在互动中去发现和获取现实及潜在的客户。会展为顾客创造价值，吸引顾客，同时也在为参展商创造顾客。另外，大型国际展览、会议及事件活动，它们所要传递和创导的，往往是一种理念、价值取向、生活方式、潮流趋势，通过媒体的宣传，成为一种强势的引导和沟通手段，会对消费者及社会形成广泛而持久的影响。③会展将进一步向体验经济和文化产业方向拓展。自货币产生以来，商品的买和卖就从时间上和空间上分离了，从那时起，生产和消费之间原本紧密的关系就开始疏离了。随着商品生产的社会规模不断扩大，商品的生产和消费、供给和需求之间的疏离和非均衡状态就不断扩大，商品的生产和消费、供给和需求之间的疏离和非均衡状态是由两种距离造成的。一种是物理性距离，即产销和供求之间所存在的时间和空间距离。交通运输和信息传播的不畅是造成这种距离的基本原因。另一种是社会性距离，即产销和供求之间所存在的情感和认识距离。生活方式、社会归属、价值判断、文化认同等方面的差异是造成这种距离的基本原因。商品生产和消费、供给和需求之间的物理性距离随着社会技术的不断进步，交通运输手段的日益先进，信息传播渠道的日益畅通，会不断趋于缩短。以现代先进的运输系统和网络信息技术为基础的物流产业的崛起，就在很大程度上缩短了商品生产和消费、供给和需求之间的物理性距离。但商品产销和供求之间的社会性距离，却不会因为技术的进步而缩短。相反，随着社会技术的进步和社会经济的发展，商品产销和供求之间的这种社会性距离有不断扩大的趋势。或者可以这样说，社会经济越发展，社会生产规模越扩大，

1 Woodruff, R. B., Customer Value: the Next Source for Competitive Advantage, *Journal of the Academy of Marketing Science*, Vol. 25, No. 2, 1997, p. 141.

商品生产和消费、供给和需求之间的距离就越是表现为主要不是物理性的，而是社会性的。这正是会展发展成为一个产业的更深刻的社会经济背景。当市场主要表现为买方市场特征时，社会性距离就成了阻隔商品流通的主要障碍。琳琅满目的商品就陈列在消费者面前，但它很难形成消费者的现实需求。马斯洛提出的、已经差不多被奉为经典的需求层次理论，揭示了一旦人的生存需求被满足后，人的不断提高的需求，就和人与人之间的社会关系联系在一起。在超越了生存需求的消费阶段中，和消费商品联系在一起的是人的情感倾向的追求、审美情趣的流行、价值观念的认同、生活方式的示范，等等。人们当然依然注重商品所提供的效用，但这种效用未必一定是来自商品本身的物理的或者化学的性质。人们对商品实用性价值的关注越来越被对商品的社会性价值的关注所取代，商品的社会性流动，不仅仅取决于实用性基础上的交换，而且越来越取决于文化层面上的交流和比较。市场营销被赋予的最现代的任务就是沟通消费者和商品之间的疏离感，缩短两者之间的社会性距离。会展产业正是在这样一个背景下被呼唤出来的。这种体验式的感知消费倾向被称为非理性倾向，并被认为在人均国民收入超过 1 000 美元时，这种非理性的消费倾向就会越来越鲜明。所谓非理性倾向是指人们的消费已经不注重商品本身的实用价值，不注重所谓的性价比，人们注重的是在商品消费中所获得的个人感受和体验。但这种所谓的"非理性"只是从传统工业社会的角度来评判的，实际上它偏离的只是传统的经济人理性，它表现的只是人们的效用偏好和理性价值的嬗变，这种嬗变表征了一个新的经济时代，会展产业是这个新经济时代特有的产业。[1]

（二）会展产业演进及若干规律性现象

历史上许多经济学家对产业结构演进的规律进行了深入的研究，从不同的角度对产业演进的一般规律进行了论述。英国的配第和克拉克研究了国民收入与产业结构的关系，得出了配第—克拉克产业演进定律：劳动力随国民收入提高从第一产业向第二产业和第三产业转移；德国的霍夫曼提出了"霍夫曼定理"：消费资料工业净产值和资本资料工业净产值之比在工业化发展过程中是持续下降的；美国的罗斯托提出了主导产业扩散理论，认为在一个已成熟并继续成长的经济体系中，为数不多的主导部门迅速扩大，产生了主导产业的扩散效应，包括回顾效应、旁侧效应和前向效应。这些理论是揭示会展产业演进及若干规律性现象的重要依据。

1. 会展经济发展水平与区域经济总体规模和发展水平相适应

经济社会的进步过程，表现在产业结构上，就是一个经济社会的中心产业

---

1 曾亚强. 会展概论. 化学工业出版社，2007 年 9 月版. 第 40 页.

部门的生成、发展、演进和转移的过程。这是一定时期内生产力、生产关系和社会物质与精神需求之间的矛盾运动的产物，是产业技术体系进步过程中量变引发质变的反映。一方面，超过现有生产力条件的社会需求不断扩大，牵引着产业技术不断进步，同时也使生产力总是处于相对落后状态；另一方面，一定技术体系下生产效率的提高，使生产与社会有效需求的矛盾更加激化，当矛盾积累到现有技术体系无法解决时，就会成为产业技术革命的直接动力。而生产关系出于维护制度的需要也会介入到这一过程中来，政府优化产业结构的过程，实际上是政府主动寻求解决社会需要和生产力之间矛盾的过程。

会展经济是国民经济发展到一定历史阶段才会出现的新兴经济形态，纵观会展经济在全球的发展情况，可以看出，一个国家的会展经济实力和发展水平是与该国综合经济实力和经济总体规模相适应的。当一个国家或地区经济结构中第三产业比重占 GDP 50%、人均产值 1 000 美元以上时，表明该国家和地区有新兴的主导产业部门正在生成和发展，产业结构的优化和调整随之发生，即淘汰和调整旧技术体系及相应产业，在主导产业的扩散效应，包括回顾效应、旁侧效应和前向效应的作用下，使产业结构逐步向更高阶段演进。[1]会展经济的生成、发展和演进与区域经济总体规模和发展水平相适应，这也从一个侧面说明了为什么会展业率先在发达国家形成的原因。发达国家凭借其在科技、交通、通信、服务业水平等方面的优势，在世界会展经济发展过程中处于主导地位，并占有绝对优势。与这些国家相比，目前我国会展业还处在一个比较低的水平上，对国民经济的总体贡献还非常有限。按总收入的多少排序，会展业在众多服务业中也是居后的，排在金融、保险、电信、旅游、运输等大多数服务业之后。但是，随着我国经济的持续增长，会展业也呈现出良好的发展势头。会展经济已与旅游经济、房地产经济一起，并称 21 世纪"三大无烟产业"。

2. 区域经济不断地以一些地区为核心进行集聚和聚合，形成若干经济主体的同时，又出现了会展重心梯度转移的东扩现象

"二战"以后，已出现两次区域经济一体化浪潮：第一次浪潮始于 20 世纪 50 年代末，但那次浪潮持续的时间不长，有的集团很快解体，有的名存实亡，唯欧共体不断发展而成为当今世界经济中重要的一极；第二次浪潮始于 80 年代后半期，据世贸组织提供的数据，全球建立的区域经济组织达 109 个，已经成为核心地区的是日本和中国，成为继美国、欧盟之后并与之一起被公认的世界四大经济主体。从 1995 年以来，美国和中国对世界经济增长的贡献率几乎高出欧盟和日本的 5 倍。从国际会展的竞争格局看，形成美国→欧盟→日本→中国的梯度

---

1 宋涛. 调整产业结构的理论研究. 当代经济研究, 2002 年第 11 期.

转移。进入 21 世纪以来，美欧的国际会展市场份额稳中有降，资本、机构、展会明显外流；亚洲会展增长速度最快，但日本的市场份额不升反降；中国则以年均 20% 以上的速度增长。中国能否再次验证美、欧、日的历程——经济核心地区往往伴随爆发性增长的国际展览和会议，继而成为国际会展的新兴地区？

3. 产业向沿海集中使环太平洋圈被公认为 21 世纪最具活力的经济圈，催生了都市会展的新格局

集装箱运输技术的突破和海洋资源的广泛开发，导致现代工业突出地向沿海城市集中，形成拥有多种工业、商业、交通运输业和现代服务业的综合性城市体系群；高度集中的工业中心向沿海集中，使这一地区形成以大都市为中心向周边幅射的沿海城市群和城市带。由于大都市处于经济活动的中心，加上区位条件、交通、城市综合配套设施、现代服务业齐全等优势，催生了都市会展的新格局。据国际会议协会（ICCA）2005 年年度报告统计，在国际会展中排名前 50 位的城市几乎全是此类城市。我国沿海已形成以北京为中心的环渤海会展经济带、以上海为中心的长三角都市会展带、以港珠穗为中心的珠三角会展经济带、以大连为中心的东北会展带、以南宁为突角的中西部会展带。

4. 服务外包和外资向服务业转移，是经济全球化的又一次浪潮，可能使中国会展业进入快速发展的上升通道

近年来，随着经济全球化的深入发展和国际产业结构调整的加快，服务贸易、服务外包逐渐成为国际产业转移的新热点，其中金融、保险、物流和信息等现代服务业更是成为转移的重点。与此同时，高附加值的高端制造环节，也成为新一轮国际产业调整转移的主要内容。发达国家不仅要将高新技术产业的加工组装环节继续转移出来，而且正在将配套的零部件生产、物流、营销甚至大部分研发活动等通过项目外包和业务离岸化等方式向外转移，跨国公司研发全球化和本地化趋势更加明显。国际产业调整转移表现出来的新特点和新趋势，为我们调整经济结构和转变增长方式，以及国内企业实现跨越式发展，提供了难得的机遇。

服务外包除了上述对会展业的影响外，国际会展业本身的服务外包也呈现下列走向：第一，国际展览业资本向外转移直接投资与并购会展业，通过投资和兼并，可以利用国际和国内两种资源，以实现资源最佳配置。第二，通过品牌展会移植加速向国际市场拓展。欧美跨国会展公司的另一个动向是，自己着重培育展会品牌和业务网络建设，而把培育成熟的展会移植海外。汉诺威展览公司宣称：待由汉诺威展览会司等几家企业投资的上海新国际博览中心全部完工后，将把汉诺威品牌一个个"出口"到中国上海。第三，针对新兴市场旨在推动出口的展会将大幅增加。我国已成为世界上成长最快的市场之一，是世界

最大的电视机、电冰箱和手机消费国。预计到 2010 年，我国国内市场规模将超过 4 万亿美元，当年进口将超过 1 万亿美元。巨大的市场潜力，也是吸引新一轮国际产业调整转移的重要有利条件。很多发达国家纷纷抢滩中国。如德国汉诺威等三家公司在上海成立德国国际展览公司，并成为上海新国际博览公司的股东。励展公司、法兰克福公司、柏林国际展览公司、美沙集团、新加坡环球展览公司以及日本 TCS 会展服务公司都已进军中国会展市场。

第三节 会展导论研究对象及相关理论支持

一、学科研究规范

在社会科学中，一种社会现象怎样才能被作为一门科学来研究，可以引用杰出的现代科学哲学家尼格尔（N. Nagel）1961 年的话来加以规范。他说："一旦出现解释必须系统化和由事实证据来支配，科学就产生了；在解释原理的基础上对知识进行组织和分类正是各门科学的有区别的目标。"尼格尔对一门科学的出现作了两方面的规范：一是必须有一定的事实作为基础，另一是解释现象必须系统化。所谓系统化解释可以理解为在逻辑方法基础上进行推理，在理论演绎的基础上对研究对象所体现的知识加以组织和分类，就形成了具有不同内涵和特征的社会科学门类，亦即学科。会展现象给研究者提供了众多"由事实证据来支配的事例"，社会科学的一般方法论也提供了需要的"解释必须系统化"的手段。对会展现象所进行的以"事实证据来支配"的系统化解释，导致了"会展导论"（"会展学"的雏形，会展学能否形成为一门独立学科尚有很大争论和难破之题）的出现，而在"解释原理的基础上对会展现象所体现的知识进行组织和分类"就出现了"会展学科及其主要分支"。

会展导论和会展学科是一个事实的两个方面，从不同的角度去观察，可以得出两者之间的区别：会展导论（会展学）可以看成一个综合性的范围广阔的学术领域，在会展教育中作为基础理论课程的名称来使用；会展学科体现的是会展门类中以会展现象为共同研究对象的许多分支或应用性学科。

二、会展导论研究对象、任务

（一）研究对象

会展导论的研究对象是会展现象，通过对"由事实证据来支配的事例"给予系统化的解释，进而揭示会展现象及其内在运行规律，展示会展现象的基本规律、普遍原理和通用方法。由于会展现象是动态过程，又与其他社会现象相互交叉、重叠和遮蔽，这种现象又是社会整个现实的组成部分，这给会展研究带来了极大的困难，也是导致会展学科定位至今难以确定的重要原因。会展学科定位的主要观点有：社会公共管理科学、经济科学、管理应用科学、社会心理科学、信息与传播科学、艺术科学及综合交叉学科。会展作为一门学科，其研究也只是近十来年的事，其学科地位尚未确立，所以本书采用"导论"的提法，实事求是地从会展现象入手给予"系统性解释"。

（二）研究任务

所谓学术研究的任务，是指对研究对象作学术探索，明确要解决的问题。针对不同的研究对象，研究者对研究任务有着不同的理解，简单梳理一下大概有：

1. 主张管理应用类（包括管理、艺术、心理科学）的大都将研究任务定位在具体行业和项目的管理运作上，不纠缠或不关心会展现象的整体研究。这种主张以国外学者居多，我国早期研究也深受其影响。欧美不少大学将其纳入旅游接待业或饭店管理业，我国大多已开设会展专业的学校也多与旅游管理连在了一起，以至有人认为会展就是旅游管理学科的一个组成部分。他们的关注点和贡献主要表现为目的地营销、项目策划与管理、企业实务操作与技术等。

2. 主张会展现象研究（包括经济、信息、交叉科学）的大都将研究任务定位在会展现象的本质属性、学科亲缘及由此决定的会展现象产生的社会条件、形态结构、运行原理上。如经济管理类大多学者将会展现象的出现归结为现代服务业背景下的一种新型产业业态，并从产业运行的角度去揭示其形态结构和运行原理，从中寻找通用的定理、原理、方法。当然在学科亲缘的归属上分歧较大，有的"运用信息经济学理论解释会展现象"（余华，2005）；有的从"生产性服务业解释会展现象"（张文建、史国祥，2007）；有的从"现代服务流通业"、"流通中介业新产业形态"解释会展现象（曾亚强、张义，2007）；当然也有人认为会展现象的出现表明"会展属第三产业中非主流产业，是为其他产业和社会各界服务的产业"（过聚荣，2006）。

3. 主张社会公共管理的则倾向于"事件产业"，如在美国没有"会展业"之说，"从美国事件发展的状况来看，节事的内涵远比会议和展览会丰富，与之相关联的产业群更加庞大，在未来 3~5 年，会展业这种提法在中国逐渐被事件业所取代"（王春雷，2008）。他们在研究任务上更关注城市经济与事件产业依存关系，主张政府指导和行业协会"有形之手"的调节作用。

4. 本书的研究对象将是对会展现象作系统性解释，然后来确定研究任务。可能更倾向于后两种理解。

（三）研究方法

会展导论采用的研究方法主要有以下几种。

1. 实证分析和规范分析

实证分析是在作出与经济行为有关的假定的前提下，来分析和预测人们的经济行为，它力求说明和回答这样的问题：经济现象是什么？即经济现象的现状如何？有几种可供选择的方案？如果选择了某方案，后果如何？至于是不是应该作出这种选择，则不予讨论。实证分析要求，一个理论或假说涉及的有关变量之间的因果关系，不仅要能够反映或解释已经观察到的事实，而且要能够对有关现象将来出现的情况作出正确的预测，也就是要能经受将来发生的事件的检验。规范分析是以一定的价值判断作为出发点，提出行为的标准，并研究如何才能符合这些标准。它力求回答应该是什么的问题，即为什么要作这样的选择，而不是另外的选择？它涉及是非善恶、应该与否、合理与否的问题。由于人们的立场、观点、伦理道德标准不同，对同一个经济事物，就会有截然不同的看法。由上可以看出，实证分析研究经济运行规律，不涉及评价问题，规范分析则是对经济运行进行评价。实证分析和规范分析是在不同的经济目标上进行研究，同样具有相互补充、功效各异、构成整体的效果。

2. 个量分析和总量分析

总量分析称为宏观经济分析方法，个量分析称为微观经济分析方法。西方经济学在运用总量分析与个量分析方法对经济问题进行考察时，先假定制度是已知的、既定的，在这个前提下来对经济中的总量和个量进行分析。微观经济学是以个体的经济活动为对象，它就必须分析单个厂商如何获得最大利润，单个居民如何得到最大的满足，在数量分析上就采用了个量分析方法。而宏观经济学是以总体经济活动为对象的，它必须描述社会经济活动的总图景，分析影响就业与经济增长的总量因素及其相互关系，因此在数量分析上采用总量分析方法。这些方法同样适用于会展现象的研究。

3. 经验方法和逻辑方法

会展现象的研究首先是从对研究对象的了解开始，环绕所要研究的主题搜集数据和资料等感性材料，归纳这些材料并加以抽象化，形成概念或假设进而作出分析，论证提出的概念或假设是否成立。在这个过程中，对会展现象的实际观察和对事实作出科学的理性描述或逻辑推理，是实现这个学术过程的必由之路。

（1）经验方法。取得研究所需要的材料，主要依靠经验的方法。经验的方法大体上分为观察法和实验法两种。会展现象研究以观察法为主，通过考察客观事物，记载事实及其变化，感知和描述变化着的各种现象，从而取得相应的研究资料。

（2）逻辑方法。逻辑推理是观察到的数据和资料经过抽象化而提升到概念或假设后进行论证的必要过程。逻辑推理的方法有多种形式，在社会现象研究中常用到的主要是归纳推理和演绎推理。归纳推理是从观察到概括，由局部到整体，由特殊到一般的思维方法。与归纳推理相反，演绎推理则是从一般到个别的过程，也就是从一个已知的一般原理考察某一特殊事例，并推导出这个事例的结论。

4. 经济模型的运用

经济模型是用来描述所研究的会展经济现象中有关经济变量之间相互关系的理论结构，一个会展经济模型就是描述与某一会展经济问题相关的会展经济理论中各相关变量之间的关系。由于会展经济现象是错综复杂并且变幻无穷的，所以建立任何理论结构或模型都必须运用科学的抽象法，即要舍弃一些影响较小的因素或变量，只包括一个或者若干个主要变量，这样才能使会展经济关系得到简洁而明确的表述。会展经济模型的表现形式可以有很多种。

（1）文字说明。这是最传统的表达方法，在入门的经济学课程中文字表述的方法被大量使用。文字表述的缺点是对复杂经济现象的说明会相应地变得复杂繁冗，并且也不直观。

（2）几何图型。几何图形可以使深奥的理论直观化和形象化，缺点是当所研究的会展经济变量超过三个时，就无法使用几何图型来表现。

（3）数学模型。在会展经济分析中运用数学符号和公式进行推演，可以使会展经济现象和过程的表述较为简洁、清晰，与文字说明相比，数学模型更方便、更准确，与几何方法相比其分析不受变量个数的限制。

三、会展导论的相关研究内容

现代会展活动规模庞大、形式多样、内容繁杂、涉及部门广泛，必然导致会展经济活动中的现象复杂多样。会展导论（会展学）作为一门基础理论科学，将研究内容重点放在会展经济活动中呈现规律性的现象以及这些现象之间的内在联系上。

会展活动中的经济现象和经济关系，就其内在的本质联系而言，主要包括两类规律：一类是反映社会经济运行的一般规律，如供求规律（在会展活动中它是以特有的形式表现出来的）；再一类是会展经济内部的特有规律。上述两种类型的经济规律在会展经济活动中的作用是错综复杂的。从会展产业活动运转的角度来看，又可以分为三个不同的层次：最里层，会展企业受内在动力和外部压力的作用而运转；中间层，受会展行业的内部数量、质量及其结构的制约；最外层，会展活动的运转受产业市场及外部社会因素制约。与会展经济活动运转的三个层次相对应，会展导论对会展规律性现象的研究，也可分为三大系统。

首先，从最里层的内在驱动因素及制约条件入手，通过对会展的供给和需求分析，寻找其供求均衡点的市场表征和运行机制；其次，研究会展产业内部各行业的结构和运行，揭示出各个环节之间的内在联系和规律；第三，研究会展产业运行的外部环境，从中揭示出会展产业的依托和制约条件。三个系统的分析以会展需求与会展供给的矛盾为贯穿会展经济活动始终的主线，它决定了会展企业（乃至会展行业）如何利用有限的资源进行配置的机制和会展产品生产模式，并受制于产业生成和依托的城市经济发展水平及其他社会因素。这三方面既相互矛盾，又相互依存，它们的矛盾运动使会展经济活动既有复杂纷繁的现象形态，又有内在的有机联系和规律可循。

四、会展学的提出

会展活动是人类经济文化交流发展到一定阶段的产物。当今世界会展业正如火如荼地发展，我国会展业也方兴未艾。随着2010年上海世博会筹备工作的步伐加快，我国会展人力资源建设迫在眉睫，会展教育培训工作迅速升温，越来越多的会展业内人士在呼吁尽快构建会展学科理论体系，这种会展学科建设意识正逐渐深入会展界人心。

会展学理论建设是一个宏大的课题，也是当前我国会展界的热门话题。也有人提出连国外都没有会展学，我国建立会展学为时过早。不知评价新学科的诞生，不是看国外有没有提出该学科，更不是国内某些人主观臆测应该不应该，而是依据学科发展规律的科学理论进行科学判断。

任何一门新学科的建立都不是偶然的。根据学科发展的科学理论，新学科的出现需要三个必备条件：①一定的历史条件，②一定的理论准备，③一批思想敏锐、勇于创新的学术和学科带头人的队伍。依据社会会展活动实践发展需要，可知建立会展学的迫切性、必要性；依据国内外会展理论准备基础，对照关于新学科发展的科学理论，建立会展学具有可能性；我国业已形成一批高素质的会展学科建设队伍并正在逐步壮大，建立会展学已经势在必然。

中国会展业界一些权威人士（如中国展览馆协会会长、中国国际展览集团总裁梁文，亚洲博鳌论坛执行总监、北京市贸促会副会长姚望等）和国外会展界交往频繁，他们认为：国外会展研究越来越趋于很具体、很细的会展实务，会展学科理论体系全世界没有，中国人长于思辨，逻辑思维能力强，办事主张理论先行，喜欢寻找理论根据，理论综合能力强，会展学科理论体系的研究很有可能在中国取得突破。

自2003年初以来，我国很多学者大声疾呼尽快建立中国特色的会展学科理论体系，如重庆海纳会展研究所所长应丽君、中国贸促会机械分会会长陈泽炎、北京国际城市发展研究院会展经济研究所所长刘宏伟等，很多会展界有识之士积极探索、思考会展学基本原理。《中国会展》杂志于 2003 年 7～9 月间，连续刊登系列会展学论文，这是国内外首批系统探索会展学科理论体系的论文。特别值得一提的是在《会展财富》杂志社发起的 2003 年 9 月上海首届全国会展教育培训与理论研讨会上，与会者对会展学科理论体系进行了热烈的研讨，亚洲博鳌论坛执行总监、北京贸促会副会长姚望提出："会展科学应是综合性学科、交叉学科。"上海广大会展中心总经理李秀军认为："展览是人流、信息流交汇的平台。"令人鼓舞的是，这种努力的成果已逐步显现，俞华在 2005 年出版了《会展学原理》，过聚荣在 2007 年出版了《会展导论》，使会展学科理论体系不断得以完善。可以断定，国内外丰富的会展理论成果如果放在会展学学科理论体系框架中，那么会展学就如一架机器，很快就会装配起来。

五、会展导论相关理论支持

（一）经济外部性理论

外部性是指一个经济主体的活动对另一个主体的影响并不能通过市场运作而在交易中得以反映的那一部分。其结果是使另一个主体受益或受损。在现代经济学理论体系中，所谓"外部性"也称外在效应或溢出效应，主要是指一个经济主体的活动对旁观者福利的影响，这种影响并不是在有关各方以价格为基础的交换中发生的，因此其影响是外在的；如果给旁观者带来的是福利损失（成本），可称之为"负外部性"；反之，如果给旁观者带来的是福利增加（收益），则可称之为"正外部性"。全体社会成员都可以无偿享受的公共物品，可以说是正外部性的特例。个体经济活动付出的成本和得到的收益可谓个体（私人）成本和个体（私人）收益，而这一活动带给旁观者的额外成本和额外收益就是社会成本和社会收益。

（二）产业经济理论

产业经济学是以产业为研究对象，探讨产业之间的关系结构、产业内部组织结构变化规律的应用性经济理论，其产生和发展直接受到两方面因素的推动：一是经济学家对经济问题的分析深入到产业层次；二是政府部门在制定与实践产业政策上的实践积累。产业经济学主要有四个研究方向，即产业结构、产业关联、产业组织和产业政策。其中，产业结构理论主要探讨产业之间的关联方式与作用机制，以及如何实现产业结构的优化升级；产业组织研究的主要目的是使产业内企业间的市场关系和组织形态合理化，以保持本行业内各个企业的竞争活力；产业政策由政府制定，对产业之间和产业内部资源配置产生干预作用的经济政策的总和，其相关研究主要包括产业政策与其他经济政策的配套，产业政策的实施途径与执行效果评估等。

（三）产业集群理论

产业集群作为一种企业的空间集聚现象,对其最早研究的是 19 世纪末马歇尔在产业区理论中对于经济外部性和交易费用节约等静态效率分析,主要从劳动力市场共享中间产品投入和技术外溢三个要素对产业的地区性聚集做出解释。明确提出"产业集群"概念的是美国学者迈克尔·波特,他认为"集群是某一特定领域内相互联系的企业及机构在地理上的聚集体"。集群通常包括一系列相关联的产业和其他一些与竞争相关的实体、上下游产业的公司、互补性产品的生产商、专业化基础结构的供应商和提供培训、教育、信息、研究和技术支持的其他机构。

（四）产业链理论

产业链是在市场竞争中自发形成的企业之间的一种关系,即针对某一个产业,围绕生产要素的流向,分析行业之间上中下游的供应关系,确定投入产出的价值比。这种关系具体表现为:在某一产业链条中,某一产业节点根据自身的生产能力和市场需求,以最小成本购进生产材料,以最高效率生产出最终产品或中间产品,以最大利润卖出产品。这一过程围绕价格的波动和价值的流动而将不同企业连接起来,形成了要素流、资金流、人才流、信息流交织在一起的产业链。产业链中要素构成的多少、控制权的大小、链条的长短、链条的粗细决定着企业之间的相互关系、产业结构的发展方向以及产业对其他行业的依存度和影响力。

（五）区域经济理论

区域经济学是研究和揭示区域与经济相互作用规律的一门学科,主要研究市场经济条件下生产力的空间分布及发展规律,探索促进特定区域而不是某一企业经济增长的途径和措施,以及如何在发挥各地区优势的基础上实现资源优化配置和提高区域整体经济效益,为政府的公共决策提供理论依据和科学指导。

区位论又称立地论,主要探讨人类社会各种经济活动的空间配置问题,寻求经济事物在空间分布上的最优化,在区域经济开发中占据着重要地位,"区位理论是区域科学的基础,是解决非空间经济问题的有力工具"。[1]区位论产生于 18 世纪后期,19 世纪初德国经济学者冯·杜能发表《孤立国》(孤立国对农业和国民经济的关系),标志着区位论已形成一门系统的理论。区位论的发展经历了古典区位论、新古典区位论和现代区位论三个阶段。自上世纪 60 年代以来,以艾萨德的《区位与空间经济》和贝克曼编辑的《区位理论》的发表,标志现

---

1 Thisse. Jaques-Fracois. Location Theory, Regional Science, and Economics. *Journal of Regional Science*. Vol. 27. No. 4. 1987.

代区位理论形成。

（六）可持续发展理论

可持续发展理论是人们重新审视自身的发展历程和经济社会行为而提出的一种新的发展观。20 世纪 60 年代后，南北差距扩大、人口剧增、环境恶化、能源短缺等全球性的问题日益暴露出来，严重危害了世界各国尤其是广大发展中国家的健康、稳定发展。面临上述严峻的挑战，人类社会对以前的增长方式进行了深刻的反思，最终认识到人类需要一个新的发展途径，一个能保持人类持续进步的途径，不仅是在几个地方几年内的发展，而且是在整个地球遥远未来的发展。正是在这样一个大背景下，可持续发展思想作为一种新的发展理念和模式得以迅速成长。可持续发展理论主张，经济增长必须以无损于生态环境为前提，以可持续为特征，以提高人们的生活质量为目标。它反对以追求最大利润为目的，以贫富差距和破坏环境为代价的生产和消费方式，旨在寻求经济与人口、资源、环境、社会之间的有序协调发展。

（七）发展经济学理论

发展经济学以发展中国家的经济发展为主要研究对象，是 20 世纪 40 年代后期在西方国家逐步形成的一门综合性经济学分支学科。

20 世纪 60 年代中期以后，发展经济学开始更多地采用新古典学派理论的观点和方法，更多地采用经验分析的方法，较全面地注意到影响发展的各种因素，进一步研究了增长和发展的目标。一些发展经济学家如斯特里顿等提出，应当以保证基本需要，而不以国民收入最大化为增长和发展的目标。即在增长过程中，要注意改进卫生、营养和教育等条件，以直接对人力资源产生积极作用。不应当有过多的、不恰当的结构和技术变革以及资本支出，要注意采用减少消费和改进现有技术等比较简易的方法去提高生产率。这种看法称为"基本需要论"。由于发展中国家早期快速增长后出现了不少问题，发展经济学家们开始感到，用统一的理论和政策建议去指导各个发展中国家是不可能的，也是不恰当的。应当根据各个国家的特定的历史和社会背景，作具体的分析，提出切合实际的政策建议。一些发展经济学家如赫希曼把这种统一理论逐渐失去作用的情况，叫做"发展经济学的发展停滞"。

（八）增长极理论

增长极理论是于 1950 年由法国经济学家佩鲁发表的《经济空间：理论的应用》一文中首先提出。佩鲁指出"增长并非同时出现在所有地方，它以不同的强度首先出现在一些增长点或增长极上，然后通过不同的渠道向外扩散，并对整个经济产生不同的最终影响"。增长极理论强调集中投资、重点建设、集聚发展和政府干预，注重推动产业的发展和空间结构的优化，对区域产业开发与规划有重要的指导意义。

（九）城市经济学理论

城市经济学以城市的产生、成长，最后达到城乡融合的整个历史过程及其规律，以及体现在城市内外经济活动中的各种生产关系为研究对象，用经济分析方法，分析、描述和预测城市现象与城市问题。其研究重点为探讨城市重要经济活动的状况，彼此间的互动关系，以及城市与其他地区和国家的经济关系等。

20世纪以来，特别是第二次世界大战后，在世界各国，大量农村人口转入城市，城市规模迅速扩大，城市经济结构也发生了重大变化。这些变化带来了城市的一系列社会经济问题，如住房、交通、环境、公共设施不足等，一些经济学家、社会学家为了探索产生这些问题的根源，寻求解决的方法，开始把城市作为一个整体进行系统的分析研究，于是产生了城市经济学。

复习思考题

1. 为什说会展是一种产业现象？其质和量的界定是什么？
2. 为什么说会展是生产性服务业？
3. 会展产业化的动因有哪些？
4. 会展产业驱动因素有哪些？
5. 会展导论的研究对象和任务是什么？

第二章

会展市场分析

学习目的

分别从会展需求、会展供给及它们动态均衡所呈现的市场结构三个方面对会展市场进行分析。

主要内容

了解会展市场结构，通过对会展市场行为的把握来分析市场参与各方的行为机制，掌握会展市场竞争结构的四种类型及主要影响因素，理解会展企业三种市场行为方式和行为机制。

会展市场是指在会展产品交换过程中反映出来的各种经济行为和经济关系的总和。在现代会展活动中，会展市场反映了会展需求者与供给者之间、会展需求者之间、会展供给者之间的关系，集中反映了会展产品实现过程中的各种经济关系。会展市场结构取决于会展需求与会展供给的动态均衡。本章分别从会展需求、会展供给及它们动态均衡所呈现的市场结构三个方面对会展市场进行分析。

第一节　会展需求

一、会展需求的含义及其构成

（一）会展需求的含义

在经济学中，需求是指在一定时期内，消费者愿意并且能够以一定价格购买的商品和劳务的数量。需求与需要不同，需要是指人们对某种事物渴求满足的欲望，是产生人类一切行为的原动力；需求则仅仅是指有支付能力的那部分需要。

从会展经济的角度看，会展需求是指人们为了满足对会展活动的欲望，在一定时期内愿意并且能够以一定价格购买的会展产品的数量。简言之，会展需求就是会展买方对会展产品的需求。

在会展市场中，现实会展需求就是有效会展需求，是指既有购买欲望，又有支付能力的需要，是人们在实际购买会展产品的行动中所表现出来的需要。它反映了会展市场的现实需求状况，因而是分析会展市场变化和预测会展需求趋势的重要依据，也是会展经营者制定经营计划和策略的出发点。凡是只有会展欲望而无支付能力，或者只有支付能力而无会展欲望的需求均称为潜在需求。前一种潜在需求只能随社会生产力发展和人们收入水平提高，才能逐渐转换为有效需求。后一种潜在需求则是会展经营者应开发的重点，即通过有效的市场营销策略，使其能够转换为有效的会展需求，具有市场发展的战略意义。

（二）会展需求主体

会展需求主体有狭义和广义之分。狭义的会展需求主体是指对会展有直接需求的组织或个人，包括参展商、与会者和观众。广义的会展需求主体是会展活动的相关利益主体，不仅包括对会展有直接需求的主体，还包括对会展有间接需求的主体，如旅游部门、运输部门等。

（三）会展需求动机

会展需求的产生主要有客观因素如经济水平、基本设施和需求者的主观条件两个方面构成。从心理学的角度来看，人们在会展需要的驱使下会进一步产生会展需求动机，然后才进一步产生购买会展产品的意愿，进面发生购买会展产品的行为。

（四）会展需求构成

会展需求是由消费、投资和政府购买三个部分组成的。消费是私人为了满足现时需要而购买会展商品和劳务的总支出；投资是用于满足未来需求的新的会展商品和劳务方面的支出；政府购买则是政府对会展商品和劳务的支出。政府购买也不外乎是消费支出和投资支出，三项合并为会展的消费支出与投资支出。从人们对会展商品和劳务的需求看，可分为对消费品类会展商品和劳务的需求、对投资品类会展商品和劳务的需求两类。从需求的角度计算会展经济体系内国民收入时，国民收入便等于投资支出与消费支出之和，这种统计方法称为会展经济的最终用途分类法。因此，会展总需求可以用图 2-1 表示。

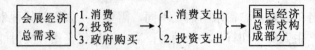

图 2-1　会展总需求

会展总需求是一个综合总量，不考虑需求主体从事的具体经济活动，只考虑这种需求的实现领域。影响会展总需求的因素较多，但主要有两个因素：一是会展商品和劳务的价格水平；二是可供支配的、可转化为购买力的收入水平。

二、会展需求规律

（一）会展需求规律的内涵

会展需求规律是指在某一特定时期内，在其他条件不变的情况下，会展产品的需求量与其价格成反方向变动，即会展需求量随会展价格的上升而减少，随会展价格的下降而增加。

对于会展业而言，需求是指在一定时期内参展商或者与会者对会展活动有支付能力的需求总量。总体上来说，会展需求规律符合经济学的一般规律，即会展需求与会展价格呈负向关系。在会展市场上，会展产品价格的波动和变化趋势对一个国家或地区的会展需求量会产生一定的影响。一般地，在其他因素不变的情况下，如果会展产品价格出现下跌，会展需求量便会增加；如果会展产品市场价格上涨，则会展需求量就随之减少，会展产品价格与会展需求量之间的这种关系就是所谓会展需求规律。会展需求量与会展产品价格之间的这种反向变化关系也是一种函数关系，称为会展需求函数。该函数可以用公式表达为：$Q_D=f(P_i)$，其中 Q_D 代表会展需求量，P_i 代表某会展产品价格，f 表示二者之间的函数关系。它是一条自左上方向右下方倾斜的曲线，如图 2-2 所示。

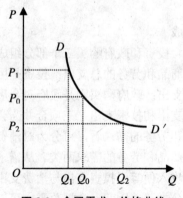

图 2-2　会展需求—价格曲线

（二）会展需求规律的例外

此外，由于会展经济自身的某些持点，使得会展需求规律具有以下一些例外。

第一，中小企业特别是出口导向型企业对会展需求呈刚性，长期需求有上升趋势而和价格波动关联不密切。中小型企业特别是出口导向型企业，受自身经济实力和销售渠道的制约，很难直接面对国际市场。企业扩大销售和出口的首选途经就是参与会展活动，这不仅缩短了产品与国际客户间的距离，对企业形象的推广和品牌塑造也十分有利。随着国际经济一体化进程的加快，企业面临着来自国际市场的压力，要学会按国际惯例办事，要掌握产品与服务的国际发展趋势，还要适应国际市场的竞争。而会展以其高度密集的信息集聚十分适宜企业获取并学习相关知识、技术、惯例等，促使会展市场需求在相当长的一段时期内处于强劲上升趋势，而期间的价格波动不会改变这种需求增长趋势。

第二，城市化发展拓展了会展需求的空间。会展的发展与区域的城市化水平和产业集聚水平密切相关。城市化过程是经济集聚的过程，大量企业和商业聚集于城市及其周边地区，为会展的发展奠定了良好的市场基础。城市化水平的提高，使得会展业所需的相关行业和支持条件更趋完善，从而为会展需求的增长拓展了向上发展的空间，这种拓展在很长一段时间内同样不会受价格的波动而改变。

三、会展需求量的变动和会展需求的变动

会展需求量的变动和会展需求的变动是区别引起会展需求量变化的两类不同因素的两个概念。

（一）会展需求量的变动

会展需求量的变动是指在其他条件不变时，某会展产品自身的价格变动引起的该会展产品的需求量的变动。会展需求量的变动在需求曲线上表现为会展产品的价格——会展需求量组合点沿着同一条需求曲线的运动。

（二）会展需求的变动

会展需求的变动是指在某会展产品价格不变的条件下，由于其他因素变动所引起的该会展产品的需求量的变动，其他因素变动是指消费者收入水平的变动、相关商品价格的变动、消费者偏好的变化和消费者预期的变动等。会展需求的变动在图形上表现为会展需求曲线的位置发生移动，如图 2-3 所示。

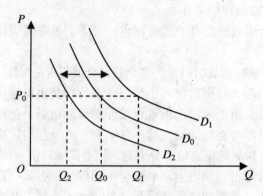

图 2-3 需求的变动和需求曲线的移动

图中原来的会展需求曲线为 D_0。在会展产品价格不变的前提下，如果其他因素的变化使会展需求增加，则会展需求曲线向右移动，在图中由 D_0 移到 D_1 的位置。如果其他因素的变化使得会展需求减少，则会展需求曲线向左移动，在图中由 D_0 移到 D_2 的位置。

由会展需求变动所引起的会展需求曲线位置的移动表示在每一个既定的价格水平上会展需求量的增加或减少。例如在既定的价格水平 P_0，最初的会展需求数量为 Q_0，会展需求增加后的会展需求量为 Q_1，会展需求减少后的会展需求量为 Q_2。显然，会展需求的变动所引起的会展需求曲线位置的移动表示整个会展需求条件或需求状态的变化。

四、会展需求价格机制及需求弹性

（一）会展需求价格机制

在会展市场上，会展产品价格的波动和变化趋势对一个国家或地区的会展需求量会产生一定的影响。一般地，在其他因素不变的情况下，如果会展产品价格出现下跌，会展需求量便会增加；如果会展产品市场价格上涨，则会展需求量就随之减少，会展产品价格与会展需求之间的这种关系就是所谓会展需求价格机制。然而，会展需求量与会展产品价格的反向变化并非是无限制的。事实上，由于会展需求的特性，其价格机制的作用方向还受到许多因素的影响。

（二）会展需求弹性

经济学家在分析需求和价格的关系时，习惯以弹性作为分析和参考的依据。简单地说，弹性是指某一个因变量对自变量变化的反应程度。而需求弹性是指需求量变动的幅度与引起其变动的某一因素变化的幅度之比，换句话说，某一因素变化百分之一，由其引起需求量变化百分之几。

（1）需求价格弹性

需求的价格弹性通常被简称为需求弹性，它是指一种商品的需求量对其价格变动的反应程度。其弹性系数是指当价格变动百分之一时，需求量变化的百分数。会展需求价格弹性系数用公式表示：

$$会展需求价格弹性系数 = \frac{会展需求量的变化（\%）}{会展价格的变动（\%）}$$

影响会展的需求价格弹性的因素：

第一，会展需求主体对会展产品的需求强度。一般而言，需求主体对会展产品需求强度大，则受价格变动的影响较小，因而需求弹性小；反之，则需求弹性大。

第二，可替代会展活动（可以视为产品与服务）的多少和替代程度的高低。就会展活动而言，其替代品还是比较多的。通常，企业可以不同方式展开营销活动，如直接销售、专卖店、跨国经营，也可以采用网络营销和广告等方式。但会展之所以受到欢迎，是因为会展所具有的综合性功能，任何单一产品或营销方式难以比拟。新的商业模式，比如电子商务和网络会展，对传统的会展模式产生巨大的冲击。

第三，商品消费支出占消费者收入比重的大小。

第四，互补性商品的多少。会展业的发展离不开城市交通、物流运输、餐饮酒店旅游业的发展，这些行业的服务之间存在很强的互补性，并且相互融合。互补性越广泛，弹性越大。

（2）需求的收入弹性

需求的收入弹性是一种商品的需求量对消费者收入变动的反应程度，是需求量变动的百分数与收入变动的百分数之比。也就是说当收入变动百分之一时，需求量变动了百分之几。如果某种商品的需求收入弹性系数是正值，表示随着收入水平的提高，消费者对此种商品的需求量增加。如果某种商品的需求收入弹性是负值，表示随着收入水平的提高，消费者对此种商品的需求量反而下降。

（3）需求交叉弹性

需求交叉弹性衡量的是 Y 商品的价格每变化百分之一，会导致消费者对 X 商品的需求量变化百分之几。交叉弹性可以是正值，也可以是负值。如为正值，此两项产品为互代品，表明一旦产品 Y 的价格上涨，则产品 X 的消费量必然增加。相反，如果交叉弹性为负值，则此两项产品为互补品，也就是说，当产品 Y 的价格上涨时，产品 X 的消费量会下降。

（4）需求广告弹性

会展需求广告弹性是指会展的宣传广告的投入变化百分之一时所引起的会

展需求的增加百分数。会展业属于服务行业,会展活动特别注重信息的传播,以及主题和概念方面的策划和宣传。宣传广告是营造会展气势、传播会展信息和树立会展品牌的重要手段之一。通过恰当的渠道和表达方式,将会展信息传递给目标受众,可以激发会展市场的潜在需求。会展需求的广告弹性,也可以用来作为对会展各项广告和招商方面的投入决策以及投入产出评价的参考。

五、影响会展需求的因素

影响会展需求的宏观因素是指影响会展业运行的外部社会因素,主要指社会经济发展水平、环境和政策等。它对于参展商、参展组织者、观众以及与会者等来说是不可控制的,但深受其影响。因而,会展需求的相关利益主体,必须根据外部宏观环境中的各种因素及其变化趋势制定策略以达到各自目的。

凡是影响消费者购买欲望和购买能力的因素都会对需求有所影响。在影响会展需求的微观因素中,会展的价格是影响会展需求的主要因素。除了价格以外,影响会展需求的微观因素还有以下几种。

(一)需求主体的偏好

需求主体对某种会展产品的偏好对需求的影响是显而易见的。比如,爱赶时尚的人士对时尚类展会的有较大的需求,当他对这种展会的偏好增加后,即使价格不变,其需求量也会增加。

(二)需求主体的收入情况

一般而言,需求主体的收入愈高,对会展产品的需求就愈大;反之则愈小。

(三)其他商品价格

如果其他商品与该商品是互替商品,如传统会展与网络会展,当传统会展的价格上升引起传统会展的需求下降时,网络会展的需求就会上升;而如果传统会展的价格下降,则网络会展的需求就会减少。如果其他商品与该商品之间是互补关系,如汽车展与汽车零配件展,当汽车展的价格提高,就会引起汽车展的需求减少,从而引起汽车零配件展的需求减少,反之亦然。

(四)人口因素

与其他无形或有形产品一样,会展也需要有人的参与、购买与消费,因此,人口的数量、素质及结构变化都会影响会展需求的变化。

1. 人口的数量。一定的购买力才能抵消产品的成本投入,同样作为会展必须有一定的参展人数才能使会展的收益弥补投入成本,而参展人数多少受到人口数量的影响较大。随着社会生产力的发展,人们的生活水平不断改善,参加会展的人数也越来越多,从而对会展产品的需求也相应增多。

2. 人口素质。人口素质也同样与会展需求密切相关。通常,参加会展人员的文化素养及受教育程度直接影响着会展需求的变化。一方面，由于会展产品是一种综合性产品，需要参加会展人员必须具备一定的文化知识，才能对各种会展方式、会展内容作出合理选择。另一方面，受过教育且文化素养较高的人，对会展的档次要求也相对较高，从而刺激产生更多的高档会展需求。

3．人口结构。人口结构是指人口的年龄、性别、职业等方面的构成。不同年龄、不同的性别和职业对会展的需求差异很大。不同的人有不同的兴趣爱好、消费需求。例如，针对特定群体举办的博览会，往往很难吸引其他群体参与。

（五）地理因素

在研究影响会展需求的因素时，地理因素是一个不可忽视的方面。同样一个会展，在中国的西部城市举办其吸引力可能不及在东部沿海城市举办。会展的规模、参展商的数量与质量可能会有较大差别。而且举办地的基础建设、配套设施以及当地的自然人文吸引力都会对参加会展的人员产生影响，进而影响会展的需求。另外，办展城市或地区的市场辐射能力或产业辐射能力对会展需求的影响也是不容忽视的。

另外，人们对未来的预期、经济因素、社会文化因素、政治法律因素等也会影响对会展产品的需求。

第二节　会展供给

一、会展供给的含义和特征

（一）会展供给的含义

从会展经济的角度看，会展供给是指在一定时期和一定价格水平下，会展供给主体愿意并且能够向会展市场提供的会展产品数量。供给必须具备两个条件：一是生产者愿意提供商品；二是生产者有提供商品的能力。

1．会展供给以会展需求为前提条件

会展需求是会展供给的基本前提，会展供给必须与会展需求相联系并满足会展需求才有其存在的必要。会展生产经营部门和企业，必须以参展者的需求层次和需求内容为客观要求，建立起一整套适应会展活动需求的会展供给体系，保证提供一系列能满足会展活动需求的全部内容。

2．会展供给必须是愿意并具有可供出售的会展产品

会展需求决定了会展供给的方向、数量和质量，但这仅仅是会展供给的一

种前提条件。要真正实现会展供给，会展经营者必须提供的是愿意出售并有可供出售的会展产品，即两者同时具备的有效供给。会展供给同会展需求一样，是相对于会展产品的价格而言的，即在特定的价格下，总有特定的会展产品供给量与之相对应，并随着价格的变动而相应变动。同时，会展产品的供给不仅是单个会展产品数量的累加，还综合地反映了会展产品的数量多少和质量高低。因此，要提高会展供给，不能只看会展产品的数量，更重要的是提高会展产品的质量，只有在独特的自然与人文会展资源的基础上，注重提高服务质量和会展设施水平，才能增加有效供给，更好地满足市场的需求。

3. 会展供给是一个综合性的供给体系

会展供给是经营者向会展者提供的会展产品，是一个由多种要素构成的综合性供给体系。这些构成要素具有异质性的特点，因而会展供给不能用会展产品数量的累加来测度，只能用参展者人次来反映会展供给的数量及生产能力水平。会展供给的各构成部分之间具有互补性和协调性的特点。

（二）会展供给的特征

会展产品是一种服务型产品，其生产目的主要是为参展企业、参展观众等会展消费主体服务。会展产品的性质决定了会展供给的特殊性，这种特殊性表现在以下几个方面。

1. 会展供给的多主体特征

会展产品的生产和供给涉及会展场馆、组展机构、参展企业以及各种类型的会展服务提供商等多个主体。为了保证会展产品的质量和会展消费者的目标的实现，除了在各个供给主体自身的管理和服务能力上要有要求外，还需要多个主体之间的密切配合与协调。

2. 会展供给对象的群体性特征

各种会展活动的供给对象不是单个的组织或个人，而是由大量的参展企业、参展观众等所组成的一个会展消费群体。这个消费群体的规模大小、群体内成员的素质、成员之间交流交易的活跃程度等是评价会展产品质量的重要依据。

3. 会展供给的实时性和无法移动性

会展产品只能在会展活动期间，在会展举办地由供给主体生产并被需求主体消费，因此具有实时性和无法移动性，这就对会展组织和策划、会展的实施提出了更高的要求。

4. 会展供给的复杂性和多样性

会展产品的供给以满足会展需求为目标，而各个会展消费者的需求又是千差万别、涵盖多个方面的，这就导致了会展供给的复杂性和多样性。因此，会展供给主体要尽可能充分地考虑会展消费者的各种物质、非物质的需求，开发并提供出全方位、个性化的产品和服务。

二、会展供给规律

会展供给规律是指在一定时期内，在其他条件不变的情况下，某种会展产品的供给量与其价格之间呈正向的依存关系，即会展供给量随该种会展产品价格的上升而增加，随该会展产品价格的下降而减少。

（一）会展供给量与会展产品价格呈同方向变化

会展产品价格不仅是决定会展需求的基本因素，也是决定会展供给的基本因素。在其他影响因素不变的情况下，会展产品价格上升，必然引起会展供给量的增加；会展产品价格下降，必然引起会展供给量的减少。根据这种规律性，设纵坐标代表会展产品价格，横坐标代表会展产品数量（供给量），则在坐标图中，会展产品价格的任一变动，都有一个与之相对应的会展供给量，并形成会展供给—价格曲线 SS'，如图 2-4 所示。

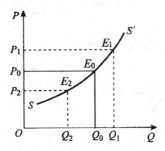

图 2-4 会展供给—价格曲线

该曲线反映了会展供给量与会展产品价格同方向变化的客观规律性，即当会展产品价格为 P_0 时，有相对应的会展供给量 Q_0；当会展产品价格从 P_0 上升到 P_1 时，会展供给量由 Q_0 增加到 Q_1；当会展价格从 P_0 下降到 P_2 时，会展供给量由 Q_0 减少到 Q_2。会展价格与会展供给量之间的关系还可以用会展供给函数表示：$Q_S=f(P_i)$，其中 Q_S 表示会展供给量，P_i 表示某个点上的会展价格，f 表示两者之间的函数关系。会展价格—供给曲线是一条自左下向右上倾斜的曲线。

（二）会展供给能力在一定条件下的相对稳定性

会展供给能力，就是指在一定条件下（包括时间和空间等），会展供给主体能提供会展产品的最大数量。会展供给量与会展产品价格的同方向变化并非是无限制的。事实上，由于会展供给的特点、不可累加性及环境容量的限制，会展供给能力在一定条件下是既定的，从而决定了会展供给量的变动是有限的。一旦达到会展供给能力，即使会展产品价格再高，会展供给量也是既定不变的，如图 2-5 所示。

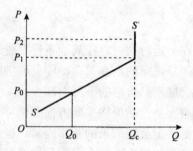

图 2-5 受会展供给能力限定的会展供给价格曲线

在图 2-5 中，当会展供给小于 Q_C 时，会展供给量将随会展产品价格的变化而发生同方向变化；但当会展供给达到 Q_C 时，即使价格从 P_1 提高到 P_2，需求量仍为 Q_C，说明当已经达到会展供给能力时，无论价格如何变化，会展供给量都不会发生变化。

（三）会展供给的变动

经济学理论一般把供给的变化分为供给量的变化和供给的变化。会展供给量的变化是指在影响会展供给其他因素保持不变的情况下，由于会展产品本身的价格变化所引起的供给变化，在坐标图中表现为同一曲线上点的移动。

在会展产品价格既定条件下，由于其他任一影响因素的变动而引起的会展供给变化，称为会展供给的变化，表现为整条曲线的位移，如图 2-6 所示。

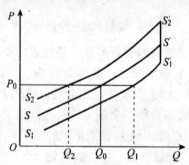

图 2-6 会展供给曲线的变动

例如，在图 2-6 中，当生产要素价格下降时，必然引起会展产品成本下降，从而在既定生产条件下会增加会展供给，并引起供给曲线由 SS' 移至 S_1S_1'；反之，当生产要素价格上升时，必然引起会展产品成本提高，从而导致会展供给下降，使供给曲线由 SS' 移至 S_2S_2'。这时，尽管会展产品价格保持不变仍为 P_0，但会展供给量已发生变化，分别由 Q_0 增加到 Q_1 或减少到 Q_2。

如果将供给作为因变量，将影响供给的各种因素作为自变量，则供给函数可以表达为：

$$Qs=f(a, b, c, \cdots, n)$$

式中：Qs 为供给数量；a，b，c，$\cdots$、n 代表影响供给的各种因素。

三、会展供给量的变动和会展供给的变动

区分会展供给量的变动和会展供给变动的依据在于引起这两种变动的原因是不相同的，并且这两种变动在几何图形中的表现也不相同。

（一）会展供给量的变动

会展供给量的变动是指在其他条件不变时，会展产品本身的价格变动所引起的会展产品供给量的变动。在几何图形中，这种变动表现为会展产品的价格—供给量组合点沿着同一条供给曲线的运动。例如在图 2-4 中，在其他条件不变时，当会展产品的价格上升从 P_0 上升到 P_1 时，会展产品供给量由 Q_0 增加到 Q_1，会展产品的价格—供给量组合点由 E_0 点移动到了 E_1 点。这种变动只表示供给量的变化，不代表整个供给条件的变化。

（二）会展供给的变动

会展供给的变动是指在某商品价格不变的条件下由于其他因素变动所引起的该会展产品的供给量的变动。其他因素是指生产要素价格的变动、相关商品价格的变动、生产技术水平的提高和生产者对未来的预期等。

在几何图形中，会展供给的变动表现为供给曲线的位置发生移动。如图 2-6 所示，SS' 为原供给曲线，在会展价格以外的其他因素变动的影响下，供给增加会使供给曲线由曲线 SS' 向下平移到曲线 S_1S_1' 的位置；供给减少，则会使供给曲线由曲线 SS' 向上平移到曲线 S_2S_2' 的位置。

由会展供给条件的变化所引起的会展供给曲线位置的移动，表示在每一个既定的价格水平下会展供给量都增加或者都减少了。例如在同一价格水平 P_0 上，当会展供给增加时会展供给量由 Q_0 增加到 Q_1；当会展供给减少时供给量由 Q_0 减少到 Q_2。总之，会展供给的变动所引起的会展供给曲线位置的移动表示整个会展供给条件或会展供给状态发生了变化。

四、会展供给价格机制及供给弹性

（一）会展供给价格机制

在会展市场上，会展产品价格的波动和变化趋势对一个国家或地区的会展供给量会产生一定的影响。一般地，在其他因素不变的情况下，如果会展产品价格出现下跌，会展供给量便会减少；如果会展产品市场价格上涨，则会展供

给量就随之增加，会展产品价格与会展供给之间的这种关系就是所谓会展供给价格机制。

然而，会展供给量与会展产品价格的同向变化并不是无限制的。事实上，由于会展供给的特点及有关影响因素的作用，使得会展供给能力在一定条件下是既定的，从而决定了会展供给量的变动是有限的。所谓会展供给能力，就是在一定条件下，会展供给主体能够提供会展产品的最大数量。由于会展供给的不可累加性以及宏观调控等的限制，会展供给在一定的时间和空间条件下，供给量必然受到会展供给能力的制约。一旦达到会展供给能力，即使会展产品价格再高，会展供给量也是固定不变的（见图2-7）。

在会展产品价格既定条件下，由于政策、技术等其他因素的变化而引起的会展供给变动，称为会展供给水平的变动。在这些情况下，会展供给量的变化不是沿着会展供给曲线运动，而是整个会展供给曲线发生位移，如图2-8所示。

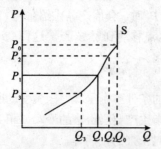
图 2-7 会展供给价格曲线

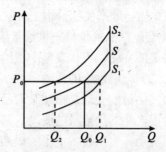
图 2-8 会展供给曲线的移动

（二）会展供给价格弹性

会展供给价格弹性是会展供给量对会展产品价格的变化而发生反应的程度。为了测定会展供给量对价格的敏感性，就需要计算会展供给的价格弹性系数。所谓会展供给的价格弹性系数，就是会展供给量变化的百分数与会展产品价格变化的百分数之间的比值。其测定公式如下：

$$E_S = \frac{\dfrac{Q_2 - Q_1}{Q_1}}{\dfrac{P_2 - P_1}{P_1}}$$

其中，E_S 表示一定时期内会展供给价格弹性系数；Q_1 表示期初会展供给量；Q_2 表示期末会展供给量；P_1 期初会展产品价格；P_2 表示期末会展产品价格。由于会展供给量与会展产品价格同向变化，会展供给价格弹性系数始终是正数。根据会展供给价格弹性系数的大小，可以区分为以下几种情况。

1. 当 $E_S>1$ 时，表明会展供给量变动百分数大于会展产品价格变动百分数，即会展供给是富有价格弹性的，会展产品价格的微小变化将引起会展供给量的较大幅度变化。

2. 当 $E_S=1$ 时，表明会展供给量变动百分数与会展产品价格变动百分数相等，即会展供给具有单位弹性。

3. 当 $0<E_S<1$ 时，表明会展供给量变动百分数小于会展产品价格变动百分数，即会展供给弹性不足，其实质说明会展产品价格对会展供给量变化的影响不大。

4. 当 $E_S=0$ 时，表明会展供给量是一个常量，不随价格变化而变化，此时称为完全无弹性。

5. 当 $E_S=\infty$ 时，会展供给曲线是与横轴平行的一条水平线，表明会展价格略有变动，会展供给就会有无限大的变动幅度。只有在商品出现严重过剩时，才可能出现类似的情况。

通常情况下，在会展产品价格呈下跌趋势的时候，会展供给主体愿意并且很容易减少其供给，此时会展供给弹性较大。但更常见的情况是，随着会展市场需求的扩大，会展产品的价格也随之上升，可是会展供给主体要想迅速扩大或提高其供给水平则相对比较困难。因为会展供给受基础设施、服务设施、人力财力物力时间等多种因素的限制和制约，这就是为什么人们通常认为会展供给弹性较小的缘故。实际上，会展供给弹性的大小同所分析的时期有一定的关系——所分析的时期越长，则供给弹性越大；反之，则供给弹性越小。因为在较长的时期内，供给主体可以针对会展产品价格上升的情况，设法创造条件增加或改善会展设施和产品供给，这样会展供给弹性就会比较大；而在一个较短的时期内，尽管会展产品价格上升，由于上述因素，会展供给主体很难迅速提高其供给水平，所以会展供给弹性往往较小。

（三）会展供给规律的例外

经济学中的供给规律说明的是一般商品的供给规律，而某些会展产品的价格与其供给量之间的关系并不完全服从这一规律。例如奥运会每四年举行一次，由于其供给量无法增加，因此无论其价格如何上升，其供给量也不会增加。此外还有些会展产品的供给常常会呈现不规则的变动。

五、影响会展供给的因素

（一）经济发展水平

经济发展水平对会展供给的影响主要通过以下几个方面表现出来。

1. 会展基础设施。经济发展水平的高低决定了对会展基础设施投入的大小，如会展场馆、交通设施等。经济发展水平高、发展速度快的地方，则政府财政或民间资本充裕，基础设施的投入无论从规模上还是从比例上都会更加可观，可以更好地满足会展产业发展的需要，提高会展市场供给；而经济发展水平低、发展速度慢的地区，受资金、人力等因素的限制，会展基础设施的建设就相对滞后，会展供给水平就比较低。

2. 会展相关行业。会展相关行业是指包括媒体广告、交通运输、旅游娱乐、物流服务等与会展产业发展紧密相关的这些行业。一个国家或地区的宏经济发展水平通过影响这些相关行业的发展，继而对会展产业以及会展供给施加间接的影响。从简单意义上考虑，经济发展水平、相关行业的发展以及会展行业的发展、会展供给等变量之间是正相关的。也就是说，经济发展水平越高，会展相关行业发展良好，配套条件比较成熟，会展行业发展的环境就更为优越，会展供给和需求就旺盛。

3. 经济体系的开放性。会展产业是商业活动高度发达，对外开放达到一定水平后的产物。任何一个封闭的经济体系，都会严重制约要素流动，影响会展产业的形成和发展，影响会展供给的总量和结构。一般而言，对外开放程度高、商业发达的国家或地区，会展产业才能迅速发展，会展供给才会更快更好地满足会展市场的需求。

（二）会展商品和劳务的价格水平

一般而言，当会展商品和劳务的价格水平上升时，会展经济总供给量相应增加，但这种增加并不是无限的，而要受到会展商品和劳务供给能力的局限。当会展经济总供给量达到极限后，继续提高会展商品和劳务的价格水平并不能增加会展经济总供给量。相反，如果会展商品和劳务的价格水平下降，必然导致整个会展行业的全面亏损，严重影响会展经济长远发展，使会展经济全面衰退。

（三）经济资源存量及利用水平

会展经济总供给量还受经济体系中可利用存量资源的约束。如果用于会展商品与劳务生产的各种生产要素或经济资源处于极度短缺状态，则该经济体系中的会展经济总供给将受到严重约束。要超越现有存量资源能提供的总供给量，只能从外部输入生产要素、经济资源或直接的商品与劳务。

在同样的资源、要素禀赋条件下，技术越先进，管理水平越高，所能提供的会展商品和劳务越多；相反，如果资源利用技术不高，管理效率低下，同样资源禀赋条件下的会展商品与劳务的总供给量将受到制约，被限制在极低的水平上。

因此，经济体系的资源禀赋、技术水平和经营管理能力是影响会展经济总供给的另一重要因素。

（四）宏观产业政策

在政府的诸多宏观调控政策中，财政政策与货币政策偏重于需求管理，对会展经济总需求产生重要影响。产业政策则是立足于供给管理，着眼于实现总供给的长远均衡。当国家对会展产业进行扶持时，必然增加会展经济长远总供给。相反，如限制会展产业及相关产业的发展，则必然影响会展经济总供给，使会展经济总供给受到严重制约。

（五）国际经济环境与对外开放程度

国际经济环境也直接影响到会展经济总供给。在一个开放度较高的经济体系中，国际市场上的会展商品与劳务供给与需求、价格水平、技术创新能力等都会通过各种传导机制，影响到会展经济总供给。影响会展经济总供给的国际经济环境与对外开放程度，包括如下几个方面：经济体系的对外开放水平、进出口依存度及相应的进出口政策；会展商品和劳务及相应的生产要素、资源的进出口额；会展经济吸引外来投资与消费的比例和相应政策；会展经济对外输出商品和劳务的能力，主要受会展商品与劳务的国际市场竞争力影响；国际市场上的会展商品与劳务价格水平。

（六）生产技术和管理水平因素

在一般的情况下，生产技术和管理水平的提高可以降低原有的生产成本从而增加生产者的利润，因此，在同一价格水平下，生产者会提供更多的产品，使得供给量增加。一个会展活动的良好运行，背后需要强大的技术体系和管理能力的支撑。企业和组织在整个会展活动过程中涉及和应用到的技术非常广泛，包括展示技术、交流技术、运输技术、存储技术、设计装修技术甚至建筑技术等，它们应用于会展活动各个环节。对于很多特殊行业的展示和管理，如瓷器展览会、摄像器材博览会等，没有专业的知识和技术就更难保证其成功。

日益进步的科学技术在会展活动中的应用是会展产业现代化趋势的重要体现。随着各种技术开发与应用上的日新月异，今天的会展活动与过去相比更加丰富多彩，令人眼花缭乱、印象深刻。传统上参展商"三板一桌加两凳"的现状已经得到了极大的改观，电话会议、网络会议技术、同声传译技术、会展场馆智能化管理技术、三维视觉技术等在若干年前尚无法想象，而在今天已经广泛应用开来。正是由于高新技术为会展活动提供了越来越强的观赏性、体验性，才吸引了更多观众和媒体的关注和参与。因此，从技术环境关系到各个组织参展和组展的效果、不同会展供给主体的积极性、会展供给的质量这个角度来说，可以认为它是影响会展供给的重要因素。

（七）不可抗力与其他相关因素

正如对会展经济总需求的影响一样，不可抗力对会展经济总供给产生重要影响，往往会打破会展经济的正常运行，使会展经济总供给突然下降为零，也可能突然增加很高，引起会展经济的剧烈波动。

因此，会展总供给也是会展经济总量运行的重要方面，从供给管理的角度可以分析会展经济总量的未来趋势。

第三节 供求均衡与市场结构

会展需求与会展供给的动态均衡决定了会展市场结构。

一、会展供求均衡理论

（一）会展供求均衡价格的决定

1. 均衡概念

均衡（Equilibrium）的一般意义是指经济事物中几种力量在一定条件下相互作用所达到的一种相对静止的状态。经济事物之所以能够处于这样一种静止状态，是由于各参与者的力量能够相互制约和相互抵消，最终有关各方面的愿望都能得到满足。正因为如此，经济学要研究一定条件下经济事物变化发展的最终均衡状态。

会展供给与需求是矛盾运动的两个变量，构成会展经济运行的主线。当会展供给和会展需求保持大体相等的水平时，我们称之为会展供给与会展需求处于均衡状态，否则，则认为二者处于非均衡状态。

会展供给与会展需求都是处于均衡与非均衡的矛盾运动当中。当处于非均衡状态时，在各种因素作用下，会趋向均衡状态。而处于均衡状态时，由于条件改变和因素变化，又会向非均衡转化，如图 2-9 所示。

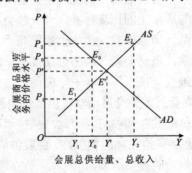

图 2-9　会展经济总供给与总需求的均衡与非均衡

在图 2-9 中，会展供给曲线 AS 与会展需求曲线 AD 的交汇点 $E'(Y', P')$ 为会展供给与会展需求的均衡点，其他的点，如 $E_0(Y_0, P_0)$，$E_1(Y_1, P_1)$，$E_2(Y_2, P_2)$ 等点则是会展供给与会展需求的非均衡点。

2. 会展均衡价格的确定

会展需求说明了某一会展产品在每一价格下的需求量，而会展供给则说明了某一会展产品在每一价格下的供给量，要说明该会展产品价格的决定，就必需将需求和供给结合起来考虑。在竞争性的会展市场上，对于某种会展产品的任一价格，其相应的需求量和供给量不一定相等，但在该产品各种可能的价格中，必定有一价格能使会展需求量与会展供给量相等，从而使会展市场达到一种均衡状态（见图 2-10）。因此，会展均衡价格是指会展需求主体对某种会展产品的需求量等于会展供给主体所提供的该产品的供给量时的会展市场价格。均衡价格是由需求和供给两种力量共同决定的。在均衡价格下的交易量称为均衡交易量或均衡产量（Equilibrium Quantity）。

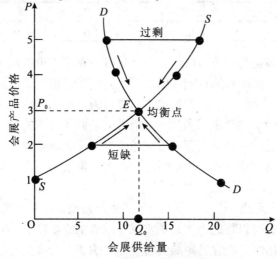

图 2-10 会展供给和会展需求的市场均衡

以 Q 表示会展供给量或需求量，并作为横坐标，以会展产品价格 P 作为纵坐标，在平面直角坐标系中描绘出会展需求曲线 DD' 和供给曲线 SS'，如图 2-10 所示。设会展需求曲线 DD' 与供给曲线 SS' 相交于点 E，点 E 表示会展市场达到均衡状态的均衡点，此时会展供给量与需求量相等，称为供求均衡，E 点所对应的价格 P_0 称为均衡价格，Q_0 称为均衡产量。

由于会展市场上的供求矛盾是客观存在的，所以会展供求不平衡是绝对的、无条件的，而供求平衡则是相对的、有条件的、暂时的。会展供求矛盾总是由不平衡转化为平衡，再在供求双方的矛盾运动中，打破原有的平衡，而出现新的不平衡。会展供求之间这种由不平衡到平衡再到不平衡的循环往复的变化过程，可称之为会展供求矛盾的运动形式或会展供求矛盾的运动规律。

市场均衡发生在供给量与需求量达到平衡的价格和数量点上。在该点，需求者所愿意购买的数量正好等于供给者所愿意出售的数量。只有当会展需求方与供给方能够以双方同意的价格来交换彼此认可数量的产品时，会展供求平衡才能实现。从表 2-1 可以看出会展供求的均衡实现的过程。

表 2-1 某会展产品的需求和供给

会展价格 （一次性会展总费用，元／人）	需求量 （每月万人次）	供给量 （每月万人次）	对价格的压力
A 5 000	9	18	向下
B 4 000	10	16	向下
C 3 000	12	12	零
D 2 000	15	7	向上
E 1 000	20	0	向上

当会展价格最初为每人 5 000 元的高价时，在这一价格水平上，供给者愿意出售的数量高于需求者愿意购买的数量，其结果是出现了供给过剩，即供给量超过了需求量，供过于求，我们也可以称其为"超额供给"或"需求缺口"，如图 2-10 中标有"过剩"的线段所示。沿着两条曲线向下的箭头表示当市场存在过剩时价格的运动方向。在存在过剩的情况下，必然会使供给主体之间展开竞争，结果使价格逐渐下降，供给量逐渐减少，需求量逐渐增加，直到价格降到均衡价格 P_0。

在每人 2 000 元的低价上，市场出现了供给短缺，即需求量超过了供给量，供不应求，我们也可以称之为"超额需求"或"供给缺口"，如图 2-10 中标有"短缺"的线段所示。在存在短缺的情况下，购买者为得到有限的物品而展开的竞争，结果导致引起价格上升，需求量逐渐减少，供给量逐渐增加，直到价格上升到均衡价格 P_0，如图中向上的箭头所示。

我们看到供给与需求的平衡或均衡发生在供给曲线与需求曲线的交点 E 上。在点 E，价格为每人 3 000 元，数量为 12，需求量与供给量相等，既不存在短缺，也不存在剩余；价格既没有上升的趋势，也没有下降的趋势，达到了市场均衡。因此，点 E 被称为均衡点，点 E 所对应的价格被称为均衡价格，它所对应的数量被称为均衡数量。在竞争市场上，这一均衡发生在供给曲线与需求曲线的交点上。

根据以上的分析，在竞争市场中，均衡是必然要出现的一种趋势。通过市场供求关系的自发调节，形成市场的均衡价格。而均衡价格形成后，市场价格一旦背离均衡价格，由于供求的相互作用，有自动恢复到均衡的趋势。

（二）会展供求规律

1. 会展供求变化对均衡价格与均衡产量的影响

由于决定和影响会展供给与需求的因素很多，其中任何一项非价格因素的变化都会导致会展需求曲线或供给曲线的位移，出现供给过剩或短缺，破坏原有的市场均衡，造成新的供求矛盾，由供求矛盾又形成新的市场均衡。可以说，会展供求矛盾的出现是会展市场均衡遭到有关影响因素变动的结果，会展供给与需求的均衡是动态的均衡。因此，我们采用供给曲线与需求曲线的移动来研究供给与需求的动态均衡。为简单起见，我们假定供给曲线与需求曲线在移动时形态不变（但在实际中，曲线移动时往往伴随形态的改变）。

（1）会展供给不变，会展需求发生变动

影响会展需求的诸多因素，如收入、人口、偏好和替代品价格的变化等，都会使需求曲线发生位移，并影响均衡价格和数量。假如家庭收入急剧增加，每个人需要更多的会展产品，表现为在原来的价格水平下，购买者需要更多数量的会展产品。由于需求的增加，需求曲线从 DD' 向右上方移动到 D_1D_1'，如图 2-11 所示，其结果是原来的价格会导致会展产品供给不足，使得供给和需求在较高的价格水平上恢复均衡，则均衡点由点 E 上升到点 E_1。反之，因受价格以外的其他因素影响（例如人们的收入水平下降），使会展需求减少时，需求曲线会从 DD' 向左下方移动到 D_2D_2'，在供给曲线不变的情况下，就会出现较低价格水平的新的均衡点 E_2。

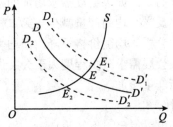

图 2-11　需求曲线的移动引起均衡价格的变动

（2）会展需求不变，会展供给发生变动

由于价格以外其他因素的影响，出现有利于会展供给的变化时，例如增加投资改善了交通条件和会展设施，使会展供给增加，导致会展供给曲线由 SS' 向右移动到 S_1S_1'，如图 2-12 所示，因而在原有价格水平上旅游供给量出现过剩。

此时，移动后的供给曲线 S_1S_1' 与原有的需求曲线产生新的交点 E_1，使得会展供给与会展需求双方在较低的价格水平达到均衡。当价格以外的影响因素出现不利于会展供给的变化时，会导致会展供给曲线由 SS' 向左移动到 S_2S_2'，在现有的价格水平上，将出现会展供给短缺，结果使得均衡点向左上方移动到 E_2。

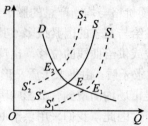

图 2-12　供给曲线的移动引起均衡价格的变动

（3）会展需求和供给同时发生变动

会展需求和供给同时发生变动的情况比较复杂，因为两者变动的方向、变动程度的差异均可能对均衡产生不同的影响。

假定由于价格外某种因素变动引起会展需求与供给同时增加，根据前述分析，需求、供给增加后，均衡产量均随之增加，但均衡价格的变动却不肯定。因为需求增加使均衡价格上升，而供给增加使均衡价格下降，因而均衡价格的实际变动还要取决于两者增加的程度。如果需求增加的程度大于供给增加的程度，则均衡价格上升，反之，均衡价格下降。

假设会展需求与供给由于各种因素而反向变化。第一种情况：会展需求增加，会展供给减少，根据前述分析，均衡价格上升，但均衡产量的变动不能确定，要视两者的变化程度而定；如果会展需求增加的程度大于会展供给减少的程度，则均衡产量增加，反之，均衡产量减少。第二种情况：会展需求减少，会展供给增加，根据前述分析，均衡价格下降，但均衡产量依然不能确定，要视两者的变化程度；如果会展需求减少程度大于会展供给的增加程度，则均衡产量减少，反之，则均衡产量增加。

2．会展市场供求规律

根据以上分析，我们可以得出以下结论：

（1）会展市场均衡价格和均衡产量与会展需求呈同方向变动。

（2）会展市场均衡价格与会展供给呈反方向变动，而均衡产量与会展供给呈同方向变动。

在竞争性会展市场上，这种均衡价格和产量与会展需求和供给的变动规律，我们称之为会展市场供求规律。

与一般产品的供求平衡相比，会展供求具有平衡的相对性和不平衡的绝对性，供需交换的随机性等特性。在竞争的会展市场上，会展供求之间在某个时期实现的平衡常为某些影响因素的变化所打破，又会产生新的供求矛盾。在市场经济条件下，对于会展供给和需求中出现的矛盾和不平衡，主要是通过市场机制来进行调节的，具体地就是运用价格规律、竞争规律、市场体系来实现对供求矛盾的动态调节。价格的变化会对供求发生调节作用；反之，供求的变化也会对价格发生调节作用，在动态的变化中实现新的平衡。总之，在价格这只"看不见的手"的作用下，会展需求主体和会展供给主体都及时调整自己的需求函数和生产函数，使得会展经济在体系内部达到均衡。

二、会展供求矛盾产生的原因与类型

（一）会展供求矛盾的原因

1. 会展业自身性质原因造成的供求矛盾

（1）行业进入壁垒低。会展业和其他行业相比，其进入壁垒相对较低。就资金壁垒来讲，会展业相对于传统的制造业，或高科技产业来讲，尽管展馆建设的初期投入量较大，但后续资金较小，尤其是对于会展公司的投入资金需求量不大；就技术壁垒来讲，会展业属于劳动密集型企业，对技术的要求较低。因此，这一行业的供给容易膨胀。

（2）退出壁垒高。由于会展业自身的特殊性，导致其转换成本过大，供给方的会展产品供给缺乏弹性，有的甚至在短期内无弹性。

2. 会展供给方的原因

（1）对会展产品需求情况的不了解，缺乏科学的市场调研，导致会展产品缺乏档次，差别程度低。

（2）对会展业总体发展情况掌握不够，信息了解不足，过于乐观，造成很多投资主体投资盲目性大。

3. 会展需求方的原因

（1）对会展业的认识和了解还不够，消费主体对某新商品、服务的需求意识与其供给速度相比总会有一定的滞后性。需要供给方的不断引导、激发才能发挥出来。

（2）会展供求反映价格的敏感度远远大于供给方，且需求方对相应替代品的选择余地也较大。例如，利用广告、传单、网络等进行宣传；利用传统方式进行订货、交易等。

4. 政策、行业管理方面的原因

（1）受到投资体制改革后"五个一起上"的政策影响，国家、集体、个人、外资等纷纷在会展业进行投资，使得许多城市几乎是"一天几小展，几天一大展"。

（2）行业主管部门对会展业的发展缺少总体规划，对其结构、数量、分布没有明确认识且没有专门的行业信息披露部门，使得各投资主体投资具有盲目性。

会展市场上的供求平衡是有条件的、暂时的，而失衡却是绝对的、无条件的。因此，在会展供求双方的矛盾运动中，新的平衡不断地被打破，产生新的不平衡。

（二）会展市场供求矛盾的表现形式

从会展供给与需求的矛盾关系看，其主要表现在数量、质量、结构、空间和时间等方面的矛盾冲突。

1. 会展供给与需求数量方面的矛盾

在一段时期内建设形成的会展场馆等的供给，相对而言是有限的、稳定的。但会展的需求量随着经济发展状况、社会环境、消费者的经济情况、认识水平等条件的影响不断变化。这些使得会展参展者的数量会出现急剧的增加或减少，与会展供给的这种相对稳定性产生矛盾，出现会展供给总量与会展需求方面的不平衡，造成有的场馆场场爆满，有的场馆则冷冷清清、无人问津的现象。

2. 会展供给与需求在质量方面的矛盾

这主要就表现在实际会展与消费者的心理预期之间的落差。会展的供给者主要提供的是展馆环境、传达的信息及无形的服务。因此，会展供给质量的高低主要依据会展参展者的主观感受给予评价，而会展参展者对会展产品的心理预期通常会与实际的会展供给产生一定的差距。如果这种差距小的话，就说明会展参展者认为会展产品供给的质量高，相反则认为质量低。因此，会展经营者在提供会展产品时，一定要充分考虑不同参展者的心理特征和行为方式，了解他们的特殊需要，开展有针对性的个性化服务，提高服务水平，加快会展场馆等的建设与更新，尽量缓解会展供需在质量方面的矛盾。

3. 会展供给与需求在结构方面的矛盾

会展供给与需求的结构矛盾集中表现在：会展供给的档次和级别与会展需求不相适应。这是由于一定时期内市场提供的会展产品水平是相对稳定的，而会展需求却是复杂的、多样的。造成了现实中会展热点地区供不应求，偏僻地区则供过于求的现象。

4. 会展供给与需求在空间方面的矛盾

会展供给与需求在空间方面的矛盾集中体现为会展供求在地域分布上的失衡。例如，有些大城市，由于区位条件优越，其提供的会展在类型、数量、质量方面都具有竞争优势，地区会展供给能力自然就强；反之，有的偏僻地区即使存在会展需求，但由于会展所需各项设施不具备而无法实现会展供给。

5. 会展供给与需求在时间方面的矛盾

会展需求往往与参展者产品的生产周期（如新产品投放期）、会展周期（如世博会）等时间因素有着密切的联系，而有些会展供给，尤其是展馆的供给在一年之中是稳定的，因而经常会出现旺季需求过剩、供给不足，而淡季则需求不足、供给过剩的矛盾局面。

三、会展市场竞争结构分析

会展市场结构是动态的和变化的，它取决于会展供给和需求的均衡点。而任一均衡点都是均衡与非均衡矛盾运动的竞争结果，因而呈现在我们面前的市场结构是各种竞争结果的均衡形态。

（一）会展产业市场结构的含义和内容

1. 会展市场结构的含义

会展产业的市场结构是指会展企业与市场关系的特征和形式。结构是构成一定系统的要素之间的关系和组织。

2. 会展产业的市场结构

包括如下几个方面的内容：

其一，处于卖方地位的会展企业之间的关系；

其二，处于买方地位的会展企业之间的关系及与其他消费者之间的关系；

其三，处于买卖方的会展企业、个人之间的关系；

其四，会展产品市场内已有买方和卖方，与正在进入、可能进入市场的买方、卖方会展企业、个人之间的关系。

（二）会展市场结构的类型

上述关系在现实市场中的综合反映就是会展市场的竞争与垄断关系。会展产业的市场结构是一个反映会展市场竞争与垄断关系的概念。

根据市场结构的不同，也就是会展市场竞争和垄断关系的不同，可以把会展产品市场分为四种类型：

1. 完全竞争会展市场

完全竞争会展市场是不存在垄断、竞争程度最高的会展市场，具有如下特点：首先，会展市场有大量互相独立的买方和卖方，会展企业规模小，任何一个会展企业都不可能对会展市场上会展产品的市场价格产生绝对性影响。其次，所有会展企业提供的会展商品都是标准化产品，没有差异。会展企业能自由进入和退出市场，没有任何限制会展产业经济资源流动和会展商品价格变化的障碍。这里的会展商品既包括会展活动所展示的商品，又包括会展活动本身。再次，在会展市场上，所有的买方会展企业、个人或卖方会展企业、个人都能获得较为完备的、充分的信息，不存在由信息而产生的会展市场交易成本上升的现象。在会展产业形成和发展过程中，真正意义上的完全竞争市场是不存在的，但能为我们分析、研究会展市场变动规律提供有效的依据。一般而言，由众多中小企业参加的同类商品的国际性、区域性展销会、博览会较为接近完全竞争市场。

2. 完全垄断会展市场

所谓完全垄断会展市场，是指不存在任何市场竞争的会展市场，具有如下特点：首先，整个会展产业只有一家企业，会展企业就是会展产业。其次，完全垄断企业所提供的会展产品没有相关的替代品，其他类型企业难以进入，难以与处于垄断地位的会展企业展开竞争。垄断企业完全控制会展市场价格，它是价格的制定者，可以自行决定自己的产量和销售价格，并因此使自己的利润最大化。在会展产业发展过程中，完全垄断的会展市场很少。一般而言，在一个小国经济体系中，由政府特许或授权独家经营特殊会展专用商品或业务的企业，处于完全垄断地位。

3. 垄断竞争会展市场

所谓垄断竞争会展市场，指垄断和竞争并存且竞争因素相对多一些的会展市场，具有以下特点：首先，会展产业内各企业的会展产品在质量、商标、广告、销售服务等方面存在着差别，会展产品相似而不相同，有差别，但差别又不是大得不能互相替代。其次，该会展市场进入退出障碍比较小，会展企业能比较容易自由进入和退出该会展市场，由于该市场存在一定程度的垄断性，因此个别企业对会展产品的价格略有影响力。

这种会展市场在会展产业形成和发展过程中，较为普遍地存在着。如大型对外招商引资博览会、大型商品进出口交易会、由多家企业介入的大型体育盛会等。

4. 寡头垄断会展市场

垄断和竞争并存且垄断因素相对多一些的会展市场为寡头垄断会展市场，该类型会展市场具有如下特点：首先，会展产业内只有少数几家会展企业，会展企业之间既相互依赖又相互竞争。其次，某个会展企业占有相当大的市场份额，对会展市场价格产生一定的影响，市场进入和退出障碍较大，新会展企业进入市场和老会展企业退出市场都相当困难。在会展产业形成和发展过程中，该类型市场较为普遍地存在。

（三）中国会展市场结构的基本判断

中国会展经济发展的规模、水平在各地区很不均衡。像香港特区、上海、北京等局部地区会展市场的发展经历了从小到大的历程，并以年均近 20%的速度递增，规模逐步扩大，场馆建设日臻完善，成为当地国民经济发展的新亮点，并形成一批有影响力的品牌展会，总体水平已初步接近国际上会展发达国家与地区的水平。但是，内地大部分地区的会展活动还处于发展初期，长期以来政府主导色彩较浓，场地经营高度一体化，行业协会作用很弱。

从场馆经营的角度看，在一般省市内属于典型的寡头垄断市场，在某些省市内则形成垄断市场，各个展览中心独占地区市场。比如，截至 2006 年 12 日 31 日，上海近 300 个展览会的 90%以上是集中在五大展览馆内举行的。上海展览中心、上海国际展览中心、上海新国际博览中心、上海光大会展中心和世贸商城五大场馆构成了区域内的寡头竞争格局。

从展会角度看，2006 年经 UFI（国际展览业协会）认可的中国大陆展会共 43 个，港澳地区 16 个，台湾地区 3 个。这些展会的组织者基本上是集中在少数几个中心场馆、部分官方机构或行业协议构成，专业会展公司只有华博、雅式、华汉等 6 家。这表明我国现阶段有国际影响的大型展会还很少。会展组织者等经营主体构成的市场呈现出寡头竞争形态。

因此，我国会展市场在总体上呈现寡头垄断市场的特征。

四、会展企业的市场行为

（一）价格制度与价格机制

1. 价格制度

价格是市场配置资源的信号，也是影响会展企业市场竞争力的重要因素。以控制和影响价格为基本特征和直接目的的价格行为，包括成本加目标利润定价行为、各种协调性定价行为和掠夺性定价行为。

自由经济制度又称“价格制度”（Price System），就是指在充分的市场竞争中完全由价格涨落来调整整个经济运行的制度。任何一个社会，都必须解决生产什么、为谁生产、如何生产这样的基本经济问题。在不同的经济制度中，这些问题是以不同的方式来解决的。价格制度就是自由企业经济中解决这三个问题的基本方式。

在价格制度下，不存在一个有意识的机构来对经济、社会进行统计表式管理。所有生产要素的所有者、生产者和消费者，都按照自己的利益自由地追求自己的目标。他们的经济行为，没有直接的行政命令支配，主要由价格来引导。每一种商品和劳务都有价格，价格波动，引起供给量升降，也导致需求量增减。

生产什么取决于消费者的"货币选票"。价格升降告诉生产者多生产什么、少生产什么、不生产什么。如何生产取决于各种生产要素价格的变化和各生产者之间的价格竞争，不同要素的价格决定各要素的投入比例。价格竞争使效率提高，成本低的生产方法占有优势，淘汰效率低、成本高的生产方法，为谁生产取决于生产要素的价格、工资、地租、利息和要素所有者的收入。

古典经济学崇尚价格制度，认为它是最完美的制度，能够使经济、社会有秩序、有效率地运行而无需任何人为的干预。现代西方经济学家们则认为，价格制度只有在完全竞争的条件下，才能充分有效地发挥作用。但在现实经济生活中，垄断因素始终存在。在会展产业形成和发展过程中，同时存在着垄断和竞争，只是各自的分量和比重有所变化而已。价格制度不能保证公平分配，还会造成经济周期性膨胀和收缩。政府对价格进行必要的干预存在着某些合理性，但过度干预又不利于市场体系的正常运行。

2. 价格机制

与价格制度紧密相关的另一个概念是价格机制（Price Mechanism），是指价格在市场经济中所具有的使经济体系达到均衡的机理与调节功能。价格是市场经济运行的中心，它不仅包括物品和劳务的价格，而且包括利息、地租、工资这些生产要素的价格。价格作为市场信号，引导供给量与需求量变动。价格就像一只"看不见的手"，无形中左右着各经济主体的行为，使经济、社会有序运动，价格在市场经济体系中的这种作用机理与调节功能，就是价格机制。

价格机制不仅是一个市场的局部均衡问题，它涉及许多相互依赖的市场，会展市场便是其中之一。在市场体系中，人们在对各种不同物品的偏好和为了生产这些物品所必须投入的有限资源之间保持均衡的问题，主要是由一般均衡价格体系来解决。当某一商品的价格水平破坏了与其他商品价格的均衡比例时，由于竞争的作用，必然会使生产该商品的部门和其他部门在资源配置上作出调整，直到价格体系实现新的相对价格均衡。这就解决了稀缺的资源用来生产什么、生产多少这样一个经济体系的资源配置问题。价格机制还决定着生产者的经营决策，生产者根据各种生产要素的价格变动，调节生产成果在各要素所有者中的分配，解决为谁生产的问题。

价格机制充分发挥作用的环境，是完全竞争或近乎完全竞争的市场。在这种市场环境中，价格机制的充分作用，会使整个经济体系最有效率。在现实生活中，价格机制的作用因厂商垄断和政府干预而受到限制。

总而言之，价格制度和价格机制发挥出最大的资源配置功能的条件是市场的充分、完全竞争性。事实上，在任何经济体系中，都不可能存在绝对的完全竞争。会展市场也是一个不完全、不充分竞争的市场，除了价格以外，政府政策对市场供求矛盾运动产生重要影响。但价格制度和价格机制仍然是我们分析会展企业市场行为的重要参考依据。

（二）会展企业市场价格行为

1．会展商品价格

会展商品价格是会展商品价值的货币表现。用货币表现的会展商品价值，是会展商品的相对价值。从商品价值和货币价值的关系看，当它们的价值量按照相同的方向和相同的比例变化时。价格不变。在其他情况下，会展商品与货币二者任何一方价值发生变化，都会引起会展商品价格的涨落。在货币价值不变的情况下，价格的变化，是由会展商品价值的变动决定的，在这种情况下，会展商品价值变化是会展商品价格变化的基础。会展商品价格变化，还受市场上会展商品供求的影响。当会展商品供过于求时，价格下跌，当需大于供时，价格上涨。从一个较长的时期考察，会展商品的价格总是趋于一致。

会展商品价格由如下几个部分构成：会展商品（包括有形商品和无形商品）的生产成本、流通费用、利润和税金四个部分。会展商品的价格是其价值的货币表现，其构成要素有相应的价值构成要素作对应。

会展商品价格是会展市场资源配置的重要信号，引导着会展企业经济行为和决策。无论是社会总供求的变动，还是会展商品总供求的变动，都会引起会展商品价格变动，引起资源配置方式和内容的改变。会展商品价格的形成还受许多不确定性因素的影等响，如会展活动的区位条件、政府的政策法规和社会文化传统等。

2．会展企业定价行为

会展企业必须根据所提供或需求的会展商品的成本、目标利润、市场供需及其他相关因素，决定自己在市场上的价格取向。定价行为是会展企业价格行为的基础，既是对本企业提供产品进行定价，又是对其他企业产品进行估价和价格比较，以便企业作出较为合理的价格决策。在西方经济学界，大多数产业组织理论研究者侧重于研究寡头企业的定价行为。会展市场上，也存在着寡头企业，但又表现出不同的特点。寡头企业定价行为和方法常见的有：（1）成本加目标利润定价法。（2）价格领导制定价法。（3）卡特尔式定价法。卡特尔又称共谋和串谋，是以限制竞争、控制市场、谋求最大利润为目的的同一产业内独立企业间的一种协调形式。有两种类型：一是有明确文字协定，称为明确协定卡特尔；另一种只有口头协定而无文字协定，称为秘密协定卡特尔。在会展业中，口头协定或相互默契的大企业行为较常见。（4）限制性定价行为。在会展业中，一些大企业常采用高价或低价的方法限制甚至挤压对手。（5）掠夺性定价。在会展产业中，特别是大国经济体系的会展产业中，一些实力雄厚的大企业为了把竞争者驱逐出会展产业，不惜牺牲短期利益，以低于成本的价格来消除竞争对手并长期获得高额利润。

总之，不同经济体系中会展产业发展程度不同，会展市场类型也不同。会展企业为了获得最大化的市场利润，会采用不同的定价策略。就是同一会展企业，在不同的地域空间，在不同的发展时期，所采用的定价行为也不同。

（三）会展企业广告行为

会展产业与其他产业联系较为紧密，没有其他产业的发展和支持，不可能稳定发展，成为经济体系的主导产业。会展产业的这种市场、产业依赖性，决定了广告投入对该产业发展的重要影响。会展企业广告行为是会展企业市场行为的重要内容。

1. 会展市场结构与会展企业广告密度

广告费用支出与会展交易收益的比率就是会展企业的广告密度。会展产业集中度与广告费之间存在着一定的相关关系。一般而言，中等集中度的产业比高集中度产业有更高的广告密度。

会展产业集中度是一个不断演化的过程，在产业形成初期，只有极少数企业进入这一领域，集中度较高，随着新进入企业的增多，集中度降低。集中度降低到一定程度，在竞争中不断发展壮大的企业会形成垄断，集中度再次提高。

在一般情况下，会展产业集中度会按图 2-13 所描绘的路径变化，但因受到种种制度和非制度因素的影响，真实的会展产业集中度变化要复杂得多。

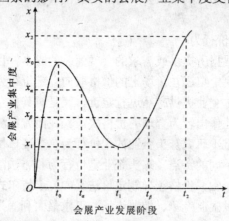

图 2-13　会展产业广告集中度变化情形之一

在图 2-13 中，会展产业处于 t_α、t_β 发展阶段时，广告集中度相对较高。

在会展产业形成的初期，随着产业集中度的不断提高，会展业务量增多，会展企业盈利会随之增加，所投入的广告费用也会增加。随着集中度的持续提高，会展企业数量减少，相互之间的依存性增大。为避免过度广告竞争对各利益主体都造成损害，广告投入会逐渐减少，但不会消失。

在会展产业的某些部门，如奥运会、世界杯足球赛申办城市之间，竞争相当激烈，广告有提高会展产业集中度的作用。当所有的具有竞争能力的会展企业都从事广告活动时，它们的市场份额将随广告活动的成败而发生变化。在竞争中，存在着成功企业和失败企业。如果广告成功，会展企业将赢得更大的会展市场份额，失败的会展企业将失去会展市场份额，甚至被迫从会展产业中退出。广告竞争的结果，能进一步提高会展产业的集中度。会展企业之间因为广告投入决策与效果的不同，会出现发展差距。

2．广告行为又会影响会展市场结构

广告投入增大，会阻碍新企业进入会展产业的难度，增强进入障碍。会展企业通过大量的广告投入，在会展商品市场上建立起自己的品牌和营销网络并培植出一个相对稳定的顾客群，使新企业难以立足。因此，会展企业广告行为直接影响到会展市场结构。会展市场结构将随企业广告行为的变化而发生改变。

（四）会展企业重组行为

会展产的整个市场行为中，会展企业之间的联合、兼并、购买、剥离始终存在着，构成市场行为的重要内容。

1．会展企业重组

会展企业之间的重新组合包括兼并、收购、剥离、分立等，是企业资本经营的重要内容。

会展企业兼并（Merger）指一家会展企业以现金、证券或其他形式如承担债务、利润返还等，有偿取得其他会展企业或非会展企业的资本或股权，使被兼并企业失去法人资格并取得这些企业经营决策控制权。会展企业收购（Acquisition）则是指一家会展企业对其他会展或非会展企业资产或股份的购买行为，目的在于取得对其他企业的控制权。收购的对象有两种：一是股权，一是资产。兼并与收购常作为同一词使用，在英文里表述为"M＆A"（Merger＆Acquisition），泛指在市场机制作用下，一个企业为了取得对其他企业的控制权而进行的产权交易活动。

会展企业剥离（Divestiture）是指会展企业将其现有的某些子公司、部门、业务、固定资产等出售给其他企业并取得现金或有价证券的回报。按照是否出于会展企业意愿，剥离可以划分为自愿剥离（Voluntary Divestiture）和非自愿或被迫剥离（Involuntary or Forced Divestiture）。会展企业分立（Spin-offs）则是指一个会展企业通过将母公司在子公司中所拥有的股份，按比例分配给现有母公司的股东,从而在法律上或组织上将子公司的经营从母公司的经营中分离出去。

此外,会展企业还可以通过资本市场,直接实现产权重组。会展企业通过资本的直接运作获利仅是资本直接运作的外在表现,其实质是会展企业利用资本市场在产权层次上间接地配置生产力各要素,优化企业的资本结构。目前,直接通过资本市场筹措会展企业发展资金将成为会展产业发展的重要趋势。

2. 会展企业重组原因

会展产业的发展过程中,会展企业重组是其市场行为的重要内容,有着重要的经济动因,也有外在制度安排的认可与鼓励。会展企业重组是多种原因和影响因素共同作用的结果。

(1)获得规模经济效益

会展企业通过兼并和收购,扩大会展经济活动的经营规模,进一步降低经营活动成本,从而提高市场获利水平。获取规模经济效益是会展企业重组的重要动因之一。会展企业通过兼并收购获得的规模经济效益表现在如下三个方面:

①财务上的规模经济效益。兼并收购后会展企业能够降低内部交易成本,可以得到较低利率的信贷支持,从而降低信贷成本,减少中间环节,降低管理费用和协调费用。

②技术上的规模经济效益。由于会展经济活动规模扩大。一些原有的闲置资产被调动起来,分工与合作更加明晰,效率更高。强化了对外谈判实力,在市场竞争中处于有利地位。

③协同效应。不同会展企业或会展企业与非会展企业的兼并与联合,能够优势互补,相互配合,实现最大化的市场利润。

(2)减少进入会展产业的障碍

新企业进入会展产业时将会遇到进入障碍,兼并与收购有利于减少进入障碍,特别是非会展企业进入时更是如此。一般而言,当一个企业试图进入会展产业时,它可以通过在会展产业内投资新建企业的方式,也可以通过兼并购买会展产业中原有企业的方式。对于发展较为成熟的会展产业部门,采用新建企业方式进入将会遇到较大的进入障碍,新增会展业务会对原有的市场供需均衡产生影响,还有可能引发价格战。如果采用兼并购买方式,可以减少会展产业的进入障碍,还可以保持会展市场的相对稳定。

(3)增强企业市场竞争力

通过会展企业重组,能够提高企业的市场占有率,会展企业的市场力量即影响和控制市场的能力增强。在会展产业形成和发展过程中，某一会展企业的市场占有率越高，企业的市场竞争力也越强，也就越有可能获得企业超额利润。会展企业也可以通过价格竞争或非价格竞争提高市场占有率，但会引起市场价格战，对自己造成损害。相反，如果采用企业重组的方式提高市场占有率，可以充分利用现有的市场资源和市场结构。

（4）降低会展企业经营风险

会展企业重组有利于降低经营过程中的市场风险。无论是会展企业的兼并与收购，还是剥离与分立，主要目标都是获得最大化的市场利润，最大限度地降低经营成本和风险。否则，会展企业重组就失去意义。当然，会展企业重组必须在市场体制较为健全的经济体制中进行，一些非市场力量的干预被限定在合理的范围之内。

（5）有利于会展企业家成长

会展产业发展，呼唤优秀的会展企业家的成长。如果没有一个优秀的企业家群体的存在，不能说会展产业已经形成和成熟。会展企业家是指经营管理卓有成效、培育生机勃勃的会展企业文化的会展企业管理者。不同的社会经济制度和不同的国家对企业家有不同的定义。在西方社会，较为普遍的认识是：企业家本质上是创新家。美国经济学家熊彼特就认为，国家经济的发展，归根结蒂取决于企业家的创新活动。在我国，通常把企业家作为优秀的企业经营管理行家来看待，也就是说，企业家的职业经营者，因而企业家必须是企业的主要领导人，不是经营管理行家的不能称为企业家。广义上的企业家是指以从事创业和发展企业为专门职业的企业领导者。狭义上的企业家是指献身于创办和发展企业的自主决策的经营者，其卓越成就为社会所公认。

会展企业重组涉及多个利润主体，也存在着风险，如果把握不当，必将给企业带来严重损失。这就要求会展企业重组的领导者必须有科学的决策能力，把握时机，努力进取。同时，会展企业经营者还必须有长远的眼光和创新的意识，才能成功地实现会展企业重组。通过会展企业重组行动，可以使一批有头脑、有创新意识的企业家成长起来，成为推动会展产业发展的最为重要的人力资本和主导力量。

总而言之，会展产业的市场行为既包括会展企业的价格行为和广告行为，也包括会展企业重组行为，是会展产业组织的重要内容。如果没有会展产业的市场行为，就不可能把会展企业与市场紧密地结合起来，会展产业组织优化也必将成为幻想，如图 2-14 所示。

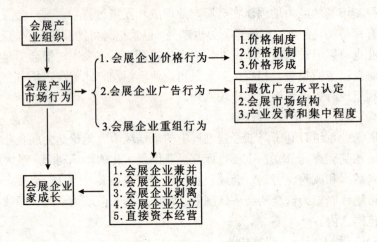

图2-14 会展产业市场行为

复习思考题

1. 会展市场的含义和构成的具体内容指哪些?

2. 描述会展市场运行机制。

3. 会展总需求含义、构成及影响因素各有哪些?

4. 会展需求主体构成和需求动机各指什么?

5. 会展供给的含义及其特征是什么?

6. 会展供给主体构成和角色扮演指什么?

7. 简述会展经济总需求与总供给的均衡与非均衡矛盾运行的原理及表现形态。

8. 列举会展市场竞争结构的四种类型及各自特征。

9. 影响会展市场竞争结构的主要因素有哪些?

10. 会展企业的市场行为有哪几种,其作用于行为的机制原理是什么?

第三章

会展产业分析

学习目的

掌握会展产业链的组成及其具体运行要点。了解会展产业集群的相关理论和实践。

主要内容

会展作为一种社会经济现象在今天已演变成产业活动，评判的理论依据和事实证明可系统性解释该过程；会展产业活动以产业链的方式展开，会展产业链可分为上游、中游、下游三个基本环节；会展产业向发达成熟地区集聚；会展产业集群的生命周期形态及竞争优势研究。

第一节 会展产业构成及驱动因素

一、会展产业构成及特点

（一）产业构成

会展产业，指以会展行业为中心和支撑，形成提供专门支持和服务的附属配套行业和企业，功能明确而又独特的经济事业，由核心层、辅助层和配套层三部分构成。其核心层是为会展活动提供场馆、设施、服务的企业组织，通常由会展组织者、会议中心及展览场馆、会展设计及搭建公司、会展服务机构等组成，为会展的策划、招商、营销、设计、场馆租赁、运输物流和现场服务等提供专业化的行业服务。应该说，会展的行业边界是十分明确的，结构亦趋于稳定。辅助层包括住宿业、餐饮业、交通业、通信业、物流业、旅游业、零售业等。配套层范围最广，大凡能直接或间接为会展活动主办单位、参与方和观众提供服务的部门，都可以包括在此范围内，如法律咨询、媒体广告、印刷票务、商务旅游、信息数据等（图 3-1）。

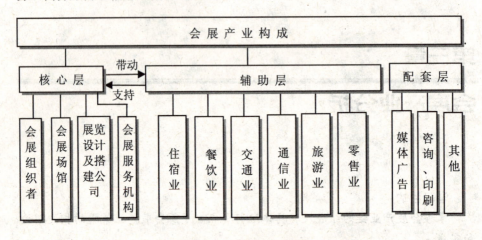

图 3-1　会展产业构成

（二）产业构成的特点

目前，会展产业主要靠契约关系链接。会展产业可以称为一个高密度的多重契约行业。实事求是地评判，辅助层和配套层与核心层之间具有互补作用，存在边界交叉、重叠的现象，但融合生长的一体化趋势并没有完全出现。场馆商和组展商之间，组展商和参展者之间，参展者跟搭建商之间都有契约。这是一个契约链。而在其中，如果不出现重复契约的话，可能是稳定的和连续的。但如果在一个市场化、规范化程度还不成熟的市场，这种契约链是难以形成的，它会夹杂着行政权力指派、垄断资源排他、共同利益捆绑等非市场行为，妨碍产业发展。

二、会展产业构成驱动因素

会展产业结构的形成尽管短期内会受到外来因素的干扰，但最终决定因素还是其内在驱动因素。这些因素为：

（一）多要素集聚的指向性

会展产业结构的形成和发展过程，就是要素向以会展产业为中心的产业群不断积聚和重新配置的过程。如果会展产业内部要素的收益高于会展产业外部，则要素向会展产业集聚以获得较高收益，如果会展产业内部要素的收益低于外部，则要素从会展内部向外部流动。因此，会展产业形成和发展过程，就是一个要素不断向会展经济集聚的过程。反之，如果多要素集聚的方向改变，则必然会引起会展产业走向衰落。设要素 F_i 在会展经济内部与外部的收益水平分别为 R_a、R_b，则当 $R_a>R_b$ 时，F_i 集聚指向会展经济；当 $R_a<R_b$ 时，F_i 集聚指向会展产业外部；当 $R_a=R_b$ 时，F_i 处于相对稳定状态，如图 3-2 所示。

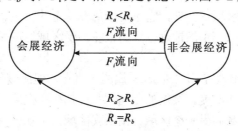

图 3-2 要素 F_i 集聚的指向性

因此，在会展产业运行过程中，多要素集聚指向性是市场经济发展的要求。如果非市场力量过度干预，则必然引起要素集聚指向性混乱和无序，不利于会展产业发展。

（二）多产业融合规模经济效应

会展不能脱离其他产业而独立存在。会展融合的产业类型越多，规模越大，则说明会展产业的整体产出水平越高，竞争力越强，抗风险能力也强。

会展运行中的多产业融合，有利于形成规模经济效益，降低会展活动中的交易费用和生产经营成本。然而，并不是融合的产业越多越好，关键在于能否达到最佳规模经济效益。如果产业融合能带来整体交易费用和生产经营成本的持续下降，则有进一步扩大产业融合范围的可能。但总是有一定限度，超过这个限度，交易费用和生产经营费用不仅不会下降，还有可能上升，走向规模经济效益的反面。设以 Y（代表成本）为竖轴，X（代表产业融合规模）为横轴，可用图 3-3 表示如下。

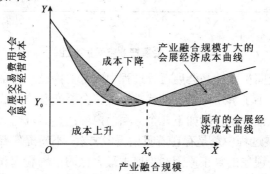

图 3-3 会展产业融合规模与（交易费用+成本）之间的关系

因此，会展经济产业融合规模有一定的限度，在图3-3中的X_0处达到最佳。会展涉及较为广阔的产业领域，但并不是越广越好，总有一定的限度，称为最佳产业融合规模效益点。

（三）区域依托和空间扩展

会展产业具有区域依托性，它不可能离开特定的区域、空间而独立存在。因为会展活动必须以一定的地理位置为依托，受区域经济发展的影响。同时，它具有空间扩张性。

区域（Region）和空间（Space）属同一概念，但区域偏重于广度和范围，而空间偏重于容量和丰度。会展的空间扩张性是指在会展产业的形成和发展过程中总是由一个区域向另一个区域，由微观区域向中观区域、宏观区域、跨国区域漫延，由分散空间向集中空间发展。会展的这种空间扩展性与其内在要素集中性、大范围配置功能密切相关。

会展的空间扩张，可分为两个不同方面。一是会展产业量的空间扩张，即规模经济的扩张。规模经济是指劳动者、劳动工具和劳动对象在各种经济实体中的数量集中程度，具体表现为要素集中度的提高和要素来源广阔。二是会展产业质的空间扩张，即会展与其他经济实体之间经营联系和比例关系所构成的规模结构的完善和提升，具体表现为经济效益和效率的提高。

会展经济空间扩张性可以用图3-4加以说明。

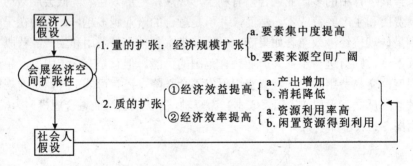

图3-4 会展产业空间扩张性

会展产业空间扩张性是会展运行过程中的重要特征，也是我们进行会展运行的重要依据。不了解这一特点，就难以理解会展产业的开放性与综合性。会展产业空间扩张性主要包括如下几个方面的内容：

1. 会展发展过程中总是存在着吸纳更多要素，不断提高要素集中度的内在动因。造成这一现象的真正原因在于追求最大化的市场利润和要素配置效率。

2. 会展产业以提高经济效益和经济效率为主要运行目标。经济效益改善和经济效率提高，能改善整个经济体系的运行质量，形成效益改进与效率提高的空间传递与扩散。

3. 会展是一个开放的经济系统，存在于任何区域空间的资源、要素都有进入该系统的机会，但必须消除要素流入会展经济体系的各种障碍。会展的发展过程，是一个不断消除要素流入制度与非制度障碍的过程。

4. 会展的发展过程，是一个不断促进区域经济一体化的过程。区域经济一体化进程的加深，预示着会展产业将在更为广阔的区域空间发挥重要的资源配置作用。

总而言之，会展作为一种新兴的产业，是区域经济、产业经济在发展过程中相互融合、相互补充的必然产物。如果不了解会展的多要素、多产业融合特性，就不能理解会展的综合性、多元性与适应性。如果不了解会展的跨区域、多产业融合特性，就不能理解会展管理的复杂性与决策的知识性。

第二节　会展产业链

一、产业链理论概述

产业链是一种或几种资源通过若干产业层次不断向下游产业转移，直至到达消费者的路径。它其实是在市场竞争中自发形成的企业之间的一种关系，即针对某一产业，围绕生产要素流向，分析行业之间上游、中游、下游的供应关系，确定投入产出的价值比。这种关系具体表现为：在某一产业链中，某一产业节点根据自身的生产能力和市场需求，以最小成本购进生产材料，以最高效率生产出最终产品或中间产品，以最大利润卖出产品。这一过程围绕价格的波动和价值的流动而将不同企业连接起来，形成了要素流、资金流、人才流、信息流交织在一起的产业链。产业链中要素构成的多少，控制权的大小，链条的长短，链条的粗细决定着企业之间的相互关系、产业结构的发展方向以及产业对其他行业的依存度和影响力。它通常包含四层含义：其一，产业链是产业层次的表达；其二，产业链是产业关联程度的表达，产业关联性越强，链条越紧密，资源的配置效率也越高；其三，产业链是资源加工深度的表达，产业链越长，表明加工可以达到的深度越深；其四，产业链是满足需求程度的表达，产业链始于自然资源，止于消费市场。

通过产业链的上述几个含义可以作以下理解：第一，产业和客户是捆绑在一起的，多层次的开发非常有利于抓住各个层次中的核心客户，有力地扩大市场份额；第二，产业关联性越强，它的资源利用率就会越高，资源有效利用其实就等于降低成本，就等于盈利，所以开发产品或服务内容必须要有很强的关联性；第三，产业深度与产业链长度成正比，延长产业链代表产品深度开发，附加价值增加；第四，产业链起点和终点并不固定，而是随着市场化程度的提高而延伸。

产业链具有如下一些基本特征。

（一）环节的依存性

产业链从环节依存性来看是一项系统工程，链条中的核心企业和相关支持企业构成了复杂有序的网络关系，在一体化的物流延伸过程中，原料、半成品和成品的生产、供应、销售直到最终的消费，环环相扣，不仅体现出产业链上各环节的功能，而且更充分地展示了产业链的整体功能。

（二）价值的整体性

产业链的商业价值是产业各环节共同创造的，它强调上、中、下游企业中核心企业与相关支持企业的协作关系，体现产业链创造价值的整体能力。如果产业链中的上、中、下游企业任何一方出现问题，形成"瓶颈"，都会制约其他环节的正常运转，降低产业链的整体价值。管理学中的"木桶原理"可以形象地说明产业链的整体性：一条完整的产业链就像一个木桶，链条中的每一环就如同木桶中的每一块木板，链条中的要素流、资金流、人才流、信息流就如同将木板固定在一起的黏结剂，而产业链所要产生的价值就是桶里面盛的水，价值的多少取决于构成木桶中最短一块木板的高度，只有最短的木板高度增加了，产业链的整体价值才能得以提高。这说明了作为系统性的产业链保持整体发展的重要性和必要性。

（三）经济的规模性

规模经济是指随着生产和经营规模的扩大而出现的成本下降、收益递增的现象。[1]如果规模经济存在于企业外部而内化于产业内部时，产业内部的企业尤其是构成产业链的企业产生的溢出效益则会作用其他企业。当这种规模经济所带来的收益大于产业链之间的组织费用和企业之间的交易费用时，则使产业链中的企业利润增加，并享受到信息共享、技术互补、管理互利所带来的一系列益处。但正如科斯所述，企业的规模不可能无限扩大，其规模取决于企业内部的管理费用等于市场上交易费用。因此，产业链也不能不考虑费用之间的比例而任意拉长变宽，在追求产业规模时，应将规模经济的正效应放在首位，在需要的时候，允许产业链内企业之间的兼并，以降低市场的交易费用，获得规模

---

1 瓦尔特·尼科尔森著. 朱宝宪等译. 微观经济理论基本原理与扩展. 中国经济出版社，1999 年 1 月版.

经济效益。

二、会展产业链结构分析

会展产业构成分析揭示了会展是一个高密度的多重契约行业，至少到目前为止它并没有形成垂直一体化发展，而是横向契约化发展，其中部分行业或企业有融合一体化的现象。会展产业构成的这些特点，对会展产业链的形成和运行起着决定和制约的关健作用。

借鉴产业链的基本理论和会展产业的构成特点，我们可以将会展产业链定义如下：会展产业链是指在一定区域内，会展业和为会展活动提供服务的相关产业在追求各自利益最大化的过程中，将关联度高、支持性强的企业纳入会展活动中来，彼此之间逐步形成的一种相互依托的长期战略合作关系。会展产业链围绕会展活动的开展而形成，相关企业以会展业为依托，目的是更好地促进会展活动的发展并由此获得各自最大的利益。产业链上的每一个节点都追求专业化的优化发展，各个产业之间都具有关联性，每个节点的行为都会影响链条上其他企业的决策。在发展会展业时必须综合考虑产业链的整体性。会展产业链的功能和作用是综合性的、全方位的。

一是在社会分工的基础上实现专业化协作。随着市场经济业态的成熟，产业经济的分工已越来越细、越来越专业化。会展业就是依托市场的专业化服务机构的渗透与彼此竞争，带来了产业的兴旺和行业的发展，为实现会展企业与其他协作单位之间的"无缝对接"提供了运作体系。

二是促进产业经济实现再生产的良性循环。会展业促进相关产业发展，同时，相关产业的发展和质量水平的提高又能促进会展业的发展，产业链的每个环节都能在其他环节的推动下得到提升。例如，会展业推动了旅游业发展，而旅游业又能带动交通业发展，发达的交通业又促进会展业的发展，从而形成会展经济产业链彼此促动的良性循环。

三是实现会展业对相关产业的带动作用。会展业产业链通过客流、物流、信息流、资金流的交互扩散，实现对相关产业的推进。

各地会展业的实力和发展水平是与综合经济实力和经济总体规模及发展水平相适应的。会展业发达地区总是凭借其科技、交通、通信、服务业发达等综合优势，在同业竞争中争取先机，实现会展经济与其他经济门类相辅相成，互相促进，在互动中实现良性循环。会展产业链在整体效能发挥中将主体方和相关方整合在一起，并从上游环节、中游环节和下游环节三个方面将会展的相关资源组合在一起。从会展业的实际情况来看，会展的主体方包括会展活动的上游和中游环节，会展的相关方则指的是下游环节。因此，我们从会展活动的三个构成环节来分析会展产业链。

（一）上游环节

上游环节是指会展项目的开发者和会展品牌的拥有者,其内容从展会创意、整体策划、行业调查、市场分析、项目可行性研究,到会展活动范围、参与者的界定、合作单位的遴选,会展活动框架和名称、题目的确定、立项,一直到注册服务商标、拥有会展项目的所有权,以及上游项目的具体运作、组织和实施,其核心内容一般有营销、招展、财务控制等各种组织活动。从会展产业链的具体运作实际来看,会展产业链上游可以是会展活动的开发者和拥有者,也可以是会展活动的专业管理公司,即我们所说的专业会议组织者(PCO)。因此,会展产业链上游企业拥有会展活动的专用权,一般是具有独立开发能力、运作能力的会展活动组织者,或主办单位、承办单位。在实际市场运作过程中,作为会展活动的发起者,主办者与专业会议组织者有时候是合而为一的,有时专业会议组织者以某一会展的承办者身份出现,表现出主办者与承办者的分离。

（二）中游环节

中游环节是指为会展活动提供场馆、设施、服务的企业组织,以及中游项目的具体运作、组织和实施者,在国际上中游项目的具体运作者已经专业化,也就是我们常讲的目的地管理公司(DMC)。他们按照主办方的要求将会展活动方案落到实处,具体执行会展设计的要求,处于会展产业链运行的实施阶段。

（三）下游环节

下游环节是指会展活动的支持部门,会展产业链下游的范围最广,大凡能直接或间接为会展活动主办单位、参与方和观众提供服务的部门,都可以包含在此范围以内。下游服务部门,包括会展活动的代理商（如运输代理、旅游代理等）或分包商(Sub-Contractor)。他们一般可以通过投标或竞标,向主办方争取这些服务项目。在专业化分工发达的地区,这些相关服务内容,完全可以通过社会化服务解决。这些支持部门为会展业提供了技术、人才、资金和信息的支持,是会展业发展的基础和必要条件。从产业链的运行来看,下游环节仍属于会展活动的实施阶段,只是从会展业的角度认为他们处于从属地位而非会展业的主体,而且他们任务的完成也并不意味着会展产业链的终结,因为要使会展活动得以持续进行和会展产业的发展,还必须对每一次的会展活动进行评估,发现问题,总结经验,剔除不必要的环节和部门,增加被忽略的行业和部门,使会展产业链在不断的运作过程中完善起来。

会展产业链的上、中、下游三个环节和对会展活动结果的评估构成了会展业的主要活动内容,展示了会展活动从启动阶段的策划、宣传到实施阶段的计划、组织、协调和招徕到控制阶段的评估与反馈的主要流程。在会展产业链中,

PCO 是会展产业链的核心环节,并与 DMC 形成了专业化的分工,作为 DMC 主要代表的场馆,是会展活动展开的平台,产业链内的会展企业和相关支持企业围绕场馆在一定区域内相互邻近,方便了参加者（参展商和专业观众）和普通观众的出行,增加了企业的外溢效应,降低了信息的搜寻成本和传递成本,承办机构利用产业连接效用打造会展品牌,推动会展经济的不断壮大（图 3-5）。

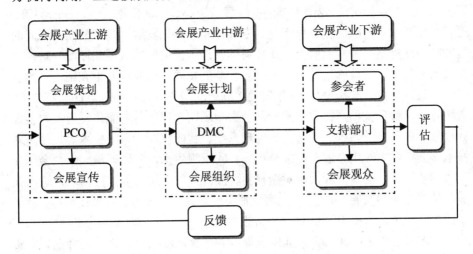

图 3-5　会展产业链结构与评估流程

三、会展产业链的延展效应

会展产业链的延展效应主要通过"三个效应"和"两个方面"来实现。三个效应是前向关联效应、后向关联效应和旁侧关联效应。这三种扩散效应往往是有机组合在一起的。两个方面,一是有利于"产内"结构调整,即有利于包括会展业在内的整个第三产业内部的结构进行调整;二是有利于"产外"结构调整,即有利于除第三产业之外的第一、第二产业的结构调整。正是"三个效应"和"两个方面"使得会展业自觉或不自觉地扮演了产业结构调整的重要角色,会展活动才能既有利于内外产业结构的优化,又有利于经济的快速增长。

（一）会展产业链的三个关联效应

1. 前向关联效应

前向关联是指会展业与为其提供所需产品和服务的行业联系,如建筑业、制造业等形成的关联。会展业发展离不开大型场馆和专门设施设备的装备,从国际会展业的发展趋势看,会展场馆及设施设备具有以下特点:①规模扩大,功能增多。会展建筑的发展呈两种趋势,其一是沿袭传统的展览馆模式,以展为主，但增设了会议、餐饮、洽商、体育、娱乐等必要的服务设施，其中一些展馆规模巨大，发展为展览城。如中国进出口商品交易会的专用展馆——琶州岛、德国的慕尼黑会展中心、莱比锡会展中心等；另一趋势是形成一种集展览、会议、办公、休憩为一体的大型多功能商贸综合中心，依据规模不同又可分为多层复合功能的大型建筑综合体模式和多栋建筑物组成的商贸组团模式，如韩国的 ASEM 会展中心、我国香港的会议展览中心等。②设施先进，配套完善。现代会展活动正向国际化、集团化、专业化和规范化发展，场馆要面对不同的展商和观众提供多种专业服务，实施科学管理，营造舒适氛围和环境，这一切都极大地刺激了对设施设备和相关配套行业的发展。据业内人士介绍，目前会展设施设备的相关产品已从 10 年前的 300 余种增长为九千多种。③高新技术，智能管理。计算机和网络技术的发展使大型场馆管理朝着智能化发展，如多媒体展示、电子登录系统、动态交通管理系统、智能化综合布线技术等，使高新技术产业拓展出一块会展专业细分市场。④重视生态，节约能源。大型会展建筑占用资源多、能源消耗大，对新材料、新能源的应用有强烈的需求，进而促进了这些行业的发展。如 2010 上海世博会园区建设，采用了当今新材料、新能源的全部成果，并提出了更新、更高的要求。

改革开放以来，随着会展业的发展，我国会展场馆建设进入高峰期。据资料统计，截至 2003 年 2 月，我国已建成会展场馆 132 座，总面积约 230 万平方米。到 2006 年，场馆面积增加 100 万平方米，会议面积增加 20 万平方米（见表 3-1）。

表 3-1　我国会展建筑发展概况表

建设年份	1980 年之前	1980～1990 年	1990～2002 年底	截至 2005 年底	合计
会展场馆数量	15	25	92	9	141
场馆数量所占比例	10.6%	17.7%	65.3%	6.4%	100%
会展场馆总量	15	40	132	141	328
展览面积（万平方米）	34.9	26.0	160.7	107.5	329.1
展览面积所占比例	10.6%	7.9%	48.8	32.7%	100%
总展览面积（万平方米）	34.9	60.9	221.6	329.1	646.5

资料来源：许懋林. 新时期我国会展中心建设发展评述. 中外会展述论. 上海人民出版社，2006 年 5 月版，第 109 页.

2. 后向关联效应

后向关联指会展业与吸收其产出的行业所形成的产业关联。与会展业形成后向关联的产业主要包括广告、装潢、设计、咨询、搭建等。它们以其专业知识和服务为会展企业提供策划、咨询、广告、展台搭建、展场布置等。在会展经济发达的国家，后向关联企业已呈专业化发展。在我国，后向关联企业专业化程度还不高，其发其空间还很大。

3. 旁侧关联效应

旁侧关联指会展业与对其形成支持和服务提供的社会相关行业的关联关系，包括交通、通信、食宿、旅游、零售、保险等诸多行业。旁侧效应涉及面广，评估体系复杂，目前业内绝大多数是用个案来测算旁侧关联效应，比较流行的说法是 1∶9，即会展收入 1 元，能给社会相关行业带来 9 元旁侧效应。当然，不同城市以及不同规模的展会，旁侧效应应该是各不相同的。

为了有助于大家对旁侧效应的理解和运用，特以现在唯一能看到的北京的一个案例为例。[1]旁侧效应的理论支持是灰色关联理论，该理论是邓聚龙教授在 20 世纪 80 年代提出的。它是分析灰色系统中各因素关联程度的一种量化分析方法。在灰色关联分析中，对两个系统或两个因素之间关联性大小的量度称为关联度，它描述系统发展过程中因素间相对变化的情况。如果系统发展过程中相对变化基本一致，则认为两者关联度大；反之，则两者关联度小。具体公式及程序如下：

第一步：确定数据来源及参考数列与比较数列；

第二步：将计算期内各相关行业数据为原始数据，选 1997～2000 年北京餐饮业（X1）等 6 个行业为比较数列，会展举办数量（X0）为参考数列，列表如下：

行业	编号	1997 年	1998 年	1999 年	2000 年	单位
会展业	X0	1 063	1 262	1 326	1 684	个
餐饮业	X1	2 433.3	2 816.4	3 199.6	3 752.6	亿元
物流业	X2	1 262 085	1 249 781	1 272 418	1 339 423	亿吨
旅游业	X3	120.74	126.02	140.99	162.24	亿美元
批零业	X4	18 108.3	19 185.8	20 551.8	23 042.3	亿元
通信业	X5	1 773.295	2 431.21	3 330.62	4 792.7	亿元
航空业	X6	5 630	5 755	6 094	6 722	亿人次

第三步：计算会展业与各行业关联度

（1）原始数据的无量纲化处理。灰色联关分析理论认为，对于单位不同的序列，不便于比较分析，必须加工处理原始数据列使其无量纲化。常用的方法

---

1 程红. 会展经济：现代城市新的经济增长点. 经济日报出版社，2003 年 9 月版. 第 134 页.

有均值化和初值化。这里采用均值化无量纲化处理，即用名数列的平均值去除该数据列的所有原始数据，处理结果如下：

年份	1997 年	1998 年	1999 年	2000 年
X0	0.797 0	0.946 2	0.994 2	1.262 6
X1	0.797 7	0.923 3	1.048 9	1.230 2
X2	0.985 3	0.975 7	0.993 4	1.045 7
X3	0.878 1	0.916 5	1.025 4	1.179 9
X4	0.895 5	0.948 8	1.016 3	1.139 5
X5	0.575 4	0.788 8	1.080 7	1.555 1
X6	0.930 5	0.951 2	1.007 2	1.111 0

（2）各行业与会展业的关联系数。根据关联系数公式：

$$\S_i(k) = \frac{\min\limits_{i} \min\limits_{k} |x_0(k) - x_i(k)| + \rho \max\limits_{i} \max\limits_{k} |x_0(k) - x_i(k)|}{|x_0(k) - x_i(k)| + \rho \max\limits_{i} \max\limits_{k} |x_0(k) - x_i(k)|}$$

式中 ρ 为分辨系数，取 0 与 1 之间，这里取 0.5，求得各行业与会展业的关联系数：

年份	1997 年	1998 年	1999 年	2000 年
X1	1	0.868 8	0.822 6	0.855 7
X2	0.439 2	0.836 1	0.999 3	0.404 7
X3	0.646 4	0.835 2	0.828 1	0.641 8
X4	0.600 4	0.987 2	0.879 2	0.545 6
X5	0.399 4	0.483 9	0.631 4	0.334 9
X6	0.525 3	0.971 6	0.928 6	0.493 4

（3）计算关联度。将上表中的关联度系数代入关联度计算公式，求得各行业与会展业的关联度为：

行业	餐饮业	物流业	旅游业	批零业	通信业	航空业
关联度	0.855 7	0.669 8	0.737 9	0.751 3	0.462 4	0.729 7
位序	1	5	3	2	6	4

（二）会展产业链的"产内"延展效应

会展产业链对"产内"的延展效应主要指会展活动有利于"产内"结构的调整，主要表现在可带动旅游、宾馆、餐饮、交通、通信、购物、物流、保险、金融、租赁、广告、装潢设计等第三产业内部相关行业的发展。根据德国贸易展览协会（AUMA）提供的数据，从企业参展费用开支构成比例看，参展企业直接付给组织者的展位租金只占整个参展费用的 20%，其他参展费用则主要花费在展位搭建、装饰、运输、展览人员工资、旅行交通、食宿、购物、娱乐以及广告等方面。这种"产内"延展效应具体表现如下：

1. 会展为旅游注入活力

具有吸引力的旅游景点的"地利"优势，是开展会展活动的重要条件之一。会展活动与旅游业相结合具有劳逸结合、效率与效益高、客户消费水平高、停留时间长、团队规模大、赢利性好、行业带动性强等特点。会展业蓬勃发展的同时也为旅游业创造了巨大的商机和开发出一个极大的市场，以至于形成了以会展带动旅游，以旅游促进会展的良性互动发展模式。由于举办 2000 年奥运会，澳大利亚预计在 1997 年到 2004 年间，增加 150 万旅游者，这些旅游者将给澳大利亚带来 3.7 亿美元的盈利；2002 年上半年，在浦东召开的各类会议达 407次，游客达 734 万人次，使浦东的旅游收入超过 15 亿元人民币。

2. 会展增加宾馆与餐饮的收益

会展活动期间，大量的参展商和观众的涌入，对举办地的餐饮、住宿业形成巨大的需求。每年两届的广交会开幕前后，广州市主要宾馆平均出租率都高达 95%以上，最高出租率可达 110%左右，加上交易会期间房价上浮，主要宾馆在 4 月和 10 月的营业收入比平常月份普遍高 1～3 倍。除了会展场所外，酒店也是会展活动继续开展的重要场所，在美国，酒店客人的 33.8%均来自国际会议及奖励旅游。

3. 会展带动了交通与通信业的发展

会展活动将大量的人流、物流汇集到举办地，而人员与物质的流动既增加了对交通和通信业的需求，也极大地推动交通、通信业的发展。据资料显示，美国航空客运量的 25%来自国际会议及奖励旅游；在每年两届的广交会期间，来自一百七十多个国家和地区的十万多外商云集广州，仅出租车的日收入就比平日激增 300 万元左右。与此同时，会展活动增加了人们通信服务的需求和相互之间通信联系的频次，也为通信业的发展创造了机会。

4. 会展刺激了消费需求

会展活动期间，大量人流的涌入会增加对生活用品、纪念性商品、地区特色商品的需求，从而促进了商场、超市、专卖店等零售业的发展。据统计，第21 届世界大学生运动会期间，北京的当代商城、红桥市场在 11 天时间里，实际销售额分别达到 1 137 万元和 3 900 万元，月销售额同比增长了 35%和 30%，这些商场的销售额都因为大运会的举办而大幅度增长。

5. 会展导致了物流频繁

会展活动期间，由于汇集大量商品的需求，因而导致了频繁的物流活动：展览前后参展商品的运输、包装、储存、装卸、搬运；会展活动期间向参展商和参展观众分发的食品，以及其他的会展配套设施，都会增加货流量和对物流服务的需求。更重要的是，相对于一般的货物运输而言，展品对物流服务有着更高的要求，这就要求物流活动组织者不断采用先进技术、设备、管理模式，提高物流服务水平。物流与会展这两大朝阳产业的珠联璧合，不但是大有作为，而且已成为名副其实的"第三利润源泉"。

6. 会展使保险业获利丰厚

会展活动期间，为了确保人身安全，保护专利、商标等知识产权，保证各类展品，特别是珠宝、书画作品、航空设备等贵重展品的安全，不可避免地涉及保险业，于是也对金融保险业产生了一定的积极影响，如珠海第四届航展由太平洋保险公司独家承揽了 664 亿元的高额保险。会展产业的发展需要保险业的支持，也给保险业带来了商机和丰厚的利润。

7. 会展促进了广告与印刷业的发展

会展活动前期，为了招揽客商与观众，提高会展的知名度，会展组织者或参展商都会进行大量的广告宣传，从而促进了广告业（包括各类媒体广告）的发展。1999 年《财富》论坛期间，广告收入就达上亿美元。同时，参展商参加会展，为取得最好的宣传效果，必然会制作各种宣传资料、手册，进而促进印刷业的发展。

上述表明，会展产业链的"产内"延展效应不仅有坚实的理论基础，而且在现实的经济活动中也得到了充分的佐证。当然，会展活动的影响还远不止以上所列行业，会展产业的发展还将对租赁、环保、电子音像等第三产业内部相关行业的发展产生拉动作用，从而使"产内"结构得到合理、高级乃至优化的调整。

（三）会展产业链的"产外"延展效应

会展产业的发展将通过前向、后向、旁侧的关联效应，一方面会为"产内"相关的产业与部门带来大量的客源、货源和创造出大量的市场需求；另一方面，需求的增加会对"产外"的第一、第二产业和与它们相关的部门提出新的需求，提供新的供给领域和市场，也提出更高的要求。

1. 对其他产业不断地提出新的需求

人类社会的经济需求总是从低层次向着高层次发展，在某些动因下，使得更加复杂的需求不断被激发出来，并被不断放大。由于会展活动为刺激商品需求提供了机会，而需求又是激发和放大新需求的动因，因此，会展活动会对其他产业不断提出新的需求。又由于会展活动在一定程度上可改变市场的需求结构，特别是中间需求与最终需求的比例、个人消费结构和消费与投资比例，因此，市场需求内容的改变会直接影响到其他产业结构的调整。

2. 对其他产业提出新的供给要求

会展业是社会分工细化的结果。而社会分工的不断细化，对整个社会经济具有重大的意义。这是因为，产业的细化是分工和专业化的外在表现，不仅增加了自身产业的发展空间，而且有利于技术创新、服务创新，从而提高技术和服务水平。在一般的经济活动过程中，各产业与部门之间既存在直接或间接的关联关系，也存在着相互制约、相互促进的关系。而各产业与部门之间制约、促进作用的大小决定于各产业与部门之间关联度的大小，关联度大，产业与部门间的制约、促进作用就强，关联度小，这种作用就弱。

依据这一理论，当会展产业发生变化时，就会对其他相关联的产业与部门提出新的供给要求。

3. 对其他产业提出新的投资要求

会展可以通过刺激需求或使有效需求尽可能快地得到实现，来改变人们的消费需求决策、需求行为、需求预期、需求结构，进而改变人们的投资预期、投资行为、社会投资结构。首先，会展活动所在地的信息、交通、交易便利，其本身就是值得投资商注意的好环境，如果再提供良好的外部投资环境，如拥有可以开发与利用各种资源的权力，就更加有利于吸引外资。其次，会展可以吸引不同地区、国家的客商投资与合作，这样不仅可提高不同地区、国家的对外开放水平和能力，而且可增加贸易和资本的跨界流动的规模和速度，引起产业结构调整。再次，会展能为产业结构优化提供良好条件，会展活动的各种贸易与非贸易渠道会使得开放经济体系内部的市场供给与需求关系发生良性变动，而这种良性变动会引起产业结构的优化，从而进一步吸引外资。

4. 对产出品提供了实现价值的可能

无论需求与供给还是投资与产出，厂商们的最终目标都是市场。而实际上，经济会展活动大多是一种市场活动，是一种具有现代化形式、现代化氛围、现代化管理模式、现代化技术手段的集市活动。也正是这种市场活动的现代化，不但为需求与供给、投资与产出提供了信息、技术、资金，还为产出品提供了实现价值的较大可能。无论是需求与供给还是投资与产出品，一旦能在市场上转化为财富，朝着更加有利于市场目标发展的产业结构调整就会随之而来。由于会展业可以带动"产内"和"产外"发展的独特魅力[1]，因而德国、美国、新

---

1 余向平. 会展产业链的结构与效应. 经济纵横，2008 年第一期. 第 69 页.

加坡、中国香港等国家和地区都高度重视会展产业。也正因为如此，我国各级地方政府正在把会展产业作为促进本地区产业结构调整，加速自身经济发展的支柱产业来大力扶持。

四、会展产业链的要素构建

（一）塑造产业链中的会展企业核心竞争力

核心竞争力（Core Competence）也称核心能力，最早由美国著名战略家普拉哈拉德（C. K. Prahalad）和哈默（Gary Hamel）于 1990 年在《哈佛商业评论》上发表的《公司核心竞争力》一文中提出。他们给出的核心竞争力的定义是"组织由过去到现在所积累的一种知识学习效果，它需要各业务单位之间充分沟通、参与投入，特别是使不同生产技能部门之间合作无间或将各种不同领域的技术以及整合的能力，并且提供顾客特定的效用与价值"。[1]普拉哈拉德和哈默认为，企业核心竞争力是企业竞争优势之源泉。核心竞争力是一种能力，也是一种生产力。

会展产业链的质量高低与功能强弱决定于产业链内部企业的作用。会展产业链的竞争力来源于两个方面：一是产业链各节点企业的核心竞争力状况；二是各节点企业之间的协同效应状况，即各节点企业优势资源和核心能力的整合效果。

会展产业链的建立主要有两条途径：一是内部的分化重组，即把原来会展部门的许多职能、相关服务从会展业中分离出来，成为相对独立的执行企业和服务企业，再通过价值流动把它们有机结合起来而形成会展产业链；二是外部的有机整合，即把会展企业和其他配套服务企业通过契约形式和市场关系直接建立起联系，构成会展产业链。会展产业链通过市场整合、产权整合、企业整合、管理整合、品牌整合、知识整合，把稀缺的资源、优秀的企业、知名的品牌、有效的管理等要素组合在一起，形成产业核心竞争力。

1. 会展产业链中企业核心竞争能力应具备的三方面要素

（1）决策能力。对于会展产业链来说，企业的决策能力还体现在视野的宽广方面，从产业链的角度而不是企业的角度审视产业环境，预测发展前景，作出经营决策。

（2）创新能力。会展主题的策划、参加者需求的满足和服务的提供不落入俗套，进行持续的产品创新和技术的应用，能够使会展与相关联的企业的产品和服务在产业内具有性能价格比优势，满足会展参加者的潜在需求。

1 C. K. Prahalad and Gary Hamel. The Core Competence of Corporation, *Harvard Bussiness Review*, Vol. 68 Iss. 3, May/Jun., 1990. pp. 79-91.

（3）应变能力。会展业要十分清楚环境的变化、市场的变化、行业的变化和需求的变化，准确把握会展观众所看重、所接受的产品和服务。因此，会展企业要有市场的应变能力和开拓能力，能使会展产品被消费者所接受，能够洞察会展观众的消费态势，把握市场走向信息，使产品和服务适时调整以适应不断变化的市场需求，并能在准确把握市场走向的基础上，开发潜在市场所需求的产品与服务。

进入 21 世纪，国际会展市场竞争由生死之搏的"胜则生，败则亡"阶段发展到"双赢"和"多赢"式竞争。会展产业链上的企业之间在合作中竞争，在竞争中合作。发达国家会展企业的核心竞争力的构建也由较低层次的"价格竞争"、"质量竞争"、"差异化竞争"等上升到以知识经济、信息经济、企业文化和价格理念的高度。

2．我国会展企业提升核心竞争力的措施

（1）在继续扩大规模的基础上实施品牌战略

会展业从某种程度上说是一种"规模经济"，同时，也是一种"品牌经济"。就会展城市而言，要根据城市的资源禀赋条件，在"展"、"会"与"节事活动"中选择能发挥城市资源优势的重点，促进一批有品牌效应的会展和一批有专业水准、有竞争实力的会展企业在市场环境中胜出并壮大。就会展项目而言，会展企业应该集中优势资源，努力提高会展组织、策划、服务的水准和经营管理水平，不断进行会展活动的创新，争创名优品牌，提升中国会展业在国际市场的竞争力和影响力。关于会展企业的品牌培育将在本章第三节中作进一步深入探讨。

（2）培育独特的企业文化

只有当企业文化，特别是企业的精神文化顺应社会发展，融入人们的社会生活，体现时代精神，同时又具有鲜明的企业特点的时候，它才能促进企业竞争力的提升。因此，企业文化必须与时俱进，不断创新。此外，企业文化还必须实现内容与形式的统一，表象与实质的统一，并且与本企业的生产技术特点和经营管理相结合，具有鲜明的个性和独特的风格，才能真正促进企业竞争力的不断提升。会展企业应通过建立创新型文化、创立学习型文化、培育生态型文化三方面来培育独特的企业文化。

（3）走专业化经营道路

专业化经营能集中企业的优势资源，扬长避短，有助于核心竞争力的发展。但我们应认识到，专业化经营并不必然会导致核心竞争力的提升，专业化经营也有其一定的缺陷。有些企业过于专注于专业化的经营，却可能在一定程度上抑制了其成长速度，不能发挥企业应有的潜力。同时，专业化经营还有一定的风险，一旦企业的专长受到市场的冲击，该企业就会面临全线崩溃。所以，会展企业走专业化经营的道路，必须有准确的市场定位，不断地创新，做会展行业的专家，站在行业的最前沿。唯有如此，专业化经营才能达到提升核心竞争力的目的。

（4）重视现代信息技术的应用

企业应关注互联网的发展给会展业带来的契机。中国会展业是一个年轻的行业，但在它的成长时期即能与发达国家成熟的会展业同样利用现代科技成果，利用同样的技术环境缩小与后者的差距。信息技术将帮助中国会展业实现跨越式发展，相信互联网和电子商务在中国会展业中的运用，将为中国会展业的加速发展安装一个强有力的引擎。

（5）加强对核心竞争力的战略保护

企业的核心竞争力是通过长期发展和强化建立起来的，是一种无形资产，一旦丧失，带来的损失是无法估计的。中国会展企业在对核心竞争力的保护方面意识淡薄。我国会展企业必须通过持续稳定的支持、资助和保护，以避免核心竞争力的丧失。

在保护核心竞争力时要注意以下几点：①加强对核心能力携带者的管理和控制，培养他们对企业的忠诚；②消除企业内的本位主义，对核心能力携带者进行合理配置；③自行设计、生产核心产品；④不要草率处理某些经营不善的业务，因为在这些业务中可能含有某些具有潜在价值的核心能力、核心能力组成部分或核心能力携带者。

（二）建立会展产业链企业战略联盟

战略联盟指的是两个或两个以上有着共同战略利益和对等经营实力的企业，为达到共同拥有市场、共同使用资源等战略目标，通过各种协议、契约而结成的优势互补或优势相长、风险共担、生产要素水平式双向或多向流动的一种松散的合作模式。就现在市场中的联盟发展趋势来看，不少行业经过多年自由的市场竞争，已经逐步发展成熟，市场亦趋于饱和，每个竞争者想从对手手中抢食点市场份额越发困难，企业间就需要通过联盟共同把市场做大，形成"多赢"格局。

会展产业链的战略联盟，指由会展业中有着密切业务联系、经营实力相当的企业，为达到完善服务内容、提高服务水平、共同使用资源、共同拥有市场等目标，通过各种契约而结成的优势互补、风险共担、利益共享的一种松散型合作模式。[1]

---

1 王保伦. 会展旅游. 中国商务出版社，2004 年版. 第 166 页.

战略联盟能为联盟内的企业带来新的客户、市场和信息，有助于企业专注于自身的核心能力，做自己最擅长的事，把其他不擅长的业务转交给战略伙伴去做，能够自主地解决市场的内部化问题，提供一种协调机制使原本相互竞争的企业和相互隔离的行业进行合作，以实现共同目标。

1. 会展企业构建战略联盟的动因

（1）提升企业的核心竞争力

在产品技术日益分散化的今天，已经没有哪个企业能够长期拥有某种竞争优势，企业单纯依靠自己的能力已经很难掌握竞争的主动权。为此，大多数企业的对策是尽量采用外部资源并积极创造条件以实现内外资源的优势相长。其中一个比较典型的做法是与其他企业结成战略联盟，并将企业的信息网扩大到整个联盟范围。会展企业借助与联盟内其他企业的合作，相互转递技术，加快研究与开发的进程，获取本企业缺乏的信息和知识，并带来不同企业文化的协同效应。

（2）获得规模经济的同时分担风险与成本

激烈变动的外部环境对企业的研究开发提出了如下三点基本要求：不断缩短开发时间、降低研究开发成本、分散研究开发风险。新产品、新技术的研究和开发需要很大的投入，具有很高的风险。在这种情况下，企业自然要从技术自给转向技术合作，通过建立战略联盟、扩大信息传递的密度与速度以避免单个企业在研究开发中的盲目性和因孤军作战引起的全社会范围内的重复劳动和资源浪费，从而降低风险。建立战略联盟是会展企业实现规模经营并产生范围经济效果的重要途径。

（3）低成本开拓新的经营领域和进入新的产业

战略联盟是以低成本克服新市场进入壁垒的有效途径。会展业的发展，会展企业的不断壮大，使得会展企业有必要突破原有的经营范围而为企业未来的发展寻找新的赢利点，完善服务流程，打造有竞争力的产业链。因为每个会展企业只是产业链上的一个节点，它的作用发挥和目标实现不仅取决于其本身所具有的内在竞争实力，还取决于它在整条产业链上所处的地位、与其他产业联系的紧密程度。

（4）挑战"大企业病"

单个企业为了尽可能地控制企业的环境，必然要求致力于企业内部化边界的扩大，这一努力过程不仅伴随巨大的成本投入，为企业的战略转移筑起难以逾越的退出壁垒，甚至将企业引入骑虎难下的尴尬境地，而且容易出现组织膨胀带来内耗过大的所谓"大企业病"现象。而战略联盟的经济性在于企业对自身资源配置机制的战略性革新，不涉及组织的膨胀，因而可以避免企业组织的过大及僵化,使企业保持灵活的经营机制并与迅速发展的技术和市场保持同步。与此同时,战略联盟还可避开反垄断法对企业规模过大的制裁。

2. 会展业战略联盟的模式选择

依据管理学理论,战略联盟的组建类型有很多种,而会展业必须结合自身的行业特性来合理地选择适合本行业的战略联盟的模式。

(1)战略外包模式

任何一家会展企业都不可能孤立地存在,在市场化运作过程中,都会涉及合作问题(尤其是与旅游企业的合作)。对会展企业来讲,战略外包就是将企业内部的价值在自身的发展过程中不断分解,将原来企业内部价值链上的次要环节逐步地外包给合作企业,由那些专业化企业提供专业化的服务和产品,而自己只专注于自己最擅长的业务和抓住具有核心价值的环节。启用战略外包模式,会展企业将那些辅助或非专业化环节外包,并将承担外包业务的企业紧密地团结在自身的周围,久而久之,会展的主办者、承办者、参与者及观众在独立运作并与其他企业的合作过程中就形成了完整的、专业化的会展产业链。

(2)虚拟组织

战略联盟作为企业间的网络化系统,其最大着眼点是把市场竞争和组织管理联结为一体,在经营活动中充分地利用外部优势。网络经济在当代日益呈现出巨大优势和生命力,这也使虚拟组织成为一种新科技下的战略联盟创新形式。会展业的虚拟组织是现代信息技术与会展业自身特点和市场竞争发展的产物,它突破了会展业的行业界限,打破了会展企业原有的经营界限,将外部优势资源纳入到企业经营的范围内并进行产业连接与整合,最大限度地发挥企业所形成的竞争优势。

会展产业链中的虚拟组织是指会展业和其他相关支持行业中的独立实体,在为顾客带来效用、为企业创造价值的过程中,利用互联网技术,在一定任务导向和时间规定内结成的动态联盟。这种动态联盟利用 Internet 技术把过去分散的业务集成起来,为会展参与者提供全方位的服务。随着现代科技的迅猛发展和会展市场竞争的日趋激烈,虚拟经营成为企业迅速回应市场变化和增强核心竞争力的重要手段。它通过信息共享和资源优化等方法实现经营一体化,满足了会展与旅游企业实现核心竞争能力发挥作用的需要,降低了经营成本,增强了抗风险能力,提高了企业获利能力。

(3)联合促销

会展活动的开展都是以当地的基础设施和资源为基础的,在对外宣传过程中,都要突出当地的整体形象,介绍当地优势的自然资源和人文资源。如果仅仅宣传会展业自身的条件,很难吸引众多的参与者。因此,在举办会展活动过程中，其他相关行业（如旅游业）也应加入到会展的对外宣传中来，使其与会展企业结成战略同盟，共同营造整体的对外形象。通过会展业与其他相关行业的联合促销，实现优势互补，从而扩大整个市场的影响力。

（4）合资经营

从会展产业链角度来谈企业的合资经营，就是由会展企业和其他相关企业（如旅游企业）共同发起，共同投资，共同管理，共担风险，共享收益。合资企业的建立，投资各方应及时进行信息沟通，一方面及时把握市场机会，另一方面避免投资方之间不必要的摩擦。另外，各方需要在经营理念、战略目标、组织结构、规章制度等方面取得一致和协调，处理好企业间的跨文化管理和整合。

（三）培养会展业知名品牌

会展产业链形成过程也是会展业竞争要素重新组合的过程，这一过程也涉及会展品牌的培育与提升。对于会展业而言，会展品牌代表了一种潜在的竞争力与获利能力，是企业核心竞争能力的外在表现。

1. 会展品牌的构成

会展业的核心竞争力是会展品牌形成的基础，但有了核心竞争力并不等于为企业直接带来竞争优势，还必须通过产品品牌、企业品牌的塑造和管理使核心竞争力外化为企业的市场竞争优势。会展业的产品品牌和企业品牌构成了一个会展的整体品牌。

（1）会展产品品牌

对会展业而言，产品就是一次具体的会展活动，而会展品牌就是区别于其他会展主题的标志。在会展市场上，基于核心竞争力所产生的优质会展产品和服务将深入人心，成为吸引会展参与者、占有市场的强力武器。会展产品品牌的形成将减少会展参与者的市场搜索成本和购买风险，成为会展参与者选择参加会展活动的质量和信誉的保证。

（2）会展企业品牌

会展行业作为服务性行业，其产品具有无形性，产品质量的好坏需要会展参与者在享受服务的过程中亲身感受。但是信息不对称问题的客观存在，使得会展参与者对产品的信息掌握不全面，这就需要会展企业通过品牌这一方式在市场上发出信号，使自己区别于其他企业，从而有利于会展参与者的选择和作出决定。

强势的会展企业品牌将在市场上展示其强大的市场竞争力，获得高的品牌认知度，获取高额市场利润，赢得持久的品牌忠诚度和广泛的美誉度，并可在会展产业链中减少营销成本，发挥企业品牌的延展力，构建竞争壁垒以获得持续的赢利能力。

产品品牌支撑企业品牌，企业品牌延伸产品品牌，双方共同决定会展活动在参与者心目中的地位，以不可替代的优势为会展企业赢得和丰富企业的核心竞争力。品牌是竞争对手很难模仿的独具特色的竞争优势。

2. 会展品牌的打造

会展产业链中打造优势会展品牌，应从内容和形式两方面着手。在内容上，可通过以下四个方面来提升会展品牌。

（1）会展与产业的结合

会展品牌的形成涉及很多因素，需要具备许多条件，其中关键一点是会展活动要与当地产业密切结合，体现当地产业特色。会展活动的变化将反映市场上各个产业的发展现状和趋势，哪一个产业处于上升阶段，并引起各方关注，其会展活动的数量将会增多、规模将会变大、层次将会提高。因此，会展品牌的塑造要建立在产业发展的专业化基础上，会展活动针对性越强，信息传递越是专业化，会展内容就越能反映产业的发展动态和趋势，其品牌的号召力也就越强。

（2）组织与机构的支持

行业带动性极强的会展活动需要相关行业、组织、机构的支持与配合。对于行业发展来说，不能缺少政府的支持，尤其是在产业发展的初期，政府的参与程度往往决定了一个产业发展的快慢。在产业发展后期，政府的这种支持体现在政策制定、市场监管、配套公共设施的建设与维护、服务提供等方面，政府并不直接介入会展的运作。

行业协会是企业的代言人，其宗旨是维护行业的利益，保护和增进全体成员的既定利益。行业协会不仅了解行业的实际情况和企业的实际需求，而且是联系政府和企业的中介，使会展活动更易于开展。因此，会展品牌的形成可以利用政府的行政职能和行业协会的影响力来招展或组织观众，并获得当地居民的支持以使会展活动能够顺利进行，为会展品牌的形成奠定良好的基础。

（3）代表企业的参与

会展影响力的大小在一定程度上取决于行业里知名企业参加的数量、所展示的产品、所传递的信息，这两者成正相关关系。知名会展总是吸引行业里一流的企业展示最新产品和发布最新消息，显示出最新的经营理念，从而引导行业的发展潮流。因此，要在市场上树立起业界认同的会展品牌，首要的是吸引知名的、有影响力的企业参加到会展活动中来，借助它们的品牌影响力来打造会展品牌。

（4）专业观众的组织

会展活动在功能上是人们进行产品展示、信息交流、业务洽谈和市场营销的场所，在形式上表现为综合性会展活动日渐衰微，专业化趋势明显。在这种趋势下，会展品牌的塑造在很大程度上取决于观众的质量。会展活动的专业化要求将普通观众排除在专业会展之外，或是将专业观众和普通观众的参加时间错开，以满足专业人士交流的需要。

3．打造会展品牌应在形式上注意的几个方面

（1）突出鲜明的主题

主题是会展品牌形成与发展的重要载体。会展主题的产生基于会展参与者的需求，将市场、行业和企业的发展趋势、独特个性、文化内涵与旅游业等相关支持行业综合而树立与参与者心目中，并占据一定位置。能体现品牌价值的会展主题应该做到：一是有明确的市场定位和受众对象；二是反映专业问题，有针对性；三是常变常新，体现时代特征，维持会展品牌的持久生命力。

（2）会展业与旅游企业品牌的联盟

会展品牌的塑造不仅取决于会展活动自身的质量，而且还有赖于与相关行业中其他品牌的结合。在会展旅游产业链中，旅游业作为会展业的辅助性行业，双方的优势互补可以确立新的竞争优势，使会展企业和旅游企业的核心竞争能力得以壮大。会展与旅游的品牌联盟和市场的互动与协同，在产业之间建立起一种跨行业协作的机制，使整条会展旅游产业链成为一个既分工又合作的高效率的产业系统。

（3）加强媒体宣传力度

通过强势媒体宣传打造的会展品牌，可使会展形成的影响力在时间上得以延伸，在空间上得以辐射，以达到会展参与者最大程度的认知，从而获得一种长久效应。

实施品牌化战略是会展业在现代市场条件下增强自身竞争力的必然选择，也是向专业化、规模化、国际化发展的必由之路。

第三节　会展产业集群

一、会展产业集群相关概念

20 世纪 80 年代以来，新的产业集聚现象对于经济发展的重大意义得到了国际学术界、商界和政界的空前重视。1990 年，美国哈佛大学商学院波特教授首先在《国家竞争优势》一书中用"产业集群"对产业集聚现象进行了分析。波特指出："产业集群是在某一特定领域内相互联系的，存在地理位置上集中的公司和机构的集合。""集群的因素支配着当今的世界经济地图，它是每个国家

国民经济、区域经济、州内经济甚至都市经济的一个显著特征。"此后，集群理论在世界各国广泛传播，联合国工业发展组织、经济合作与发展组织等国际机构不仅运用产业集群理论和思想指导本国、本地区的产业选择和发展方向，而且把它提升到了战略的高度。

产业集群的形成是经济发展的大趋势，是世界经济全球化的必然产物。第一，全球化使传统投入要素（如自然资源）的产地变得不再重要，许多企业因此也没有必要设立在原料或者市场附近，而更应该选择有利于企业生产率增长的地域。第二，国内外大量产业集群取得成功。在国外，自 20 世纪 70 年代末开始，在意大利、美国、德国和法国等发达国家和地区相继涌现出一大批"新产业区"，其中既有依赖于"夕阳产业"而振兴起来的样板，如所谓的"第三意大利"，也有依赖于高新技术产业成长起来的典范，如美国的"硅谷"，它们均已形成强劲的地区或国际竞争优势。第三，以大型企业为基础的经济发展模式受到挑战，这一点在我国 20 世纪 90 年代的实践中也得到体现。第四，跨国资本也需要附着在一些特定的地域上，而且跨国资本在这些地域的集聚会降低投资成本，产生集聚效应。

产业集群作为一种介于科层和市场之间的生产组织形式，它以高效、灵活的生产组织方式和良好的创新环境，正在世界经济的竞技场上扮演着越来越重要的角色。在全球经济竞争中占主导地位的跨国公司基本上是以产业集群的竞争优势取胜的。产业集群发展模式是适应全球经济竞争由单个企业竞争走向产业链竞争新趋势的有效途径。

理论研究与实践的发展都表明产业集群是提高区域经济竞争力的有效方法。波特认为，在经济全球化的过程中，一些地区由于产业集聚而形成的产业集群可以从三个方面影响企业和区域的竞争力：一是提高企业的生产率；二是指明创新方向和提高创新速度；三是促进新企业的建立，从而扩大和加强集群本身。因此，产业集群已经成为区域经济发展的理想模式。

（一）服务业与产业集群

经济学家们发现，产业集群现象不仅仅存在于制造业和高新技术产业，而且也出现在服务业。在服务业领域，同样存在明显的集聚现象。波特在他的著作《国家竞争优势》的第六章阐述"服务业的崛起"时就认为服务业是有集群存在的，如纽约的金融业、好莱坞的电影产业、伦敦的理财服务业、波士顿的咨询和软件业等。"所有的集群都是好的。"波特也指出存在"利用较小范围的产业和产业环境的占有率堆砌更大的产业集群"的可能。[1]

---

1 迈克尔·波特. 国家竞争优势. 华夏出版社，2002 年版.

每个产业集群都有一个主导产业。从主导产业的发展角度来看，制造业并不必然优于服务业。现代社会中，服务业与制造业相互关联、唇齿相依。我们可以看到，某些制造性商品必须依附于服务业，如当服务企业出售工程与管理顾问等劳务时，就能够引导客户对所需设备和其他相关制造性商品的需求。

与制造业相同的是，服务业也主要是受规模经济的影响而产生产业集群，当服务业的相关产业具有国际或地区优势时，它们会孕育出其他的服务业。近年来随着需求的增加，服务业取得了前所未有的大发展，服务企业的组织结构日益完善、管理更加科学，专业化趋势也更明显。服务业在发展壮大过程中，在特定区域孕育出相关行业，进而形成服务业的产业集群，例如伦敦的理财中心就带动了房地产和软件业的发展。

服务业的聚集与城市的发展关系紧密。一般来说，只有大城市或者中心城市才能使服务业聚集在一起。著名金融中心、贸易中心、商业中心、会议展览中心城市等都是服务业聚集的地区，在这些地方往往会出现相应特定的服务产业集群。在现实社会中，我们可以观察到，国际贸易、证券交易、会议展览、宾馆饭店、航空运输服务等服务业只有聚集在一些大中型城市才得以繁荣。究其原因，城市的交通运输系统、供电供水系统等公共物品的发达是服务业聚集的必要条件。同时，就人口分布密度而言，一个国家或地区的人口主要集中在城市，尤其是集中在部分大城市，这些国家或地区的部分现代服务业至少是部分由于本身的特性——满足现代人群和现代化城市的发展需求，必须融入现代城市的综合功能，必然朝部分大城市集中。

综上所述，从产业集群理论和实践运用的成果来看，产业集群现象也存在于服务产业。

（二）会展产业与产业集群

会展产业不可能均匀地分布在全球任何地方，它必须有一个主要的分布区域，一般集中在某地区、某国或某些条件较为优越的国家集团中。在具体某一地区的分布上，会展相关企业机构多以大城市的几个大型场馆为核心进行集聚。因为制约会展业发展的首要因素是资本，表现为硬件建设上新建展馆投资量大由于展馆是会展业的"火车头"，政府因此通常充当投资的主体，在会展发展的历史上，中外皆是如此。借助区域内的大型场馆，加之场馆附近便利的交通条件和较为健全的配套产业，该地域便产生了使会展业聚集的向心力。在这种向心力的作用下，会展企业和会展资本、劳动力和技术等经济要素的运动均以集中为导向，产生聚集经济效应，使得这个地域的经济实力大增，从而形成会展经济的增长极。而聚集效应要求通过非均衡的途径得以实现，所以会展业务需要选择在条件好并且交通、信息网络发达的地区进行，这就为会展产业集群的存在提供了可能。那么从产业集群的思想来看，会展产业集群的形成从理论上来说是可行的。

会展属于现代服务产业，具有与生俱来的集聚性，会展产业的集聚效应主要表现为会展地点集中，会展场馆集聚相关服务设施；会展效应以会展城市为中心向周边地区、国家扩散；大型会展场馆年接待参展商和观众一般超过百万人次。

国际会展业发展的经验也表明，在一些经济水平高、城市基础设施完善、交通便利和第三产业发达的地区，会展业发展迅速，会展活动水平高，已经形成了若干会展业发达的全国或区域中心。从世界范围来看，在德国的汉诺威——"世界展览之都"、法兰克福等都已显露出会展产业集群的端倪。从我国的现实情况来看，会展业的发展也存在聚集现象。我国的会展场馆、会展公司和定期展会有着明显的集中趋势，主要集中在上海、北京、广州等几个会展业发达的城市。在这些会展业发达的城市中，会展企业又在某些特定的地理区域聚集，进而形成了会展产业集群。

此外，如今有些地方政府的规划行文中已经提到对会展产业集群的打造，如福建、陕西西安等地的政府规划报告。由此可以看出政府层面对会展产业集群的存在性及其具有积极意义的认同，也可看出政府对以发展会展集群来促进区域经济的热切期盼。而此时，若要有效地落实政策、实现政策目标、发挥宏观规划的积极作用，充分结合各地实际情况，对会展产业集群进行具体深入的分析就显得尤为重要。

（三）会展产业集群

产业集聚是产业集群形成的过程，产业集群是产业集聚的结果。产业集群不是简单的产业集聚区，在产业集聚区内，如果大量的上、中、下游企业机构之间在产业价值链各个环节上各有分工，联系紧密，形成一个完整的链条，则此时产业集群形成。借鉴世界产业集群理论的研究成果和特定产业集群的研究经验，笔者认为，会展产业集群应该是在以一定规模的会展场馆为中心的特定区域内，由会展产业上、中、下游的大量相关公司及支撑机构依托会展服务价值链在空间上集聚，形成的一个类似生物有机体的开放性的产业聚集区。

在会展产业集群轮廓中，整个产业集群都以会展场馆为依托，以会展企业为核心，围绕会展的举办，产业链上下延伸形成了一个包括会展企业、支持性配套服务企业和支撑机构在内的横跨旅游、酒店、金融、保险、交通、储运、通信、新闻媒介等行业的完整的产业集群，其具体结构关系如图 3-6。会展企业主要指的是会展场馆、会展组织、会展接待企业，支撑机构主要指的是政府管理部门、行业协会和教育培训研究机构等，支持性配套服务企业指的是与会展直接相关行业的企业，如会展物流企业、酒店等。

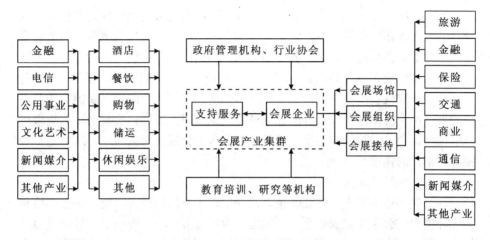

图 3-6　会展产业集群的结构关系网络

二、会展产业集群的基本特征

从整体上说，会展产业集群也是介于会展企业与市场之间的一种新型空间组织形态，它具有以下基本特征：一是部门的专业化特性；二是空间的集聚特性；三是集群的经济外部化特性；四是集群环境的资源共享特性；五是集群成员的功能互补特性。

（一）部门专业性

会展产业集群是由集群内各部门、各行业构成的一个统一整合体，在空间地域上表现为各部门、各行业的分工与协作。集群内每个企业只从事生产过程中一个环节的专业化生产，或只提供产品或服务的一部分，如会展场馆、会展组织、会展接待等机构分别为会展活动提供会展策划、会展设计、会展物流等服务。

（二）空间集聚性

空间集聚性指的是相关企业和支持机构在市场机制的作用下，在邻近性的地理区域内集中所表现出来的集中化特征。它是所有类型产业集群的空间特征，会展产业集群也不例外，具体表现为会展相关企业和支持机构的集聚现象。会展业中的集聚现象，主要体现在展览场馆设施集中，会展地点集中，众多相关联的行业、部门在同一个地理区域内集聚，共同服务于相似的会展消费者。它们因彼此间的横向、纵向联系围绕场馆形成会展产业集群。

（三）经济外部性

经济外部性是经济主体的经济活动对他人和社会造成的非市场化的影响，

会展产业集群产生的外部性主要是指集群经济所带来的使集群内会展相关企业受益的非市场化的影响。经济联系密切的会展企业及其支持系统在空间上的集聚，形成了集群经济。它源于各种相关的经济活动的集中而带来的效益，主要表现为会展产业集群内的企业所独享的，非单个企业能创造的，而又能为集群内企业共享的规模经济、范围经济和外部经济。例如，上海浦东新国际博览中心的展览和上海国际会议中心的会议举办的经验研究表明，会展活动的集聚可以强化特定会展场馆的知名度，激发人们对著名会展场馆的需求，这就是一种经济外部性的体现。

（四）环境共享性

在会展产业集群中，产业或企业共同生存于相同的经济环境、社会环境和文化环境中。会展产业或企业在一定地域内的高度集中，吸引了大量会展服务供应商和会展专业人才的存在，降低了使用专业性辅导性服务和信用机制的交易成本，而且专业人才的流动和知识外溢效应可以促进会展产业集群的生存环境的创新。同时，大量的会展产品的区域整合集中，可以迅速扩大场馆和城市会展品牌的影响，有利于营造出适合会展产业集群发展的优良环境，促进场馆所在地域的竞争力，形成区域品牌。

（五）功能互补性

会展产业集群的成员之间广泛联结而产生的总体力量大于其各部分之和，"一加一大于二"。因为集群内各个成员是相互依赖的，某个成员的优质服务将促进其他成员的成功。就功能互补性众多的表现形式而言，有两种最为明显：其一是许多会展服务产品在满足顾客的需求方面相互补充；其二是会展相关企业之间的相互协调可以使它们的集体生产能力得到进一步的完善。可以说，最终服务提供商之间或中间服务产品供应商之间存在着明显的既竞争又合作的关系。相互竞争，是为了争夺共同的市场；相互合作，是为了提高集群效应，获取和维护共同利益。同时，会展品牌的建立不仅取决于会展规模大小和国际化程度，还有赖于互补性商业活动，如酒店、商店和物流的质量和效率。

三、会展产业集群的生命周期

会展产业集群的演进大致要经过集群的形成、成长与扩散以及集群的更替等几个阶段。

借鉴佛农的产品生命周期论，可以把会展产业集群的生命周期划分为诞生阶段、成长阶段、成熟阶段、衰退阶段（或蜕变阶段）四个阶段（图3-7）。

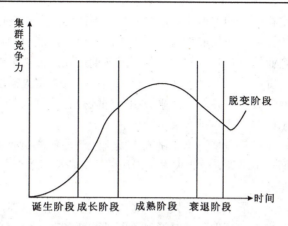

图 3-7 会展产业集群生命周期阶段

诞生阶段，也称会展服务的产生和开发阶段，该阶段的服务产品和生产过程还没有标准化，企业最初聚集在一起进行服务产品的生产提供，集群内企业基于会展网络、分工协作以及资源共享所具有的集聚经济获得竞争优势。区域独特的区位优势、场馆硬件资源的建设和政策环境等一些指向性因素，能为这些聚集的企业带来利润，在利润的驱使下，企业聚集在该区域。随着时间的推移，集群内配套设施不断完善，群内企业的业务不断发展壮大，企业间的溢出效应越来越明显。这时，其他一些企业在该区域聚集也将有利可图，它们中的一部分将逐步迁入本区域，使产业集群发展到成长期。

成长阶段，会展产业集群迅速发展，开始经历一个从量变到质变的快速增长过程。随着会展服务企业数量的增加，同类企业面临更大的竞争压力，但集群内的资源知识、信息、技能等日益集中，更多的人力、物力投入到会展产业，使得集群规模不断扩大，专业化分工不断细化，集群内企业也将加快裂变和衍生的速度，形成会展产业链，企业间互动与合作明显加强，溢出效应得到充分发挥，并逐步成立各种培训机构、中介机构及会展行业协会。整个产业集群的生产率不断提高，公共设施逐步得到充分利用，服务商品市场、劳动力市场开始形成。随着产业集群规模的扩张，到了成长期后期，集群内公共设施、土地等资源的需求开始出现显著增长，并导致其价格上升，使集群内企业的成本增加，抵消一部分产业集群带来的溢出效应、专业化市场和劳动力共享收益，使产业集群的成长速度趋缓，逐渐发展到成熟期。

成熟阶段，集群内企业间的专业化分工进一步细化，整个会展产业链上的企业更加集中于自己擅长的领域，会展产品走向标准化，会展企业追求规模化，会展产业链体系逐步配套和完整，集群的竞争力较强，相关企业既竞争又合作，形成复杂、稳定和密切的本地企业网络，使会展产业集群的规模逐步达到其峰值，并且本地的会展产业集群作为整体加入国际分工，从而融入全球竞争。随着集群和群内企业的规模越来越大，到了成熟期后期，公共设施、土地等将变得更加紧张，其价格将大幅度上涨，集群内企业的成本将大幅度增加，使得该区域对区外企业的吸引力减弱，几乎吸引不到区外企业进入。这个时候，产业集群的规模趋于稳定，逐步进入衰退阶段。

衰退阶段，在该阶段集群不经济大于集群经济，集群企业在服务产品销售和赢利能力方面走下坡路，企业失去对市场的灵活反应，缺少应变的内源动力，整体规模开始萎缩。

蜕变阶段，当会展产业集群发展到顶峰，随着时间的推移，它可能出现两种情况：一是逐步走向衰退；二是通过不断地创新和改良而使会展集群得到复苏，即在会展产业集群停止发展并导致衰退时，可能在某一外力和内力的作用下产生蜕变，从而继续生产并发展下去。可以说，只要保持创新能力，不断加强会展产业与集群外围实体之间的联系和交往，会展产业集群就不会步入衰退期而仅仅出现短暂的波动，很快便会复苏，进入蜕变阶段。

四、会展产业集群的竞争优势

产业集群作为一种高效的产业组织形式，具有较强的竞争优势。我国学者立足于国内各地区产业集群发展的实践，以案例分析方法为主，对上述思想进行了适合我国国情的运用和扩展。如吴宣恭教授比较全面地将集群的竞争优势概括为资源优势、成本优势、创新优势、市场优势和扩张优势[1]；魏守华、王缉慈从经济学、社会学、创新学三个角度，用直接经济要素的低成本、产品差异化、区域营销和市场议价能力优势以及非直接经济要素的区域创新系统优势和社会资本优势来分析。[2]综合这几种思路，结合会展产业集群这一特定服务业产业集群的特征，现将会展产业集群的竞争优势概括为低成本优势、资源共享优势、技术创新优势、人才培育优势、组织协同优势、区域品牌优势。

（一）低成本优势

会展业的聚集降低了交易成本，增强了整体竞争力。在市场经济条件下，会展业聚集的形成是市场机制作用的结果，围绕会展资源聚集的相互联系的公司和关联机构的交易成本大大降低。因为现代会展业需要有不同企业和部门之间的合作，在每一环节之间都存在交易成本。会展产品和服务的开发、生产通常需要使用专门的设备和配套服务如展台搭建、信息、运输，单个会展企业不

---

1 吴宣恭. 企业集群的优势及其形成机理. 经济纵横, 2002 年第 11 期.

2 魏守华, 王缉慈. 产业集群：新型区域经济发展理论. 经济经纬, 2002 年第 2 期.

可能提供足够大的服务需求市场来维持众多关联企业的生存，但大量企业集中在一起完全可以联合起来提供这样一个大市场。会展产业集群的建立为获取其他重要的投入要素提供了一条有效的途径。各种会展企业、会展服务企业及相关企业集中在一起，进行灵活的专业化分工，可以为整个会展活动流程提供多样化的选择和优质高效的服务。这样，企业从群里获取资源而不是从其外部获取资源，从而降低了交易成本，有助于降低服务供应商抬高价格或违约的风险。

同时，集群内企业相互之间的竞争也能降低企业生产成本。在会展产业集群内，各种竞争对手相互集中在一起，面对面地进行竞争，形成了一种独特的竞争环境，产业信息交流、透视敌手及互动强化的机会不断出现。因此，会展业的聚集必然加剧会展企业间的竞争程度，激烈的竞争又会导致会展企业间的淘汰、兼并、重组和整个会展产业的整合，而竞争的压力将迫使会展相关企业不断创新，降低成本，提高服务质量和效率，从而增强了整个会展产业集群的竞争优势。

（二）资源共享优势

会展产业集群可以发挥资源共享优势。作为都市型服务业，会展产业主要聚集在经济发展水平和对外开放水平较高、基础设施完善、第三产业发达的城市地区。会展业涉及行业众多，聚集放大效应明显，其资源整合功能的表现也是多方面的。会展产业集群的会展企业相对于集群外的企业，可以首先获得公共产品的协同效应，它们更经常使用到该地区完善的基础设施，如交通运输设施、邮电通信设施、教育培训设施、文化娱乐设施等，并提高了这些设施的使用效益。而且，会展产业的聚集更是提高了会展专业设施——会展场馆的使用率，较高的使用率和良好的运营，可使会展场馆不断完善更新，提供更加优化的配套设施服务。

同时，聚集使得政府更多地投资于会展专业人才的教育和培训，促使了会展行业协会和相关机构的建立和职能的行使，会展相关法规和规章的完善，如我国三大会展产业中心（北京、上海、广州）的行业协会、相关会展立法和法规均处于行业领先位置。

（三）技术创新优势

集中化能够增强会展产业的创新能力，提升会展企业和产业内部的生产力。在集中化特征明显的会展产业集群中，当会展企业利用相同或相近的技术，提供同类服务产品，面对共同的机会与威胁时，竞争将异常激烈。而竞争的压力就会迫使会展企业不断进行技术创新，而创新的成果又能及时在产业集群内扩散和传播，从而提升了整个会展产业的生产力。集群中同类企业聚集于一地，同行业相互了解，有了价格、质量和产品差异化程度的评价标准，迫使会展企业在服务产品质量和产品差异化上加大创新力度，追求基于质量基础的服务产品差异化优势，从而形成产品竞争优势。

会展业聚集增强了会展企业创新的活力。会展业聚集产生的竞争压力使得各个会展相关企业为了获取生存发展空间，始终保持创新的动力，促使形成企业的持续竞争力。由于地理上的邻近，当一个企业服务于并且获取服务于多种产业时，它就会产生更加强烈的创新动机，希望创造更多的机会来组合生产要素。

在企业与专业人才的对接上，会展业的聚集能将各类会展相关的专门人才吸引到同一片区域，使得会展企业能够比较容易地获得所需要的人才，各类人才也倾向于在会展产业群的区域内寻找工作，由此提高了会展企业对新技术、知识、经验的反应能力。尤其是区域内的大学、研究机构与企业之间的学习互动，更是极大地增大和积累了该区域持续创新的能力和容量。

（四）人才培育优势

会展业聚集加快了会展人才的培养和成长。会展业聚集的地区通常也是科技发达、文化教育水平较高的地区，这些地区吸引了大量的各类优秀人才聚集，可以满足会展业发展的各种人才需求。而且区域内及邻近的研究机构和中、高等院校为不同层次会展专业人才的培养提供了强大的动力支持，他们根据会展业的发展灵活、及时地培育所需的专业人才。

我国的会展产业中心城市是我国会展业发展的标志和主力军，这些城市在会展行业信息、技术、知识及经营管理等方面处于领先地位，而且拥有与国外先进会展企业和组织合作交流的众多机会，因此易于获得国外先进的会展理念、经营管理方式、行业经验等。会展业集群内的会展人员在这种优越的行业环境中，更易快速地成长和成熟。

（五）组织协同优势

会展集群的合理定位和发展可以帮助大区域内资源、经济协同发展，实现优势互补。会展业聚集一般都是建立在各个地区的特色、资源、优势产业等条件基础之上，充分挖掘会展需求，进而实现大区域内的优势互补。以长三角会展产业带为例，上海作为龙头城市，金融、贸易等第三产业高度发达，对外开放水平高，对其他地区具有强大的辐射功能，其会展业在全国居领先地位。而浙、苏两省以专业化商品市场为主，形成了"专业化商品市场群落特色产业群落"的产业发展模式，有如温州、义乌。同时，长江三角洲城市群史迹众多、以苏州、杭州、南京等城市为代表，可以利用丰富的特色旅游资源发展会展。因此长三角会展产业带可开发的会展资源众多，既可继续发展上海这样的国际型龙头会展城市，也可发展成诸如温州、杭州等差异定位、优势互补，具有明显特色中小会展城市。

（六）区域品牌优势

会展产业集群有利于区域会展品牌的建立和维护，通过树立良好的区位品牌来营造市场优势。首先，会展区域品牌的形成是随着会展产业集群的产生、成长而逐步形成的。这是由于大量相互关联的会展企业及机构通过专业化分工和协作而结成本地化网络，既能克服单个企业参与市场交易的分散性和不确定性风险，又可避免层级制企业的低效率。同时，这些会展企业采取弹性专精的生产方式，通过竞争和合作，相互协作和补充，形成学习和创新机制，共同推动区域的发展和企业的持续创新。正是产业集群这种集聚、竞争、合作、学习和创新的内在机制和弹性专精的生产方式，创造了会展产业集群的营销优势，从而促成了区域会展品牌的形成。区位品牌对集群内每个会展企业来说都是一笔无形的品牌资产，因为只要消费者普遍接受一个区域品牌之后，他们一般不会挑剔产品到底是由区域中的具体那一家企业提供的，因此单个会展企业就可以节约大量的广告费用。其次，会展集群形成之后又可以加速区域会展品牌的传播。集群内的会展企业可以通过建立产业集群的区域整体品牌、加强营销网络来取得协同效应，营造市场优势。大量会展企业形成产业集群后可以集中广告宣传的力度，利用群体效应，形成会展产业集群整体品牌。在广告宣传上，容易调动企业投入的积极性，改变单个企业因广告费用过高不愿过分投入的状况，集中众多企业的财力开展广告宣传可使每个企业都受益。同时会展集群整体品牌与单个企业品牌相比，更形象直接，更具有广泛、持续的品牌效应。

第四节 会展产业综合效益评价

一、会展产业综合效益分析

效益是指人们在生产活动中投入与产出之间的比较，这种比较通常以价值形式表示，解释为费用与收入的比较或所费与所得的比较。效益既包括经济领域中的效益又包括非经济领域中的效益，因为广义的投入既包括有形的投入也包括无形的投入，支出也一样，有有形和无形之分。

（一）会展产业综合效益

简言之，会展产业综合效益是指在某一区域内，这个社会对会展的总投入与社会因会展活动所得到的总收益的比较。因为会展经济是一种多要素、多产业融合、跨区域、多维扩张的新型经济形态。在会展经济运行的过程中，既有总量均衡与非均衡变动，结构的产业和区域转换，又有外部自然环境、社会环境的适应和协调。因此，会展产业综合效益不仅包括可以用价值形式表示的会展直接经济效益、间接效益和乘数效应，还包括难以用价值形式表示的社会效应。也就是说，会展产业的效益包括有形的和无形的两部分，有形的就是可以用货币或其他的形式来衡量的部分，比如会展企业产生的收益，还有政府部门投资于基础设施给社会带来的直接收益。无形的效益是指不能用货币或其他实物来衡量的部分，比如因会展业的发展而促进整个城市或地区的信息化程度的提高，或居民文化素质的提高，或城市知名度的提高，这些都是社会文明进步的表现，但不能用物化的价值来衡量，无形的效益对一个区域、国家乃至整个社会的发展都有着不可估量的作用。

（二）会展产业效益评价的意义

对会展产业进行评价，宏观上，能够优化资源配置，实现效益最优化，产业均衡和地区均衡，有利于国民经济整体水平的提高；中观上，对会展产业的综合评价可以优化会展产业结构，使会展产业处于长期的、动态的结构均衡；微观上，追求利润最大化是企业永恒的目标，经济效益评价可以促使会展企业降低生产经营成本，提高劳动生产率，提高企业管理水平，使企业获得最大化的利润。评价指标体系的建立是对会展产业进行评价的前提和根本，没有一个完整的评价指标体系，评价工作就是无源之水、无本之木。

二、会展产业综合效益评价指标体系的构成

（一）指标体系设计原则

指标体系的建立是为评价工作作准备的。因此，要使会展产业经济效益评价工作有章可循，评价结果较为客观、全面和准确，其评价指标体系的建立应该遵循如下原则：

1. 全面性原则

评价指标的建立既要能反映个体会展企业的管理水平和经营能力，又要能反映整个会展行业的盈利水平、发展能力和可持续发展的潜力，以及对整个社会进步的贡献水平。

2. 系统性原则

对会展业的经济效益功能的评价是一个复杂的系统工程，它的指标体系是由若干指标（要素与子系统）有机结合而成的，在构建指标体系时，应重视各指标之间的联系，真正使评价做到全面、系统。

3. 科学性原则

指标的设置既要考虑指标自身的科学合理性，又要结合会展业的行业特点，遵循客观规律；既要有动态指标，又要有静态指标；既要有定性指标，又要有

定量指标。

4．导向性原则

通过指标体系的建立，有助于会展企业按市场需求组织生产和经营，加强管理和降低成本费用水平，把工作重点引导到提高经济效益上来，并对会展企业的非正常化行为起约束和规范的作用。

（二）指标体系构成及指标解释

通过对会展产业范围的界定，根据会展产业的特点和性质，我们构建会展产业经济效益评价指标体系的结构框架，见表 3-2。该评价体系框架分为 6 部分，每部分包含相关内容的指标。本指标体系是对会展产业广义经济效益的全面描述，指标体系中不仅包含会展产业经济领域方面的指标，还包含会展产业非经济（社会、环境等）领域方面的指标，不仅有描述宏观方面的指标，还有表现微观方面的指标，不仅有定量的指标，还有定性的指标。

表 3-2 会展产业综合评价指标体系

源指标	二级指标	指标说明
经济总量	会展产业总成本 会展产业总产值 会展产业增加值 会展从业人员数 会展产业总收入	本指标项用来评价某区域内狭义会展企业经济量的总和；根据国家统计部门得出的国家或地区的指标值
经济效益	资产报酬率 劳动生产率 资产有效利用率	评价会展产业的直接经济效益，根据产业内企业数据的统计得出平均值
发展水平	年增长率 技术创新投入率 从业人员构成率 增加值构成率	评价会展产业的可持续发展能力；根据企业数据的统计得出指标计算值
市场化程度	企业从业人员在会展产业中的构成率 企业会展支出在总支出中的比重	评价会展产业市场发展能力；根据企业数据的统计得出指标计算值
对国民经济的贡献	国民经济贡献率 国民经济支持率 第三产业就业贡献率 社会贡献率 社会积累率	评价会展产业的间接经济效益；根据国家统计部门得出的指标数值
社会效益	乘数效应 科技贡献水平 信息促进水平 生态效益指标	评价会展产业的社会效益；指标的数值很难确定，主要采用对比分析方法，得出定型的结论

下面我们将对各部分指标的评价方向及组成分别加以说明。

1. 经济总量

总量指标是反映会展产业总产业、总就业和总固定资产存量规模的总体指标。该指标的重要作用主要表现在两个方面：首先是该指标反映了会展产业发展在人、财、物方面的最基本概况；其次该指标是构成大多数其他评价指标的基础。在指标体系中，除作为核心总量指标的增加值外，还包括总成本、总产值、从业人员、会展产业总收入五个指标。

（1）会展产业总产值：指一定时期内会展产业单位全部生产活动的总成果或总规模的货币表现。它既包括转移价值，也包括新增价值。在计算会展产业总产值时，事业单位和企业单位应分别采用不同方法计算，然后加总。

（2）会展产业增加值：指一区域在一定时期内（通常为一年）会展产业单位向社会提供产品或服务而增加的价值总和。该指标反映会展产业部门为社会提供的全部最终成果。该指标在统计时可能因会展产业统计范围不同而造成不同期间（或不同地域间）的口径不一致，所以在具体运用时应加以说明和调整。

（3）会展产业总成本：指在一定时期内，会展产业单位为生产会展产品和开展会展活动而发生的各种消耗和支出的总和。

（4）会展从业人员数：指在会展产业单位工作或非会展产业单位中直接从事会展活动、并取得劳动报酬的全部人员数。

（5）会展产业总收入：即会展企业和事业单位本年收入合计，该指标包括财政补助收入、上级补助收入、事业收入、经营收入、附属单位上缴收入和其他收入等六部分。其中，事业收入指事业单位在专业业务活动及其辅助活动之外开展非独立核算经营活动取得的收入。

2. 经济效益

经济效益指标是反映会展产业生存、发展状态的关键指标。反映产业经济效益的指标有很多，根据会展产业的特点，从中选取 3 个指标。这 3 个指标都是定量指标，且都以单位时间内的数值计算（通常为 1 年）。

（1）资产报酬率=净利润/平均资产总额。其中：平均资产总额为初期末资产之和的算术平均值。这个指标反映了会展产业单位的获利能力。

（2）劳动生产率=会展总收入/会展从业人员数。这个指标反映会展产业单位人力资源管理水平。

（3）资产有效利用率=实际使用资产/资产总额。这个指标反映会展产业单位自然资源营运能力。

3. 发展水平

发展水平是反映会展产业获得持续经济效益的能力。对会展产业经济效益的综合评价，不能只看会展产业或会展企业当前的经济效益指标，还要看到会展产业的发展前景。只有对会展产业的现状与未来作综合评判，才能得出客观、全面的评价结果。主要有以下 4 种指标。

（1）年增长率=(年末总资产额-年初总资产额)/年初总资产额。从一个产业的年增长率可以直接看出该产业的发展水平及趋势。

（2）技术创新投入率=技术创新投入总额/净利润，其中技术创新总额=新产品开发费+设备更新改造费+从业人员培训教育费。现代市场经济中的竞争，是科技与人才的竞争，技术创新投入也是表现会展产业和会展企业发展水平的方面。

（3）从业人员构成率=会展产业从业人员/第三产业从业人员。

（4）增加值构成率=会展产业增加值/第三产业增加值。由于会展产业的主体行业包含在第三产业内，因此，评价会展产业人员与增加值在第三产业中的构成情况也是了解会展产业发展水平的重要方面。

4. 市场化程度

会展产业能否走入市场，并在市场环境中成熟起来，是会展产业能否长期健康、稳定发展的关键。该部分包括如下两个指标：

（1）企业从业人员在会展产业中的构成率=企业中从事会展人员/全体从业人员。

（2）企业会展支出在总支出中的比重=企业会展支出/企业总支出。（注：此处企业为非会展企业。）

5. 对国民经济的贡献

对国民经济的贡献反映会展产业对国民经济的直接贡献水平。就一般意义而言，部分会展产业已成为最具经济活力的产业部门，为客观、真实地反映会展产业在国民经济体系中的地位，特选了 5 个指标组成源体系指标。

（1）国民经济贡献率=会展产业增加值的增长量/国内生产总值同期增长量。该指标直接反映了会展产业增长规模对整个国民经济的影响程度，是评价其对国民经济贡献的核心指标。

（2）国民经济支持率=会展产业增长速度/国内生产总值同期增长速度；其中会展产业增长速度以增加值计算。该指标反映了会展产业增长速度对国内生产总值增长速度的相对支持程度。

（3）第三产业就业贡献率=会展产业从业人员增长量/第三产业从业人员增长量的比重。该指标直接反映会展产业在就业方面对第三产业发展作出的贡献。

（4）社会贡献率=会展产业社会贡献总额/平均资产总额。该指标是衡量会展产业单位运用全部资产为国家或社会创造或支付价值的能力。其中，会展产业社会贡献总额指会展产业单位为国家或社会创造或支付的价值总额，包括工资（含奖金、津贴等工资性收入）、劳保退休统筹及其他社会福利支出、利息支出净额、应交增值税、应交产品销售税金及附加、应交所得税、其他税收、净利润等。

（5）社会积累率=上交国家财政总额/企业社会贡献总额。衡量会展产业单位社会贡献总额中多少用于上交国家财政。其中，上交国家财政总额包括：应交增值税、应交产品销售税金及附加、应交所得税、其他税收等。[1]

6. 社会效益

社会效益指标反映会展活动对整个社会进步的推动和带动作用，包括有形的和无形的，主要指标设置如下：

（1）乘数效应。乘数（Multiplier）指某一经济量与由其引起的其他经济量变化的最终量之间的关系。会展乘数效应指会展产业的一笔投资或收入不仅能增加会展行业的收入，而且在国民经济中引起连锁反应，最终会带来数倍于这笔投资的国民收入增加量。乘数包括收入乘数和就业乘数。收入乘数=由会展引起其他产业的收入增加量/产业收入增加量；就业乘数=由会展直接或间接引起就业人数增加量/产业收入增加量。

（2）科技进步贡献水平。传播先进的技术成果，展示和推广新产品、新工艺是会展经济的重要功能之一。因此，评价会展活动对科技的促进作用是对会展产业社会效益进行评价的一个重要方面。本指标属于定性指标，结合一定的定量指标，用德尔菲法对其进行评定。

（3）信息促进水平。定性指标，反映会展传播信息、知识、观念，促进国内外、政府与企业、企业与企业、企业与消费者之间的沟通与交流的重要功能。

（4）生态效益指标。会展经济被称为"绿色经济"和"无烟经济"。会展生态效益指标可通过污染率反映，污染率=产生污染量/会展总收入；污染率越小越好，评价时参考其他产业的污染率，然后给出一个定性的生态效益指标。

会展产业经济效益评价指标体系是针对会展产业的属性、特征而建立的一套描述会展产业总体状况，客观反映会展产业的发展收益状况的指标体系。指标体系既有定量指标，也有定性指标，在评价的过程中，应进行综合考虑，采用层次分析法和模糊评价法等多种方法进行评价，方法的选择和评

---

1 荆新，王化成，刘俊彦. 财务管理学. 中国人民大学出版社，1998年版.

价模型的建立是以后要继续研究的问题，这里不多加描述。希望该指标体系的建立，能够成为会展产业综合评价研究的引玉之砖，以促进会展经济理论的发展。

复习思考题

1. 为什么说会展业是一个高密度的多重契约行业？
2. 会展产业构成的驱动因素主要有哪些？
3. 会展产业链的含义是什么？其构成环节有哪些？
4. 会展产业链的延展效应主要通过"三个效应"和"两个方面"来实现。其主要要点有哪些？
5. 会展产业链的要素构建指什么？
6. 什么是会展产业集群？其结构关系网络的构成是怎样的？
7. 会展产业集群的竞争优势表现在哪些方面？
8. 会展产业经济效益评价指标体系的基本内容有哪些？

第四章

会展行业活动分析

学习目的

掌握会展行业活动的主要形式及内在机制。

主要内容

会展行业活动，主要指以会议、展览组织和服务提供为特征、通过举办各种类型的会议、展览和提供专业服务，获取经营收入的企业活动。

会展作为一种社会经济活动，在漫长的发展过程中，随着社会生产的发展、人们观念和生活方式的改变以及市场组织形式的不断创新，其名称、内涵、组织形式、属性和功能等各个方面都发生着深刻的变化。作为一种起中心和支撑作用的行业，其内涵和形态却是明确和相对稳定的。行业是按企业的生产和商品形态上进行归类和分属的，是指生产商品或者提供类似服务的企业所组成集合。会展行业，以会议、展览组织和服务提供为特征、通过举办各种类型的会议、展览和提供专业服务，获取经营收入的企业集合。本章将围绕会展行业及相关活动展开分析。

第一节　展览活动和展览业

一、展览活动内涵和外延

（一）定义

1. 动态认识过程

"展示"一词（Display）来源于拉丁语的名词"Diplico"和动词"Diplicare"，

表示思想、信息的交流或实物产品的展览。展览业常见的术语有展销会（Fair）、展览（Exhibition）和博览会（Exposition）。从《辞海》、《简明不列颠百科全书》到政府有关部门的报告再到各类书籍报刊，对展览会的定义也是千差万别。《辞海》中对展览会的定义是，"用固定或巡回方式公开展出农业产品、手工业制品、艺术作品、图书、图片以及各种重要实物、标本、模型等供群众参观、欣赏的一种临时性组织"。美国《大百科全书》的定义是，"展览会是一种具有一定规模，定期在固定场所举办的、来自不同地区的有组织的商人聚会"。

2. 定义

展览会是一种具有一定规模，定期在固定场所举办的，来自不同地区的有组织商人和专业人士的聚会。

（二）分类

从性质上区分，可分为贸易展和消费展。贸易性展览是为产业即制造业、商业等行业举办的展览，展览的主要目的是交流信息、洽谈贸易；消费性质的展览基本上都展出消费品，主要目的是直接销售。展览的性质由展览组织者决定，可以通过参观者的不同反映出来：对工商业开放的展览是贸易性展览，对公众开放的展览是消费性展览。

从内容上区分，国际博览会联盟（UFI）将展览会分成三类：综合性展览、专业性展会和消费性展览会。综合性展览指一个行业或数个行业的展览会，也被称作横向型展览会，比如工业展、农业展等。专业性展览指某一行业甚至某一项产品的展览会，比如机床展等。专业性展览的突出特征之一是常常同时举办讨论会、报告会，"展中有会，会中有展"，用以介绍新产品、新技术等；消费性展览包括艺术品及古董、综合地方展览会。

从规模上区分，可分为国际展、国家展、地方展以及企业展等。这里的规模是指展出者和参观者所代表的区域规模，而不是场地规模。

从时间上区分，有定期展和不定期展。定期的有一年一次、两年一次、四年一次等。不定期的则视需要而定长期或短期，长期可以三个月到半年，短期可以不超过一个月。近年来还出现了短期和常设相结合的形式。在发达国家，专业展一般是三天。在英国，一年一次的展览占展览会总数的3/4，展览日期受财务预算、订货等影响。根据英国展览业协会调查，3月至6月及9月至10月是举办展览的旺季，12月至翌年1月以及7月至8月为举办展览会的淡季。

（三）展览会的基本要素构成

展览会一般由五大要素构成（图4-1）。

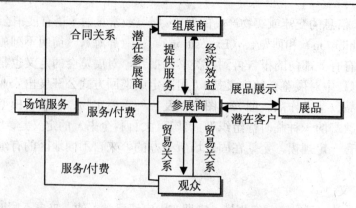

图 4-1 展览会五大要素之间的关系

1．组展商

一般来说，业界把展会的组织者称为组展商。组展商是展览事件的发起者，整个展览事务的执行者，以及展览会后事务的处理者，是在展览事务全过程中处于主导地位的展览活动主体。组展商又分为展览主办者和展览承办者。展览主办者是展览事件的发起者，常见的有政府部门、各类协会、商会及大型企事业单位等。展览承办者是展览事务的具体执行者，向参展商和观众提供专业服务。承办商可以是行政单位，也可以是事业单位或企业单位。从专业化发展的要求看，承办单位多为专业会展公司。

2．参展商

参展商即参加展览并租用展位的组织或个人。参展商受组织者邀请，通过订立参展协议书（或展览合同），于特定时间在展出场所展示物品或服务。参展商的参展筹备环节较多，从经费预算、人员安排、项目运作、展示设计、展品物流安排、公关宣传、参加人员培训与工作生活安排等。通常参展商会将其中不少业务分包给专业公司。

3．观众

观众是通过购买门票或提前注册进入展览现场的人，可分为两类：（1）专业观众。中华人民共和国商业部行业标准 SB/T10358—2003《专业性质展览会等级的划分及评定》中对"专业观众"（professional visitor）作如下陈述：从事专业性展览会上所展示产品的设计、开发、生产、销售、服务的观众，以及用户观众。他们参展的目的与业务直接相关。产品供需型观众以交易为最终目的；产品技术探索型观众不以达成合约为目的，旨在探讨、学习和交流。其数量在参会的所有观众中所占的比例不应低于65%。（2）一般观众。出于兴趣和爱好观赏展会，不以达成交易为目的。但消费宣传类展会有交易祈求。

4. 场馆服务

场馆服务包括硬件及软件。硬件主要包括场馆容量及可供展览面积、配套设施、智能化水平、周边环境，场馆品牌等。软件包括专业服务和配套服务。从不同的角度来看，场馆所提供的服务包含的内容非常广泛。从展会服务对象上看，主要包括对主办方、参展商、观众和其他方面的服务；从展会筹备的不同阶段来看，主要包括展前服务、展中服务和展后服务；从展会服务的功能上看，主要包括展览服务和信息咨询服务。总的来说，场馆服务贯穿于整个展会的展前、展中和展后的不同阶段。此外，还要为展览活动及其参与者提供各种各样的配套服务，如广告、保安、清洁、展品运输、餐饮、旅游、住宿等。服务的本质就是帮助主办机构、参展商、专业观众，满足他们的需求，让他们获得最大的满意度。从物业管理的角度来讲，展览场馆不只是满足展会客商服务需求的生产者，更是通过提供主营业务外的间接服务、人文服务和信息服务，组织和落实社会专业服务资源为业主提供服务，达到展会客商满意的目的。

5. 展品

展品概念随着时代发展而不断发展。在展览会刚兴起时，因交通、资讯不畅，人们只能携样品参展，故展览会也叫样品展览会。到了现代，展品指展览中所展示的一切物品，如实物、标本、文物、照片、模型、沙盘、布景箱等。而今许多文化产业展、网中展的展品就不是单用"物品"两字可概括，展品的含义正在不断丰富和深化。展品是构成展览的主要材料，包括展品和说明。前者是主体，后者是辅佐材料。和展品一样，说明概念也在不断发展。早期主要是现场文字介绍和说明书，现代则大量运用语音导览、多媒体背景烘托、观众现场体验和互动等动态手段来诠释。

二、展览行业内涵和构成

（一）定义

展览行业是以展览组织和服务为核心，通过举办各种类型的展览提供专业服务，获取经营收入的社会法人群体集合。

（二）行业构成

展览行业的核心层包括展览场馆、职业展览组织者、展览搭建公司、总服务商；关联企业包括旅行社、航空公司、饭店等；服务配套企业包括出版商、广告咨询、物流公司、IT公司、保险公司、海关等。

1. 展览场馆

（1）定义

展览场馆通常叫展览馆或展览中心（会展中心），是展出临时性陈列品的公共建筑，作为会展产业发展的载体，是各种类型的商品展示、行业活动、信息发布、经济贸易等集中举办活动的场所，通常由展览区、观众服务区、库房区和办公后勤区四部分组成。大型展览馆结合商业及文化设施成为一种综合体建筑。展览场馆一般设在大城市或经济发达城市，对交通、食宿配套要求高，此外，社会治安、城市形象、经济发展水平和特色产业等也是必备的支持系统。

（2）现代会展场馆的布局方式

①CBD（中心商务区）式集聚布局

这种布局方式一般都产生于城市会展经济的初期阶段、会展经济发展不成熟或区域经济的辐射能力较弱的地区或城市，因此，需要借助CBD的交通、金融、酒店、旅行社、娱乐设施等会展配套设施，以及人才、信息、技术、资金等会展要素优势，发挥集聚效益。在我国，会展行业是一个幼稚的产业。因此，在2002年以前修建的展馆一般都修建在城市中心，我国的大多数展馆属于此类布局。

北京展馆主要集中在三环以内朝阳区和海淀区（见图4-2）。东三环路被誉为中央商务区内"金十字"大街之一，商气、人气都很兴旺，交通也十分便利，云集了多个场馆，比如朝阳区的中国国际展览公司、中国国际贸易中心、中国国际科技会展中心、中国农业展览馆和北京国际会议中心，还有位于海淀区的中国军事博物馆、中华世纪坛和中国建筑文化交流中心。朝阳区涉外资源丰富，基础设施齐全，已成为众多跨国公司和商社进驻北京的首选区域。世界500强大企业在中国设立办事机构的有160多家，其中入驻国贸的就有56家之多。由于中央国家机关、大型国企、跨国公司在华总部云集，权威机构和市场资源集中，北京会展发挥总部经济优势，产品定位在大型、高档次、国际化的展会上。

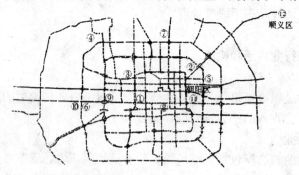

①中国国际贸易中心　　②中国国际展览中心　　③北京展览馆
④北京海滨展览馆　　　⑤全国农业展览馆　　　⑥中国人民革命军事博物馆
⑦北京国际会议中心　　⑧中华世纪艺术馆　　　⑨民族文化宫展览馆
⑩中国科技会堂　　　　⑪东方会议培训中心　　⑫新中国国际展览中心

图4-2　北京会展场馆的空间布局图

上海场馆属于这种布局的主要有分别位于浦东、徐汇的上海国际会议中心和东亚展览馆（见图4-3）。比如位于浦东陆家嘴的上海国际会议中心，就充分利用了陆家嘴的金融优势、交通优势、酒店优势以及休闲娱乐设施而举办了一些级别比较高的会议和展览。广州的"广交会"老场馆也属于这种布局模式，它坐落在越秀区，越秀区是广州中心商业区最繁华地段，老广交会展馆积聚了本地所有大型展览，尤其是2万平方米以上的大型展览。周边广州锦汉展览中心、广东国际贸易大厦、中国大酒店、流花宾馆、招商宾馆、东方宾馆及高档写字楼紧邻，为会展业的发展提供了理想环境。广州会展业的特点是"一展带来百展兴"，作为"中国第一展"的举办地，广交会老展馆地位独特，起着调控周边会展市场、培育展会的重要作用。而深圳会展中心也是基于考虑到充分利用深圳中心区的宾馆、办公、公寓、商业、物流等现成的基础设施，建造中心区 CDB，并带动北部地区的房地产等因素，而把深圳会展中心建在市中心的。

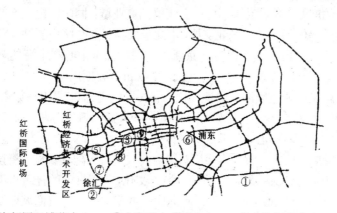

①上海新国际博览中心　②上海光大会展中心　③上海展览中心
④上海世贸商城　　　　⑤上海国际展览中心　⑥上海国际会议中心
⑦东亚展览馆　　　　　⑧上海图书馆　　　　⑨上海商城

图4-3　上海会展场馆的空间布局图

在国外，一般修建历史比较久远的会展中心都选址在城市中心。这类会展中心大多是随着城市最初的建设而布局建造的，因此拥有较长的建馆历史，由于最初的城市面积不大，建立起的会展中心也大多位于城市中心附近。以德国为例，比如法兰克福、科隆和斯图加特会展中心，都位于离城市中心不超过3公里的位置。同时，随着城市建筑设施不断完善，周围建筑也形成了规模体系，因此这类布局的会展中心基本没有扩建的空间。地处欧洲交通枢纽和金融中心的法兰克福会展中心就是最好的例证，在其周围有建于1909年的世界最大的穹隆式建筑，有建于1989年高达265.5米的当时欧洲最高建筑，现已成为城市地标的博览会大厦。从会展中心步行仅 10 分钟可达市中心的火车站。建于 1924 年的科隆会展中心则与著名的科隆大教堂隔河相望，与繁华的市中心相距不过 1 公里。

②产业簇群式集聚布局

会展场馆选址具有产业群的指向性，也就是说，产业优势比较明显的区域比较容易成为会展场馆空间布局的对象。产业群有两种形式：一种是天然形成的，一种是人为合成的。场馆空间布局中，依托天然产业群而建立的最为典型的例子是投资 1.5 亿元在小商品业发达的义乌市建造的中国小商品城会展中心，它集国际、国内展览、会议、智能网络、餐饮设施等多种功能为一体，成为华东地区规模最大、档次最高的专业展览之一。场馆建设也为义乌小商品集群发展壮大起到了不可磨灭的作用。人为合成的产业群主要是指经济开发区和经济技术开发区。经济开发区会展场馆的布局主要是依托经济开发区的产业优势，以发展产业园区、经济开发区主要产业相关的行业展会为重点，吸引更多的投资商，培育经济开发区的产业集群，完善区内产业集群的产业链；同时区内的产业优势又为会展业的发展提供了坚实的产业支撑，由此形成会展业与区内支柱产业的良性互动。此类展会中心比较典型的有北京新中国国际展览中心和上海的一些会展中心。北京新中国国际展览中心占地面积为 230 亩，首期用地为 42 亩，选址于北京市东北郊顺义区天竺空港城的现代化高科技园区内，与朝阳区接壤，距市区 7 公里，距顺义城区 10.6 公里，距五环路 4 公里，距首都国际机场 1 公里。项目规划还包括综合购物中心、仓储中心、休闲中心（含主题公园）、大型餐饮中心、商务酒店、参展商公寓、商务写字楼和国际会议中心等配套设施，将该地区打造为以会展业为主体，集展览与商务、旅游、文化、休闲有机结合的国际会展城，可满足北京会展未来 30 年的需要。上海国际展览中心、世贸商城以及光大会展中心也属于这种布局方式。如上海世贸商城位于虹桥经济技术开发区，紧靠延安路高架桥，距虹桥机场约 10 分钟车程，具有得天独厚的地理位置。

虹桥经济技术开发区汇集了一批国际知名企业。与支柱产业相关的各种展览会每年有二十多个，约占全市展览会总数的 13%，其中现代物流、生物医药、信息、新材料、汽车、计算机、通信、环保、住宅建设等方面的展览已形成一定的产业优势。

③旧城改造式场馆布局

这种布局主要出现在已经处于工业衰退的区域，布局的目的是进行老工业区的振兴和旧城改造。比如，德国的鲁尔区就将一些废旧厂矿改建为博物馆或主题公园，最为典型的有"亨利"钢铁厂（Henrichshuette）、"措伦"采煤厂（Zeche Zollern）和"关税同盟"煤炭—焦化厂（Zollrerein）。目前，"关税同盟"煤矿区已变成博物馆对公众开放。2000 年，约有三万多游客访问此地，该矿区内部的废弃铁路和旧火车车皮，有时候被用作举办当地社区儿童艺术学校的表演场地，而焦炭厂基本保留下来，部分被改造成餐厅、儿童游泳池，也可举办会议和节事活动。国内这类布局比较典型的有上海的农业展览馆和上海展览中心。上海展览中心前身是中苏友好大厦，1955 年建成，主体建筑为典型的俄罗斯风格，是当时上海的政治、经济、文化活动中心，具有较高的知名度和美誉度。由于地处市中心位置，周围人口密集，在相同的宣传强度下，能够聚集更多的人气。依照旧城改造式的场馆布局，比较适合举办一些与人们的日常生活相关的产品会展活动，利用老城区内人气旺盛，给参会参展人员创造更多的交流和贸易机会。

④现代会展场馆的扩散布局

由于受会展经济扩散效益的影响，现代会展场馆具有由城市中心向城市边缘、城市远郊、卫星城进行扩散的趋势。纵观现代会展场馆的扩散布局，大致可以分为四种模式的扩散布局：

1）核心辐射扩散布局

即由会展极化中心向四周扩散，主要体现在中心城市向近郊或邻近地区扩散。比如德国的杜塞尔多夫会展中心、柏林会展中心，它们多建于 20 世纪 70 年代前后，一般处于城区边缘，距市中心 4 公里左右，既有便利的公共交通系统可达，又有相对宽敞的扩展用地。成都世纪城新国际会展中心选址在城南新区，距市中心 4 公里，规划占地 1 500 亩，建筑面积约 25 万平方米，展览面积 20 万平方米，它也属于这种核心扩散式的布局。

2）母城向卫星城及"抗磁力中心"扩散布局

会展场馆由作为母城的中心城市（一般是大城市、特大城市）向附近的卫星城镇，以及更远的一些"抗磁力中心"进行区位选择与扩散。一般这类会展中心多为老的展览场馆迁新址而建成的，位于城市的远郊区，距市中心 10 公里左右，并靠近高速公路或快速道路。这类会展中心多是因原有的市中心老场馆发展受限而异地重建的，它们往往是由政府统筹安排规划，提供一定的优惠和政策倾斜，由各级政府和行业协会参股，这些会展中心往往还担负着带动新区发展，改造城市郊区环境的重任。比如德国的慕尼黑会展中心选址距市中心 11 公里，它充分利用和改造了选址地的旧机场，利用其交通条件，同时还建设了住宅区、商业区及大面积的绿化，提升了土地的价值；而距市中心 7 公里莱比锡会展中心则利用了废弃的工业垃圾堆放场，特别是对会展公园的规划极大地提升了当地的土地价值。[1]

---

1 李蕾蕾. 逆工业化与工业遗产旅游开发：德国鲁尔区的实践过程一与开发模式. 世界地理研究，2002 年第 3 期.

国内会展中心属于这种选址模式的最为典型的有广州国际会展中心和上海新国际博览中心。广州国际会展中心落户在广州东南部新城市副中心琶洲（见图4-4），恰恰处于广州"东移"轴和"南拓"轴的过渡地带，辐射珠三角，与广州"东进西联，南拓北优"的城市发展战略相吻合，已建成的首期工程 40万平方米已是亚洲最大、世界第二的展览中心（仅次于德国的汉诺威展览中心），投入达 40 亿元人民币。二期工程是 30 万平方米。2005 年 10 月广州市政府又在现有的广州国际会展中心的南面划出一块面积为 150 亩的土地，用于会展中心的配套设施建设。今后的几年中，会展中心附近会崛起五星级的香格里拉大酒店、超甲级写字楼、大型广场、三大配套公园和大规模的高档住宅小区，一个会展城的雏形将在琶洲逐渐出现。选择远郊或城市边缘地带，一方面能为场馆发展储备充足的建设用地，而同时也带动了城市新区的发展。上海新国际博览中心（SNEIC）选址浦东边缘地带（见图4-3），计划用地 100 万平方米，地铁 2 号线、磁悬浮列车从这里穿过，与浦东国际机场相距较近。全部建成后将拥有 17 个展厅、1 座塔楼、1 个会议中心和有数千个泊位的停车场；展厅内有商务中心、便利店、邮局、银行、报关、运输、速递、广告、旅行社等一系列配套设施；周边环境优美，拥有大面积绿化带和众多星级宾馆及休闲场所。这种扩散方式对避免大城市和特大城市过度膨胀，减轻中心城市压力，提高城市的经济、社会和环境效益都具有积极意义。

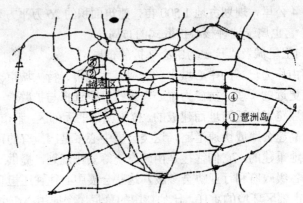

①广州国际会议展览中心　　　②中国出口交易会展览馆
③广州锦汉展览中心　　　④广州花城会展中心

图 4-4　广州会展场馆的空间布局图

3）独立型场馆布局

由于会展业的成熟发展，一些会展城市已经将会展作为其支柱性产业，而并非仅仅是主导性产业，比如德国的汉诺威会展中心。作为世界上最大的会展中心，它拥有近 47 万平方米的展览面积，距市中心虽然仅 6 公里，但却自成一体，相对独立。凭借 2000 年世界博览会，汉诺威会展中心改造扩建了部分场馆，进一步加强了其会展城市的功能。还有美国的赌城拉斯维加斯，由于其第三产业如娱乐业、服务业极其发达，为会展业，尤其是会议业提供了极好的产业支撑，而成为一个会议中心城市。瑞士的小镇达沃斯，以会议业的繁荣而著称，光是会议一项就达到其旅游总收入的 10% 以上，会议中心由此成为了该镇的重要建筑群。

4）绿色指向性场馆布局

随着会展业与旅游业的进一步融合，现在的会展参与者对下榻环境、休闲环境和旅游环境的要求越来越高，有相当一部分会展场馆，尤其是纯会议性质的场馆为了满足这种市场需求，通常把会议中心布局在一些依山傍水，生态优良，环境优美的区域。比如，九寨天堂国际会议度假中心位于九寨沟县甘海子，系九寨天堂核心项目。建筑面积 7 万平方米，集会议、度假、餐饮、娱乐、休闲、养生、购物、住宿为一体。包括酒店（五星级）、艺术展示厅、餐饮中心、天浴温泉中心、古羌寨、会议厅、展览厅、购物娱乐中心等。整个建筑背靠群山，掩映在原始森林中，集中铨释了"消失的建筑"这一理念。钢拱架全透明玻璃结构的 10 000 平方米大堂、10 000 平方米的温泉中心、会议中心及各色餐厅、酒吧、古羌寨结合在一起，像一片花瓣，飘落在森林中。这里拥有世界一流的会议硬件设施，能为全球顶级会议提供规范的国际化服务。

（3）展览场馆业务模式

会展场馆是一种建筑产品，同一般工业产品相比，其显著特点是体积庞大。会展场馆场地规模一般都很大，拥有的设备设施的种类繁多，投资额巨大，所需的建设、维护费用也很高。场馆经营水平和产出效益是展览行业经营绩效的重要组成部分，如何投资和经营展览场馆是涉及经营绩效的关健所在。

①经营模式

现代场馆往往因其规模大、设计新颖、风格鲜明而成为城市的标志和旅游吸引物，并对提升城市形象和推动城市综合配套有积极作用，从这个意义上说，场馆具有公共建筑的特点，世界上绝大多数国家的场馆投资都是以政府为主体的。展览场馆所采用的经营管理模式基本可分为"两大类"、"三种形式"：所谓的两大类即投资方设立管理机构直接管理和委托专业管理公司管理两大类；所谓三种形式即投资方设立的管理机构自行管理，投资方设立机构直接管理的同时聘请有经验的会展公司担任咨询顾问，专业管理公司受托管理和投资方组成合资或合作公司管理。

②业务营运模式

业务营运模式可分为场地经营专营、自主办展和场地经营，即美国式和德国式。美国式办展模式是指展览场地的所有者与展览的组织者截然分开，展览场地的所有者只出租展览场地和设施，没有自己的展览项目；而展览的组织者一般没有自己的展览场地，办展时需要从展览场地的所有者那里租用展览场地和相关设施。德国式办展模式是指展览场地和展览设施的所有者不仅向专业展览组织者出租展览场地，而且有自己的展览项目，可以同时是展览会的主办者和组织者。

其一，会展场地专营即出租场地，靠卖展位来赚钱。展馆主营业务，是靠出租场地赢利，其关键在于始终保持高出租率，提高场地利用率。如果能做到这一点，提供场馆无疑是展馆最有效、最省心的生财之道。一般而言，展览场馆以每年使用日数作为计算使用率的标准，由于展期、档次、流程及淡旺季因素影响，展览场馆整体使用率介于 30%～70%之间。

场地专营的另一个利润来源是场馆服务：一是场馆自带配套服务，包括出租设备、会议室、新闻中心、商务中心，提供专业技术人员等专业服务和满足客人生活需要的服务。这不但是场馆赢利的途径，更重要的是体现了场馆的专业化、国际化和人性化，是招徕主营业务的必要条件。二是专业服务和生活服务：专业服务有展台展具（即设备出租）、提供专业技术人员（进行设备安装调试）、会议室出租、新闻中心、商务中心等；生活服务有餐饮、展馆休憩区、茶水服务、出租车服务等。三是中介服务，靠收取中介费用来赢利，实现经济目标的同时，提升场馆的综合服务能力。展馆没有必要、也不应该独揽所有业务，因为场馆的垄断经营不利于会展业的市场化运作。所以，会展场馆所做的，最好是完善中介功能，而非业务垄断。此外，场馆也能提供综合服务，参与到与翻译公司、设计公司等会展服务企业的竞争中，但不能借场地优势实行服务垄断，阻碍其他公司为会展活动参与者提供服务。按照我国当前的场馆规模和业务类型，比较可行的措施是先完善中介功能，在有余力的情况下再自己涉足这些服务业务。如光大会展中心就有自己的酒店和银行。展馆已涉及的中介业务有：展台设计、广告礼品、宾馆饭店、翻译服务、公关礼仪、交通、物流、订票、保险、邮电、银行、报关、速递等。

纵观我国各主要会展城市会展场馆的业务范围，可得知，我国会展场馆所涉及的业务有 10 类左右，但多数展馆以"场馆提供"以及"展会主办"来谋生，并没有将很大一部分精力放在配套服务及中介服务上，只有香港和北京的部分展馆除外（见表 4-1）。

表 4-1　目前我国各城市主要展馆的业务范围举例

场馆名称	业务范围
上海新国际博览中心	①场馆提供②展会举办⑥宾馆饭店
中国国际贸易中心（北京）	①场馆提供②展会举办③展台展具④展台设计⑤广告礼品⑦翻译服务
北京国际展览中心	①场馆提供②展会举办
上海国际展览中心	①场馆提供②展会举办③展台展具④展台设计
大连星海会展中心	①场馆提供②展会举办
广州国际展览馆	①场馆提供②展会举办
广州中国出口商品交易会馆	①场馆提供②展会举办
广州国际展览中心	①场馆提供②展会举办
香港会议展览中心	①场馆提供②展会举办③展台展具④展台设计⑤广告礼品⑥宾馆饭店公关礼仪⑨交通、物流⑩订票、保险
深圳国际展览中心	①场馆提供②展会举办
广州新会展中心	①场馆提供②展会举办
台北世界贸易中心	①场馆提供②展会举办
温州市展览馆	①场馆提供②展会举办

其二，在自办展中，会展场馆扮演着展览组织者的角色。会展场馆与特定的参展商发生业务关系，有特定的服务对象，它创造出服务的产品——展览会，即提供展示环境和信息。在自办展中，会展场馆在展览活动中的作用使它成为系统的主体。在自办展的展览系统中，会展场馆处于核心和支配地位，它不但决定展览的性质、特点和形式，而且决定展览的最终效果，所以，在自办展中，会展场馆的状况决定展览系统状况。

由于有展览淡季，因此淡季时段的场馆很难租出。这就必须依靠场馆自己主办展览，也就是自办展，来弥补淡季业务的不足，提高淡季的出租率和利用率。自办展是展馆淡季的主要业务及收入来源。其次，自办展还可以穿插在场馆场地出租的时间空档，填补此时间段的空白。另外，较为固定的品牌自办展，还有利于提升场馆的形象，扩大其知名度和美誉度，反过来又有利于场馆在旺季出租率的提高。

2. 展览服务商

（1）展览服务商含义

展览服务商是在展览中主要为展览主办者、承办者、参展商、观众等各方提供专业服务的承包商或被委托方。一个展览涉及了从主题策划、展示设计服务、展览工程服务、广告宣传服务、会议服务、旅游服务、运输服务、展厅安全保洁、保税仓储服务等诸多服务环节，任何一个企业都不可能包揽所有业务。

这就需要有一大批展览服务商的服务提供。

（2）服务承包商类别

会展服务承包商协会（ESCA）将其分成三种：①会展总承包商（GEC），又称综合服务承包商（GSC），提供全方位服务的综合服务承包商由展会经理人指定，他们有充分的设备为一个 200 个以上展位的商贸展览提供服务。综合服务承包商的代表性服务有：设备与材料的保管、运输与搬运；展台搭建、维修与拆卸；水、电、燃汽、照明的接入、场地装饰等。②专业承包商，即为商贸展会提供某项专门服务的公司，包括 A/V（视听设备）的提供者、电力供应商、花木公司、摄影公司、搬运公司、展台搭建公司、保安部门、专业家具租赁公司、登记服务公司、参展商指定的承包商等。③合伙人，即综合承包商或专业承包商的供应商。尽管综合服务承包商是由展会经理人选定的，但仍然存在着总承包商无法完全控制展会服务的情况，一些展会地点可能与特定供应商有合同约定，而此时，综合服务承包商仍需要与他们保持协调合作。[1]

（3）我国现状

我国会展服务商作为一种行业力量尚弱小，其原因是为会展行业提供支持与服务的附属或配套的辅助层并没有"专门"化。它们通常是以投标和竞标的合作和会展业形成横向产业互补，并没有出现一体化发展趋势。我国工商登记在册的展览服务商约三千多家，其中有品牌影响力、专业性强的公司比重很小，随着规范化和标准化建设的深化，通过竞争将整合和淘汰一批企业。从行业发展的角度看，这一层面的发展空间还很大。

三、国际展览业发展的历程及其动因

展览活动的雏形可以上溯到原始集市，发展至今，国际展览业已成为一个成熟的行业。展览的形式还将继续变化以适应社会、经济和贸易发展的需要。

（一）古代集市发展

世界展览业的历史渊远流长。在人类历史发展的长河中，随着社会生产力的不断进步和发展，社会出现了分工和剩余产品，从而产生了物物交换的集市和古代城市之间定期举行的大型集市。在原始社会的石器时代，由于自然资源分布不均以及各原始共同体之间生产技术存在着很大的差别，使得原始共同体之间的交换成为必然。由于人们对自然物质的加工能力极其低下，不可能形成会展活动这种大规模的物质文化交流活动。展览只能是原始形态的展示，表现在宣传性展览上是很粗糙的岩画、纹身、图腾崇拜，出现了"敬

---

1 桑德拉·L. 莫罗. 会展艺术. 上海远东出版社，2005 年 8 月第一版. 第 260 页.

天神、颂祖宗"的祭祀展览。展品较为丰富，有牲畜、酒食等；展具较为考究，有陶器、铁器，甚至还有铭文，展出时还有钟鼓音乐、歌舞染渲等，成为综合性的展示艺术活动。表现有贸易性展览上是物物交换的地摊和简单的叫卖，尤其在原始社会末期，人类社会大分工的发展和扩大，形成了专门从事农业生产的部落、专门从事手工生产的部落和专门从事畜牧业生产的部落，这些部落之间为获得自身没有的物品，便开始了经常性、习惯性的物物交换。但这种交换的时间、地点不固定，而且规模很小。尽管原始社会的物物交换没有固定的地点和固定的时间，只是偶然的、临时性交易，但它已经具备了展览的基本特征：陈列和展示。同时，社会大分工的发展，畜牧业、农业和手工业的分离，尤其是青铜器和铁器的使用，社会生产力进一步发展，社会结构进一步分化，使得商品生产和交换成为可能，为集体性物质交流活动提供了可能。

到了封建社会，随着生产力的发展，宣传性展览便有大型洞窟绘画、华丽的壁画、武器陈列、绣像陈列。宗庙和祭祀展览也更为丰富和隆重，次数也更加频繁。贸易展览就出现"列肆十里"的街市和庆会；尤其是庙会和集市，不仅定期举行，还伴有文艺表演（如歌舞、杂耍、戏剧等）。随着货币的发展和流通，这种贸易展览也由物物交换上升到货币结算，使展览起了质的变化。

欧洲的展览会是从中世纪的集市发展而来。在欧洲，"集市"一词源于拉丁语中的"Feria"，是宗教节日"Holiday"的意思。这表明那时往往选择某一个宗教节日组织集市。在德语中，"集市"来自拉丁语中的集会一词，意思是群众集聚在一起进行某种活动。展览（Exposition）一词则源自拉丁词"Exponere"，意为"解释"，也更符合"向公众或个人展示、陈列展览"的含义。

欧洲的集市最早出现在希腊。希腊最初的集市是交换、买卖奴隶的集市。到了古奥林匹克时期，希腊有了常规的集市，与奥林匹克运动会同时举行。希腊早期的集市大都是一年一次，甚至两年一次。在古罗马，民众每隔8天就聚集一次，听官吏颁布法令、宣布裁决。同时也举办如鱼市、米市、油市等周市（Weekly Marketplace），农民、小生产者、商人在大街上搭起临时摊位，交换、出售产品。罗马帝国扩张版图时，把罗马集市带到欧洲其他地区。欧洲集市11~12世纪达到鼎盛时期。欧洲集市的规模较集中，举办周期比较长，功能齐全，具有零售、批发、国际贸易、文化娱乐等功能。

这种集市贸易专门以买卖双方的交易活动作为办展的宗旨，因而欧洲的展览会一直具有很强的贸易性，故又有"展贸业"一说。这种集市表现为特许集市的形式，由国王、教皇、城市或地方长官授予举办展贸的权利，主要在宗教节日举行。所以，以会展为主的贸易活动在欧洲最初是由皇家特许某些城市和地区经营。从那时起，会展业就成为欧洲一些城市发展的重要动力和影响因素。随着特许权的废除，贸易展览活动在欧洲蓬勃发展起来。公元 5 世纪，波斯举办了第一个超越集市功能的展览会，当时的波斯国王以陈列财物来炫耀本国的财力和物力，以期威慑邻国。14 世纪欧洲文艺复兴时期以后，集市作为一种商业制度日显陈腐，经营商业的新的方式和方法正在取而代之。在商业道路不断变迁的时期，批发商的兴起，工业、商业和运输业的迅速发展改变了传统集市的经营方式。生产者为了寻求大批销售货物的机会，便于批发商选择订购产品，纷纷采用提供样品和图样的方式进行贸易。因此，传统的集市逐渐发展成样品博览会和展览会。在欧洲文艺复兴时期，陈列各种出版物的法兰克福书展和各种商品展示会，吸引了各地的商人、文人、旅行者、艺术家等来到这里，一睹繁华绚烂。许多闻名的欧洲大型综合性博览会都是在这个时期建立的。如莱比锡博览会，始建于 1165 年，于 1890 年由传统集市变成样品博览会，法兰克福博览会在 1240 年经王室授权后举办。

（二）近代展览活动

近代意义上的展览会，始于"地理大发现"和工业革命。15 世纪末和 16 世纪初，由于"地理大发现"的进展，世界各大洲的经济及文化交流很快密切起来，形成了连接大西洋、太平洋、印度洋的国际市场，展览会也形成了跨地区、跨国界的趋势。1640 年，欧洲开始了工业革命，在工场手工业向机械大工业转型的过程中，会展也经历了从产品展、艺术展到工艺展再到工业展的衍变。最初集中在里昂、法兰克福和莱比锡等欧洲主要城市举行。1667 年，法国举办了第一个艺术展览会。这次展览会有统一组织，且不带任何商业色彩，其展览形式、展览会组织性、展示性、市场性都很强，对展览活动的发展产生了深远影响。有学者据此认为法国是展览会的发源地。1756 年，英国艺术协会举办了第一次工艺展览会，这是一个介于艺术和手工业间的展览，最终发展成为发明博览会，展示机械或机械模型，发明博览会被认为是工业展览会的开端。18 世纪末，人们逐渐想到举办与集市相似、但只展不卖的展览会。这一想法于 1791 年在捷克的布拉格首开先河。现代会展是科学技术、生产力水平、社会分工以及市场经济发展到一定阶段的产物。随着工业化的进程，科学技术不断发展，社会产品极大丰富，交通运输明显改善，商品的跨区域贸易对信息交流、营销方式、交易内容和速度提出了更新更高的要求，促使传统会展从单纯市场性的集市向融市场性和工业性为一体的现代会展转变，样品博览会、工业博览会等新型会展逐渐产生和发展。

（三）现代展览活动

现代展览起源于工业革命，一百多年来，现代展览会的形态随着社会经济技术的发展不断演进，推动演进的内在动因各不相同，从而赋予现代展览以丰富而复杂的展现形态。[1]

1．以国际与地区贸易为特征的展览与博览会

以工业革命为起点到第二次世界大战结束，现代会展以样品博览会和工业博览会为主要展现形态，展示以国家为单位的工业革命成果，并伴有大宗的国际贸易。除了第一次世界大战造成的国际贸易壁垒，使各国一度转向依赖国内市场而发展一些综合性贸易展览会外，这一主线始终未变。

（1）展现形态

18世纪的英国工业革命以及后来的比利时、法国、美国、德国发生的产业革命，推动了世界科学技术的迅猛发展，特别是先进的通信和运输工具的使用，展览会再也不能以旧的贸易集市方式进行。当时较有名气的城市，如莱比锡、法兰克福、米兰、马赛、巴黎、阿姆斯特丹、伦敦、巴塞尔、维也纳、萨洛尼卡等，纷纷将其贸易集市发展成为具有较大规模的国际展览会或博览会，并花巨资建造常设的展览场馆。1851年在伦敦首次举行了世界博览会，来自世界各地（包括中国）的约1.4万个展出者参加了展览。该博览会以其壮观的玻璃、铁架预制构件建成的面积7.4万平方米的"水晶宫"展馆，标志着旧贸易集市向标准的国际展览会与博览会过渡。1894年莱比锡举办了第一届国际工业样品博览会。这届博览会不仅规模空前，吸引了来自各地的大批展览者和观众，更重要的是配合资本主义生产方式和市场扩张的需要，对展览方式和宣传手段等方面进行了改革和创新，如按国别和专业划分展台，以贸易为主，以便商人看样订货。这种方式引起了展览界的重视，欧洲各地的展览会纷纷效仿。展览业走上规范化和市场化的轨道。其间，1914年6月，第一次世界大战爆发，各种展览会博览会暂时冷落。交战各国的敌对状态以及贸易壁垒使国际贸易几近中断，各国转而依赖国内市场促进经济发展，综合性贸易展和博览会在这一时期得以发展。第二次世界大战结束后，一批因战争而停办的展览会和博览会重整旗鼓，为世界经济复苏注入了勃勃生机。被誉为连接各国贸易三大桥梁的"米兰博览会"、"莱比锡博览会"、"巴黎博览会"重新走上历史舞台，而且培育了一批新兴的国际著名展览城市，如汉诺威、法兰克福、慕尼黑、杜塞尔多夫等。

1　史国祥. 现代会展形态是如何演进的. 中国旅游报，2003年3月22日，第13版（视野）.

（2）发展动因

工业革命造成了国家之间的分工和世界市场的形成，一方面，大工业的出现必然引起广泛的社会分工，另一方面，这种分工又引起商品交换的扩大，而商品交换扩展到世界范围则形成了世界市场。由于各国拥有的生产要素禀赋差异和机会成本不同，就会产生比较优势，国际交换构成了世界市场的不可或缺的环节。世界市场的形成要求有与之相匹配的国际交换平台和交易机制，而传统的"以货易货"式的海上贸易是根本无法适应这种要求的，展览会作为国际交换有组织的常态形式，从自发走向规范，从辅助上升为主体。由于欧美处于国际分工和世界市场的顶端，相对优势和交换需求都高于其他国家，举办国际展览会的政治经济动因强烈，这便是国际展览会起源并成熟于该地区的原因。

（3）展示性展览

值得强调的是，作为人类对精神、文化层面的追求和传播的展示性展览活动，从来就没有中断过，从原始社会出现了"敬天神、颂祖宗"的祭祀展览，其展品较为丰富，有牲畜、酒食等；展具较为考究，有陶器、铁器，甚至还有铭文；展出时还有钟鼓音乐、歌舞染渲等，成为综合性的展示艺术活动。到了封建社会，随着生产力的发展，宣传性展览便有大型洞窟绘画、华丽的壁画、武器陈列、绣像陈列。宗庙和祭祀展览也更为丰富和隆重，次数也更为频繁。在资本主义生产方式占主导地位后，尽管贸易性展览有了长足的发展，但旨在探索人类精神生活以及人与自然关系等非物质的展示性展览在更高层面上得到了发展，它的规范化发展是 1928 年 11 月由 31 个国家签署的《国际展览公约》。该公约规定了展示性展览的最高形式——世博会的运作规范和管理机构"国际展览局"。以国际展览局（BIE）组织或批准的博览会逐步淡化了贸易的色彩，赋予越来越多的人文、社会和科技进步的主题。自 1958 年布鲁塞尔万国博览会以"科学、文明和人性"为主题以来，已有八届世博会赋予相关主题。同时，世界各国的展示性展览也不断丰富发展。在长期运作基础上，展示性展览已经形成一套相当成熟的运作模式，并赋予"重大事件活动"的诸要素，对其他商业性展览乃至会议、节庆活动都产生了重大影响，以至于重大的"会展"活动都有"事件（Event）化"倾向。

2. 以行业发展和技术交流为主旨的专业展

20 世纪 50 年代至 80 年代初，综合性贸易展览会大量出现并逐步向专业化方向发展，到 20 世纪 80 年代，专业展览会已成为现代会展的主导形态。

（1）展现形态

与一般展览会相比，专业展会具有针对性强、观众质量高和参展效果好等优点。因此，许多综合性展会逐渐地转为专业展。如汉诺威工博会就由机器人展、自动化立体仓库展、铸件展、低压电器展、灯具展、仪器仪表展和液压气动元件展等若干个专业展组成。有些同一主题的展会也被细分成许多小的展业展，如国际著名的慕尼黑"国际电子元器件和组件贸易博览会"就已经分成国际电子生产设备贸易、国际应用激光和电子技术贸易及国际信息技术和通信贸易博览会。国际上综合性展会的数量日益减少，专业性展会日益增加。据统计，目前世界各地举办的展会中，98%是专业展，即使在我国，专业展的数量占全部展会数量的比重也已达95%以上。近年来，专业展览会逐步采用将短期展览与常年商品展示结合在一起，将各类目标产业的产品集中起来，吸引各行业的制造商、代理商、进出口商以及批发商进入市场，从而形成独特的内销与外贸相结合的"交易市场"，并联合有关机关，将海关、商检、报关、运输等业务引进市场，为客户提供"一站式"服务。同时，利用市场的集聚效应，建立商情网络，提供咨询服务。如美国的达拉斯、比利时的布鲁塞尔、日本的大阪、韩国的首尔、中国的上海和台北等。

（2）发展动因

一是科技进步。战后欧美等国经历了一段持续的经济增长，与之前的工业革命相比，科学技术已继土地、资本、劳动力要素后成为全新的生产力要素，科技革命催生了大量新技术、新材料，并形成了石油化工、电子技术、生物工程、海洋工程、航空航天等一大批新兴产业，传统制造业也在新科技的推动下得到了更新和改造。产品的科技含量和新颖性都是前所未有的，其专业性和教育性要求更高；二是企业分工的专业化。技术进步意味着社会分工更加专业化和精细化，企业要进一步提高分工水平和专业化水平，就要将内部分工向外部市场化。通过市场规模的扩大，进一步深化分工。企业分工的专业化和精细化，使产品门类大幅增加，专业体系更加严密。进而极大地引发了以行业发展和技术交流为主旨的专业展。

3. 以城市产业结构调整和服务经济发展为主旨的"会展产业"

（1）展现形态

表现之一，"展中有会，会中套展"，将其营造成城市可持续发展的"社会经济事件"。许多会展业的专家和学者都注意到了这一现象。美国拉斯维加斯内华达大学教授詹姆斯·阿比（James R. Abbey）与米尔顿·阿斯特罗夫（Milton T. Astroff）合著的《会议销售与服务》一书指出："一个与展览并列而提的会议计划将是一个吸引力很强的磁铁，并为展示会的组织者、参展商和观众服务。"1996年我国企业管理出版社出版的《现代旅游业实物全书》也指出："商业展览会有时会和团体会议一起举行。"例如，新加坡港务局主办的"新加坡海事展"

同时举行了有关海运、港口、造船与维修、集装箱、船舶燃油、海事科技与防御等 10 个国际研讨会，成为国际交流的盛事，效果远远超出了单纯的展览会。2000 年，由中国国际贸易促进会主办的"国际展览和会议展览"，更是以其主题报告会、研讨会和专题讲座为鲜明特色，在短短 3 天展会期间，共召开 1 次主题报告会、2 次研讨会和 28 次专题讲座。如今，世界上有影响的品牌展会，在办展期间几乎无例外地配套与展览主题相关的会议。由于出席人数多、规格高、权威性强等特点，加上成熟的商业运作和媒体关注，往往成为举办地城市的重大活动或影响事件。

表现之二，会展场馆建设在中心城市集群化和规模化发展。现代会展建筑的发展呈三种趋势：一是沿袭了传统的展览馆模式，以展为主，但增设了会议、洽商、餐饮等必要的服务设施，其中一些展览馆规模巨大，发展为展览城，如德国的慕尼黑会展中心、莱比锡会展中心、广州新国际会展中心等；二是形成一种集展览、会议、办公、休憩等于一体的大型多功能商贸综合中心，依据规模不同又可分为多层复合功能的大型建筑综合体模式和多栋建筑物组成的商贸组团模式，如韩国的 ASEM 会展中心、香港会议展览中心；三是场馆建设向中心城市集聚形成会展城市群，并成为城市改造和经济增长的助推器。国内外不少城市结合城市规则和经济增长模式，从选址、交通、环境、功能等诸多因素综合考虑，使会展场馆建设有力地提升了城市的功能和活力。如美国印第安纳州玻利维亚市会展中心，与 7 座酒店和众多零售商店连成一体，有效地解决了市中心空心化问题。宾夕法尼亚会展中心选用四个弃置不用的街区，盘活了整个地区的经济。以现代会展场馆建设为龙头，它会拉动整个产业链的延伸和城市配套建设，经济助动作用十分明显。以上海世博会为例，园区 5.4 平方公里建筑投资估算 300 亿人民币，拉动交通建设、宾馆建设、高级商务楼配套投资 4 600 亿人民币，引起国内生产总值增加量 1 万亿元人民币以上。其潜在和旁侧经济增量更难以估量。

表现之三，会展和旅游双轮驱动，融合生长，形成会展旅游新业态。一个有趣的现象是，东南亚会展城市的前十名都是由旅游目的地发展成会展目的地，旅游和会展双轮驱动并在产业链高端出现融合趋势。一方面，生产职能外包催生了大量的生产服务需求。如现代企业的一些非核心业务外包，使旅游业为生产者提供第三方会展、商务等专业服务成为可能，旅游业服务范围扩大到了生产者。另一方面，会展的工作性消费特点异常突出，随着经济或社会活动中该项局部功能的不断扩大，该功能就会从营运主体中分离出来，形成专业的服务机构，为需要该功能的营运主体提供服务。这类以生产性服务为核心的新业务，促使旅游业从低端的传统生活服务业向高端的现代生产服务业升级。形成会展旅游的新业态，包括奖励游、节事活动、会展旅游等（以下简称为"事件旅游"）。事件旅游成为都市旅游目标区和会展目的地建设的最具轰动效应和永不枯竭的动态资源。动态性事件活动的影响力和规模，是都市旅游和会展活动的活力源泉和提升关注度的有效手段，意味着城市拥有了持续发展旅游业永不枯竭的动态资源。会展活动是事件旅游的重要组成部分，它具有规模大、国际化程度高、经济关联度强等特点，在各类事件旅游中，会展又是最经常化的活动。可见，在城市会展发展模式中，它被赋予越来越多的"事件"色彩，被形象地比喻为"城市名片"。

（2）发展动因

一是"二战"后城市经济的迅速崛起。城市化是工业化的必然结果。由于各地区自然地理条件的不同和生产要素禀赋的差异，城市经济的分工和专业化倾向十分显著，从而地方的产出具有多样化的特点，不同城市之间形成了类似早期在国家与国家之间所存在的比较利益，城市之间的交换大量产生。当前全球范围内的贸易与交换越来越倾向于发生在大城市之间，这意味着区域间及国际贸易将会被大城市间的贸易所取代。伴随着城市规模的扩大，城市对消费者的吸引力将会逐步增大，这样更多的消费者会选择居住在城市。相应地，当地潜在消费者的数量增加将会诱使更多的销售者进入该城市，从而出现类似滚雪球式的经济集聚效应。类似的过程同样出现在劳动力市场上。其结果是城市又成为内需的市场集聚地和消费风向标。当城市中的厂商可以享受到多种投入品所带来的好处时，总量上的规模报酬效应就出现了。无论是规模报酬效应还是比较利益的存在，其直接的结果都是导致要素和生产的集聚。集聚带来的好处是地方化经济和城市化经济。地方化经济"外生"于单个企业，并随着产业规模的扩大而扩大；城市化经济"外生"于地方单个产业，而且其强度与地方经济的规模正相关。"外生"按一般解释指劳动力市场共享、中间投入品生产的规模经济以及知识信息的外溢。城市规模的扩大会对城市中的每个产业产生正的外部性，具体表现在城市公共基础设施、公共产品、交通运输特别是服务业的规模和服务提供上。综上所述，比较利益原则驱动区域间及国际贸易逐步被大城市间的贸易所取代；规模经济效应使城市成为内需的市场集聚地和消费风向标；集聚使城市为所有产业提供公共服务平台，并形成为多个产业提供中间投入品服务的第三产业，使单个企业或行业都获取了来自外部的经济集聚所带来的好处。城市会展正是在这些合力的驱动下蓬勃兴起，其中城市规格的会展较多地倾向于对"外"贸易，专业会展较多地倾向于中间投入品的厂商服务，综合性展销博览会较多地倾向于批发商和终端客户服务。

二是城市经济集聚所带来的"外部经济"累加。所谓外部经济,指在地区或国家经济的层次上,(被度量的)产出增长超出了(被度量的)资本存货和劳动服务投入增长的现象。这种外部经济是城市经济集聚"累加"产生的。具体表现为:首先,由技术进步而带来的技术和信息外溢的学习与分享。科技创新和人力资源的提升是个累积过程,它是一个开放的大系统中,互相学习、相互交流、不断提升的系统合成过程。这个过程的关键就是如何有效地学习和掌握信息。信息具有公共产品的性质,从一个厂商对外溢技术和信息的利用不会影响到其它厂商的同时利用,所以,信息在一组厂商中的交换和传递就产生了正的外部性。一个地区或城市中,厂商集聚的数量越多、彼此拥有的信息结构不同并互补的话,知识共享的外部性就越大。其次,城市中企业集聚会导致提供生产性服务的部门增加,从而中间产品的生产性服务和供给进一步细分化,形成有别于传统服务业的生产性服务业,使企业能摆脱小而全的生产经营模式,充分享受社会服务所带来的平均成本下降,专注于核心竞争能力的培养,结果又导致城市(加总)层面出现规模报酬递增。规模报酬递增很多企业的选址都摆脱了在传统意义上的资源、中间投入品或者市场导向的特点,而更重视利用城市的专业服务功能。尤其是拥有某种新产品新技术的企业,一般更倾向于把企业设立在那些能够为该产业提供各类服务的城市中。综合上述理论,"外部性经济"和技术进步正相关,由技术进步而产生的技术创新、信息外溢、人力资本具有累积因果效应并"极化"在大城市,这又导致经济集聚,使城市中生产性服务机构大量产生、中间品投入服务更具公共服务功能,结果是所有产业、行业、企业都有可能分享外部性经济的好处从而在总量层面上产生"剩余"。

会展作为市场机制发挥作用的常态组织载体,在"外部经济"内部化的过程中有着独特的作用。美国会展业研究中心(CEIR)在长期调研和归纳的基础上,总结出会展的七大强项:①供求信息沟通。会展存在价值之一是作为买家采购信息来源。举办会展的意义就是要将潜在的购买者带给潜在的销售者。57%的决策者在会展中决定是否购买产品或服务,90%的观展者利用在会展中获得的信息来帮助决定购买什么样的产品或服务。②缩短销售过程。会展涵盖了最直接的销售方式——潜在客户与销售商之间一对一的直接接触。会展提供了一个高度专门化和细分化的市场环境,以门类齐全的专业产品和专业知识服务于众多企业和客户。③新产品、新技术推广和交流。技术进步导致的新技术的研发、推广更加依赖于社会专业化的团队和相互协作,企业需要一定渠道与外界保持联系。会议和展览是常态渠道。如英国51项获得英国女王工业奖的技术创新成果共采用了158种创新思想,其中2/3来自企业外部。新技术创造的新产品，有个宣传、教育和被发掘、认识的过程。会展的优点就在于它的"产品可接近性"和互动性。出席会展的决策者中有61%的人将"可接近性"作为主要收益。④获得情报。由于供应商在同一地点高度集中，为吸引潜在客户各施高招，可以在一个相当集中的时段内收集到大范围的竞争信息。91%的观展者将会展作为对比相似产品的办法。⑤顺应产业发展趋势。会展帮助观展者在最少时间内使信息收集最大化，为观众提供参观、评判新产品，与开发商直接碰面以及了解竞争性产品的新进展。82%的决策者认为，会展是利用一小段集中的时间与供应商碰面并讨论行业发展的最有效方式。⑥讨论问题、分享机会。80%的观展者认为会展是"在专业或行业领域与专业人士讨论问题、分享思想的绝佳机会。"CEIR的另一项研究表明，行业特定会展的76%的观展者在参观之前已有预订计划，观展者将会展作为特定问题解决方法的思想来源，他们认为在会展中通过教育式培训会找到答案。⑦交流和沟通的平台。会展的社会价值不容忽视，伴随买卖行为的相互作用，其他人类交流的要素与"会"俱来。67%的观展者参加会展是为了充电——获取新知识，61%的人是为了结识他人，79%的观展者是为了个人发展。会展在短期内会吸引各界的注意力，通过各种媒体覆盖，会展的信息传播和沟通祚用被充分放大。

　　三是适应城市经济结构调整和产业升级。城市规模的扩大肯定会带来生产不经济，其结果是城市经济的专业化发展和城市分工体系的形成。从经济发展方式讲，大城市优先发展低产耗、高附加的产业和行业；从功能定位讲，它要成为区域经济的研发中心和服务中心。优先发展现代服务业是城市经济功能升级的历史选择。在一些区位条件优越的城市，会展以其产业关联性强、辐射效应明显、产业服务功能独特而得以优先发展，国际会展往往选择那些代表地区或国家经济发展方向的大都市集聚。无论是企业的生产经营要求，还是人们生活方式改变，甚至城市功能升级，会展都能顺应这种要求而成为新兴的经济增长点，并呈现产业化发展的特征。

四、展览管理

　　下面以商业展览会（或称交易型展览会）为例，介绍展览项目管理的主要流程。一个完整的展览会项目管理流程大致可分为以下四个阶段，即展前策划阶段、展前准备阶段、展中实施阶段以及展后评估阶段（图4-5）。一个展会从决策开始到最后顺利完成，每个阶段都需要各部分组成人员分工协作，互相配合。

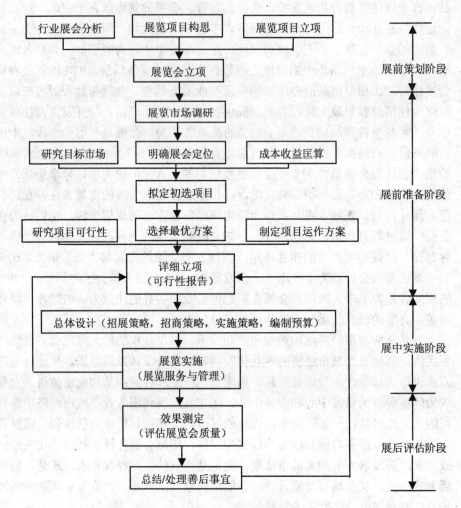

图 4-5　展览会项目管理流程图

（一）展览前的策划阶段

1. 展览项目的论证

展览项目论证是组织某个展览要做的第一项工作。展览项目可以分为过去举办过的展览（老展览）和从未举办的展览（新展览），这里主要讨论新展览项目的论证。展览项目的产生来源于策划人员长期的积累和创造的灵感。从脑海里浮现某一特定主题的展览会场景开始，到展览会的初步市场分析和财务估算，直至该展览项目正式立项，这一阶段的主要核心工作如下：

（1）行业展览会分析。首先对展览会举办地某产业的发展现状和发展趋势进行分析，判断新开发的展览会是否有发展潜力，为现有展览会调整发展策略提供依据；其次对同类展览会竞争力进行分析，包括竞争对手的潜在参展商、目标专业观众和展览会规模等，以期明确展览会定位。

（2）展览项目构思。解决展览会的选题和定位问题。针对市场策划优秀的选题，并将策划创意转化为精心组织与施工，真正为参展商和专业观众搭建理想的交流、交易平台，展览会才能取得预期的成功。

（3）展览项目立项。明确展出的内容、时间和场地、展台售价、合作伙伴以及目标客户等，分析其与自身的能力和办展目标是否相吻合。如果主办方经过评估认为值得，则需要通过可行性分析对展览会进行更具体的审核。

2. 展览项目的单位选择

展前的策划管理工作还应包括主办单位、承办单位的确定及支持单位和合作单位的选择，具体内容如下：

（1）主要单位。西方国家展览业已高度市场化，主办单位大多是专业办展公司，一些工作外包给其他公司做。在我国，一些专业的展览公司为寻求政府（或者行业协会）的支持，充分利用其对企业的影响力，主动与其合作，邀请政府（或者行业协会）做或共同做主办单位，但主要工作由专业的展览公司来做。

（2）支持单位。寻求相关政府主管部门、行业协会、媒体和其他相关单位（如该行业有影响力的企业）的支持，有影响力的支持单位，可提升展览会档次，提高展览会影响力和行业号召力，吸引媒体和大众广泛关注，有利于宣传和新闻炒作，吸引目标企业参展和目标观众参观，可以在较短时期内营造品牌展览。

（3）合作单位。当地行业权威机构（如行业协会、组展单位的分支机构）、专业展览公司都可作为候选的合作单位，确定的合作单位应有丰富的招展组团经验，能切实有效地开展组团工作，在该行业有较高的信誉和威望，有一定的招展组团经济基础，有专人负责该项工作。

3. 参展商对展览项目的选择

展览会是展示企业形象、推广企业产品、促进产品贸易的舞台。选择合适的展览会，首先要确定企业的参展目标。参展商可能会同时抱有几种目的，但在参展之前务必确定主要目标，以便有针对性地制订具体方案。其次，确定了参展目标后，慎重选择将要参加的展会。主要考虑的因素如下：

（1）展会性质。每个展览会都有不同的性质，按展览的目的分为形象展和商业展；按行业设置分为行业展和综合展；按观众构成分为公众展和专业展；按贸易方式分为零售展和订货展等。

（2）展会知名度。展览会的知名度越高，吸引的参展商和买家也越多，成交的可能性也越大。如果参加的是新的展览，则要看主办者是谁，在行业中的号召力如何。虽然参展费用较高，但参展效果远好于不知名的展览会。

（3）展览覆盖市场。考虑该展览会是否覆盖了参展商所需的市场，是否能够吸引合适的观众群，是否与参展商的生产计划、广告和促销活动相吻合，选择时机是否恰当。如果答案是肯定的，则考虑参展。

（4）寻找价值展览。首先从国际展览联盟（UFI）成员所主办的展览会中寻找有价值的展览会，其次可以查询其他协会成员中是否有参展商所希望的展览会。

4. 展览项目的场址选择

展览场馆的选择事关能否吸引到足够数量的参展商和观众，事关展会能否成功举办。展览会在立项选址时需考虑的主要因素如下：

（1）交通是否便利。展览场馆通常都建在交通比较便捷的地点，国际展览会在选址时应考虑有国际直达航班的地方。便利的交通将方便人员和物资快捷地到达或离开展览场馆。

（2）展馆与展会面积。参展商预期需要的展位面积和附加面积、展览场馆可使用面积在很大程度上决定租用展会所在地哪个展览场馆。展览场馆最好是由较小展厅组成，这可降低场地空置的风险；最好在同一个展览场馆进行，既便于参观，也便于管理。

（3）展览场馆设施。展品是否对展览场馆的空间有特别要求，装潢合适，有储藏空间，高科技设施设备；灯光、电力等基本条件；展览场馆内或附近最好要有会议室、餐厅、银行、商务中心、厕所等相应配套设施，是否有电话、煤气、空调、冷热水、上网设备等。

（4）展览场地费用。展览场馆不同，租金价格也会有所不同。会展中心收费一般是根据实际使用展场面积或每天使用的净面积来确定。一些较高档的会展场所，则以每一个展位价或每天净面积价计算展会期间的租金，布展和撤展另计。

（5）专业管理技能。展览场地的准备、货物的分发和运输、布展、入关手续、空运证明、开展仪式、演示、灯光和音响控制、当地及海外参展者的接待工作、紧急事故等相关事宜都需要得到及时而娴熟的处理。举办地的专业会议、展览组织者，展览中心的承包商，物流人员等都应具备出色的管理与协调才能。

（6）展览安全条件。展览场馆要提供足够的安全保障，展览场馆是否能保障组织者、参展商和观众等安全。

（7）参展目标观众。能否有目标观众前来参加展览就成为一个极其重要的因素。

（8）其他因素。当地是否拥有一定数量和档次的酒店、旅游景点等。

5．展览项目的市场选择

展览策划者应以专业的展览服务，赢得买家和卖家的支持和信赖，原则上是应该使80%以上的参展商都达到目的，使70%以上的参观者（尤其是客商）都达到参观的效果为标准。在策划展览时，一项重要的内容是根据展览目标市场进行选择。对展览的市场选择也是对项目市场的选定，这一过程如下：

（1）展览市场调查。根据本地、本区域的经济结构、产业结构、地理位置、交通状况和展览设施条件等特点，分析行业市场现状。

（2）整合办展资源。办展资源包括资金、人力、物力（办公设备和通信工具）、信息资源和社会资源。社会资源是指与该展览所属行业的主管部门的关系；与全国及海外合作伙伴、招展组团代理的关系；还有与各大专业媒体和公众媒体的关系等。

（3）展览同行的反应。同行业是否经营同类的展览项目，特别是本地、本区域，如果有同类项目的话，就须慎重考虑。

（4）展览时间的选定。原则上要避开国内外同类展览项目的举办时间，避免冲突，特别是与该项目的品牌展览，两者的举办时间起码要相隔三个月以上。

6．展览项目的参与选择

展览会项目拟定时，应该考虑到展览会的诸多参与者，包括展览的组织者、买家（观众）、卖家（参展商）、展览场地及设施所有者以及物流公司，等等。此外，当地政府也在展览业中扮演着重要的角色。具体如下：

（1）组织者。展览的组织者主要有两类：一类是专业展览组织者，另一类是一些协会组织，其作用就是寻找足够量的买家和卖家，并给其提供讨价还价和达成交易的场所（展览场地）。

（2）买家（观众）。前来参加展览会的观众，其前来参观的目的和期望有很多种。

（3）卖家（参展商）。在展览会上达成交易目标、巩固客户关系。

（4）展览场地及设施的所有者。展览会组织者如果没有自己的展览馆，办展时则需要从展览场地的所有者那里租用展览馆和相应设施。

（5）物流公司。展览会主要有两类材料需要运送：一类是展览会宣传材料，需要在展览会前运送到销售代理处；另一类是展品，包括国内展品和国外展品。

（6）中介媒体。利用宣传、广告手段，营造氛围，形成浩大的市场声势，建立起庞大的展览营销网络，进行广泛的市场推广和招展，最终吸引目标客户参展。

（7）当地政府。为提高展览业的服务水平，各地政府都对展览业提供一定的支持和赞助，很多国家都设有协调和管理展览业的官方机构，以保障展览会顺利进行。

7. 展览项目的延伸服务提供

展览会项目管理者为了让更多参展商参加，可以考虑向参展商提供如下延伸服务。

（1）保持客户联系。展览会为参展商提供联系客户的机会，可以获得新客户，处于行业领先地位；保持与现有客户尤其是忠诚客户的联系；恢复与从前客户的联系。

（2）了解市场需求。展览会能帮助参展商更多地了解现有客户和可能客户的期望；及时获得客户对产品线和公司形象反馈；研究市场竞争，挖掘市场潜力；保持创新。

（3）发布新的产品。展览会为企业提供了发布新产品、新服务的平台，通过实物演示来展示企业的产品与服务，从而促进买家作出购买决策，达成新的交易。

（4）分析竞争态势。参展商可以在展厅内收集各种有关竞争者的信息，诸如散发的印刷品、展台的设计等都可折射出竞争者当前的地位以及未来的发展战略。

（5）宣传营销工具。展览会可以展出公司的所有产品或服务，建立和巩固公司与品牌的形象，巩固公共关系，令媒体发生兴趣，对公司及产品进行正面报道。

（6）进行宣传销售。展览会有助于公司缩短销售进程，在有展览作铺垫的情况下，近半客户可以很快和公司达成交易。

（7）积极寻找代理商。通过展览会有助于企业确定新的代理商和分销商，招聘新成员，寻找战略合作伙伴，建立项目合作关系，寻找有望成为公司代理商和分销商合作者。

（二）展览前的准备阶段

1. 项目的可行性分析

项目可行性分析是项目管理的关键步骤，具体包括市场分析、最优方案选定、财务预算等，内容比较庞杂。然而，在商业性展览活动中，所有的策划行为都离不开市场，因此对于展览会策划而言，项目可行性分析的主要内容是分析某一展览会市场的结构和前景，并选定最优的项目运作方案，具体内容如下：

（1）研究目标市场。展览项目策划人员必须掌握产业经济学和市场学的相关理论与方法，理解某一展览会所在行业的产业结构，根据现有同类展览会的定位，确定本展览会的展品、参展企业以及潜在的专业观众。

（2）明确展览会定位。确定展览会的发展目标及其在同类型展览会中的竞争地位，有何特色，以决定参展商与专业观众的层次和结构。

（3）成本收益匡算。匡算包括展位费、展位装饰装修费、展品运输费、交通费、食宿费、必需的设备租赁费、广告宣传费、资料印刷费、礼品制作费、会议室租赁费等。还要预留总费用的10%，作为不可预见的支出。展览会的成本和收益进行估算和经济可行性分析，即通过举办展览会获取利润，即使目前不盈利，在连续举办几届以后有可能会获利。

（4）拟定初选项目。拟定初选展览项目，研究其可行性、选择最优方案和制定项目运作方案，撰写详细的可行性研究报告，并将其提交给公司决策层。

（5）撰写可行性研究报告。展览项目可行性研究报告包括的内容有：项目简介、技术性要求、财务预算（包括资金投入、政府拨款、展位销售收入、赞助和广告收入等）、展览会的市场前景与目标市场分析、管理技术和人力资源分析、结论等。

2．展览场馆的管理模式

展览场馆的管理模式主要有三种，即政府经营、政府与民间合营和民间经营。目前世界上大部分的展览馆经营管理模式是第一种和第二种，而中国一般主要是由政府经营，民间经营很少（表4-2）。

表4-2　展览场馆的管理模式

展览场馆的主要管理模式	特点
政府经营	直接由政府或者隶属于政府的有关单位投资和经营
政府与民间合营	产权属政府所有，由企业进行商业动作
民间经营	民间投资建馆，没有政府的参与，纯粹是商业动作

3．展览项目的主题名称

项目确定后，展览名称主题要有创意，应抓住行业亮点和市场特点进行命名。展览项目的主题名称通常包括三部分，即基本部分、限定部分和附属部分。基本部分和限定部分构成展览会名称的主体。当基本部分和限定部分构成的展览会名称能将展览会的主要意思表述清楚时，可不使用附属部分加以说明（表 4-3）。

表 4-3　展览项目的主题名称选择

名称主题选择		主要内容
名称	基本部分	基本部分即展览会或者展览会的派生词和变体词，如博览会、交易会、展销会等；博览会是综合性的，内容较广、规模较大、参展商和观众较多的展览；交易会通常以外贸或者地区间贸易为主；展销会则是以零售为主的展览，由一个或数个行业参与，规模多为中小型；"展览会"一词主要是指专业展
	限定部分	限定部分主要是说明展览会的时间、地点、内容和参展商的来源，如展览会时间的表示方法可以是年份、年份加季节，或者用届的方式来表示；地点大都用展览会所在城市名、省（区）名或国家名表示；展览会内容指展品的范围；根据参展商的来源，展览会可分为国际、国家（全国）、地区和单独展
	附属部分	附属部分是基本部分和限定部分的进一步补充，更详细地说明展览会举办的具体时间、地点等；最常见的是用小体字标明展览会的具体日期，也有的再加上主承办单位、合作单位和支持单位的名称；许多展览会的名称有缩写形式，可以单独使用，如放在全称之后，可视为附属部分
主题		主题要能反映行业的发展走势，代表行业的发展方向，抓住行业的亮点和市场的特点，主题的策划要有创新意识

4. 面向参展商的促销

吸引足够数量和质量的企业参展是关乎展览项目成功与否的关键因素之一。为此组展者需要开展针对参展商的促销。组展者要充分利用各种宣传广告手段，营造招展氛围，形成市场声势，并利用各种关系和途径，寻求有关的单位支持和合作，建立起一个触点广泛的展览营销网络，开展声势浩大的市场推广，最终使尽可能多的潜在参展企业报名参展，具体如下：

（1）组展者服务。组展者要为参展商提供优质高效的服务，组展者所提供的服务既包括展览场馆的租赁、广告宣传、保安、清洁、展品运输、展品储存、展位搭建、观众统计分析等专业服务，也包括提供有关餐饮、旅游、住宿、交通等相关信息的配套服务。

（2）参展商名录。潜在参展商名录建立（协会、工商行政管理部门、网络等，可获得潜在参展商信息）；老参展商名录的整理（每届展会结束后及时将本届的参展商及潜在参展的企业汇总），可以开展有针对性的营销。

（3）参展企业营销。大多数展览项目需要对那些犹豫不决者继续营销，争取他们参加下一届的展览。其实对于那些已参加本届展览的参展商来说，最好的营销是让他们对本届展览满意，满意的参展商不仅将继续参加下一届的展览，而且可能带来新的参展商。

（4）参展企业潜力。发掘潜在的参展企业的方式有三种：一是合作招展和组团，二是通过潜在参展企业比较熟悉的媒体发布展会信息，三是创品牌展览项目。

5. 面向观众的促销

企业参展的目的是利用展览会这个平台与目标观众进行接触、洽谈、交流信息。作为组展者，能否吸引足够的目标观众事关展览会的成败。因此，面向目标观众的促销是非常重要的，主要包括以下主要内容：

（1）资料库。建立重要目标观众的资料库，收集尽可能多的观众（目标买家）名录，会有效地提高面向目标观众营销工作的效率。

（2）电话。对于特别重要的观众，可以直接给他们打电话。

（3）邮寄。对已知地址的重要目标观众，可以通过邮寄邀请函的方式。

（4）电子邮件。对于已知 E-mail 地址的一般目标观众，可以通过电子邮件进行目标营销。

（5）门票。对重要的目标观众可以有计划地发送参观门票。

（6）网络。让潜在目标观众知道组展者的网站。

（7）公共场所。机场、车站、码头、商业街道和广场等地点，以户外广告（海报、灯箱、广告牌、宣传条幅、彩旗等形式）进行广泛宣传。

（8）展会现场。现场的布置、开幕式安排、开幕广告、户外广告等，可以吸引展会所在地附近的潜在观众。

6. 面向展览的促销

专业展和消费展的促销日程如表 4-4 所示。

表 4-4 专业展和消费展的主要促销日程

促销日程		促销内容
专业展	距展览 12 个月	宣布下一年的展览日期
	距展览 9 个月	在行业期刊和网站上公布展览会日期广告，广告要持续到展览开始前 1 个月左右
	距展览 5 个月	发起第一次向观众直邮广告；向观众和潜在的参展商开展展览促销活动；设计网上互动的注册网页，同时可以通过网页预览新产品
	距展览 4 个月	第二次向观众直邮广告
	距展览 10 周	最后一次向观众直邮广告，第二次向参展商发起攻势，并发出免费赠券
	距展览 6 周	根据预先注册统计的结果，开通观众电子市场
	距展览 4 周	在线公布展览日程
	距展览 2～3 周	选择适当的媒体发布新闻
	距展览 1 周	召开新闻发布会
	展览会开幕日	举办媒体招待会，庆祝展览会开幕；宣布下一届展览会日期等
消费展	距展览 20～24 周	建立在线形象
	距展览 12～16 周	开始印刷宣传品，宣传展览发起人信息
	距展览 8 周	展览赞助商、展览演艺人员的电视、电台采访活动；向特定区域可能参加展览的目标观众直接邮寄展览宣传资料；发布社会团体赞助广告，广告持续到展览开始
	距展览 4 周	在报纸上刊登广告；向有关报纸发送新闻稿件
	距展览 2～3 周	电视和电子媒体广告宣传活动
	距展览 5 天	开始在报纸和电视、电台直接进行宣传
	距展览 2～3 天	通过媒体广告吸引更多的观众参加
	距展览 1 天	召开新闻发布会和媒体招待会、剪彩等活动

7. 面向媒体的促销

为了扩大展览会的影响，吸引潜在的企业参展和潜在的观众参观，许多展览会都利用新闻媒体为自己造势。媒体宣传是吸引潜在参展商和观众的重要手段。许多组展者在招展时都向参展商说明自己的支持媒体，主要内容如下：

（1）选择新闻媒体。组展者应确定专职或者兼职的新闻媒体负责人，媒体负责人需作选择媒体的决策。新闻媒体包括大众媒体和专业媒体，可以是报刊、电视、网络，政府机构也可视为媒体。

（2）提供新闻资料。组展者媒体负责人应积极主动地向媒体提供相关的新闻资料，新闻资料包括新闻稿、专稿、特写、新闻图片等，向媒体提供的新闻资料内容可以不局限于展览会。

（3）记者招待会。记者招待会是组展者与媒体建立并发展关系的机会，是将展览项目广泛深入地介绍给多个新闻媒体的一种有效方式。

8. 展览的乘数效应

展览举办期间、展览举办以后会产生如下一系列乘数效应：

（1）展馆建设期间的乘数效应。场馆及相关基础设施建设的每一元钱直接投资，可成倍地拉动相关的延伸投资，这便是存量乘数效应。具体表现为与会展有关的基础设施投资，导致城市固定资产投资和国内社会投资增长。为了保障展会的顺利进行，主办城市会在城市的接待能力、交通设施上加大投入，可以带动建材、装潢、家电等相关产业增长。

（2）举办展会期间的流量乘数效应。展会举办期间展览产生直接经济收入的同时，还会产生显著的流量乘数效应。举办期间的流量乘数效应是指，大规模参加会展活动的人群被吸引到同一座城市，为交通、通信、接待、餐饮、旅游、金融、广告等行业带来了巨量的客户需求，这不仅可以培育新兴产业群，而且可以直接或间接带动一系列相关产业的发展。

（3）举办展会后的后续乘数效应。展览举办后有利于扩大区域市场规模和市场容量，使区域内外市场相联接，进一步促进区域内外的资源、信息等方面的交流与合作，对区域内外开放的规模具有积极影响。还能促进区域之间知识和观念的交流与合作，促进区域之间的政府和企业、企业和企业、企业和消费者以及社会各主体之间的沟通和交流。

（三）展览中的实施阶段

1. 展中项目的实施

展览会项目的规划与实施并选定最优的项目运作方案，具体内容如下：

（1）进行总体设计。明确展览会的结构（某种程度上是指目标参展商的类型划分）、发展定位和预期规模，设计适当的组织机构，策划展览会中论坛的主题和框架等内容。

（2）拟定招展计划。招展计划书包括展览会说明及特色介绍、目标市场定位、财务预算、可供采用的市场推广方法等。

（3）制定招商策略。招商计划与招展计划是相辅相成的，其条款内容与招展计划区别不大，只是两者面向的对象不一样。越来越多的国内展览公司开始把专业观众组织（招商）放在首位，招商计划做得很翔实。

（4）编制财务预算。进一步编制财务预算，了解一切可能发生的成本和可能获得的收入，保证展览会各项资金支出的需要，确保展览会在未来的某个时候一定会获利。

（5）执行展览计划。主要包括：开展招展招商活动；组织论坛；处理文字宣传材料的制作等事务；进行现场管理；为参展商和观众提供配套服务。

2. 展中项目的管理

展中项目的管理主要包括以下内容：证件办理、开幕式、安全保卫、清洁服务、会刊销售、意外事件处理、发收相关调查表、撤展等。表4-5主要介绍展中项目的管理，包括证件办理、开幕式、现场控制、知识产权保护、参展商和观众管理、展会安全和突发事件处理和撤展等。

表 4-5 展中项目的管理

项目		主要管理内容
证件办理		为说明身份，便于管理，组展者需要提前或现场制作一些证件，如贵宾证、嘉宾证、参展商证、参观证、工作证、记者证、保卫证、车辆通行证、布/撤展证等
开幕式	开幕前准备	为确保开幕式成功举办，需要精心做好开幕式的各项准备工作
	开幕式	在开幕式正式开始前，可奏乐或播放节奏欢快的乐曲；主持人宣布来宾就位后，组展者负责人先致辞，向来宾表示感谢；然后可安排有关政府领导和参展商代表、观众代表致辞
	剪彩	剪彩者是剪彩仪式的主角，一般是上级领导，剪彩的礼仪小姐应衣着得体
	开幕式结束	开幕式结束后，一般都要引导有关领导和嘉宾到展览场馆参观
现场控制	人员进出	参展商、观众等所有人员原则上须凭证件进出展览场馆，参展商和组展者工作人员比观众早半小时入馆，进行接待准备
	展位管理	展会期间，针对参展商可能将展位转让或转租（卖）的情况，组展者通常制定比较严格的规定
	展品管理	所有进馆物品需接受保安的安全检查，原则上展览期间展品一律"准进不准出"
	宣传品管理	参展商只能在本展位派发自己的各种资料，不得在他人展位和通道上派发，也不得在通道上摆放宣传品和宣传资料
	噪声控制	为保证相对安静、有序展览环境，组展者通常对展位发出的音量作出控制，控制的原则是不对观众或其他相邻的参展商构成干扰
	成交统计	展会期间，组展者可能每天要对成交的情况进行统计汇总，参展商每天须在规定时间前填写《项目成交情况统计表》，并交组展者
	境外参展商	境外参展商须遵守中国和地方有关法规，按照中国有关办理签证的手续规定办理签证
	其他服务	展馆内通常设有商务中心，组展者在现场也会设置办公室或总服务台，随时为参展商和观众提供咨询服务
知识产权保护	展前、展中控制	凡涉及商标、专利、版权的展品，参展商必须取得合法权利证书或使用许可合同
	投诉处理	根据需要，组展者可以安排专门机构和人员或者兼职人员负责受理发生在展览现场的涉嫌侵犯知识产权的投诉
参展商和观众管理		为不断提高展览会的举办水平，了解参展商和观众对本次组展工作的意见，收集一些有关参展商和观众的统计资料
安全和突发事件处理	展会安全	组展者应制定和实施完善的安全管理制度，组展者和参展商要特别注意展览开幕后和闭展前一段时间的安全防范工作，所有人员应自觉爱护展览场馆内的各种消防器材和设施
	展会保险	参展商应对展品或其他贵重物品投保财产责任保险，参展商还应考虑为参展人员和观众分别购买意外保险及第三者责任保险
	突发事件	对可预见突发事件应尽可能防患于未然；不可预见突发事件处理原则是以人为本，即往事件发生后在保障人员安全的前提下，尽量减少财产的损失
撤展		展会结束后，参展商应按撤展时间要求有序撤展，特装展位由参展商自行撤出展览场馆；展会结束当晚，可通宵撤展，参展商应在规定的撤展结束时间前完成撤展

3．展中参展商的主要工作

为了在会展期间出奇制胜，参展商应集中精力重点做好以下方面的工作：

（1）展台地点的选择。挑选展台地点，应了解观众流动方式以及人潮在整个会展会场移动的方向。如果企业的展位设在竞争对手的隔壁时，参展商要将展位有效利用，以展示本企业产品优于竞争对手。如果在会展期间需要架高展品，则需要选择有足够高度的地方，扩大产品的影响度。

（2）展览人员的培训。培训展台人员学会和观展者的积极有效沟通，了解观展者的真正需求，从而将事先准备好的企业印刷品或小礼品适时发送给潜在客户。

（3）展台的创意与装饰。展台布置要有创意，在采用传统方式依赖大规模场地展览的同时，一定要突出创新设计，应选用少量、大幅的展示图片，以创造出强烈的视觉效果。

（四）展览后的评估阶段

对展览会进行科学评估的基本目的有两个：一是为参展商和专业观众选择展览会提供依据；二是为展览公司（包括协会等其他类型的展览会组织者）改进产品和服务以及打造展览会品牌提供依据。会后的评估管理内容如下。

1．评估原则

（1）目标导向性原则

一般来说，评估的目的不是单纯评出名次及优劣的程度，更重要的是引导和鼓励被评价对象向正确的方向和目标发展。对于被评审入选的展览会项目，评审委员会按照标准严格评定，对于入围的国际展览会项目分别授予"品牌展会"、"优质展会"或"重点培育展会"等荣誉称号。

（2）体系科学性原则

科学性原则主要体现在要求动态指标和静态指标相结合，行业协会初审与专家评审相结合。设计评价指标体系时，首先要有科学的理论作指导。使评价指标体系能够在基本概念和逻辑结构上严谨、合理，抓住评估对象的实质，并具有针对性。同时，评价指标体系使理论与实际相结合的产物，无论采用什么样的定性、定量方法，还是建立什么样的模型，都必须是客观的抽象描述，抓住最重要的、最本质的和最有代表性的东西。对客观实际抽象描述得越清楚、越简练、越符合实际，科学性就越强。

（3）过程公开、公平、公正的原则

"三公"是指评估指标将有九条标准用以对照被评估的展会项目，以统一的评估程序、统一的工作程序、统一的标准。客观地评价每个项目，使评估工作充分体现出严肃性、科学性、系统性。并且引入第三方调查公司来参与展览会现场数据信息的调查工作，为评估工作逐步引入市场化开个好头。

2．评估流程

评估流程已形成一套相对成熟的工作程序，如图4-6所示。

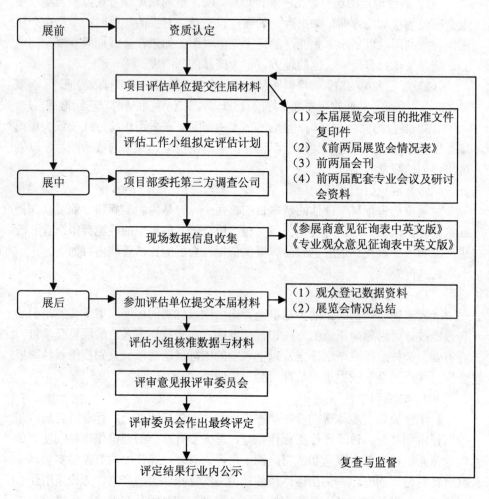

图4-6 评估工作程序流程图

（资料来源：根据《上海国际展览会项目评估细则》关于评估流程的说明而编制成的）

3．国际展览会项目评估指标体系内容

世界各国对评估指标体系的内容并无统一，德国已形成国家级评估指标体系；我国尚未形成国家级评估指标体系，上海则相对成熟些。现以中国上海和德国的相关内容为例：

（1）上海关于国际展览会项目评估指标体系（表4-6）

表 4-6　上海国际展览会项目评估指标体系

		项目	指标
办展评估	办展目的和效果评估	展览会主题	展会主题突显
	展览规模与展览连续性评估	展览面积/展位数	（1）租用展馆的规模 （2）展台总面积使用率 （3）国内与境外参展企业总面积
		连续性	展览会届数（连续举办至少三届以上）
	参展商要素评估	参展商数量	（1）参展商的总数（境内、境外） （2）境外参展商的比例
		参展商质量	（1）参展商的代表性（大型企业、行业内龙头企业以及跨国企业） （2）境外参展面积
		持续参展率	参展商的持续参展率
	观众要素评估	观众	（1）专业观众的总数（人次） （2）境外观众数量（人次）
	对展品的评估	展品	参展展品与展会主题相符合
	配套活动评估	论坛	举办论坛数量
	抽样调查评估	意见征询表	（1）参展商综合评价 （2）专业观众综合评价

资料来源：根据上海国际展览会项目评估标准归纳总结得出。

（2）评估指标比较

上海与德国评估指标体系异同点如表 4-7 所示。

表 4-7　上海与德国展会评估指标比较

共同指标	（1）展览连续性 （2）展览面积 （3）参展商的数量 （4）接待客户评估 （5）持续参展率	不同指标	上海	（1）展览会项目影响 （2）参展展品的质量
			德国	（1）目标实现度（参展商、专业观众、普通观众） （2）媒体 （3）专业观众的结构分析

根据以上比较，德国在展览面积细分、专业观众结构分析等方面比上海的指标更严格、细化（表 4-8 和表 4-9）。

表 4-8　德国对展览面积进行细分

1．室内面积（国内）
2．室内面积（国外）
3．室外面积（国内）
4．室外面积（国外）
5．租用总面积
6．特别展览面积（展览会组织者为展会提供的综合展示的面积）
7．净展览面积（租用总面积与特别展览面积之和）
8．毛展览面积（包括交通和服务区域）

资料来源：FMK 评估会展项目评价指标。

表 4-9   德国评估体系中对专业观众结构分析指标

1. 观众总数
2. 专业观众比例
3. 本国观众来自德国各个行政及地理区域比例统计
4. 外国观众来自各大洲的比例分配
5. 外国观众最多的来源国家比例统计
6. 来自不同的经济领域比例
7. 对采购的影响力的观众比例统计
8. 职位统计
9. 工作岗位统计
10. 参加历届展会情况
11. 所在企业规模比例
12. 展期各天观众分布比例
13. 观众停留时间统计

资料来源：FMK 评估会展项目评价指标。

（3）比较结论

上海展会评估体系分别从展览工作、展览质量、展览效果三方面进行评价。但是在评估指标中多数为描述性的统计指标，如展览连续性、租用场馆面积、参展商数等。评价内容很多都是单项指标的统计结果而没有详细细分，只能反映展览会的一般现状，指标之间各自独立，没有相互联系，缺乏对展览整体的系统分析。德国展会评估主要是从展览前、中、后三期综合考虑，注重参展企业的选择、产品的选择、布展、参展人员素质、展台接待、展后跟踪等多方面因素全方位综合评估，而不单纯专注于"订单"和"人数"。从指标体系中可以看到是对三个指标进行了量化分析和横向对比，包括展览面积、参展商数量、观众数量。其中值得一提的是在评价指标中对展览面积进行了严格的细分。展会评估中最为重要的分析指标为接待客户的结构分析评估，这是贸易展览会最重要的评估内容之一。首先将观众分为专业观众和普通观众，其次对观众的来源地、职业、所属行业、职务、年龄、参观频率等各个指标细化分析。俗话说："没有观众的展览会决不是一个成功的展览会"，尤其是专业观众，这一群体的质量和数量成为评价一个展览会水平的关键因素也在一定程度上能反映出商业展览的软环境。

第二节　会议活动和会议业

一、会议活动的内涵和外延

（一）会议活动的界定

1. 会议定义

会议是人类社会中一种聚众议事的过程。凡是在一定的时间和空间里，为了达到一定的目的所进行的有组织、有领导、有共同议题的议事活动均称为会议。

为了更清楚地了解会议的涵义，我们再引用一些相关定义。美国学者纳德勒1987年对会议的定义是"人们怀着各种不同的目的聚集在一起的活动"。澳大利亚联邦旅游部关于会议的定义是："所有的聚会，包括集会、大会、协调会、研究会、讨论会和座谈会，都是人们为了一个共同的目标——共享信息聚到一起。"北京市政府关于会议的界定为："会议是指三人或三人以上参与的、有组织的、有目的的一种短时间聚集的集体活动方式。"

2. 国际会议统计标准

（1）国际协会联盟（UIA）会议部关于国际会议的统计标准：

①出席人数至少300人；②代表国籍至少5国；③外国出席人数至少占50%；④会期至少3天。

（2）国际大会和会议协会（ICCA）关于国际会议的统计标准：

①出席者至少50人；②会议必须定期举行；③会议至少在3个不同国家之间轮流举行。

（3）中国国际会议会展协会关于国际会议的统计标准：

①参加会议的国家，含主办国至少在两国以上；②与会人数需达50人以上；③外国与会人数需占总与会人数20%以上；④以年会、展览或奖励旅游等形式均可。

3. 会议的内涵

综合上述关于会议的定义和标准，所谓会议在内涵上至少应包括下列特征：（1）集众性。会议活动不是单个人的活动，群体的聚会议事才构成会议，群体必须在数量上达到一定规模，如国际会议对出席人数的量化规定。（2）议事性。群体聚会的目的是为了议事，议事通常围绕主题寻求共识、协商沟通、传播交流等目的展开。（3）短期集聚性。会议是因会而聚，特指多人在一定时空内的集聚的一种短期的集体活动。一定时空包括时间、地点、场所的约定。

　4. 会议的构成要素

　（1）主办者

　　主办者指会议活动的具体组织者，其产生的途径有：①通过一定申办程序确定；②由负有领导和管理职权的机关主办；③由会议活动的发起者主办；④由一个组织的成员体轮流主办。

　（2）承办者

　　承办者指被指定来负责会议组织工作的某个人或某个组织，有时这个人也会被冠以其他头衔，比如说规划人员、会议规划人员、设计人员、顾问、会议指导等。在此，把会议的主要负责人称为承办者。承办者在整个会议的筹备、组织及进行过程中起着重要的组织作用：①主办者决定举行一个会议；②选择或聘请承办者；③指定策划委员会；④确定会议目标；⑤选择会址；⑥选择发言者；⑦进行市场营销；⑧举行会议。尽管这不是标准的一成不变的工作顺序，但是承办者在其中的重要作用是可以肯定的。

　（3）与会者

　　与会者即会议参加者，包括正式成员、列席成员、特邀成员和旁听成员四种。资格不同，在会议中享有的权利和义务也不同（国际上将列席成员称为观察员）。

　（4）会议议题

　　会议议题是根据会议目标确定并付诸会议讨论或解决的具体问题。与议题相关的概念有会议主题、动议、议案。

　（5）会议时间

　　会议时间指会议起讫时间和时间跨度。会议时间有三种含义：一指会议召开的具体时间；二指会议起讫之间的时间跨度；三指每次会议的时间跨度，如上午会议分三次举行，每次为50分钟。

　（6）会议场所

　　会议场所指举行会议活动的地点，现代会议常设主会场和分会场。

　（7）会议方式

　　会议方式指达到会议预期效果的手段，包括活动样式、传递方式、会场布置等。

　（二）会议活动的外延

　1. 会议的组织分类

　　按会议的组织形式，可划分为大会或年会、专门会议、代表会议、论坛、专题学术讨论会、讨论会、研讨会、座谈等。

　（1）大会或年会

　　大会或年会（Convention）是会议领域最常用的字眼，指就某一特定的议题展开讨论的聚会，议题可以涉及政治、贸易、科学或技术等领域。

年会是指同一公司、社团、财团、政党等立法、社会、经济团体所举办的资讯及政策商讨会议，其目的在于使与会者建立共识并形成决策。年会议题可以涉及政治、贸易、科学或技术等领域。年会通常包括一次代表全体会议（General Session）和附带的几个小型分会议，有时还附带展览。多数年会是周期性的，最常见的周期是 1 年 1 次。年会常有的内容是市场分析报告、介绍新产品和公司策划等。在美国，大会或年会通常是指工商界的大型全国甚至国际集会，包括研讨会、商业展览或两者兼备。年会的规模大小不等，有些年会规模很大，如美国化学协会要吸引 2 000～3 000 人出席年会，但有的协会年会出席人员不到 100 人，在美国年会平均出席人数约为 850 人。

大会是由国际协会组织所举办的规模较大的会议，如 APEC 会议、财富论坛等。这种国际级别的会议各国争相举办，其承办方式主要有两种，即会员国轮流主办和竞标主办的方式。其中，会员国轮流主办以入会先后次序或国名英文字母顺序等方式轮办，也有以会员国主动提出优惠条件，经会员国或这个组织的理事会同意即可。这类大会的筹备时间一般需要 2～5 年。

（2）专门会议

专门会议（Conference）是指某些专业、文化、宗教等群体召开的、派正式代表参加的定期会议。年会（Convention）这一字眼常被贸易界用于一般性的会议，而专门会议常常是科技界使用的术语，贸易界也使用这个词。因此，两者没有实际意义上的区别，仅仅是惯用语不同而已。专门会议通常就某一特定主题来讨论，报告者及讨论者均为其领域的成员或相关的协作团体人士。代表会议的议题通常涉及具体问题，并就此展开讨论，可以召开分组会，也可以只召开大会。就与会者数量而言，专门会议的规模可大可小。

（3）代表会议

代表会议（Congress）一词最常被欧洲人和国际性会议使用，这一词在美国被用来指称立法机构。在性质上，代表会议是和专门会议相类似的活动。专门会议通常讨论某一特定主题，报告者及讨论者均为其领域内的成员或相关协会组织的成员。全国性的代表会议通常每年举办 1 次，国际性的专门会议通常每 2 年或更长时间才举办 1 次，代表会议的与会者数量参差不齐。

（4）论坛

论坛（Forum）指为了对共同有兴趣的某一或某些主题而举办的进行公开讨论的研讨会。论坛的特点是反复深入的讨论，一般由一位会议主席或小组组长或者演讲者（Moderator）主持。有不少听众参与其中，小组组长和听众可以提出各种各样的问题，发表各种不同的意见与想法，再进行反复的讨论，最后由会议主席作结论。论坛参与者的身份均要先被认可。

（5）专题学术讨论会

专题学术讨论会（Symposium）通常由某一领域的专家集会，就特定主题请专家发表观点，共同就问题加以讨论并作出建议。专题学术讨论会与论坛相类似，唯一的不同是专题学术讨论会的进行方式比论坛更为正式，一些个人或者专门小组要作示范讲解，一定数量的听众会参与讨论，在但是相对论坛而言，会议中较少有观点和意见的交流。专题学术讨论会一般参与人数较多，会期在2～3天。

（6）讨论会

讨论会（Workshop）是由几个人进行密集讨论的集会，其目的是要就某一专门问题或任务进行讨论。讨论会的特点是面对面的活动，使所有与会者充分参与进来，通常被用来进行技能培训和训练。一般要求各小组参加集体会议，就专项问题或任务进行讨论。参加者互教互练，旨在交流知识、技能以及对问题的见解。在代表大会或专门会议中，由与会者自选主题或由主办单位建议，针对其一特定问题所进行的非正式与公开自由的讨论也称为讨论会。

（7）专题讨论组

专题讨论组（Panel Discussion）由一位主持人来主持，另由一小群专家为座谈小组成员（Panelist），针对专门课题提出其观点再进行讨论和座谈。小组成员之间、主要发言人与组员之间都要进行讨论。有时仅限于小组成员自行讨论，有时也开放和小组以外与会者相互讨论。

（8）研讨会

研讨会（Seminar）是指一群具有不同技术但有共同特定兴趣的专家，借由一次或一系列的集会，为达到训练或学习的目的而聚集在一起所召开的会议。研讨会的目的是要使参加者能丰富其技术，研讨会应尽量避免那种由一个或多个主讲人站在台上向听众演讲示范的模式，与其他类型的会议相比，研讨会通常有充分的参与性，由一位主持人（Discussion Leader）协调各方。这种模式一般只适用于相对小型的团体。当与会者增加时，就变成了论坛或者专题学术讨论会。

（9）讲座

相对于专题学术讨论会而言，讲座（Lecture）是一种比较正式或者说组织较为严密的活动，通常由一位专家单独作讲演或示范，会后有时会安排听众提问，讲座规模的大小不定。

（10）会议

会议（Meeting）一词的含义最广，上述被解释的词汇代表了大同小异的会议种类。当一个活动找不到更恰当的词来冠以名称时，人们就会简称之为"会议"，它的含义最为广泛，是各种会议的总称。凡一群人在特定时间、地点聚集、研讨或进行其项特定活动均可称之为会议。它是各种会议的总称，包含年会、专门会议、代表会议、研讨会、论坛，等等。

2. 会议主体分类

按照会议举办主体划分，有协会类会议、公司类会议和非营利性机构会议。

（1）协会类会议

协会类会议是由具有共同兴趣和利益的专业人员或机构组成，通过它来交流、协商、研讨或解决本行业的最新发展、市场策略以及存在的问题，如贸易、医药、食品等各种行业和科学技术协会、联谊组织等协会会议。协会会议由协会组织举办，准备期多在 1 年以上，会议期间，可能会组织讨论。例如，国际大会和会议协会（ICCA）、国际展览管理者协会（IAEM）、国际饭店协会（IHA）等国际协会，我国的中国记者协会、中国作家协会、中国外商投资企业协会、上海市个体劳动者协会等。这些协会每年都要举行许多会议。例如，一年一次的协会年会、由地区性协会组织的地区性会议、专题研讨会、理事会和委员会会议等。协会会议具有周期稳定、规模大等特点。

（2）公司类会议

公司类会议也称企业会议，是本行业同类型以及与行业相关的公司一起举办的会议，及公司的销售、培训、股东等会议。公司会议由公司举办，准备时间一般短于 1 年，规模也比协会会议小。公司类会议通常是以管理、协调和技术等为内容的会议，包括销售会议、技术会议、经销商会议、管理者会议、培训会议、股东会议等。

公司类会议的具体分类如下：

①新产品介绍会和零售会议（New Product Introduction/Dealer Meeting）

企业的销售总监和销售人员经常召开全国性和区域性会议，与零售商和批发商会面。在这些会议中，新产品销售介绍是非常重要的，新产品的销售介绍和广告促销活动主张，要将信息一直传送到市场的每一个角落，这就必然要在全国各地召开许多会议。

②公司专业技术会议（Professional/Technical Meeting）

公司的专业技术会议经常请顾问、专家、学者甚至零售商参加，通常都以专题研讨会的形式召开。

③公司管理会议（Management Meeting）

就像销售和技术人员要开会一样，各级管理人员也要定期或不定期地召开各种会议，研究处理公司各项行政管理业务，从高层管理人员到基层管理人员都不例外。管理会议最通常的是持续 2 天，没有特定的选址规律。从容易到达的市中心或机场所在地到偏远的度假地及山林小屋，都可能成为公司管理会议的召开之地。

④公司培训会议（Training Session）

培训会议是指通过一个会期（一周或更长时间）对其专业人员进行的有关业务知识方面的技能训练或新概念、新知识方面的理论培训，培训可采用讲座、讨论、演示等形式。作为与会人员，其目的是通过参加培训会议学到专业知识和岗位技能。培训会议一般时间较长。

⑤公司股东/公关会议（Stock Holder/Public Relation Meeting）

公司还经常感到有必要为非公司雇员召开会议，其中经常想到要召开的一个会就是股东年会。有时这是一部分人参加的一种纯粹流于形式的会议，而大多数时间，股东年会却是许多人参加的、相当活跃的一整天活动，中午要安排午餐，下午要安排供应茶点的休息，而股东年会的具体活动随着经济形势的变化又会有所不同。另外，公关部门也召开会议，举行展示会来完成他们的使命。他们召开的这些会议也自然增加了公司会议的数量。

⑥公司董事会和委员会会议（Board & Committee Meeting）

各种协会组织的董事会与委员会会议因为业务需要，要经常召开小型会议。董事会可能定期召开会议，因为董事会成员一般不拿报酬，因此，为了鼓励他们出席会议，就需要将会议地点选在对成员具有吸引力的地方。除董事会外，协会组织的委员会也会因为工作需要而经常召开会议。理事会会议出席人数一般在 10～12 人直到 200 人左右。理事会开会所选择的饭店正好处于将饭店首先销售给全国性大会和理事会成员单位的极好地位。

⑦公司奖励会（Incentive Meetings）

公司奖励会是指举办方为工作中作出过突出贡献的员工而举行的表彰大会。这类会议具有会期短、场面热烈喜庆的特性，伴随着奖励会议的是大型的宴会和晚会，因此举办方应该准备大型的宴会厅和大型的歌舞晚会场所。

（3）协会类会议与公司类会议的比较（表 4-10）

表 4-10　协会类会议与公司类会议的特征比较

比较项目	协会类会议特征	公司类会议特征
背景资料	容易搜集	不易搜集
选择会址	需要选择有吸引力的地方，刺激会员参加	寻找方便、安全、服务较好的地方
决定时间	较长（1～4 年）	较短（1～6 个月）
开会模式	周期性（春、秋季）	按需求（任何月份）
决策者	分散，通常是委员会，有时会考虑是否有当地会员、分会的邀请	公司总部决定

比较项目	协会类会议特征	公司类会议特征
与会者	会员自行决定是否参加	会员必须出席
与会者的费用	会员自付	公司付全部费用
会议举办地点	多选择、全球性地方轮换	只在适合公司业务、需要的城市举办
会议规模	绝大多数超过 100 人	多数在 100 人以下
开会次数	固定次数	没有固定次数,较频繁
会议期限	3～5 天	1～2 天(会议);3～5 天(培训或奖励旅游)
住宿	不同类型、价格酒店(与会者按价格自选)	通常用 3～4 星级酒店(公司决定)
会议场地及设施	会展中心、大学(需要开幕式场地、大小型会议室)	选择有良好设施的酒店
会议和旅游局参与	经常利用会议和旅游局	很少与会议和旅游局联系
价格	敏感	不太敏感
配偶参加	经常	很少
展览	经常有	相对较少

二、会议行业的内涵及构成

(一)会议业界定

1. 定义:以会议组织和服务为核心的社会群体集合,通过举办各种类型的会议、提供专业服务,获取经营收入的法人。

2. 会议业构成:核心层包括会议中心、职业会议组织者、专业会议饭店,关联企业包括旅行社、航空公司,服务配套企业包括出版商、广告咨询、IT 公司、保险公司。

(二)会议业的产业体系结构

会议产业结构较为松散,其构成大致由"外包者"、"提供者"、"代理和中介机构"和"其他相关组织"构成。

1. 外包者

(1)公司类外包者

目前,公司会议发展迅猛,被看做最具潜力的会议市场。在欧洲,公司举办的会议占整个会议市场的 90%。《会议杂志》"2006 年亚太会议市场报告"的统计数据表明,公司会议有点向大公司倾斜(营业额超过 1 亿美元),会议举行的规模、档次、次数一般同公司的规模成正比。相比较而言,公司会议的规模较小,筹备和召开时间较短。但是越来越多的公司会议,尤其像分销商会议、股东会议、奖励会议等，正逐渐转移到公司外部的会议场所（表4-11）。

专门设立会议或活动管理部门的公司为数甚少，大多数公司采用业务外包的方式，将公司会议的业务转交给专门代理机构去做，这种趋势大大地刺激了公司会议承办者的规模化发展并形成专门的行业。

表4-11 公司会议种类及规模

会议类型	公司外会议	计划安排的平均会议	平均出席人数	平均会议天数	平均筹会时间/月
管理层会议	177 000	5.0	34	2.3	3.5
奖励旅行	83 000	3.0	81	5.1	8.2
培训研讨会	214 800	7.6	38	2.9	3.7
地区性销售会议	98 700	4.0	47	2.5	3.8
全国性销售会议	43 000	1.9	141	3.5	6.8
专业/技术会议	106 800	5.0	79	2.6	5.3
新产品发布会	41 800	3.6	S7	2.0	3.7
股东大会	15 600	1.6	95	1.6	5.2
其他会议	25 100	7.3	227	3.1	9.1

资料来源：《会议市场研究》，《会议和会务》2006年12月号。

（2）协会类外包者

行业协会通常被认为是最值得会议市场营销的目标市场。在国际上，协会一般分成下列几种类型：行业协会、专业与科学协会、退伍军人和军事协会、教育协会、技术协会。协会的规模和性质不同，它们的规模从小的地区性协会，到全国性协会，直至大的国际协会。协会属于非营利组织，为全体会员召开年会是它的一项重头工作。年会的决策过程与公司会议不同，通常只在协会成员国轮流举行或拥有代表性影响力的地区召开，具体开会地点由会员选出的管委会决定。协会会议由于定期举行，出席人数众占了之上了多，会议配套服务要求较高，所以也要委托给专业公司或企业去承担。

（3）公共部门类外包者

公共部门在许多方面与协会毫无二致。如政府部门、教育团体、医疗卫生机构等，这些组织都是非营利性的，可以使用公共资金。出于信息公开、向社会和公众履行法定义务等多种需求，公共部门每年也有大量的会议举行。由于权威性和社会形象等约束，常常选择高标准的场所和有品牌声誉的专业公司来协办。

（4）工商企业类外包者

这种购买者一旦在商业或科技领域发现热点，就会策划和组织一个会议，邀请高层次的演讲人和专家对这个热点问题进行演讲、讨论和辩论。工商企业类购买者的目的，是向愿意付费参加会议的任何人出售会议的参与机会。这种类型的会议一般都是由出版社、贸易协会、科研团体或个体会议组织者等组织的。

2. 提供者

提供者系指向会议购买者提供会议场地、举办地和其他专门服务的部门。在这些提供者中，专门从事会议业的很少。会议提供者可分为三种主要类型：

（1）会议场地与设备提供者

会议场地与设备提供者主要指饭店（宾馆）、专门的会议中心、大学和其他学术机构、国家或市政会议地点等。

一般饭店（宾馆）占到了全部会议地点的大约 2/3 到 4/5，这对于公司会议市场尤为重要。加入会议市场的饭店（宾馆）的主要类型有：城市的中心饭店，距交通设施较近的饭店、高级宾馆。但是也可以看到，一般的酒店认识到现有的标准多功能厅已经不能满足当代会议组织者的要求，在会议室设施和设备后改扩建时应投入较大的资金，以适应会议市场的需求。

专门的会议中心主要为各种会议活动提供专门场地、设施设备和服务的场所。它一般以承办国际、国内会议及展览等其他大型活动为主要经营项目。一般来说，会议中心具有最新的视听和通信技术装备，能够提供专业的会议视听服务，并且还配套提供餐饮、商务、信息咨询、票务、旅游等服务，以及视听、办公等设施设备的出租服务。会议中心是一个相对比较新的概念。尽管各个会议中心在范围和目标市场上不尽相同，还是可以大致分为 4 种基本类型：①行政人员会议中心。比较专业地提供专门的会议场地和各种设施设备，以及餐饮、住宿等服务。②度假式会议中心。除提供正常的会议设施设备外，还配置了多种娱乐设施。一般坐落于风景优美的地区，能较好地满足与会者休闲的需要。③附属式会议中心。与另一个实体相连接，如饭店的侧楼。④无住宿式会议中心。不具备睡房。虽然会议中心也是从饭店会议设施发展而来，但从会议场地和设施设备等硬件条件来看，会议中心在设计上与一些饭店中所提供的会议设施是有区别的。不少饭店也将接待会议作为经常性业务，但其硬件条件还是有所欠缺的。如，固定式会议室多，多功能厅少，这就不易满足会议主办方对不同铺台形式的需求；会议厅、室大小配套搭配不够，往往无法承接某些对场地要求特殊的会议；没有能力提供某些先进的视听设备；会议厅门口没有配套的衣帽存储设施；等等。而以接待会议为主要业务的会议中心，一般都拥有大小配套的多个会议厅，并且拥有多个使用灵活的多功能厅。大型会议厅还有与之配套的可同时容纳几十人的卫生间，有能供几百人同时使用的衣帽柜。由于许多大会安排的是全天会议，会议室的设计特别讲究耐用和舒适，灯光、空调等完全适合会议活动的需要，最突出的是配备了大量通用的现代化视听设备。其他如餐饮、客房服务也都主要围绕会议活动的特点，能够很有针对性地满足会议团体的需要。例如，客房通常很宽大并且配有工作间和书房；餐厅常常提供灵活性很大的自助餐，等等。在国际上，会议中心大多是在过去25年间逐渐发展起来的，根据美国《贸易展览周刊》报道，在过去10年间，美国全国的会展面积翻了一番，其中大部分是新建或扩建的会议中心。一级城市中的芝加哥、圣地亚哥、拉斯维加斯和洛杉矶等已经扩建或新建了很多会议中心；而二级城市如摩拜尔、亚拉巴马、普罗维登斯、罗得岛、奥斯汀以及纽约、新奥尔良和亚特兰大的郊区也正在建造全新的会议中心。在我国比较有影响的会议中心如北京国际会议中心、上海国际会议中心、珠海国际会议中心等。最近几年迅速崛起的海南博鳌也是会议中心比较集中的地区，会议接待能力十分大。

大学和其他学术机构的会议设施，主要是一些学术会议经常选择的召开地点。近几年来，一些著名的高校和重要的学术机构的会议场地，无论是数量规模还是专业水准都有了长足的发展。

国家或市政会议场所，主要是一些公共部门的会议场馆，通常规格较高，专业性也很强。

（2）其他提供者

为了向会议提供全方位服务，会议业还要利用或整合许多不同企业所提供的产品和服务，包括：视听设备承包商、远程通信设备提供商、交通运输商、翻译公司（国际会议所需要的翻译人员有两类四种，即书面翻译人员、口头翻译人员：包括段落性口头翻译人员、公共同声翻译人员、一对一同声翻译人员等）、演出公司、花饰承办人、软件开发公司等。

3. 代理和中介公司

（1）专业会议组织者

专业会议组织者（PCO）基本职能为：①研究和推荐会议地点；②负责起草申办、策划、组织、协调、安排和接待国际会议和大型活动。包括会议程序策划、宣传资料策划、公关传媒的协调、协调各专业公司的服务项目和流程等；③为与会者预订住宿和会外活动。包括宴会安排、旅游安排、参观考察安排等；④编制预算和处理会议的全部财务问题。PCO一般要向客户收取管理费用。有一些旅行社／旅行商也做会议业务，尤其是在会议接待中扮演着重要角色，形成了一种叫做会议操作代理人（CHA）的专业分工。很多社团组织、企业等机构在开会时已经习惯于聘请PCO来帮助其安排、组织；会议市场各主体的参与机制如图4-7所示。

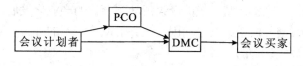

图 4-7　会议活动市场参与

会议计划者将会议产品出售给 PCO，PCO 组织会议的买家（会议出席者）购买产品，这当中的接待工作交给目的地管理公司（DMC）去完成。现在的 DMC 有时直接与会议的计划者接触，销售会议产品，因此我们说现在的 DMC 担当了一部分 PCO 的职责。

（2）目的地管理公司

目的地管理公司（DMC）是奖励旅游市场中的专业主体，DMC 原本是一种地方性从事奖励旅游后勤服务组织，由于它对举办地的深刻了解和对本地资源整合能力，还可以对会议的组织者提供服务，特别是对境外组织的会议提供服务。顺应这种需求，DMC 导入了 PCO 的职能，成为国际会议首选的代理商。

（3）会议专业产品生产者

这些公司专门提供会议专业产品：设计和配置会议设备、提供照明和音响系统、展示技术、数据处理、卫星会议、舞台搭建等。

（4）其他代理公司

这些公司部分行使为其客户组织或服务会议的职能，但这些工作并不是他们的工作重心。这些公司主要有：公关广告咨询公司、商务旅游代理公司、管理咨询公司、法律事务所等。

4．其他相关组织

（1）会议局。会议局是非营利性的组织机构，它负责对城市或国家的会议业进行规划和管理，为城市或国家对外进行会议业的整体营销宣传，为所在城市或国家争取到尽可能多的会议。

（2）新闻媒体。新闻媒体为会议的组织和运行发布信息，宣传造势。

（3）培训机构。培训机构作为"造血工厂"，为会议产业各个环节提供各种专业人才，从而保证整个产业的长远发展。

三、国际会议业发展历程及动因

尽管会议的踪迹可以追溯到人类的穴居时代，但是在 20 世纪 50 年代前几乎没有人会使用"会议业"这个术语，60 年代饭店业也还认为会议市场服务是令人讨厌而又无足轻重的部分。60 年代末情况开始发生变化。80 年代中期以来，会议已成为人类重要的社会经济活动，人们甚至冠以"城市的名片"、"城市经济的面包"美誉。确实，从一般的会议活动到会议的产业化发展，必须随着社会经济的发展，当其内生的发展动因产生并借助于一定的外力推动，才会波澜壮阔地展开并被人认知的。

（一）外部因素的推动作用

纵观国际会议的发展历程，有两次明显的跳跃式发展，其背后都与一些重大外部因素的推动相联系。

1. 大众旅游的兴起，使国际会议得以迅速发展并初现产业化发展

20世纪60年代，喷气发动机技术开始在民用航空的定期班机上应用，喷气客机的优异性能大大促进了远程越洋旅游，航空费用的大幅度降低，旅游费用可以被更多的民众所接受，于是出现了世界范围的大群游客流动的局面，这标志着"大众旅游"（Mass Tourism）时期的到来。大众旅游移植了工业化生产的精粹——规模经营和标准化，用相似的、标准化的服务去满足"通用"的旅游需求；模仿批量生产模式追求产品、价格、渠道、促销的规模效应，创造了"包价旅游"的商业模式。"观光旅游包价"和"会议旅游包价"是主要的两大系列产品，它使人们外出变得更加便宜而且舒适。

会议包价产品最初只是被看做是旅游的一个细分市场，其运作和观光包价产品没有什么本质的区别。1963年，国际大会和会议协会（ICCA）的诞生使这一新的重大经济活动得到公认。作为全球会议业最主要的国际专业组织之一，其目标是：通过合法手段，促进各种类型的国际会议发展，评估实际操作方法，以促进旅游业最大限度地融入日益增长的国际会议市场，同时为相关会议市场的经营管理交流实际信息。ICCA采用一种区域性的组织结构，该协会不仅致力于促进同一会议产业专业部门成员之间的协作，而且还要突破成员所属会议产业部门类型的限制，促进在同一地理区域的不同会议产业部门成员之间的合作。

大众旅游创造了会议包价的商业模式，国际会议专业机构的专业介入又使该商业模式在国际会议市场的有了广阔的用武之地，两者的结合使会议尤其是国际会议得以跳跃式发展，并逐渐摆脱传统旅游业而朝产业化方向发展。其表现是：从传统旅游企业中分化并独立发展出PCO和DMC；旅游观光饭店为了适应会议客人的需求增加了会议商务功能，并在90年代后分化出专业会议饭店。

2. 城市"会展目的地整体营销"，使国际会议成为城市经济的"增长点"并形成产业体系

进入20世纪90年代以来，世界上各发达城市都面临城市经济产业结构调整和新经济增长点的方向选择，大力发展现代服务业是城市经济的普遍发展方向。会展因其良好的发展前景以及强大的产业联动和关联效应，被那些条件具备的城市确定为优先发展的产业，有些城市甚至将其作为支柱产业。然而并非

所有的城市都适合发展国际会议，也并非适合的城市都能举办到国际会议。在国际会议市场上，会议目的地的选择受制于许多规则和国际组织的运作，不是单靠市场或企业所能操作的，国际"争会"，其实就是一场"城市形象和品牌"的比拼和争夺。

国际会议目的地选择的话语权主要掌握在相关国际组织的手中。这里的"国际组织"可分成两种类型，一类是专业会议组织，另一类是各个具体行业的国际性协会或组织。前者能为会议举办地或会议策划公司提供指导、评估、推荐等服务，后者则直接创造更多的会议机会。根据规则，国际会议一般只推荐给成员组织所在国或城市召开，有严格的统计标准，并有一定的条件要求：（1）城市知名度高、场馆条件优越的城市更具吸引力；（2）处于交通枢纽中心地位，与世界各地有密切的航空联系，交通十分便捷；（3）政府高度重视，政府对基础设施和城市综合配套建设是会议市场发展的重要支持条件；（4）会议行业基本形成，会议有专业的会议组织者（PCO）安排会务及其活动；（5）有专门的会议管理机构如会议局，从政策、规划和财政上都十分支持其发展，尤其能适时地作出大手笔式的远景规划，超前意识强。

国际会议目的地选择的这种特点，导致国际上有条件的城市在两方面作出努力以便争取更多的国际会议：一方面是各大城市加强了以会议场馆（会议中心、会议饭店）为龙头的专业设施建设，带动了会议相关产业的迅速发展，其直接结果就是会议行业的专业化发展和产业体系的形成和完善；另一方面是政府职能组织以独立主体的身份加入国际会议组织，并牵头形成城市"目的地整体营销"的运作模式。目的地整体营销的基本原理是以一个整体概念向外宣传某个国家或城市的品牌形象，以城市为整体促销单元，通常是将会议和旅游捆绑在一起，由相关政府组织会同行业企业协同在国际市场上进行宣传促销的运作模式。如香港旅游局、贸发局和会展协会合作进行统一的目的地营销活动，以期共同推进香港旅游业和会展业的发展；新加坡旅游局成立会议署，每年制定专门推广计划，到全世界去介绍本国的旅游业和会展业；向国际组织尤其是会议组织者宣传新加坡举办会展的优越条件。在国际会议市场上，许多国家的政府部门都承担起对外招会、争会的角色。目的地整体营销由于将城市现代服务资源整合成一个统一的品牌形象对外招徕，而作为"城市名片"的会议业，无论其产业发展速度还是公众关注度，都达到前所未有的高度。

（二）内部因素的主导作用

会议业在20世纪60年代之所以能迅速发展并在80年代后呈现产业化趋势，除了外部因素的推动外，关键还是其内部因素起着主导作用。"二战"后的经济增长、科技革命、经济全球化和城市经济的崛起，都是会议业得以发展的内在驱动力。当然，这些因素作用于会议业的着力点与展览等并不完全一样，从而会议的形态表现和机制原理也不同于展览。

1. 会议的固有属性决定了会议的不可取代作用

会议是人们集中交换意见和观点的主要场所，它具有下列固有属性：（1）面对面、双向或多向的即时沟通。当人们面临有待解决的问题和创新活动时，充分表达各自的看法、即时地探讨和调整各自的认知，使认识趋同或充分地沟通，除了会议以外，没有更合适的选择。信件、电子邮件甚至可视电话都无法取代。（2）会议能够形成特殊氛围场。会议的特别之处在于讲台上的发言和集会。好的会议发言可以让人们在短期内获取大量有价值的信息和知识，由于是面对面的现场活动，它很容易感染人们的情绪、激发人们的联想，整个会场的氛围会破营造成一个"激励场"。此外，作为一种集会，也给人们的社交和私人交往提供了一个合适的场所。许多平时不易接触或没有机会接触的人物，在这种集会场合中就变得容易亲近并易于私人交往。（3）会议的正式性使其主题和内容易受重视并具导向作用。正式的会议都有一定的程序、仪式和规格，出席的人物也都有一定的身份或影响力。这种正式性会使会议本身及内容成为媒体和公众关注的焦点，所传递的信息因为重视度高和知晓性强而具有明显的导向作用。

2. "会议机制"成为社会经济活动中的一项不可或缺的功能

"会议机制"指以会议为载体、贯通并作用于不同市场主体或社会团体的非组织常态形式，具体表现为大会、论坛、协作会议等。"二战"后，世界经济持续增长，大量新技术的诞生和应用，对原有的企业管理制度和商务模式造成了具大的冲击。要推广和应用新技术，必然要在制度和意识上作出相应的调节，这涉及大量不同国家、地区和行业之间的协调，而这些市场主体或社会组织相互之间并没有行政上的隶属关系，要彼此协调并协同合作，会议是最合适的载体。作为一种常态性的协调机制，美国与某些欧洲国家首创了全国性的产业会议。它们的主要动机很简单——促进经济增长、在全国范围内按一种模式发展现代商务结构。新商务模式的运行机制一般都是以产业链和价值链这种分工与整合的范式展开的。为此，企业更重视上下游企业之间的团队协作以及顾客的参与。由于这种协调涉及很多不同的主体，又是现代商务模式运行中一项常态功能，会议遂被改造成一种模式化、制度化、经常化的沟通协调机制。20世纪80年代以来，公司会议比重不断上升，在会议市场上处于特别重要的地位。在欧洲，公司会议占整个会议市场90%的份额。管理会议、区域销售会议、新产品介绍会议、专业技术会议等伴随新商务模式的运行，已成为其运行机制的有机组成。

3. 会议成为知识经济时代企业知识吸收和创新的资源获取途径

在知识经济时代，知识成为继土地、资本之后的战略资源。产业竞争力的本源性变量是"产业知识吸收与创新能力"。知识资源是以"外部经济"的形态存在，要使外部经济"内部化"为企业资源，获取的途径就是学习。企业学习的经常性途径有两个：（1）外部交流。科技发展极大地促进了知识资源生成和累积，经济全球化又加块了知识资源在全球范围的转移与扩散，除了展览、产权交易等市场形式外，会议以其专业性强、灵活快速等优势，成为知识资源转移与扩散的常态载体。行业会议、学术会议、专业论坛发展迅速，在会议市场中的比例不断上升。据国际大会和会议协会（ICCA）公布的数据，行业协会类会议占 ICCA 统计的全部会议比重，由 2001 年的 62.98%上升到 2007 年的79.43%。美国会展业研究中心（CEIR）2006 年数据表明，50%的人参加会议的目的是为了寻找新产品和新发展，81%的人利用会议这种媒介了解相关产业的最新发展和趋势，80%的与会者认为会议是在"专业或行业领域与专业人士讨论问题、分享思想的绝佳机会"。（2）内部学习。当今世界新技术和新产品正以20 年前人们无法想象的速度发展，知识更新使任何企业都更加重视培训。正如美国未来学家约翰·奈斯比特所说："在这个时期成功的公司要解决两个问题：一个是对最有竞争力、更富生产性的管理人员的需求；一个是把办公室与教室连在一起。"有调查显示，世界 100 家大公司中有 70%认为，影响企业持续增长的最大障碍是缺乏对员工的良好培训。许多公司"视教育和培训为一项投资而不是消费"（摩托罗拉）。培训正成为会议市场持续而强盛的推动力。

4. 会议业成为城市经济中新兴的生产性服务业

从经济发展方式讲，大城市优先发展低产耗、高附加值的产业和行业；从功能定位讲，它要成为区域经济的研发中心和服务中心。优先发展现代服务业是城市经济功能升级的历史选择。（1）企业选址摆脱了在传统意义上的资源、中间投入品或者市场导向的特点，而更重视利用城市的专业服务功能。尤其是拥有某种新产品新技术的企业，一般更倾向于把企业设立在那些能够为该产业提供各类服务的城市中。当今世界的先进城市，无不经历了从"制造基地"到"总部基地"的重大经济转型，总部经济的发展，对国际化城市建设具有举足轻重的作用。从全球总部看，2007 年《财富》世界 500 强企业中，有 50 家总部设在东京，使得东京成为拥有 500 强企业总部最多的城市；有 26 家企业总部设在巴黎，列第二；有 22 家企业总部设在纽约和伦敦，并列第三。从区域总部看，6 000 家跨国公司的区域总部定居新加坡，成就了世人瞩目的新加坡经济。香港特区政府投资推广署今年 10 月 2 日宣布，目前共有 3 890 家境外公司在香港设立地区总部或地区办事处，极大地提高了香港有限资源的产出效率。总部经济的发展，对实现城市产业升级、提升现代服务业具有非常重要的作用。在纽约、东京、香港等发达大都市，服务业对经济的贡献已占主导地位，其GDP的80%以上都集中在现代服务业。（2）由技术进步而带来的技术和信息外溢的学习与分享。科技创新和人力资源的提升是个累积过程，它是一个开放的大系统中，互相学习、相互交流、不断提升的系统合成过程。这个过程的关键就是如何有效地学习和掌握信息。信息具有公共产品的性质，从一个厂商对外溢技术和信息的利用不会影响到其他厂商的同时利用，一个地区或城市中，厂商集聚的数量越多、彼此拥有的信息结构不同并互补的话，知识共享的外部性就越大。（3）城市的自然环境、文化和公共品（统称为"社会适宜程度"）是决定一个城市经济增长的重要原因。城市中企业集聚会导致提供生产性服务的部门增加，从而中间产品的生产性服务和供给进一步细分化，形成有别于传统服务业的生产性服务业。生产性服务是指"市场化的非最终消费"，其服务半径大于传统服务业，对经济的拉动更为广泛和显著，特别是城市产业结构大规模升级，制造企业的追加业务不断外包，必将带动现代金融、贸易、商务、会计、物流、航运、通信、信息、会展、咨询、广告等现代服务业的日趋繁荣，导致城市（加总）层面出现规模报酬递增。（4）由技术进步而产生的技术创新、信息外溢、人力资本具有累积因果效应在大城市集聚，使城市中生产性服务机构大量产生、中间品投入服务更具公共服务功能，结果是所有产业、行业、企业都有可能分享生产性服务业的好处。会议业作为市场机制发挥作用的常态组织载体，随着生产性服务业的发展也形成了自己的产业体系：核心层包括会议中心、专业会议组织者（PCO）、专业会议饭店；关联企业包括旅行社、航空公司，会议目的地管理公司（DMC）；服务配套企业包括出版商、广告咨询、IT公司、保险公司等。

四、会议的管理

尽管会议的规模有大有小，形式多种多样，会期也长短不一，但是，从流程上来说，会议还是有一定规律的。由于会议的流程基本为：确定主题→会议策划→宣传、推广、公关→为会议和活动进行日程安排→举行会议→结束→评估。因此，可将会议大致分成三个阶段：会议前的策划阶段、会议中的执行阶段和会议后的评估阶段。

（一）会议前的策划管理

会前准备阶段的管理工作主要是会议策划、会议选址、会议营销和会议预算四个方面的工作。

1. 会议前期的策划

会议策划的首要工作就是成立会议策划委员会，然后由会议策划委员会拟订具体的策划方案。

（1）会议策划委员会

成功的会议都必须指定内部成员或外部专业会议策划委员会，会议策划委员会是对会议负有直接责任的临时机构，通常由主办方的内部成员构成。根据国际会议的惯例和国际会议联合委员会的要求，会议策划委员会的责任与工作应包括以下一些主要内容：

①确定会议目标。会议策划委员会要有具体的目标，并以文字形式落实下来，明确策划委员会与承办单位之间的关系，明确策划委员会的具体职责（应向谁负责），明确策划委员会何时结束使命。

②确定会员人选。确定会议策划委员会成员的来源，是内部选取，还是外部指派。

③确定会议主要责任。选择会议地点（城市），选择会议饭店和其他设施，安排会议日程，制定会议预算/支出，负责会前、会中与会后的评估等。

在以上工作中，最重要的就是负责选择会议活动的地点、饭店或设施及制定预算。

（2）会议前的策划方案

根据会议的一般流程，会议策划的基本方案如下：

①全体大会。每一个会议至少要有一次全体大会，把所有的与会者同时聚集在一个会场里。全体大会通常作为会议的开幕式和闭幕式，但是他们也可以安排在其他时间。全体大会一般有一个发言人（有时称为主题发言人），但这不是必需的。全体大会上可以进行媒体演示、短剧表演或其他具有鼓动性活动。

②并行会议。并行会议是会议最常用的一种形式。所谓并行会议，是指同时进行两个以上会议。大型会议中的并行会议从20～200个不等，而小型会议可能只有2～3个并行会议同时进行。一般说来，并行会议虽然符合整体会议的主题和目标，但与其前面进行的会议并无直接关系。实施并行会议可以利用各种不同的手段和技术，会上不一定是发表演说或宣读论文。

③分散会议。分散会议第一眼看上去很像并行会议，但实际上两者有非常大的差别。虽然有人用分散会议指代所有的小组会议，但在此，该名词是指在全体大会之后，让与会者能够从不同角度和深度对全体大会的议题进行讨论的小型分组会议。这些会议可能由小组领导进行组织，通过一系列问题和议程展开讨论，或者在与会者之间进行自由讨论。分组讨论的结果可能被制作成报告，在其他全体大会上公布，另一种方法是将每个分散的小组提交的报告纳入整个会议报告中。

④重复会议。当会场不足以容纳所有预计的与会者时，并行会议也可能转

化成重复会议。在进行并行会议的时候，与会者在一个时间段里当然只能选择参加其中一个会议，因此可能错过其他一些他们感兴趣的会议。这种需求有时可以通过参加重复会议得到一定的满足。有些重复会议也可能是事先没有纳入计划的。

⑤特权会议。大多数会议都是对所有与会者开放的。除此之外，还有一种特权会议，参加会议的与会者都必须符合一定的条件或资格认证，如医生等。不过，这种会议在整体策划时很少使用。

⑥聊天会议。这种会议是一种没有发言人也设有议程的非正式会议，有时候聊天会会为与会者提供软饮料、咖啡和茶等，以营造一种轻松、愉快的会议气氛。

⑦会场外的活动（实地旅行）。一些会议会在会场之外安排一些实地旅行，如参观与会议主题相关的便利设施；作为会议过程中间的休息；参观历史名胜，等等。活动归来或在后面的会议部分，人们将就活动的结果进行讨论。

⑧会议展览。除了开会之外，会议过程中还有其他一些活动对与会者也很重要。在会场某部分举行展览，可以使参展者有机会展示他们的产品和服务。展览的规模可根据具体情况确定。

2. 会议前的相关事件和策划

在可能的情况下，所有与会议有关的事件和活动都应该被列入会议策划。因此，除了基本的会议策划方案之外，与会议相关的事件和活动的策划也很重要。会议的相关事件和策划内容主要如下：

（1）结伴体制。结伴体制是将与会者结为小组，在会议的过程中互相做伴。这种体制可以在任何规模的会议中应用，不过在大型会议中尤为有效。通常情况下，是一对一结伴，有时也可由5人或5人以上结为小组，只是5人以上小组需要大量的内部组织和管理，因此无法达到结伴的最佳效果。

（2）临时会议分组。会议上可能会有不同的种族、信仰、肤色、性别、专业和地区的与会者。在很多时候，他们只与和自己具有某些相同特征的与会者打交道，而失去了与不同的人们进行交流的一些机会。因此，在组织一些大型的会议时，临时会议分组可以弥补此不足。临时会议分组通常是10人以下的小组，他们在会议期间结组活动，如果愿意的话还可以在会后继续交流。

（3）交谊会。交谊会也被人们称为热身、破题或开局，是一些专门设计来促进人们之间交流的活动。彼此并不相识的陌生人可以借此机会一起交谈，帮助与会者立刻进入会议的状态，并使他们感到舒适。如果进行顺利，交谊会可以为会议制造一个热烈融洽的气氛。

（4）休息区。休息区和公共休息室或兴趣活动场地相似，只是气氛更为放松，没有任何规定的活动（公共休息室往往有很多活动，如小型会议、展示等。在会议过程中，与会者常常需要从会议的忙乱和压力中抽身出来，放松一会儿，和其他人会面，休息区就提供了这样场所。

（5）兴趣活动场地。有特殊兴趣的与会者常常希望在会议过程中与其他具有相同兴趣的与会者会面交流。会议可以专门安排一些这方面的活动，也可以在会议整体策划中提供一个兴趣活动场地。

（6）运动和娱乐活动。由于人们现在越来越注重健康和体质，所以各类会议也对与会者提供运动和娱乐活动产生了兴趣。这些活动可以作为会议的一部分被安排了日程，也可以作为与会者在自由活动时间的可选活动。这样做可以满足那些习惯经常运动的与会者的需求，只是要提供尽量多样的运动和娱乐活动，让与会者选择是否参加。

（7）文化活动。文化活动包括观看戏剧、芭蕾舞、音乐会、歌剧演出，以及参观博物馆和展览等。对有些与会者来说，激动人心的体育赛事也是很好的文化活动。在大型会议中，这两类文化活动都可以安排，以便满足广大与会者的需求。

（8）家庭参观。这项活动就是在会议期间，安排家住在会议举办城市的与会者邀请来自其他城市的与会者到自己家里做客。该活动的目的在于让做客的与会者了解主人的家庭生活情况，或增进与会者之间的个人交流。它通常更适合于国际会议，但是在全国性会议中也可以应用。

（9）表彰。进行表彰的原因有很多，其中最主要的就是为了对那些为会议主办方或在会议的某个主题领域作出了突出贡献的人或组织进行奖励。如果要将表彰活动纳入会议策划，必须事先经过深思熟虑，因为将要受到表彰的人或组织可能成为会议宣传的一部分，因此在会议策划中必须考虑到这些因素，以便将表彰活动的影响扩展到最大。

尽管这些事件和活动并不是每个会议都必需的，然而一旦决定将其中的某些事件和活动纳入策划，就需要对他们给予与会议其他事件同样的重视，考虑预算，以及管理支持等。与会议相关的事件和活动有许多，其中一些应体现在主体日程安排中，其他则只是为与会者提供可选项，而不必列出具体日程。

另外，根据会议的内容、风格和节奏的不同特点，会议的举办方应该注意以下方面的主要问题：

第一，要选择好关键的讲演人。在选择讲演人的时候，要认真研究演讲人的风格，及时使用言论新颖甚至带有争议的演讲人也会给会议带来意想不到的效果，起到事半功倍的作用。

第二，要计划好会议活动类型。这虽然取决于会议预算和客户的类型，但如果选择得当，一个好的社会活动会赋予会议独特的魅力，并在与会者的脑海中留下深刻的记忆。

第三，要适当提供相关的城市旅游或商业参观服务。这类服务往往会激起与会者的兴趣，并延长他们的停留时间，为当地带来诸多好处。

第四，要合理安排时间，给与会者更多的自由时间以便参会者办一些个人的事情。

3．会议活动的区位选择

（1）常规因素

任何会议都有一个特定的出席群体，他们围绕一个明确的主体，为了一个共同的目的，在一个恰当的地点及场所进行信息传递、信息交流、讨论、决策等活动。不同的出席群体有不同的价值判断，这一价值判断影响着会议活动的区位选择，即会议地点及场所的选择。一些研究机构采用市场调查的方法，对会议活动的区位选择因素进行了研究，其研究结果如表4-12所示。

表4-12　会议活动对区位选择的影响因素

因素	重要程度
总成本（包括酒店、餐饮等）	94%
目的地便利的交通	93%
接待会议的饭店和设施	93%
会议代表距目的地的距离/旅行时间	90%
交通费用	88%
气候	75%
观光及其他活动	65%
会议目的地的形象	65%
娱乐健身设施（高尔夫球、网球、游泳池等）	55%

成本是任何一个会议组织者在选择会议地点时最注重的因素，在很多时候，办会者对交通条件、会议场所和设施、食宿服务水平等的选择，都是在既定成本的约束范围内进行的。当然，成本并不是越低越好，当会议对场所、设施、服务有特殊要求的时候，满足相应的要求会成为办会者的首要考虑的因素，这时，在满足既定要求的前提下追求办会成本最小，通常是会议活动区位决策的基本模式。从表4-12可以看出，总成本是大部分人在选择会议目的时要考虑的最重要的因素，接下来是交通因素、饭店和设施、距离和时间、交通费用以及其他一些和会议举行间接相关的项目。追求成本最小、收益最大，是市场主体进行经济决策时的基本原则，表4-12也直观地反映这种决策原则。

（2）特殊因素

如果说成本是出于会议举办者自身的因素考虑，是会议活动区位选择时最基本的、同时也是最重要的因子，那么表 4-12 中后面几项则是影响会议活动区位选择的特殊因素。这些因素之所以在市场调查时呈现重要程度的差异，是因为不同类型的会议对它的特殊要求各不相同。

近年来，会议的区位选择出现了一种新趋势，在综合考虑成本约束和需求满足两方面的因素的前提下，越来越多的会议组织者往往把邻近国家和地区作为首选的会议目的地，部分国家和地区选择邻近国家和地区作会议目的的情况如表 4-13 所示。多数亚洲国家和地区在近几年逐渐成为最受众多国家欢迎的会议目的地，很大程度上就是缘于以上原因。例如，中国大陆是香港第一位的会议目的地，马来西亚是新加坡的会议目的地，而新西兰又是澳大利亚的会议目的地。

表 4-13　会议目的地选择排位

国家和地区	左列国家和地区最受欢迎的会议目的地		
	第一位	第二位	第三位
香港	中国大陆	新加坡	北美
新加坡	马来西亚	印度尼西亚	中国大陆
澳大利亚	新西兰	新加坡	北美
印尼	新加坡	澳大利亚	香港
日本	北美	香港	美国/欧洲
马来西亚	泰国	新加坡	印度尼西亚
菲律宾	香港	北美	新加坡
泰国	新加坡	香港	北美

这种趋势的出现和会展旅游、奖励旅游的兴起有重要的关系。和其他国家和地区相比，参会者对邻近国家和地区的了解相对较多，对其风土人情相对熟悉，到邻近国家和地区开会，既满足了出境旅游及对参会者进行奖励的需求，又实现办会成本的相对节约。

4．会议场址的选择

会议的成败，会议场地的选择（包括设施、环境和工作人员）相当重要，这也是会议策划委员会的主要职责。会议地点的地理位置、设施、环境和工作人员的服务水平和质量都对会议的成败起着关键的作用。

（1）会议场址的选择类型

召开会议的场所可以有很多选择，主要类型如下：

①饭店（酒店）。各大酒店都建有会议室并提供会议设施和其他便利场所，为自己带来利润。

②会议中心。会议中心是为大型会议专门设计的，会议中心可以分为带室内设施的会议中心和不带室内设施的会议中心两种类型。

③大学和学院。一些大学及学院中有许多都设有某种形式的会议场所，并且对外界团体开放（收费将高于内部团体），有些大学的会议场所具备与商业会议中心同样规模和水平的设施。

④轮船。轮船可以作为会议地点，这些船只特别为会议设计，而非普通的游轮。除了一般轮船应具备的设施外，还能提供特殊会议设施，如会议室及录像放映设备等。

⑤疗养地和主题公园。为了使会议参加者达到放松减压娱乐旅游的目的，会议可以选择疗养地和主题公园。疗养地和主题公园除了其主题功能和设施外，也常常提供各种会议设施。

⑥公共建筑。国家或当地政府所有或经营的建筑有时可以举办会议，在这类地方举行会议，需要事先联系相关的政府部门进行协商。如博物馆、图书馆和文化馆这类公共场所一般是由国家投资建设的，它主要用于公共事业，是典型的非营利性设施。

应注意到，会议和展览对场址的要求是不同的，其主要差别见表4-14。

表4-14 会议和展览对场地选择的差异

项目	展览场址的选择	会议场址的选择
导向	市场导向	设施条件导向
重复性	重复性强	重复性很小
场地要求	要求场地面积较大，使用时间也较长，进馆和备馆的申请时间也会长	场地要求分散且时间比较短，进馆的时间不长
服务范围	只提供基础设施，而展览承包商需负责一些服务如展台搭建、运输等；展览的餐饮服务简单	依赖场馆提供全面服务，包括音响、通信、信息系统、场地布置等；会议的餐饮服务则要求全面
参与人数	参与人数较多，一般有上万人	会议参与人数比展览会要少，上千人的会议就是大规模

（2）会议场址的选择标准

会议的选址主要是根据会议的内容、性质、规模和预算情况而定的，根据会议的内容、性质、规模和预算情况，可从以下主要方面来考虑选址问题。

①距离与交通。距离一是指会议地点与参会者之间的距离，二是指会议地

点与中心城区或核心景点的距离。一般情况下，人们更倾向于选择距离更近的会议地址，但要根据会议的财政预算情况而定；交通一是指快速通道，如航班、火车、高速公路等，二是指便捷与畅通程度。

②城市形象和国际认知度。在选择会议举办城市时，应看重城市的形象以及国际会议组织者对该城市的认知度，有时对城市形象的重视程度甚至要高于对会议设施的重视程度。

③举办地的会议历史。如果举办地有很长的会议举办历史，且举办过许多著名的国际国内重大会议，在这样的地点举行会议有历史渊源和历史传统的。但这些地点的会议设施价格更贵一些。

④会议接待饭店和设施。举办方需要详细了解会议地点的客房（含 VIP）数量、房价、房间设备、餐饮服务质量、客房管理水平和服务质量、快速入住和结账离店手续、商务中心、酒店/设施的信誉。

⑤专业技能。筹办会议需要各方面专业人才的配合。会议活动从注册登记开始，与会者的入住、文献资料的准备、会议开幕式、演讲、灯光和音响控制、餐饮服务、舞会、闭幕式的举办等。因此，酒店、会议中心、专业会议组织者（PCO）等会议行业的成员都必须具备比色的管理能力。

⑥成本费用。会议地点的收费情况，综合费用包括住宿费用、用餐费用、会场租赁费用、娱乐费用、押金、淡季折扣、保险、附加费等。

⑦安全保卫。会议地点工作人员的安全意识，检查每个房间是否有烟雾报警器和喷淋装置，查看酒店是否公开紧急事件逃生程序和明显标记，检查会议地点是否配备保险箱，是否配备常住医生，等等。

⑧会议服务设施。会议地点周边是否有汽车租赁服务，周边是否可以提供一些必要的娱乐健身设施（高尔夫球、网球、游泳池等），会议场所与周边的娱乐场所有否业务联系、优惠收费、周边购物环境、会议特殊服务，等等。

⑨目的地政府或会员的邀请。能够得到当地政府的邀请，就意味着在该地召开会议可能会享受到一些优惠，如果有了政府的支持，会对以后开展工作有所帮助。

⑩气候与观光。对会议地点的气候与周边的景点状况的考察，是否拥有丰富的旅游资源。要了解会场与景点之间的距离、与会者对景点的关注和兴趣，景点收费状况，等等。

总之，在会议场址选址方面，要做到细致入微，要制作会议需求清单，根据会议需求清单进行会议场址实地考察，最终决定在什么地点举行会议。

（3）会议举办场所/酒店的选择

在选择会议场所或酒店时，会议策划者所考虑的主要因素如下：

①适当的会议空间。会议场所/酒店是否有足够的空间举行专题讨论和委员会会议，以及会议场所/酒店是否能够驾轻就熟地提供餐饮聚会而不会影响到会议的正常进行。

②充足的客房。会议组织者希望把所有与会者都安排在同一家酒店里。除了需要单人间和双人间外，也需要套间。如果不能把所有与会者安排在同一家讨话里，则最好把剩下的人员安排在附近的酒店里。

③餐饮的安排。大规模的会议有成千上万人参加，餐饮安排非常重要，协会组织在选择会议场所/酒店时，需要考虑是否有适当的餐饮场地。

④适当的展示空间。展示既意味着收入，也是吸引与会者的一种方式，所以会议筹划者都希望会议场所/酒店能提供适当的展示空间，或者能够在会议场所/酒店附近寻找到展示空间。

⑤便捷的交通。会议策划者希望所选择的会议场所/酒店附近拥有便捷的交通设施，从而方便与会者外出游玩、购物。

⑥优质的服务。会议策划者希望会议场所/酒店能够提供优质的服务，优质服务带来的将是回头客和良好形象的树立。

6. 会议前的营销

会议前的营销是会议成功的关键，成功的营销是需要制订一套完整的营销方案的。从会议营销的实务来看，会议前的市场营销需要考虑如下几方面因素（表 4-15）。

表 4-15　会议前营销的主要考虑因素

考虑的主要因素		特点
会议对象	会议受众	考虑会议受众的目标和意愿，从而通过会议来满足这些目标，并实现大多数会议受众的意愿
会议宣传	明确主题	组织召开记者招待会或媒体宣传等，强调会议的主题和重要性，到达会议城市后的诸多好处等
会议推广	材料邮寄	准备邮寄数量、邮寄对象、邮寄时间、邮局规定、与会者的材料和信息、邮寄成本、邮寄反馈率、邮寄方式，等等
	会议广告	通过媒体和网页做一些广告宣传，应考虑是否聘请专业的广告代理、在何种媒体上做广告、广告的形式、广告的初步预算、广告的效果，等等
会议公关	会议媒体	通过媒体公关不仅仅是吸引与会者，而且还要在公众和与会者心中树立会议主办者和会议举办城市的形象

7. 会议前的预算

会议前的预算是会议经济必须考虑的问题。在营利性会议中，会议是否盈利是考虑会议是否成功的关键，而在非营利性会议中，会议经费是否节约也是考虑会议是否成功的重要因素之一。作为会议主办方首先要控制会议的总体预算。控制预算的第一步是确认此次会议是属于什么性质的会议，会议是属于营利性的会议，还是属于非营利性的会议。对营利性的会议来说，盈利越多越好，对非营利性的会议来说，保证收支平衡最为关键。无论是何种会议类型，会议举办方在制订预算过程中，都必须做详细的收支计划。

会议的收入几乎是固定的，而会议费用则是一个无底洞，因此，控制会议费用，清理费用清单就成为会议预算的关键。会议的费用包括两类，一是固定费用，二是可变费用，主要内容包括如下。

（1）固定费用。场地设施费、讲演者酬金、差旅费和支出、市场费（包括宣传手册、邮寄广告、新闻稿、广告、记者招待会）、海报宣传、会议通知、报名表、会议手册、行政费、视听费、临时设备租用费（如家具、设备与灯光）、展览费、服务费、路标、鲜花和其他用来制造气氛的项目费用、运输费、保险费、审计费、贷款利息或透支费用，等等。

（2）可变费用。根据与会者人数的多少而变化的费用，如餐饮费用、交通费用、旅游费用、住宿费用，娱乐费用，会议装备（如文件夹、徽章、与会证书、邀请卡、会议论文摘要集、与会者名册等）和文件费（如材料邮寄、注册）、礼品费用等。

会议的预算是否准确一方面取决于举办方掌握信息的程度和预算制作水平，另一方面也取决于是否有意外事件发生，例如，突然涨价会引起预算的大变动，会议进程的改变或会期的延长都会增加会议成本，演讲人的变动也会影响会议的进程和主讲人的酬金水平，所以，在制作会议总预算中，要留有一定的余地，预留10%的费用作为机动是比较明智的选择。

除上述几项重要责任外，会议策划委员会在会前的其他责任还包括拟好包括邀请信、会议决议在内的各种文件，落实出席对象，等等。会议策划和组织者必须牢记责任，精心地策划和安排每一次会议。随着企业全球化和世界经济一体化的发展趋势，可以预言，公司、协会甚至各种非营利组织的会议预算将会有很大的提高。

（二）会议中的执行管理

1. 会议中的执行管理

在会议中的执行阶段，会议举办方的管理工作主要包括：编制与会人员手册、编制会场手册、设立信息中心、维持会场秩序和加强会议交流等，具体内容如下。

（1）进行会前协调。一是可以及时、完整地表达会议主办者、承办者的意图，二是将工作分层安排，以便各个岗位的工作人员都详细了解自己的工作内容与责任。

（2）编制与会人员手册。手册形式可以多种多样，但应包括姓名、职务、工作单位、地址、电子邮箱、联系电话等基本内容。

（3）编制会场手册。预先接照会议进程而做出的会务安排和责任清单。与会人员可以拿到详细的会议日程；会务人员会拿会场手册的责任清单，责任清单是把会场的具体责任落实到每一个人。

（4）设立信息中心。大型会议的信息中心都设有固定的发言人。发言人代表大会向社会和各种媒体发表公开信息。在一般情况下，没有经过信息中心发言人的同意和允许，任何媒体都不得擅自发表任何与会议有关的信息。

（5）简便报到程序。尽量使报到程序简便，提供正确及多方面的报到咨询并记录收费情况，无论是利用电脑还是人工，是会前还是现场报到，最主要的是正确和高效，减少时间浪费。

（6）有效现场沟通。现场所有员工（如主要承包商，场地工程、服务、餐饮和保安人员，以及视听工作人员等）彼此协助，及时处理现场的每一件事务，包括电话、无线对讲机、移动电话、呼叫器、留言中心等是常用的设备及方式，以及对员工的现场简报等精神激励。

（7）维持会场秩序。会议举办方会设立一个会议协调委员会，并由这个委员会具体负责维持会场秩序，处理会议过程中出现的各种会场纪律、服务纠纷、安全等方面问题。

（8）加强会议交流。常用的会议日常交流方式有：制作新闻简报、设立公告牌、发布日常新闻、在会议活动中发布声明，等等。会议的日常交流既包括与会人员之间的交流，也包括与会人员与各种媒体之间的信息互动。

2. 会期中的特殊事件

会议中，对危机和紧急事件的处理也很重要。会议中可能发生如下一些紧急/危机事件，应该注意其防范和管理。

（1）紧急医疗。有些与会者可能会因为改变饮食、喝酒、睡眠不足、疲劳、面临不熟悉环境、孤独等原因在会议期间生病。因此，有必要根据会者平均年龄、活动范围和过去会议经验制订紧急医疗计划，如建立紧急医疗系统、设立会场医务室等以应对突发的紧急医疗事件。

（2）卫生。餐饮卫生对会议主办者来说是最大的挑战，所以要谨慎选择合作对象，万一出现因食物不洁而造成腹泻或食物中毒现象，将造成无法弥补的损失，主办国家、城市、主办者的形象也会大打折扣。

（3）火灾。与会者都应该知道在活动中遇到火灾的逃生技能，饭店有责任告知客人逃生的步骤与方法。而会议主办者与承办者扮演着更重要的角色，有责任保护与会者并提供相关方面足够的资料，严格做好场地检查，熟悉安全措施。

（4）签证。通常在会议通知中都会说明签证的细节，但仍有些国外与会者会忽略此问题，特别对于重要宾客，一定要强调签证问题，因签证造成的延误，会使大会节目调整，带来一系列麻烦。

（5）盗窃。与会者在会议地遇到盗窃事件会留下不良印象，特别在国际会议期间，要求地方政府加强警力，避免发生盗窃事件，同时应书面告知与会者注意加强防范。

3．会议中的经济收入

举办会议是会议组织的主要收入来源。特别是几乎所有的协会组织都把举办会议当作最主要的经济来源。协会组织的会议收入形式如下。

（1）展览收入。举办展览时，协会组织可能要支付使用展厅的费用，也可能由于预订了大量的客房而免费使用展厅。对于每个展览最基本的装饰，协会组织将支付一定的费用，但它向参展者索要的摊位费将大大高于该费用。其差价及免费使用展厅而获得的收益就是展览收入。

（2）会费收入（会议登记费）。会员参加协会会议时，需要向协会组织交纳会费，会费可能从几十元到几百元甚至上千元不等，这将构成协会组织又一重要的收入来源。协会组织所收取的这些会费中有很大一部分是要交给饭店用作餐费的，但饭店一般只按实际收到的餐券数收取费用，而与会者并不会每次都在饭店用餐，这又给协会组织带来更多的利润。

（3）附加收入。协会组织还可以在自己的出版物中插入广告和其他相关内容，从而得到更多的收入。有时参与会议的公司会赞助一部分项目，更会减少协会组织的支出成本。

由此可见，举办会议可以为协会组织带来丰厚的收入。此外，通过举办会议还会为组织吸纳到新的会员。举办会议对协会组织意义更大。

（三）会议后的评估管理

评估总结阶段的管理也是非常重要的，因为对会议举办方来说，每举办一次会议都是一次历练，都会为日后的会议举行积累经验。因此，会后的总结工作不是独立的业务工作，而是管理工作的有机组成部分。通过统计整理现有资料和研究分析已做过的工作，会为将来的工作提供数据资料和经验教训。评估总结阶段的管理工作一般分为三个方面：一是做好会议的总结与评估；二是做好客户的回访工作；三是召开会务总结表彰大会，感谢相关人员。

1．会议后的总结评估

一旦会议结束，举办方就应该立刻进行总结评估。会议的总结和评估分为三部分，第一部分评估会议受众满意程度，第二部分总结经验教训，第三部分专业评估，具体如下。

（1）受众满意度。受众是指会议的与会者、媒体和社会各界群众。与会者的满意程度在会议期间就可以进行封闭式或开放式的市场抽样调查，会后还可以通过电话跟踪的方式进行调查，客户的意见将成为下次会议改进的依据。

（2）总结经验和教训。会后的总结经验和教训，一般分为三部分：一是从筹备到会议结束的各项工作总结，二是会议的效益分析和成本核算总结，三是本次会议的市场调查，如本次会议在市场同类项目中所占的市场份额、优劣势比较、竞争情况等。

（3）专业评估。举办单位聘请专业公司系统地对会议进行定性或定量的评估，如对成本效益的评估、宣传效果的评估、会议影响力评估等，这些将有利于举办单位发现问题，进一步提高工作效率。

2．会议后的客户回访

会议经济要求会后做好客户的回访工作，这是建立长远客户关系的管理问题。一般在会议结束后不久，与会人员还沉浸在会议的美好记忆中，在这个时候与他们进行联系和沟通，一般会加深与客户之间的感情，为建立长期合作关系奠定坚实的基础。如果在会议后不迅速联系客户、沟通感情，目标客户就会慢慢失去在会议上所产生的热情，淡忘了会议举办单位，这也意味着会议举办单位很可能失去这些目标客户群，所以，会后做到及时回访是非常必要，也是具有重要意义的事情。

3．会议后的会务总结

对会议举办单位来说，表彰有突出贡献的员工，提高广大员工的士气是非常重要的。所以，会后要及时召开会务总结表彰大会，表彰优秀员工，感谢相关人员。表彰的对象除了优秀的员工以外，最为重要的还是会议参加者、重要的支持单位、合作单位以及曾给予大力支持的媒体。对于那些特别重要的客户，举办方的会务人员可以采取亲自登门致谢，甚至通过宴请答谢方式来表示谢意和感激。

对会务人员的表彰是鼓舞士气、以利再战的最好奖励方式。这种奖励不一定要采取发放奖金的方式来进行，更多的应该采取精神奖励。这样一来，员工的积极性就有了保障，会务工作的效率就会越来越高。

对媒体更应该做好跟踪服务。对媒体的报道要进行褒奖，对记者的贡献也要进行适当的奖励，对媒体和记者的意见和要求要给予充分的重视，与媒体保持良好的合作关系，为下一次更好的合作打下坚实的基础。

复习思考题

1. 展览活动的含义和分类是哪些内容?
2. 展览活动的基本要素构成是什么?
3. 现代会展场馆的布局方式是哪四种?
4. 何谓"展览服务商"?
5. 简述现代国际展览的演进形态和发展动因。
6. 会议活动的含义和分类是哪些内容?
7. PCO 的基本职能有哪些?
8. 简述国际会议业的发展历程及动因。

第五章

会展旅游分析

学习目的

理解会展旅游是会展业与都市旅游业融合生长的一种新型业态。

主要内容

旅游业与会展业边界融合的基础和动因，会展旅游与旅游及会展的区别，会展旅游的业态表现。

都市旅游和会展存在着紧密的联系。一个有趣的现象是：世界上十大旅游目的地城市无一例外地成为会展目标城市。当然，我们不能简单地将会展为都市旅游输送客源、都市旅游为会展提供配套服务两者合一称为会展旅游，也不能将会展和都市旅游"双轮驱动"推动城市经济的发展这种"并列"现象称为会展旅游。会展旅游是都市旅游与会展相互融合而形成的新兴生产性服务业，其业态有别于都市旅游和会展。

第一节 旅游业与会展业的边界融合

一、旅游与会展产业形成基础的互补性

旅游业与会展业从产业细分的小类别来划分，应该属于两个行业，但其产业基础却是互补的。

（一）旅游业与会展业分属不同行业

1. 行业区分依据：行业是按企业的生产和商品形态进行归类和分属的，是指生产商品或者提供类似服务的企业所组成的集合。

2. 旅游行业：旅游业是为国内外旅游者服务的一系列相互关联的行业。旅游关联到旅客、旅行方式、膳食供应、设施和其他各种事物，主要是由旅行社、饭店、景区、旅游交通等组成。

3. 会展行业：会展业是指以经营各种会议和展览而形成的企事业单位的集合，广义上还包括从事奖励旅游和节事活动的企事业，主要由会展场馆、会展专业与中介公司等组成。

（二）两者行业的边界都具有弹性

1. 旅游业边界弹性分析

（1）旅游业公共通用性和服务互补性的特征十分明显

旅游产业是无法独立于特定社会环境之外而单独存在的。旅游的产生不仅取决于基本吸引物的吸引力，还取决于互补性企业的规模和效率。美国标准产业分类（SIC）系统的一项调查指出，有三十多种社会物质部门和服务部门直接或间接为旅游提供支持，如交通运输、金融服务等。旅游产业具有综合性和多样性的特征，除旅行社外很难说哪一种企业是专门为旅游活动而单独存在的，其公共通用性和服务互补性的特征是十分明显的。旅游产业的核心层面是基本旅游供给，指直接或间接为旅游需要提供的产品和形成产品的资源、设施和服务。第二个层面是间接供给，是社会各类物质生产部门与服务部门分别向旅游行业提供形成旅游产品所必需的物质条件供给，这种供给是通过旅游行业的产品间接地提供给需求者的。

（2）旅游业处于动态发展过程中

旅游产业的核心层有其特定性和相对稳定形态，总体来说它处在一个从低级向高级不断发展变化的过程中。从动态发展的脉络来梳理，旅游产业最初是在城市经济结构优化、伴随第三产业的发展而形成为一个新兴产业，具体来说是在现代商业基础上派生的。现代商业是一个专门从事商品流通和服务的产业部门，为来往于城市的人员提供食宿和交通，在其长期的发展过程中逐步派生出饮食服务、旅馆业和交通服务业。应该明确的是，并非所有的城市都会在商业接待业基础上独立分化出旅游业，只有旅游需求和资源吸引同时具备的地区才会产生产业驱动的动因。旅游产业化本身就是城市经济结构优化进程中诸多产业边界融合的产物。旅游业在形成期就是一个集吃、住、行、游、购、娱于一体的相互关联的传统产业集群。旅游产业结构中最基本的构成形式，包括旅游交通、旅游游览、旅游住宿、旅游餐饮、旅游购物、旅行社和休闲娱乐等部门，显然应该归之于服务业中比较初级的生活接待服务。随着半个多世纪以来旅游业的迅猛发展，尤其是城市经济中现代服务业的崛起，旅游产业正处在由传统服务业向现代服务业转化的过程中。一方面，随着工业化后期的产业延伸和扩展，现代企业制度的普及和生产职能的外包，旅游业的服务对象也扩大到了生产者，出现了许多有别于生活接待型旅游需求，如因会议和展览而引发的旅游、奖励旅游、商务旅游、公务旅游、节事旅游、拓展培训旅游和旅游咨询、旅游规划与策划、旅游信息服务等新业态；另一方面，旅游产业更是受到生产服务业、专业服务业、信息服务业、技术服务业、创意服务业的明显影响，出现了产业融合的趋势。产业融合必然引致旅游产业内部结构向更高层次升级，优先发展生产者服务，从而真正纳入现代服务业体系。

（3）都市旅游率先完成向生产性服务业转向的产能升级

"都市旅游"概念是上海旅游界于 1997 年提出的，定义为"融都市风光、都市文化和都市商业为一体的旅游特色"。但一般说来，大都市往往缺乏自然景观，旅客只是将其作为交通枢纽站或"换乘中心"顺道观光，逗留期较短，成为过境性旅游目的地。随着后工业化社会的到来，都市的综合实力大大增强，在旅游多元化选择的社会需求下，世界各大城市都以地点为吸引物（site attractions），致力于目标性旅游地区的打造；在开发和整合社会旅游资源的过程中，以事件为吸引物（event attractions），加快发展都市会展业也大多成为首要选择。会展业作为现代都市型产业的重要支柱，融入了大都市旅游产业集群，成为新产业融合的历史性标志。20 世纪 90 年代以来，饭店业突破了原来单一旅游观光饭店的模式，出现了一大批商务饭店、会议饭店、全套房饭店。更为重要的是，饭店业不仅突破了对异地会展活动举办者和参与者的接待服务，也突破了对整个会展业的服务接待局限，开始承担会展的策划和组织工作，成为会展产业构架的主要组成部分——专业会议织组者（PCO）、目的地管理公司（DMC）。同饭店业一样，旅游公司也突破了传统的业务模式，开始将销售的对象改为以城市为单位，提供有关该城市的一切旅游管理和一站式服务，成了DMC 了。更值得关注的是，一些旅游集团大举进军会展业，投资、策划、组织、承办会展，并大力打造"会谷"、"论坛"等全新的业态。

2．会展业边界弹性分析

（1）会展业对辅助层有专业化的产业发展要求

会展产业的核心层是行业，包括会展组织者、会展场馆、展览设计及搭建公司；辅助层面是为会展提供服务的相关行业，包括住宿业、餐饮业、交通业、通信业、物流业、旅游业、零售业等。由于会展属于生产者消费，其工作决定消费的特点异常突出，表现为事先高度组织、服务配套多、活动节奏快、消费档次高等特点。高度分散的社会企业是难以满足这种需求的，这就促成了会展产业化的内在冲动，向着产业关联度高的产业融合发展。

（2）产业关联引致产业化发展的两种模式

所谓产业关联关系主要表现在投入产出关系，即在社会分工的链条中，每个产业都同时具有生产者和消费者的双重身份：各产业都需要其他产业为自己提供各种产出，以作为自己的要素供给；同时，又把自己的产出作为一种市场需求提供给其他企业进行消费。关联度越大，产业之间的制约、促进作用就越强，使相关企业之间形成产业链联系。产业链的产业化发展通常有两种模式：纵向一体化或横向一体化。纵向一体化是指行业（或企业）充分利用自身在产品的生产、技术、市场等方面的优势，沿着行业（企业）业务流（或物质流）的纵向方向，扩大业务经营的深度和广度以形成经营规模、壮大行业发展的产业化模式；横向一体化也称水平一体化，指行业（或企业）与处于相同行业、生产同类产品或工艺相近的行业（或企业）的联合，即开展与行业（或企业）当前业务相竞争或相互补充的活动，以扩大经营规模、保持行业活力的产业发展模式。

（3）会展业与旅游业融合模式

会展业和旅游业产业构成的辅助层面是高度重合的，两者的产业关联度又很强，所以，会展业的产业化发展取第二种模式的可能性最大，实践也已显现出这一趋势。会展的组织者需要目的地能够提供卓越的购物、经典的餐饮、丰富的夜生活和会前会后的旅游机会。所有这些仅靠自己是无法完成的，他们需要的是一个酒店经营商或者一个目的地管理公司来提供专业知识、技术和创造性意见来协助项目的成功完成，而发展已较成熟的旅游业是最合适的选择对象。同样地，旅游业也将会展作为一个新的客源对象加以欢迎。最初旅游业仅将会展旅游视作团队旅行业务，但生活性消费的接待业务模式并不能有效满足会展旅游的需求，是新的社会分工与市场需求推动旅游产业由传统服务业向现代服务业转化，进而催生出了代表生产性服务的旅游新业态——会展旅游、奖励旅游、商务旅游、节事旅游、咨询旅游等。

显然，在现代服务业迅速发展的大背景下，都市旅游产业能级提升的一个重要方向是满足生产性消费，而这种产业能级提升的直接动力来自会展业的需求关联，两者互为需要、相互促进，从产业"分立"走向产业"融合"，你中有我，我中有你，产业边界模糊乃至融合的趋势十分明显，这种融合关系也促使两者在生产性服务属性上的趋于一致。

二、旅游与会展产业发展动力的趋同性

产业融合是在工业经济时代高度产业分工的基础上发展起来的，是对原来形成的产业固定化边界进行一定程度调整的结果。都市旅游和会展产业的融合并不是一开始就发生的，而是各自发展过程的自然选择，融合两者的动力也是逐渐归于统一的。

（一）都市旅游从过境目的地到旅游目标地区的发展

1. 城市旅游发展模式

城市旅游一开始是以区域内的自然或人文资源整合为主要内容，诉求对象是生活性消费的观光游。不同城市由于其所拥有的区位、资源状况的不同，其产业形成动因和发展模式是不一样的。就现有的旅游城市模式看，大致有下列几种：

（1）对具有良好区位条件或环境优势的中心城市，商业接待业因其互补功能的退化和难以消化的商务成本，出现了明显的衰退。作为从商业母体派生出来的旅游接待业，由于旅游需求的多样性和综合性，简单的接待业是根本无法满足旅游需求，根据旅游活动的内在驱动，将区域内的商业、娱乐、休闲等配套服务设施完善，通过强化城市人文景观、整体环境提升、挖掘旅游吸引物等综合优势整合，形成一个向旅游者提供食、住、行、游、购、娱等服务的综合性新兴产业。作为产出多样化的结果，旅游作为一个具有持续促进作用因素逐步从最初的互补配套角色演变为专门为满足新兴旅游需求的旅游产业。旅游产业的产出率通常都持续地高于当地的国内生产总值的增长率。如上海、宁波、大连等。

（2）对区域内本身兼有良好的自然资源和历史人文资源的城市，则一般都是依赖品质良好、有较好开发前景的自然资源和人文资源、辅以必备的配套旅游接待性企业群，形成以城市为依托、旅游吸引物为标的、距离半径在 60 公里为范围的"旅游目标区"。旅游产出在当地国内生产总值中占很大比重，如苏州、杭州、西安、桂林等。

（3）城市具有区位优势，又处交通枢纽地带，周边有极具吸引力的名山大川或自然景观，城市伴随景区开发而发展，甚至城市名称都以景区冠名，属旅游城市。如黄山、张家界、九寨沟等。

（4）经济快速发展并形成明显产业特色的乡镇新型城市，紧靠大城市，有良好的交通区位条件和发达的经济背景及可观的客源，形成度假、商务、会展为特色的卫星旅游城市。如昆山、东莞等。

四种类型中，大都市往往是以第一种模式居多，但对处于城市分工体系较上端的大型城市，仅靠区域内的资源推动是有问题的。其一是区域内大量的资源属于工业文明的产物，在产业结构调整过程中，部分是城市经济转移或淘汰的对象，如上海现有 133 个产业，有 96 个产业要朝外转移，其生命周期已进入衰退期，对城市经济持续增长的贡献率必然是下降的，不具备持续发展的动能，而且这类资源对高端客人的吸引力不强；其二是靠人造景观来增加目标区的吸引力，但主题公园等人造景观市场生命周期短、重游率低，创意难、投资大，成功的比率甚低。这些因素都制约了都市旅游成为有吸引力的目标区。

2. 都市旅游产业能级提升的普遍经验

探索发展中的都市旅游，越来越重视动态活动的影响力和规模，并将打造旅游目标区和会展目的地有机地结合起来，拓展了都市旅游的外延并提升了产业能级。根据国内外成功运作的经验，可大致归纳如下：

（1）迎合现代服务业的发展要求，提升都市旅游的产业能级

20 世纪 80 年代以来，随着企业对核心竞争力的重视，以及信息技术的发展应用，生产职能外包催生了大量的生产服务需求。如现代企业的一些非核心业务外包，使旅游业为生产者提供第三方会展、商务等专业服务成为可能。再如会展旅游、奖励旅游和培训旅游等，原是企业的内部职能，现在却可以委托旅行社或专门的会展公司来做，独立为一种专门的服务业。随着某种经济或社会活动中某项局部功能的不断扩大，该功能就会从营运主体中分离出来，形成专业的服务机构，为需要该功能的营运主体提供服务。据有关研究，有 55 个产业（含新兴产业）有大量的商务活动向旅游业转移。这类以生产性服务为核心的新业务，在为都市旅游带来新的业务增长的同时，也对都市旅游的内部结构调整提出了新要求，促使其从低端的传统生活服务业向高端的现代生产服务业升级。

（2）都市旅游的品牌形象可直接应用于会展目的地宣传和招徕

都市旅游是以城市整体实力为背景的，其品牌和形象代表是城市，会展组织者对目的地作选择的关健信息都可从中获取，诸如城市特色定位、政治经济状况、产业发展和配套水平、城市环境、旅游资源等。其原因在于两者的产业基础是融合相通的，而旅游产业发展相对更成熟，在市场推广、营销网络、组织构架等方面已形成自己的产业优势，只要结合会展目的地营销的特点作适当的提升和扩充，即能有效地作用于会展目的地。如上海市旅游管理委员会成立了旅游会展推广中心，积极推进政府及机关旅游组织和会展企业加入国际性的会展组织，组团参加国际专业会议和奖励旅游，代表上海到国际会议上宣传上海并在国际会议市场去"争会"。此外，市旅委的旅游会展推广中心随时关注上海各大酒店以及会展会议设施等信息，主动提供给会展市场。针对国际专业会议选择目的地时，本领域权威专家的意见往往起决定作用这一特点，推广中心搜集了一批国际协会年会的名单，寻找这些协会在国内的会员，聘请他们作为上海的"会议大使"，争取把上海作为一个城市品牌拿到全世界去推广。此外，上海都市旅游在对外推广时，打破了传统的行业局限，着眼于城市整体的推广，而这种全局性、高层次的整体推广，是任一企业或行业难以企及的，只有集合

在都市旅游这一形象品牌下才是最恰当的。

（3）事件旅游成为都市旅游目标区和会展目的地建设的最具轰动效应和永不枯竭的动态资源

动态性事件活动的影响力和规模，是都市旅游和会展活动的活力源泉和提升关注度的有效手段。由节庆活动、体育赛事、会展等引发的旅游活动都属于事件旅游的范畴，相关的旅游产品日益成为国内外城市发展都市旅游、进行竞争的重要筹码。会展活动是事件旅游的重要组成部分，它具有规模大、国际化程度高、经济关联度强等特点，在各类事件旅游中，会展又是最经常化的活动。以上海为例，2005 年在上海举办的国际展览项目达到 276 个，观众人数达 582.91万人次，其中国外观众超过 50 万人次。此外，全球性经济会议、行业会议、跨国公司会议、专业技术研讨会、新技术新产品发布会等数量巨大。当然，会展等事件活动并不等于旅游活动，要将事件活动转化为事件旅游，要做两方面的工作：一方面，事件旅游是对事件进行系统规划、开发和营销的过程，其出发点是使事件成为旅游吸引物和目标区建设的动态资源；另一方面，事件旅游要对事件市场进行细分，包括分析和确定什么人将进行事件旅游、其需求偏好和参加的途径等。

（二）会展从市场交换媒介到生产性服务业的发展

会展不可能脱离社会经济环境而孤立地存在与发展，在不同社会经济条件下，会展的种类和表现形态是不断变化发展的，其产业属性也随之不断升华。因此，我们无法笼统地说会展的属性是什么，而要根据其历史演进的具体实际加以阐述。

1. 从社会分工而产生的市场交换角度：会展是一种交换媒介

最早的会展首先是一种处于生产和消费之间的流通媒介。农业与畜牧业分离，产生了最初以物易物集市贸易；工业从农业中的分离，集市贸易发展成了贸易展览会和博览会，贯穿其中的始终是交换这一环节，只是交换的范围从本地→区域→国家间不断扩大。因此，会展产生于流通领域。作为一种交换媒介，它将卖买双方集中在一起，使他们相互接触，面对面进行交流、洽谈，最后签约成交。需要指出的是，会展与商业不同，它不是以货币为媒介，为"卖"而"买"，赚取差价。它不直接参与交易活动，而是以信息为基础，为卖买双方提供合适的交易环境，促成交易，通过"桥梁"作用，获取场地租金和服务配套收入，会展这种最本源的属性至今仍然存在。

2. 从城市经济崛起而产生的集聚效应：会展是集聚经济的窗口、城市的名片

"二战"后，伴随着城市规模的不断扩大，城市对消费者的吸引力逐步增

大，相应地，当地潜在消费者的数量增加将会诱使更多的销售者进入该城市，从而出现类似滚雪球式的经济集聚效应。类似的过程同样出现在劳动力市场上。其结果是，城市又成为内需的市场集聚地和消费风向标，反过来又导致要素和生产的集聚。集聚使城市为所有产业提供公共服务平台第三产业迅速扩大，其结果是产生了类似滚雪球式的规模效应和经济集聚（Agglomeration Economies）。经济集聚又催生了会展向大城市集中并成为经济集聚的展示窗口。具体表现为：一是会展专业展览会已成为城市会展的主导形态。城市经济在自身的发展中形成了不同的分工体系，会展往往选择那些最具特色和代表性的城市来举办专业展览。专业展览成了该领域新产品、新技术、新趋势的展示窗口。二是提升了城市的功能和形象。大型的地区性、国际性会展举办城市，本身就说明了该城市在某特定经济领域的地位，会展期间又会吸引不同文化、不同观念的访问者，有利于相互交流，吸收新理念。同时，大型会展要求举办地具备良好基础设施、接待能力，反过来又会提升城市的功能。

3. 从外部经济内部化的角度看，会展是生产者服务业

20世纪80年代以来，企业内部分工受市场规模的制约，出现了成本递增和规模效益递减的趋势。越来越多的企业舍弃了"小而全"的内部分工体系，在着力打造核心能力的同时，将追加业务大量外包，同时充分利用社会专业分工所产生的公共服务和研发成果，使存在于社会中这些"外部经济""内部化"，从而催生了现代金融、信息、物流、咨询、会展等一大批为生产者服务的现代服务业。80年代以来会展的主导形式是会议与专业展览相结合，各种衍生的会展形式迅猛发展并呈主流趋势，它们通常是以企业为单位，以"生产性服务"为特征，并逐步从现代服务业中独立出来形成"生产者服务业"的新兴会展业。和传统的会展相比，它具有以下新的属性：一是大量信息流的集中，便于信息交换和技术扩散，同时也刺激新知识、新观念的产生。二是展示产业发展的趋势。新技术、新产品的展示往往会大量吸引研发人员、制造商、消费者和服务商，各种不同背景人群的集聚，更易于从不同角度推进新产品、新技术的推广和应用。三是资源的有效利用和搜寻成本的节约。会展使分散在不同企业和研发单位的技术、产品及买卖双方在一定空间集中，多样化的产品和技术为买方提供了便利，而大量买方的集中也为卖方创造了更多了解市场需求和销售的机会，从而为各方带来了时间、空间的节约，资源利用率的提高。四是为生产者服务的特征尤为突出。专业会展往往是"有展必有会"，会议、论坛、研讨的比重越来越大，服务的对象重点是生产者，最终消费者的参展也成了了解市场需求、参与产品研发和改进的重要环节。

从都市旅游和会展活动的发展轨迹，我们可以很清晰地看出：都市旅游和

会展活动的早期形态是各自独立的，分属流通领域中的生活性消费和生产性消费环节。只是到了 20 世纪 80 年代以后，随着现代服务业的兴起，两者因具有相同的产业驱动力，从而在产业辅助层面上出现了产业融合的趋势，由此产生巨大的产业集聚效应。

三、旅游与会展产业能级提升的新业态

（一）业态界定

"业态"即企业的经营形态，"它是形态和效能的统一。形态即形状，它是达成效能的手段，效能受到形态的制约"。[1]当前，我国都市旅游和会展活动已经进入了一个新的历史发展时期，新的高端生产力正在积聚，新的运营方式开始显现，新的业务增长点逐渐形成，出现了旅游与会展产业高度融合发展的趋势，都市旅游率先完成了从传统服务业向现代服务业转变的产业能级提升，它的服务半径从生活性服务延伸到了生产性服务，都市旅游目标区的内涵也更趋厚实。最能反映这一状况的就是代表生产性服务业的都市旅游新业态的兴起。

（二）会展旅游的形态及效能描述

会展旅游是会展业与都市旅游的结合，是由于会展活动举办而产生的一种旅游形式，具有广阔的市场前景。会展旅游是以会议和展览为目的的旅游，属于公务或商务旅游的范畴，这是典型的为生产者服务的被用作进一步生产的中间服务，它引发了新的业务功能和业务领域，也会导致传统企业的职能变革。如奖励旅游、节事旅游、商务旅游等新形态的出现，使一些大型旅行社或旅游企业已从原来主要为市场终端消费者服务，转向中间服务的会展旅游业务，纷纷成立了专门的旅游会展公司。连最大的旅游网络商携程有限公司也在传统的机票、酒店、度假业务之外，新增加了集团服务。上海市旅游事业管理委员会还专门成立了会展推广中心。所有这一切都说明，会展旅游已成为都市旅游的新业态。

第二节 奖励旅游

奖励旅游源自西方发达国家现代管理科学理论的应用，它的对象不是家庭或一般消费者，而是现代企业中的生产者，是指将劳动力作为一种生产要素投

---

1 安士敏. 日本超级市场探源. 中国人民大学出版社，1992 年版. 第 169 页.

入到再生产过程之中，从而产生新的使用价值生产性消费。奖励旅游作为"生产性"旅游，是由企业或其他组织出资购买，经常是一种豪华的、由旅行社全部代办的综合包价旅游。由于奖励旅游偏重于对员工的激励和企业凝聚力，对目的地选择的要求很高，国际上专门有目的地管理公司（DMC）网络联盟为旅行社提供专业服务，它集旅游信息、咨询、策划于一身，不同于传统的旅游企业。

一、奖励旅游是现代服务业发展与现代企业管理创新的产物

（一）奖励旅游定义

许多机构和研究人员根据对奖励旅游的认识与理解，曾从不同角度对奖励旅游给出了不同的定义和解释。奖励旅游管理者协会（SITE: The Society of Incentive & Travel Executives）对奖励旅游（Incentive Tour）的定义是："奖励旅游是一种向完成了显著目标的参与者提供旅游作为奖励，从而达到激励目的的一种现代管理工具。"国际奖励旅游协会所下的定义为"现代管理的法宝，目的在于协助企业达到特定的企业目标，并对该目标的参与人员给予一个非比寻常的假期，以此作为鼓励。同时也是各大公司安排以旅游作为一种诱因，以开发市场作为最终目的的客户邀请团"。

上述定义揭示了奖励旅游是现代企业管理工具的属性，它以达到特定的企业目标为目的，以企业内部员工和外部客户为对象，以免费旅游为奖励措施，反映了现代企业制度的一种激励机制。因此，我们首先应该把奖励旅游看作是现代企业管理的创新的一项产物。

（二）奖励旅游概述

1. 奖励旅游的形成

奖励旅游（Incentive Tour）作为会展的重要组成部分，最早出现在 1906 年美国"全国现金注册公司"给优秀员工提供的一次参观总部的奖励旅游活动，而奖励旅游真正起源于美国 20 世纪二三十年代，其后在欧美得到了充分的发展，并成为旅游市场中一个重要的细分市场，其中美国是世界上最大的奖励旅游市场。每年参加奖励旅游的美国人超过 50 万人次，费用大约为 30 亿美元；在法国和德国，公司奖金有一半以上是通过奖励旅游支付给职员的；在英国，企业的 2/5 奖励资金是采取奖励旅游方式实现的。在新加坡、韩国、日本等经济发达的国家，奖励旅游作为企业普遍的奖励方式，已经使越来越多的出色员工得到了满意的补偿。奖励旅游以其综合效益高、客人档次高，引起各大旅游公司的注意。奖励旅游中的团体娱乐活动有助于企业文化建设，给员工和管理者创造一个比较特别的接触机会，同事们可以在比较放松的情景中作一种朋友

式的交流，从而增强企业的亲和力和凝聚力。

欧洲是美国奖励旅游最主要的海外目的地，因此，这种新的奖励方式很快在英国、德国、意大利、法国等欧洲国家传播并流行开来。英国90%的奖励旅游团是到海外旅游，德国、意大利和法国到海外旅游的只占40%～50%。现在，中欧许多国家的奖励旅游业也开展得如火如荼，其年增长速度达到 4%，与世界旅游市场保持同步增长。在亚洲，奖励旅游虽然没有美国和欧洲发达，但随着亚洲经济近20年的蓬勃发展，奖励旅游市场也正在快速地发展。特别是中国经济的迅速崛起，一批现代化水平非常高的大企业已经开始组织大规模的到海内外的奖励旅游，发展速度非常惊人。此外，亚洲周边国家如新加坡、马来西亚、泰国、韩国的奖励旅游目的地除了选择亚洲外，还延伸到了欧洲、北美、澳洲等地，从而推动了亚洲和全世界旅游业的发展。根据国际权威机构的调查，国内团体旅游、国内散客旅游、特色活动、国际豪华游船、旅游券成为最受欢迎的前5位奖励旅游方式（表5-1）。

表 5-1　奖励旅游的类别及受欢迎程度

排名	奖励旅游类别	受欢迎程度（%）
1	国内团体旅游	39
2	国内散客旅游	36
3	特色活动	36
4	国际豪华游船	24
5	旅游券	21
6	海外团体旅游	21
7	海外散客旅游	15

资料来源：金辉主编. 会展概论. 上海：上海人民出版社，2004.

奖励旅游这一观念作为激励员工的有效方式从美国传到欧洲后，英国、德国、意大利和法国成为欧洲推行奖励旅游的主要国家。从市场角度看，美国的奖励旅游市场相当成熟，欧洲次之，而亚洲的市场仍有待发展。目前，亚洲经济较为发达的国家和地区如日本、韩国、新加坡和中国的香港特区、台湾地区的大企业组织的洲内奖励旅游，大大推动了亚洲奖励旅游的发展。中国目前的奖励旅游来源于两种形态：一是随着外资企业进入，奖励旅游相应地出现在旅游市场上；二是传统的行政事业单位、国有企业推行的"疗养"政策也开始向奖励旅游转变。

2. 奖励旅游的类型

表 5-2　奖励旅游的分类

类　型	主要目的	案　例
企业对员工的奖励	激励员工更好地工作	2003 年 9 月，上海太平洋安泰人寿保险公司安排 900 名员工到厦门进行为期 4 天的旅游
企业对社会中某些群体的奖励	协调奖励者与被奖励者的关系，树立企业形象	SARS 过后，北京的一些旅行社推出的慰问白衣天使的活动，免费奖励 SARS 期间在一线工作过的医生、护士去北戴河或马来西亚旅游
生产商对零售商的奖励	产品促销	日本佳能公司复印机部对零售商制定的政策就是：不同的复印机按不同的销售点数计算，只要销售达到一定的点，比如 100 点，就有资格参加每年的出国奖励旅游
商场对购物者的奖励	商品促销	北京海淀购书中心的购书抽奖出国游活动

3. 奖励旅游的主要功能

随着人们生活水平的提高，金钱和物质奖励所起的刺激作用的时效越来越短，而一次非同一般的旅游经历的激励时间则更持久，奖励旅游是一种企业的现代化管理手段，在奖励旅游中，旅游是手段或者诱因，激励是根本目的。

（1）奖励旅游为参与人员提供了情感互动的机会，为员工、管理者和企业客户创造了一个比较特别的接触机会，大家可以在旅游这种比较放松的情景中作一种朋友式的交流，从而增强管理者和企业的亲和力和凝聚力，加强团队建设，塑造企业文化。

（2）通过"一张一弛"的有效调节，有利于不断激发企业员工的工作热情，从而提高企业业绩。

（3）大规模的奖励旅游应视为企业一项重要的市场宣传活动。对于较大规模的奖励旅游，会有包机、包车、包场等形式，相应都会打出醒目的企业标志。此方式的采用对企业产生着积极作用，可树立企业良好形象、扩大企业知名度。

概括起来，作为一种管理手段，奖励旅游产品包括以下 7 个方面的附加值：①凝聚员工的向心力；②强化公司的企业文化；③持续鼓励员工提升工作绩效；④激励员工协助企业达到业绩目标，提高市场占有率；⑤促进员工、厂商的感情交流；⑥舒解紧张的工作压力；⑦加强对公司的认同与向心力；⑧建立经销商的忠诚度。

（三）奖励旅游是现代管理理论的创新应用

现代企业管理是继科学管理之后发展起来的管理理论和实践。相当长的一段时间以来，管理理论围绕着对人的认识有个不断深化的过程，从"经济人"到"社会人"到"独立人"到"自由人"，现代企业管理越来越重视企业人力资源管理和人力潜力的开发，管理实践围绕着三个方向强化：一是淡化员工"管理者"与"被管理者"的界限，承认并鼓励他们的自主权力、创造力、成就感和自我价值的实现；二是重视员工作为社会和企业成员的归属感团队建设，塑这一员工在企业内受尊重、获取友谊、归属组织的的企业文化；三是视客户为企业的重要资源，不只是单纯的销售对象。奖励旅游的发明和实现，适应了现代管理理念的发展，体现了"人本复归"的管理本质。

奖励旅游作为人力资源管理的激励机制，能有效地作用于参与者精神层面，在柔性的、轻松的活动过程中，"每天都有一个惊喜"所带给员工的持久激励，会转化成对公司文化的本能认同，最终转变为公司业绩的增长。通过外部激励引发内部变量，有利于员工潜能的开发和内部合理的竞争激励机制的形成。

（四）奖励旅游是会展旅游的新业态业务

奖励旅游的兴起，与现代服务业的发展和社会分工不断细化存在密切关系。随着服务经济与消费社会的来临，人们的价值观与生活方式都在发生变化，消费主义已渗透到社会风尚和社会价值观念中，消费伦理超越生产伦理，高质量的生活性社会逐步取代高产量的生产性社会。奖励旅游正是适应这种社会变化的产物。奖励旅游的对象不是家庭或个体消费者，而是现代企业的集体生产者和客户，是为其他商品和服务的生产者用作中间投入的服务，它不同于最终消费，而是作为生产要素投入到生产过程，从而产生新的使用价值，属于生产性服务的范畴。奖励旅游作为"生产性"旅游，是现代旅游介入发展生产力和促进经济增长而拓展的新业态业务。从奖励旅游的购买者来说，现代企业通过奖励旅游形式，凝聚人心，培育企业文化，提高劳动生产率，其效果十分明显；从奖励旅游的提供者来说，能提升产业能级和延长产业链。举办一次大型会展旅游，大多能带动一条集交通、食宿、购物为一体的"消费链"，美国航空运量22.4%、住宿33.8%均来自国际会议和奖励旅游市场；从奖励旅游接受者来说，员工既是消费者又是生产者，企业员工以争取成为奖励旅游者为荣，其家属和朋友也因此备受人们的好感和尊重，在身心倍感愉悦的同时，劳动力得到修复和提升，对企业的忠诚度和归属性得以增强。更为重要的是，奖励旅游作为企业的生产者行为，会在一定程度上影响全社会的消费者行为，人类自我实现的需求满足比重会不断上升，促使消费结构或倾向开始向更深层次的精神需求发展，带动发展性消费和享受性消费日渐成为生活消费的主流，进而推动传统服务业的产业结构和功能的升级。

二、奖励旅游的生产者服务特点

（一）奖励旅游与常规旅游的比较

1. 受众特殊

与普通员工旅游完全不同，奖励旅游的对象是针对企业的有功人员，他们都是从企业团队中千挑万选出来的，必须通过特定的审核方可获得此资格。

2. 经费预算来源特殊

奖励旅游的资金来源是企业实现了其特定目标后，用创造出来的超额利润的一部分进行的，现在的研究一般认为，奖励旅游费用约为企业超额利润的30%。

3. 行程安排特殊

奖励旅游行程、活动安排要求特殊，需根据企业意图量身定做，活动除了安排特殊旅游线路、旅游活动之外，一般还包含企业会议、培训、颁奖典礼、主题晚会或晚宴、舞会及个性化奖品赠送等内容。

4. 目的和预期效果特殊

企业采用奖励旅游的目的除了奖励和慰劳外，还在于其包含许多附加价值，一个精心设计的假期，将会替企业带来许多无形的功效，包括凝聚员工的向心力、塑造公司的企业文化和持续鼓励员工提升工作绩效。奖励旅游的预期效果是让每位参加者参加后都想再参加一次，并使未受奖励员工增加对奖励旅游的渴望，从而使全体员工都更加热爱自己的公司，更加努力地工作。

表 5-3 奖励旅游与常规旅游的比较

比较内容	奖励旅游	一般团队旅游
职能	管理工具	常规的休闲娱乐
目的	多样性	相对比较单一
费用	免费	自费
参与人员	经过一定的审核	多为自愿报名
活动安排	量身定做	旅游线路化、模式化
服务规格	VIP 礼遇	一般礼貌服务
效果	实现企业管理的多种目标	最佳情况是获得精神满足

（二）奖励旅游的特点

奖励旅游除了一般旅游消费的基本要素外，从生产者服务的角度看，还具备以下特点：

1. 福利性

中国旅游百科全书指出："奖励旅游是一种带薪的、休闲的、免费的旅行游览活动。"这就揭示了奖励旅游福利性的本质特点。有关研究显示，奖励旅游费用约占企业超额利润的 30%。奖励旅游的支出对于现代企业经营管理来说，既可计入企业再生产成本，又可反映企业当前生产效益，是用于对企业作出贡献的优秀员工的福利性待遇。这是与个人自发旅游消费的最大区别。就企业开发人力资源而言，奖励旅游是一项有长远利益的战略性投资，而不是一项普通的成本开支。奖励旅游属于企业内部营销的人力资源管理中与培训管理同等重要的福利管理，体现了现代企业的人文关怀理念。

2. 公务性

奖励旅游无疑是带有公务性质的不同于散客旅游的专项旅游，也是商务旅游的发展和延伸，会议与奖励合二为一的倾向越来越明显。奖励旅游不仅仅是企业的公费旅游，而且是企业的公务旅游，它是把办理公务事项作为活动的主要目的，寓旅游于公务之中。奖励旅游是因公而起的组织行为，而不是因私而起的个人行为，因此更注重团队的集体活动，在奖励旅游的过程中不失时机地进行培训教育等活动，有的放矢地显示内部营销的组织性和亲和力，从而有利于增强员工对企业宗旨和使命的认可，有助于增进员工或同事之间的沟通和友谊。

3. 激励性

奖励旅游的激励性是显而易见的，通过一系列活动，如专项会议、颁奖典礼、主题晚宴、集体游戏、友情馈送等，极大地激励着员工的生产积极性和社会荣誉感。实际上，奖励旅游的组织过程，也可视为现代企业经营的一种激励机制的养成，在对员工进行激励的同时，也起到了对企业本身组织建设的作用，采用奖励旅游的形式，不仅是企业理性工具的运用，也是企业文化的表达形式。

4. 高端性

首先表现在受奖者的高层次性。一般来说，参加者都是企业的优秀员工和业务骨干，对企业作出贡献的高效率生产者，因此，奖励旅游也体现了为生产者服务，发展生产力的高层次目标。其次表现在高消费上，一些有实力的企业投入的费用相当可观。据统计，一个豪华奖励旅游团的消费通常是一个普通旅游团的 5 倍，他们不但在吃、住、行、游、购、娱方面具有高档次的特征，而且在组织安排及接待服务要求上高规格，以符合"令人难忘"的过程体验和激励功能的效果。

三、奖励旅游的市场构成和经营机构

（一）市场构成

1. 奖励旅游客源地

旅游客源地代表了对旅游产品的需求，并能够向旅游目的地提供一定数量

的旅游者。具体到奖励旅游的客源地，就是能产生一定现实与潜在的奖励旅游者和具备相当的经济实力，并能持续不断地将奖励旅游者输送到接待地的地区。

奖励旅游客源地的形成，必须具备较为发达的社会经济、实力较强的众多企业、新的经营管理理念、旅游活动在人们生活中所占的比重较大等要素。这些要素综合起来将决定奖励旅游客源地的需求规模和需求类型。在众多要素中，经济实力强劲的企业将是奖励旅游市场形成的主体和最重要的因素。

2. 奖励旅游目的地

奖励旅游目的地一般对奖励旅游者具有一定的吸引力，能够满足奖励旅游者的终极需求。世界上主要的奖励旅游目的地一般具有或环境优美，或文化深厚，或服务水平高，或接待设施完善等特点，大都分布在风光优美的沿海地区、交通便利的山区、历史悠久的名城古镇、现代气息浓郁的大都市，例如地中海沿岸、北欧地区、南部非洲、东南亚地区、加勒比海地区、南美洲沿海和山区、北美、欧洲等国的首都和著名城市。就中国周边国家来说，奖励旅游一般选择在新加坡、马来西亚、泰国、印度尼西亚、韩国、日本和澳大利亚等地。国内能成为奖励旅游目的地的有香港、澳门和优秀旅游城市及著名旅游风景区，如北京、上海、西安、桂林、杭州、昆明等城市和九寨沟、黄山、庐山、黄龙、泰山等世界文化或自然遗产地。从基本条件来看，旅游吸引物、旅游服务、旅游设施以及旅游可进入性构成了奖励旅游目的地的四个基本要素。

表 5-4　奖励旅游目的地的选择因素

主要选择因素	奖励旅游份额（%）
有否像高尔夫球场、游泳池、网球场等这样的娱乐设施	72
气候	67
观光游览文化和其他娱乐消遣景点	62
地理位置和大众形象	60
有否旅馆或其他适合举办会议的设施	49
交通费用	47
赴/离目的地的交通难易程度	44
奖励旅游者到目的地的距离	22

资料来源：金辉主编. 会展概论. 上海：上海人民出版社，2004.

3. 购买方的工商企业

作为以利润最大化为最终目标的工商企业，在激烈的市场竞争中根据企业激励理论的发展和对人性的认识而不断改进其激励政策，激发企业员工的积极性以获取市场上的竞争优势。企业的人力资源管理政策和实践一般会带来个人绩效和组织绩效的同时提升。日常的激励措施以浮动工资、技能工资、目标管理、员工参与为多，但在一些大型企业中，股票期权、员工持股和灵活福利也成为现代企业普遍采用的有效措施。在西方国家，旅游已成为人们日常生活中必不可少的内容，加之带薪休假制度的建立在某种程度上可以减免一定的税赋，和团体旅游活动本身所具有交流与合作的特点，奖励旅游逐步成为企业乐于实行的奖励政策和福利内容。

（二）经营机构

奖励旅游的经营机构比较分散，主要集中在三类机构中：第一类是专门经营奖励旅游的机构，第二类是航空公司的专门机构，第三类是目的地管理公司。

1．专门经营奖励旅游的机构

奖励旅游的迅速发展导致了相应经营机构的建立。在美国，这些机构被称为"动力所"（Motivational House）。这些机构不仅策划奖励旅游活动，而且还为需要购买奖励旅游的公司组织安排奖励旅游。许多组织奖励旅游的企业都属于它们自己的协会——奖励旅游管理人员协会（SITE）。

奖励旅游公司为公司、机关团体从供应商那里购买旅游产品。作为奖励旅游的组织者，它们同航空公司、游船公司、旅馆饭店、汽车出租公司这样的供应商谈判，取得每次旅行活动的总成本。在此之上，通常再加 15%～20%，这里包括它们的费用和利润，最后给奖励旅游购买者一个综合报价。

所以，奖励旅游的费用取决于奖励旅游公司同饭店、航空公司这样的供应商谈判所获得的价格。因为奖励旅游公司是作为一个旅游批发商代表奖励旅游购买公司来经营管理，所以不必涉及为购买公司的雇员安排这次奖励旅游的所有细节。在许多情况下，这些奖励旅游公司只是帮助购买公司来宣传奖励旅游活动，从而调动公司雇员和客户的积极性。

在国际上，从事这类奖励旅游业务的机构有三类。

（1）全方位奖励旅游公司

全方位服务的奖励旅游公司（Full-service Incentive Tour Company）称为全方位奖励旅游公司。这类专业公司在奖励旅游活动的各个阶段向客户提供全方位的服务和帮助，从策划到管理这次奖励旅游活动，从开展公司内部的沟通，鼓舞士气的销售动员会到定额的制定，还有从组织到指导这次奖励旅行。这些工作需要耗费数百个工时，再加上访问不同厂商和销售办事处所花的费用。所以这类全方位服务公司的工作报酬是按专业服务费支出再加上交通和旅馆这样的旅游服务销售的通常佣金来收取的。

（2）完成型奖励旅游公司

单纯安排旅游的奖励旅游公司称为"完成型奖励旅游公司"（Fulfillment Type of Incentive Tour Company）。这类公司通常规模要小些，它们的业务专门集中于整个奖励活动的旅游部门安排和销售上，而不提供奖励活动中需要付费的策划帮助。它们的收益就来自通常的旅游佣金。

（3）奖励旅游部

奖励旅游部（Incentive Tour Department）是设在一些旅行社里从事奖励旅游的专门业务部门。这些旅行社的奖励旅游部也许能、也许不能为客户提供奖励活动策划部分的专业性援助。如果它们能提供的话，也常常按照全方位服务公司的收费标准来收费。

2．航空公司会奖部

由于越来越多的公司将旅游作为一种激励工具，因而许多航空公司亦把奖励旅游作为一项重要业务来抓。尤其是在今天的亚洲，很难发现哪家航空公司没有设立会议奖励旅游部门。最初这些部门只限于做会议旅行，它们着重强调的是自己国家作为会议举办地的吸引力，并积极支持申办具有重大影响的会议，但现在这些部门已将业务从会议旅游发展到了奖励旅游。

奖励旅游的最终使用者，一般情况下都愿意把奖励旅游组织者或目的地管理公司作为中间人，而不愿意直接与航空公司打交道。这里将航空公司会奖部列入奖励旅游经营机构之内。但也有奖励旅游的最终使用者会自己找上门，在这种情况下，航空公司都会给予热情的服务和周到的安排。航空公司会议奖励旅游部经营范围的大小实际上取决于公司总部对于其作用的规定和其作用的大小，在这方面各航空公司之间是不一样的。

多数航空公司称有奖励旅游策划人员，他们会列出所提供的服务项目，策划人员对策划奖励旅游行程非常关键。有时候航空公司要做一些旅行代理人或旅行批发商不能提供的工作，如进行促销宣传、申办会议、为组织者提供免票，以及提供折扣的或免费的机票。

航空公司会奖部门必须了解奖励旅游最终使用者的基本详情，要知道团数、出发日期，以及有无特殊要求。团队越大，所需的准备时间就越长，通常的准备时间要6～18个月，这取决于团队有多大。大的团队经常要运送几天才能完成。希望订包机的公司必须给航空公司时间，调配额外的班机。在旅游目的地机场已达到饱和的市场上，谈判包机至少需要1年时间。

3．目的地管理公司网络

通过目的地管理公司（DMC：Destination Management Company）网络来策划奖励旅游。当企业决定进行奖励旅游时，往往会被要求在短时间内拿出多个不同目的地的、完备而又经济的计划，供企业的高层管理者进行最后决策时考虑和选择。如果个人信息量有限，又要在规定的短时间内按要求提出多项可供进行选择的计划，那就必须寻求帮助。通常人们都是向旅游公司进行咨询并希望获得帮助，而常常忽视了国际上常用的目的地管理公司网络这一联盟性的组织和它们所能给予的帮助。目的地管理公司（DMC）网络有大有小，有一些是国际性的，各大洲间相互联网，有一些是专属于某一地区的，如地中海、欧洲或美国。这些网络的任务是给奖励旅游组织提供信息，包括某一目的地的专门信息，推荐目的地管理公司，满足所策划的奖励旅游或者开会的需求。

当同目的地管理公司网络联系时，可以从以下两点着手进行。首先，可以通过与网络联系，找到目的地公司，并在电脑屏幕上浏览该公司的整个情况，包括该公司从事奖励旅游业务有多长时间，财政状况如何，信誉和创造力如何，对奖励旅游和会议有何认识等。也可以通过互联网搜寻或者查找黄页，以了解目的地管理公司网络，还可以与奖励旅游管理人员协会联系，询问加入网络的目的地管理公司的名字。还必须面对一个现实，就是不能等到需要时才去查询目的地管理公司网络，而是现在就应同目的地管理公司网络建立联系，让其为策划奖励旅游服务。其次，要讲清楚奖励旅游的计划和对时间、开支和住宿的要求，以及参加人员和公司的背景，还要讲清楚有无特殊要求，网络代表将会依次就目的地的各个方面与公司磋商并向客户介绍有关基础设施、旅馆饭店、娱乐活动和专门的会议设施，等等。

（三）奖励旅游市场的运作

1. 方案制定与执行

纵观世界奖励旅游市场，奖励旅游方案的制定主要通过三种方式进行：一是由企业、公司通过自己的下属部门制定，如德国就有约 2/3 的公司由自己的经营部制定奖励旅游方案；二是由专门规划设计奖励旅游的顾问公司制定；三是委托旅行社代办。奖励旅游方案的制定虽不是皆由旅行社负责，但制定奖励旅游的具体计划并付诸实施时，绝大部分却要通过旅行社。

2. 产品的开发原则与宗旨

（1）开发奖励旅游必须以一对一营销观念为指导，定制化为手段，为企业"量身定做"系列活动，如企业会议、培训、颁奖典礼、主题晚会或晚宴、舞会及个性化奖品赠送等内容，将企业文化建设有机地融入奖励旅游活动中。奖励旅游定制营销的运作，包括收集顾客信息、开发差别性提供物、顾客沟通和顾客咨询、顾客定制和设计旅游产品组合、顾客消费和体验等步骤。

（2）主题活动策划是开发的核心。企业选用奖励旅游的方式，在奖励员工或客户的同时，也树立了企业形象、宣传了企业理念，并最终达到提高企业业绩、促进企业未来发展的目的，因此奖励旅游的主体除了被奖励的员工或企业客户外，也包括组织奖励旅游的企业本身。企业作为奖励旅游活动的主体，其旅游目的就是要增加企业凝聚力，塑造企业文化，因此在开展奖励旅游的过程中，除一般性的观光休闲旅游项目外，旅行社必须能够针对企业的特定需要进行主题活动策划。如与公司领导层的座谈会、紧扣企业文化主题的晚会、别具一格的颁奖典礼、主题晚宴，等等。这些别出心裁的主题活动策划正是奖励旅游产品开发的核心。从场地的选择及布置到晚会节目的设计、气氛的营造以及特殊餐饮的安排等都需要围绕企业文化精心策划，帮助企业将其文化理念渗透到参团的员工中去，使整个旅游过程能够"形散而神不散"。主题活动策划的重点是创意，只有通过创意策划出惊喜不断的旅程，才能带给参与者平常参加普通团队程式化的旅游活动所无法获取的旅游体验，从而达到回味无穷的效果，进而延长激励的效果。

（3）产品构成的要素

①注重奖励旅游的激励性

国外企业十分重视奖励旅游这一管理工具，新加坡公司使用奖励旅游的目的，强调答谢员工和鼓舞士气；美国公司对参与者的资格审核严格，事先预设激励目标，重视竞争性氛围；而欧洲公司偏重于增强团队精神和对员工进行培训，并与公司业务相挂钩。客户企业实施奖励旅游的目的在于塑造企业文化，根据强化理论，单一形式的奖励旅游是消极强化，不断注入新内容的奖励旅游才是积极强化，对员工给予肯定和进行奖励是一种重要的激励方式，如何处理好奖励和员工个人需要之间的关系，使激励的边际效用最大化，是企业管理者必须面对的难题，关键在于奖励员工最需要的东西。

②奖励旅游与拓展培训相结合

表5-5　对上海40家跨国企业的调查数据

影响因素	所占比例（%）
员工发展计划	70
对员工的奖励和肯定	60
薪酬福利	56
培训计划	40
工作环境	28
工作内容	25

从表5-5中我们可以看到，吸引员工最为重要的三项因素分别为"员工发展计划"、"对员工的奖励和肯定"和"薪酬福利"。"自我实现人"的人性假设观点认为，人都有一种寻求工作意义、充分发挥个人潜能、实现自己理想的欲望。将拓展培训融入奖励旅游内容之中，不但使员工领略了自然风光和异地风情，丰富了阅历，开阔了视野，而且迎合了员工渴望被认同和受尊重的要求，

更是满足了员工自我发展的需要，使参与者获得自我成就感，从而终身难忘。拓展培训以培养合作意识与进取精神为宗旨，崇尚自然与环保，利用湖海山川等自然环境，设计出创意独特的户外训练活动，综合提高受训者的人格品质、心理素质和团队精神。这种以"拓展"为代表的团队培训方式已被国内一些优秀企业（特别是外资企业）所接受，并有逐渐取代室内的团队培训的趋势。拓展培训虽然拥有广阔的发展空间，但目前整体需求较小，市场营销推广困难重重，基本还停留在客户拜访这一传统的方式上，营销手段和渠道单一，效率低、周期长，难以获得客户的信任。单凭培训公司的一己之力，短时间内很难将业务深入地推广开来。而培训公司与旅游企业合作，可以借助于旅游企业经过二十多年发展所拥有的成熟的营销网络和良好的客户资源。奖励旅游作为激励机制，其生命力在于"不易获得"、常变常新，只要打破目前内容相对僵化的模式，赋予奖励旅游新的活力。

（4）执行过程中的偏差

奖励旅游的具体执行过程通常是由旅行社完成的。在实践操作过程中，由于种种原因使得奖励旅游的执行发生偏差，这是奖励旅游市场运行中最薄弱的一个环节，应该给予充分的重视。一是人为因素。由于旅行社前期准备不够充分，或是考虑不够周到，行程安排不当，如：行程路线安排不科学等，缺乏对突发事件的处理能力。二是不可抗力因素。由于自然灾害等原因，航班的晚点或是取消经常发生，这给奖励旅游受众造成了很大的不便；交通的拥堵也是另一个重要的阻碍因素。三是地接社。在安排奖励旅游时，旅行社一般都会把业务外包给当地的地接社，由此造成了对目的地的掌控能力比较弱，旅行社和地接社之间的沟通不顺畅时有发生，影响了奖励旅游的质量。

第三节 节事活动

在国际旅游研究中，节事活动专指以各种节日和盛事的庆祝和举办为核心吸引力的一种特殊旅游形式。节事旅游大多属于政府或社会服务性质，如国际旅游节、国际艺术节、传统节假日庆典、重大体育比赛等。但其中很大一部分内容都同企业化运作或生产者服务有关，或者说是对生产者服务的一个有效和必要的补充。与常规旅游活动相比，节事活功吸引旅游者为某一观看或庆祝目的从各地短时间内聚集到旅游目的地，具有旅游团体规模大、停留时间长、消费水平高等特点，使得举办活动的城市或地区旅游设施和文化场所的综合利用率大幅提高，产业联动效益十分明显。近年来，我国各地积极开发形式多样、各具特色的地方和民族节事活动，吸引了国内外很多旅游者。随着杭州休博会、北京奥运会和上海世博会的成功申办，我国节事活动的发展前景更加广阔。

一、节事活动界定

（一）节事活动的定义

节事活动专指以各种节日（Festivals）盛事（Special Events，Mega-Events）的庆祝和举办为核心吸引力的一种特殊旅游形式，能够吸引人们关注且经过精心规划的各种节日庆典及活动的总和。

"节事"一词来自英文"Event"，含有"事件、节庆、活动"等多方面含义。围绕着这一概念又衍生出另一概念，即"FSE"（Festivals & Special Events），中文译作"节日和特殊事件"。国外常常把节日（Festival）和特殊事件（Special Event）、盛事（Mega-Event）等合在一起作为一个整体，在英文中简称为 FSE（Festivals & Special Event），中文译为"节日和特殊事件"，简称"节事"。

从狭义上看，节事活动即节庆，"节日庆（祭）典"的简称，是一种社会时间的制度性安排，用来区分出日常的生活作息，主要形式包括各种传统节日以及在新时期经过策划创新而诞生出来的各种节日，尤其是指周期性举办的（一般是一年一次）的节日活动，例如中国的春节、中秋节，西方的感恩节、圣诞节，新时期策划的劳动节、植树节，等等。

（二）节事活动类型

1. 以大型活动的属性分类，节事活动可分为传统节日活动、现代庆典活动和其他重大活动三大类。

（1）传统节日活动

①古代传统型

追溯历史文化、反映和弘扬民族传统文化的节事活动。如重阳节的大型登山活动、端午节的赛龙舟活动、新春元宵节的逛花灯活动、上海龙华庙会，西方的圣诞节、复活节、意大利威尼斯狂欢节等都属于这一类型的旅游节事活动。

②近代纪念型

如各国国庆节、国际劳动节、儿童节、妇女节、美国纽约的玫瑰花节、法国奥尔良的圣女贞德节等这样的节日活动。

（2）现代庆典活动

①与生产劳动紧密联系的节事活动

广州花会，深圳的荔枝节，菲律宾的捕鱼节、水牛节，阿尔及利亚的番茄节，摩洛哥的献羊节，意大利丰迪市的黄瓜节，新墨西哥州哈奇城的辣椒节、西班牙的鸡节等。

②与生活紧密联系的节事活动

如潍坊风筝节、上海旅游节、大连和上海的国际服装节、青岛啤酒节、浦东牛排节、西餐饮食文化节等美食节、各种影视文化和农民旅游节及浙江浦江书画水晶节、2001 年中国淳安的千岛湖秀水节、蒙古族的那达慕大会、浦东国际烟花节等都是对美好生活满意的自然流露。

（3）其他重大活动

①政府性：政府出面组织的公益节事活动可称为政府性节事活动，如春节或中秋的联谊活动，五一和国庆的联欢活动；上海市一年一度的旅游节等。

②民间性：指民间组织的自发节事活动，如彝族的火把节、傣族的泼水节、法国的狂跳暴饮节、意大利狂欢节等。

③企业性：这类活动是指企业组织的商业节事活动，如大连服装节、F1 方程式大赛、北京国际汽车展、上海桂花节、上海旅游风筝会等。

2、按节事活动的主题分类，可分为宗教性、文化性、商业性、体育性和政治性的节事活动。

（1）宗教性，如麦加朝圣、西藏晒大佛、伊斯兰教的古尔邦节、基督教的复活节、佛教的观音菩萨生日等。

（2）文化性，如巴西嘉年华、嘎纳国际电影节、上海国际文化艺术节等。

（3）经济性，如五年一次的世界博览会、一年两次的广交会、一年一度的德国法兰克福书市等。

（4）体育性，如奥运会、世界杯足球赛、F1 方程式大赛、网球大师杯赛等。

（5）政治性，如两国邦交建立周年庆典、世界银行大会、APEC 等。

（三）节事活动的特征

1. 文化性

一般的节事活动：将当地的文化与旅游促销一体化，以文化特别是民族文化、地域文化、节日文化等为主导的旅游节事活动，有文化气息、文化色彩和文化氛围。

文化旅游节开始逐步演化为以文化节事活动为载体，以旅游和经贸洽谈为内容的全方位的经济活动。

2. 地方性

节事活动的地域性。节事活动都是在某一地域开展的，都带有明显的地域特色，可成为目的地形象的指代物。有些节事活动已经演变成为地域的名片，而少数民族节日更是独具地方特色。

3．时效性

每一项节事活动都有季节和时间的限制，都是在某一事先计划好的时段内进行的。根据当地的气候、旅游淡旺季、交通情况、接待能力、主题确定情况、经费落实情况、策划组织需要时间等条件，从实际情况出发来确定的。

4．参与性

节事活动就是这样一种参与性很强的旅游和休闲活动。节事活动的参与性主要表现在两个方面：一方面，节事活动可以让参与者进入自然与文化生态系统中去，亲自实际体验大型活动的魅力，从而更热爱大自然，更热爱生活，更崇尚高雅文化，更自觉地保护自然与文化资源。同时，通过参与而获得与众不同的经历和充分的实际体验。另一方面，节事活动又是旅游者、旅游目的地居民、旅游经营者和政府、社团组织及策划人员广泛参与的一种旅游活动。

5．多样性

节事活动是一个内涵非常广泛的集合概念，任何能够对旅游者产生吸引的因素经过开发，都可成为节事活动。此外，节事活动在表现形式上也具有多样性的特点。可以是展博览会及体育赛事、又可以是会议庆典、花车游行及各种形式的文化娱乐活动；它的主题可以是一种利益诉求浓缩，也可以是纪念某个名人；是某个历史事件，也可以是当代的庆典。活动的内容可以有宴会、戏剧、音乐舞蹈、服装展示、画展、土特产品展销、体育竞技、杂技表演、狂欢游行等各种形式，涉及政治、经济、文化、体育、商业等多方面。

6．交融性

节事活动的多样性和大众参与性决定了节事活动必然有强烈的交融性，许多节事活动都包含了会展活动，从而成为带动当地经济发展的引擎。在许多会议、展览、奖励旅游中也包含着许多节事活动。

二、节事活动发展

（一）国际节事活动的历史回顾

从远古到19世纪初，在人类漫长的生活岁月里，形成了诸多丰富多彩、形式各异的节日风俗，反映了各个民族生息、发展、进步的过程。节事活动最初就起源于人类的这些节日风俗。所谓"节"，一般是指一年的气候变化而言的，也有以纪念某一重大事件而称谓"节"的。节日风俗的形成过程，大致是根据生活的需要，经历了由不自觉到自觉，由不定形到定形，逐渐发展和补充的过程。其内容有生产方面的，有祭祀类的，有表彰、庆贺性质的，等等。但这一阶段的节事活动大多处于原生状态，依靠传统习惯传承。

19世纪40年代以后，随着托马斯·库克成立世界上第一个旅行社，旅游作为一种广泛的社会现象在世界兴起，并逐渐成为人们日常生活不可缺少的部分。"二战"后，特别是进入 20 世纪 60 年代以后，世界的旅游业进入高速发展时期，具有浓郁民俗风情和历史人文特色的节事活动成为吸引游客的一个热点，许多国家对传统节事加以改造和扩充，注入了很多现代元素，使节事活动成为重要的旅游吸引物。如巴西的狂欢节，原是在殖民时代葡萄牙人传下来的节日。在原生态基础上，经过多年运作成了全世界最负盛名的嘉年华。其运作模式为：时间固定，每年 2 月中、下旬举行，为期 3 天；程序固定，通常由花车巡展，化装舞会，街头狂欢；形式活泼且参与性强，那就是巴西特有的音乐——桑巴，旋律简单，易于上口，舞步又极端的自由，只要脚一离地，就可以跳得不亦乐乎。狂欢加上乱舞，便成为巴西人人喜爱，个个狂热的节日。桑巴舞是巴西狂欢节上的主旋律。最著名的要数里约热内卢狂欢节，每年都吸引全世界将近 10 万观众前往观看。20 世纪 90 年代以来，节事活动成为会展产业的重要组成部分。

（二）国际节事活动的发展特点

1. 政府重视、推动节事，发展旅游

今天，世界各国政府都非常重视节事活动的发展。很多国家的大城市都纷纷争夺大型活动的举办权，并由政府领导人亲自出面参与申办世界大型节事活动，如奥运会、世博会、世界杯、F1 方程式大赛等。一些协会也纷纷举办各种大型活动，如博览会、节日庆典、市场、游行、庆祝、周年纪念日、体育运动、义演活动等。许多重大的节事活动都影响着全世界。举办这类活动可以一举两得，既是旅游淡季吸引游客的有力手段，又能为举办地树立形象，提高其知名度。据国际节日协会估计，每年全世界举行的大小活动中，持续半日的有 5 万次，长达一日的超过万次，两天以上的超过 5 000 次。

2. 节事发展、专业管理

节事活动管理正在作为一枝独秀脱颖而出，运用现代化的手段进行专业管理和促销促进了节事活动的发展，全年运行的节事活动组织也应运而生，并提供教育和培训计划。

3. 拥有赞助商和志愿者是节事活动成功重要因素

由于节事活动的规模巨大，所需经费也不断增加，赞助就成了节事活动成功举办的重要因数，赞助商为节事活动的举办者提供资金，同时也取得相应的商业回报。没有赞助，地方、国家乃至国际活动都将难以维持，赞助已成为衡量节事活动价值的重要标志之一。

此外，由于节事活动的短期性特点，其主办者不可能长期雇用一批工作人员，而必须招募大量的志愿者来保证节事活动短期用工高峰，这样，高素质的志愿者也成了节事成功重要因素。

（三）我国节事活动的发展状况

1. 我国节事活动的发展历程

节事活动在我国源远流长，但长期以来一直处于民间自发状态。1991年以后，国家旅游局借鉴国际上举办大型主题年活动的成功经验，举办系列旅游年活动，在全国各地推出的旅游专线中配合举办了丰富多彩的文化节事活动，很好地展示了我国世界著名文明古国的风姿，逐渐形成了一批在国际上有一定影响的节事活动。

2. 我国节事活动的发展特点

（1）从民间自发组织到政府有意识推广直至有计划有组织地开发节事活动，形成了一批有影响的节事活动。如云南西双版纳的泼水节、路南石林的火把节、大理的三月街、贵州的蜡染艺术节、哈尔滨的冰雪节、潍坊的国际风筝节、青岛的啤酒节、内蒙的那达慕大会、大连的国际服装节、洛阳的牡丹花会、广州的春节花市及各种少数民族的服饰、礼仪、民俗和民间竞技活动等。

（2）节事活动的管理层次从低级向高级发展。我国城市节事活动特征举办城市规模不一，数量众多，态度积极。节事类型多样，资源导向性节事较多，选题存在雷同现象。主办者以政府为主，呈现出运作模式多样化、市场化趋势。多数节事公众参与不够理想。多数城市节事举办历史不长，节事品牌尚在成长中。节事活动生命周期：节史在1～4年的60%以上，超过10年的18%，有国际影响并形成品牌的约十多个，多数成了当地人自娱自乐的活动。

三、节事活动管理

（一）节事活动的条件

举办节事活动之前，目的地应该衡量自己在城市吸引力、城市形象、城市环境、城市气候等方面，是否有承办节事活动的主要条件，具体如下。

1. 旅游附加值。举办节事活动应当做到以下几点：一是建立节事品牌，二是提高媒体覆盖率，三是公众积极参与，从而使节事举办地的旅游附加值进一步提高。

2. 城市独特形象。具备独特形象的城市更有可能创造具有一定影响力的节事活动。

3. 城市经济环境。城市本身雄厚的经济实力、较高的服务水平、当地政府的公信度，是成功举办节事活动的重要前提。

4. 文化特色鲜明。依托风格独具的城市文化特征，可以产生个性鲜明的节事文化活动，可以使节事活动魅力十足。

5. 城市交通便利。成为重要节事活动的标准之一，是有否高效、快捷的城市公共交通系统。

6. 客源距离远近。节事活动举办地所吸引的客源市场的空间距离和时间距离，离举办地愈近，影响力越大。

7. 气候宜人舒适。宜人舒适的气候，是指参加节事活动的人无须借助任何消寒、避暑的装备和设施，就能保证一切生理过程正常进行的气候条件。

（二）节事活动的原则

节事活动的策划首要注意节事活动策划的主要原则，具体如下。

1. 系统协调性原则。节事活动是一个社会经济、政治、文化、和环境的系统工程，涉及交通、住宿、餐饮、通信、购物、贸易等多种行业，节事活动的策划要从整体出发，综合考虑各种因素，使各环节、各部分、各层次相互衔接，有序进行。

2. 大众参与性原则。节事活动本身就是一个大众性的活动，没有广大群众的积极参与，节事活动就失去了应有的意义，吸引广大群众积极参与节事活动是组织者应该考虑的重要原则之一。

3. 活动针对性原则。节事活动的策划要针对该节事活动的市场定位、活动主题、产品价格和服务、参与对象、节事的内容与形式等。

4. 经营市场化原则。节事活动的组织者要运用市场化经营的原则考虑活动的经营与管理问题，淡化政府行为，强化市场行为，引入公平竞争机制，最大限度地追求经济效益。

5. 实际操作性原则。节事活动的策划要有针对性和高度的可操作性，要从实际情况出发，按照一定的程序，制定出最佳方案，以取得经济效益、社会效益和环境效益的三统一。

6. 独特创新性原则。节事活动的策划必须常变常新，不断地寻找节事活动的亮点、热点和卖点，以确保所举办的节事活动始终成为人们关注的焦点。

不同的节事活动要采取不同的形式和礼仪，如联欢晚会、文艺晚会、舞会、游园、花会、灯会、演讲会、座谈会、报告会、茶话会等。无论采用哪种形式，都应注意以下方面：①活动灵活、新颖、欢快；②尽量节省开支，防止铺张浪费；③严密组织，保证安全，防止意外；④重大活动可请有关方面领导人参加；⑤讲话简短、精彩；⑥政治性庆祝活动应注重宣传报道，以扩大影响，烘托气氛。

（三）节事活动的策划

1. 节事活动的主题策划

节事活动的主题就是指活动的核心思想，整个节事活动的开展都必须围绕着它来进行，有了活动主题，组织工作才能有条不紊地展开，活动才有鲜明的形象、生动的内容、高度的凝聚力和巨大的号召力（表5-6）。

表5-6　奥运会的主要战略目标

奥运会年份与主办地	主要战略目标
1988年汉城	韩国对外开放战略的核心组成部分，以展示韩国在世界政治和经济体系中民主、开放的新定位、新形象
1992年巴塞罗那	促进卡特鲁尼亚地区的经济复兴，实施巴塞罗那城市更新
1996年亚特兰大	为本区域增加新的商业、会议、展览等活动，吸引企业进驻亚特兰大（尤其是美国国内的企业及商务活动）
2000年悉尼	促进国际旅游业发展和吸引区域性（亚太地区）服务活动，提高悉尼作为国际都市的地位和吸引力
2004年雅典	重新建立雅典现代化城市形象，促进旅游业发展

资料来源：付磊. 奥运会旅游的国际比较和启示[online]. 中国网，2002-11-19.

没有主题，就没有核心，就必然杂乱无章。所以，节事活动的主题策划是非常重要的。节事活动的主题策划要注意以下几个方面。

（1）充分调研、依托文化。节事活动策划，应该对当地进行切实的市场调研，以挖掘地方性和特色性文化，节事活动越具有地方性，就越具有民族性，就越具有市场潜力。

（2）主题鲜明、特色突出。节事活动的主题要与主办地的特色相结合，因地制宜，充分发挥举办地的政治、经济、文化、自然、地理等优势，旗帜鲜明地突出民族文化，策划"独一无二"的活动项目。

（3）切中要害，突出要点。节事活动是为了吸引更多的人来参与，要求主题必须是大多数人共同关心的问题，主题的选择要切中要害，突出关注的焦点问题和热点问题。

（4）体现共性，普遍关注。节事活动的主题应该突出人们普遍关注的共性，能使人们从中获取共同的利益以及有益的信息和启迪而加以接受，并乐于参加。

（5）以人为本，天人合一。主题策划要始终坚持以人为本的原则和立场，一是要做到人与人之间的和谐，二是要做到人与自然的和谐，从而实现和谐社会。

（6）信息及时，多人参与。及时发布信息，让更多的人参与到节事活动中来，为节事活动出谋划策，也是节事活动组委会倾听群众意见、改善组织工作的极好机会。

2．节事活动的内容策划

策划和确定了节事活动的主题后，就可以有针对性地开展节事活动的内容策划，主要包括以下内容策划。

（1）节事活动的主题物品策划。节事活动一般应有与活动主题相吻合的具体实物，以承载着节事活动主题内容。主题物品就是用来展现主题意义的载体物品。这些物品是整个节事活动的灵魂和载体，它不仅承载着节事活动的主题内容，而且还要充当人们留作记忆的纪念品。这种主题物品要实在具体，不能太抽象，即使是抽象物品，也要提供旅游纪念品供游客选购，以留作纪念。

（2）节事活动的主题吉祥物策划。吉祥物或象征图案是表达某种文化主题内容的物品或图案，是经过深思熟虑和多方论证的理想化设计的活动饰物，其主要功能是标示活动、展示活动主题、烘托活动气氛和诱导公众情趣。吉祥物的创意构图以及色彩组合都蕴涵着丰富的内涵，并成为组织委员会的注册商标，未经允许不得随意使用。

（3）节事活动的主题典故整理。节事活动的主题要有典故和趣闻，典故要感人，好的典故能增加节事活动情趣的，有利于烘托整个节事活动主题，提升活动文化品位，增强活动吸引力。举办节事活动要根据需要挖掘出相关的典故和趣闻以提高节事活动的文化品位，增强节事活动魅力和吸引力。

（4）节事活动的主题仪式策划。策划节事活动时，既要重视硬件，又要重视软件。其中，软件的策划则指对节事活动程序和仪式的设计。主题仪式设计要注意两个方面：一是议事要融合民族文化，要用民族文化的精华贯穿仪式全过程，以表现当地民族文化风采；二是仪式要突出活动的主题，策划节事活动的程序和仪式，不仅要设计寓意深刻、合乎大众性主题仪式，还要设计气氛活跃、娱乐性强、又符合节事活动主题要求的特殊仪式。

（5）节事活动的主题氛围设计。策划节事活动活动的过程中，组织者要高度重视活动场地的欢快祥和的基调、烘托节事的音乐音响、文化品位的装饰色调选择，运用音乐、音响和装饰色调烘托节事活动的现场气氛，以营造既符合主题思想，又具有鲜明文化特色的现场气氛。

（四）节事活动的安全

节事活动是人流、物流、资金流和信息流高度聚集的场所，因此，安全是非常重要的。1972年慕尼黑奥运会发生的以色列代表团11名运动员被恐怖分子劫持、谋杀的事件，2000年亚特兰大奥林匹克公园爆炸案造成一人死亡、一百多人受伤的恶性事件，2004年北京密云元宵灯会踩踏造成三十多人死亡事件，等等。这些恶性的安全事件至今仍然历历在目，因此举办节事活动的组织者要从这些教训中总结经验，重视节事活动的安全问题，防患于未然。

1. 节事活动的安全范围

（1）节事活动的安全内涵

节事活动的安全问题类型主要包括暴力行为、非法侵占他人财物行为，以及自然灾害、公共卫生、饮食卫生安全问题，等等。节事活动风险管理者要关注以下暴力行为：一是工作场所暴力；二是针对参加节事活动游客的暴力；三是社会混乱，如由于酗酒、毒品或帮派引起的纷争；四是家庭暴力；五是财产纠纷。另外，还可进一步把风险管理的暴力犯罪类型分为：节事暴力犯罪、节事非暴力犯罪和投机犯罪、节事自我伤害犯罪三种类型。

对于类似于盗窃与扒窃等影响较小的违法犯罪行为，组织者不应花费太多的精力，而对那些绑架游客、谋杀等恶性犯罪行为，组织者要重点防范。任何节事活动都必须面临暴力与犯罪风险的挑战与考验。目前，一些国际性节事活动已经积累了一些降低暴力风险的经验和教训。对有"前科"的外国肇事者实行重点监控，对那些危险分子拒绝予以签证，在现场布置大量警察和便衣，发现危险苗头及时制止，防患于未然。

（2）节事活动的风险类型

安全的等级就是指风险的等级，按照风险等级的划分，节事活动的风险也是处在四个象限之中（图5-1）：象限Ⅰ表示风险发生的可能性很大，后果严重；象限Ⅱ表示风险发生的可能性很小，但后果严重；象限Ⅲ表示风险发生的可能性很小，影响很小；象限Ⅳ表示风险发生的可能性很大，影响很小。

风险发生的可能性很小， 但后果严重 （Ⅱ）	风险发生的可能性很大， 但后果严重 （Ⅰ）
风险发生的可能性很小， 但影响很小 （Ⅲ）	风险发生的可能性很大， 但影响很小 （Ⅳ）

图5-1　节事活动存在的四种风险类型

对（Ⅰ）区的风险，应采取严密的措施，层层把关，努力降低风险发生的可能性，尽量使（Ⅰ）区风险转化为（Ⅱ）区风险。对（Ⅳ）区的风险，要控制其发生的各种条件，尽量把（Ⅳ）风险转化为（Ⅲ）区风险。当然，在降低风险发生的可能性的同时，还应该不断地降低风险的影响度，从而进一步控制风险的影响程度。

2．节事活动的安全管理

（1）节事活动的人群控制

节事活动的人群控制是至关重要的，因为人群的涌动是最容易出现踩踏事件的。2006年初麦加朝圣造成几百人死亡的踩踏事件提醒节事活动的举办者，在活动举办期间要严格控制人群，避免此类悲剧再次发生。

在节事活动中，个别滋事分子容易制服，但失控的人群就很难控制。节事活动中的人群就像奔腾的河流，稍有不慎，就会酿成大祸，造成重大人员死伤。因此，控制和分流人群是节事活动组织者必须首先考虑的问题。

节事活动的组织者要尽可能少地提供酒精饮料，尽可能多地展示笑容，尽量不要使用武力；与广大媒体保持良好的沟通，对游客进行正面引导，防止因不知情而产生的恐慌场面。

（2）节事活动的自然灾害预防

地震、飓风等自然灾害对节事活动的影响有时是不可预测的。虽然天气预报和其他灾害预警系统已经建立，但就目前的科技水平而言，还达不到100%的准确率。所以，节事活动要建立灾害发生时的紧急预案，以防不测。

当发生地震、飓风等自然灾害时，要尽量控制人群的随意流动，要按照预案疏散人群，避免更大的人员伤害。对受伤的人员，要及时自救和他救，要准确地将灾情报告给有关部门以尽快获得社会的救助，不能盲目行事，贻误抢救的最佳时机。

（3）节事活动的内部安全

节事活动的内部安全是整个活动安全不可分割的部分，它包括设备运转安全、饮食卫生安全、公共卫生安全、游客财物安全等方面的内容。

设备运转安全涉及照明系统是否正常，电路是否存在安全隐患，设备是否正常运转等一系列的问题。饮食卫生安全涉及食物供应是否达到卫生标准，饮用水是否达到饮用标准，食品安全检查工作是否到位等一系列的问题。公共卫生涉及洗手间的分布是否合理，指示是否清晰，数量是否足够，设施是否齐全等一系列的问题。游客的财物安全涉及大件行李寄存，防盗措施是否建立，安全检查是否到位等一系列的问题。

总之，如果节事活动的内部安全出了纰漏和问题，就会影响整个活动的开展，大大降低节事活动的质量，使节事活动的影响大打折扣。

第四节　商务咨询旅游

一、商务旅游

商务旅游指建立在商务活动基础上的以专业人士为主的一种具有工作性质

的专项旅游形式。商务旅游成本由公司而非个人支付，因此，它仍然属于生产者服务范畴。商务旅游客户具有逗留时间长、往来频繁、消费水平高等特点，相对于大众旅游而言属于高端客户。由于现代商务活动涉及面广、技术含量高、专业知识密集，旅游企业要向商务目标客户提供系统的全方位服务，不仅含有传统的旅游服务内容，如交通、住宿、餐饮、导游等，还包括咨询、设计、管理等更多更全面的增值服务。特别是融入电子商务技术，一系列商务流程都能通过网络业务方式来实现，以最大限度满足商务旅游的企业或组织的个性化要求，提供量身定制的专业旅游产品。近年来，中国国际旅行社、康辉国际旅行社、锦江国际集团先后与美国著名的旅游集团运通、布森布鲁斯、英国的 BTI 合作，借鉴国外较成熟的商务旅游运作方式或模式，开辟我国极具成长性的商务旅游市场。据不完全统计，我国每年的商务旅游及相关费用高达103 亿美元。随着我国社会经济活动日益增多，商务旅游必将有更大的发展。此外，为社会组织或政府部门公务差旅提供专业化管理，也是商务旅游业务发展的趋势之一。

二、咨询旅游

咨询旅游是指近年来异军突起的旅游项目规划、策划和设计类的创意产业。它是为了满足企业与社会组织职能外包的需要而发展起来的专业性生产者服务。当前旅游经济正成为公认的注意力经济、形象力经济和创造力经济。加快和全面提升中国旅游的规则与策划水平，已成为中国建设旅游强国、实现中国旅游业新的跨越的当务之急。旅游业历来被称为"点子"产业、"注意力"产业和"创新"产业。特别是在新经济时代，过去偏重以资源、资金、设备等有形资产投入为主的旅游业，现在知识、智力、管理、创新、品牌等无形资产开始起着越来越重要的作用，甚至决定企业在市场中的生死存亡。旅游业越来越需要以智力来贯穿策划、规划、设计、投资、开发、营运、营销、管理等各个环节，以文化创意见长的我国高等院校、科研院所和其他社会组织，纷纷成立专门的旅游规划发展研究中心或旅游咨询公司，承接大量的旅游规划或策划业务。同样地。会展的创意和策划，继旅游项目和景区规划和策划之后大有后来者居上的趋势，目的地管理公司、旅游会展管理公司能否有效地招徕和成功地举办会展，往往和它们的创意能力和策划水平密切关联。"知识管理、知识复制、知识产品"已成为近期都市旅游内涵提升的热门话题。

复习思考题

1. 都市旅游生产性服务需求的产生动因和类型有哪些?
2. 都市旅游与会展业边界融合的内在动因是什么?
3. 为什么说奖励旅游是一种现代管理理论的创新应用?
4. 列举奖励旅游的生产性服务特点。
5. 简述节事活动的含义和类型。
6. 为什么说节事活动的安全管理尤为重要?
7. 商务旅游的基本含义和特点是什么?
8. 咨询旅游的基本含义指什么?

第六章

事件管理与会展活动目的地整体营销

学习目的

理解在城市层面上以"事件活动管理"的模式来统一营造会展目的地，并以城市为单元对外整体营销是会展产业发展到高级阶段的必然结果。

主要内容

事件业及事件管理的含义。事件活动产生的基础。事件管理区别于会展行业活动管理的重要标志，就是摆脱了传统以行业为单位的营销和管理，取而代之的是以城市为单位的会展目的地整体营销。事件活动管理与运作。

事件业不同于节庆、展览、会议，也不是它们的简单加总。事件业发展取决于所处城市（地区）社会经济的整体实力和吸引力，并在城市层面上以"事件管理"的模式来统一营造会展目的地，以城市为单元对外整体营销，因而是会展产业发展到高级阶段的必然结果。

第一节 事件业及事件管理

在美国学术界，基本上没有"会展业"（Convention & Exhibition Industry）和"MICE Industry"之说，而是分成两大流派：一派倡导将相关行业分开，如展览业、会议业、体育业、旅游业等；另一派则倾向于事件产业（Events Industry）的提法，并将展览会、会议、体育赛事、大型文艺演出、旅游节庆等都包括在事件内。然而，在我国学术界和企业界中提得最多的是会展业，学术界在论述中基本上将重点放在展览业上，以展览涵盖会展甚至等同会展，企业在实践层面上也更关注展览，这样会展业的产业内涵就变窄了，会展活动的各种形态无论在现象描述上还是概念界定上，都出现了重复、雷同、含混的问题，导致理论研究和实践运作以偏概全、思路窄隘。

一、事件

（一）定义

事件是指城市举办的一种系列性活动组合，包括：节日、庆典、地方特色产品展览会、交易会、博览会、会议，以及各种文化、体育等具有特色的活动或非日常发生的特殊事件。

（二）内涵

1. 事件静态形态

包括节事、展览会、交易会、博览会、会议，以及各种文化、体育等具有特色的活动。

2. 事件动态构造

时间继起性空间并存。所谓时间继起性，是指由一系列各种形态的活动或事件，经策划后有计划地先后推出，错落有序，在一段时间内形成互相呼应、连绵不断的事件；所谓空间并存性指所有的事件活动都是在特定城市空间中，围绕着一个整体目标持续的过程展开。过程展开通常表现为：一是确立标志性综合事件的龙头地位。标志性综合事件的影响力呈面状延伸，持继的时间长、范围广，举办的时间和规模相对固定，在事件活动中构成基本事件；二是以专项事件活动为补充。专项事件活动呈点状展开，具有爆发力强、灵活自如、短期聚焦的特点，可以在基本事件基础上形成一个个高潮；三是不同类型的事件活动搭配合理，兼顾不同受众。国际性事件活动体现的是档次和城市综合实力，地方性节事活动体现的是特色和产业导向，民俗性节事活动体现的是文化和生活。不同类型的事件在比重构成上要符合城市的地位和经济结构，同时兼顾知名度和参与度。

3. 事件的识别标志

事件活动指具有特色的活动或非日常发生的特殊事件的系列组合，但如何界定"特色"或"特殊"却是一件难以把握的事情，一个直观的办法就是把事件活动和日常发生的活动区别开来，区别的方法是"社会关注度"。社会关注度指公众对特定事件的关心程度，它可以通过关注人群百分比、媒体报导频次、受众面、收视率等指标来测定。学术界一个简易的测评方法是，一个事件在省市以上媒体（含报刊、电视、网络）报道两次以上。但这种方法的准确度尚待验证。国外的一些学者主张，由于数字化和网络时代的到来，传统的载体（报刊、书籍、其他印刷制品）的局限性日渐显现，而能流过所有节目（内容）的那条"粗管子"——光纤宽带电缆的作用日益明显，而要让事件活动的内容变成节目，就有一个将事件活动产品化的过程，即如何将"在地产品"（Located Production）变成"在场产品"（Presented Production）并最终成为"在线产品"（On-line Production，简称 OL 产品）的过程。"在地产品"是指某一地区固有的，出于物理和文化生态理由，不能移动或移动后不能保持其原有形态性能的产品，如特定的自然文化遗产和以建筑形态存在的历史遗产。这些产品形态具有一次性、不可转移和不可逆转的特征。"在场产品"是指突破了地域性限制，可以在异地得到表现和重复表现的产品，接受者可以在特定场合对它进行欣赏，与在场产品相联系的行业是会展等。但在场产品仍未完全摆脱产品空间地域的羁绊。真正能彻底摆脱空间限制的是"在线产品"（OL 产品）。所谓 OL 产品是利用电子模拟和数字技术，将事件活动内容传承上载，使之传遍世界的产品形态，如果我们将城市整体看作是在地资源，事件活动是在场资源，那么经过策划制作并成为省市以上电视台转播或制作的专题事件活动就可看作是 OL 产品。它可以用收视率、互联网上的点击率和国外传媒的选用率等指标来计量。

4. 事件案例说明

以上海为例，近 10 年连续稳定举办的大型节事活动近 20 个（见表 6-1）；国际展览活动约 300 个（见图 6-1）；大型会议约 400 个，其中被国际会议协会统计的，2004 年 26 个，2005 年 29 个，2006 年 28 个，2007 年 32 个；各种体育赛事、商业大型活动（如邮轮奖励旅游）约 100 个，此外，还有诸如全运会、特奥会、世博会等特大型活动。那么，我们能否将上面所列举的活动都称为"事件"？答案显然是否定的。这些活动反映的是上海会展产业的规模和形态构成，其中真正构成"事件活动"特质的 OL 产品，经过对相关媒体（尤其是电视节目和专业网站点击）搜索，大约 80 个，它们是以大型节事活动为标志性龙头，品牌展览、权威会议为点状分布（集中在 5～10 月），顶级体育赛事或特大型事件引发阶段性高峰的连续动态过程。通过媒体的曝光，以及各类活动市民的参与，上海向全国乃至世界动态展示了自己，使世界各国人民认识上海、了解上海、喜欢上海。"事件活动"成为上海向外推介自己的"城市名片。"

表 6-1 上海近十年来每年大型节庆活动一览表

节庆时间	节庆名称
除夕之夜	龙华寺新年撞钟
农历三月	龙华庙会
4 月	南汇桃花节、上海国际茶文化节、大师杯网球赛
5 月	青浦国际龙舟赛、普陀区的国际花卉节、上海国际服装文化节、上海之春国际音乐节（逢奇数年举办）
6 月	上海国际电影节
8 月	上海国际芭蕾舞比赛
9～10 月	上海桂花节、上海国际音乐烟火节、上海旅游节、F1方程式大赛
10 月	上海国际魔术节、上海国际旅游交易会（逢偶数年举办）
11 月	上海国际艺术节、上海亚洲音乐节、上海艺术博览会、上海电视节
12 月	全民健身节、上海国际马拉松赛

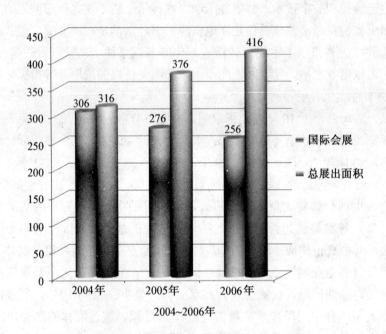

图 6-1 2004～2006 年上海国际展览活动统计

（三）事件活动产生的基础

事件活动在形态上涵盖众多的节事、展览会、交易会、博览会、会议，以及各种文化、体育等具有特色的活动。那么，人们不禁要问：事件活动与节事等活动是否本来就是一回事，仅仅是学术界的概念演绎或现象拼凑，还是它们确实不同，事件业是否真的是会展产业发展到高级阶段的必然结果？要解答这一疑问，正确方法是交由实践来检验！会展业如同任何事物发生、发展规律一样，都会有一个从低级向高级发展过程，促使这种发展的动因源于自身的内在产业活动规律，即"区域集群"（regional cluster）。

1. 区域集群的概念

波特在《国家竞争优势》中提出该概念并将它定义为："在某特定领域中，一群在地理上邻近、有相互关联，并以彼此的共通性和互补性相联结的企业和相关法人机构。""集群不仅表现为产业在地理上的接近，更重要的是特定经济活动在垂直和水平方向的联系。"区域集群侧重于观察分析集群中纵横交织的行业联系，揭示了区域经济的发展状况以及相关产业的联系与合作。集群内相关企业不仅可能存在于某个特定产业（部门）内，而且相邻于相关支撑产业，集群内的企业围绕关联企业和产业链形成有机分工和协作，并在内部形成充分竞争和自然选择的"优胜劣汰"机制，使得集群内部既竞争又协同，集群内企业与外部相比更具竞争优势。

2. 事件活动产业集群

事件产业集群指大量同一或相近产业的相关企业，以会展产业为核心，按照一定经济联系集中在特定地域，形成一个以横向关联为纽带的多层次产业群落有机体。整个集群结构可以分解为三个层次：①核心层。核心层由会展产业和提供或经营会展吸引物的企业构成，主要表现为从事展览、会议、会展旅游、节事活动的产业和企业。②支持层。支持层是事件活动的产业保障，主要表现为相关支持企业和机构，如新闻媒体、广告策划、大学、研究机构、产业公会、政府组织等。③配套层。配套层涵盖目的地基础设施和城市软环境，包括城市形象、市政建设、城市文化、市民支持、培训机构等。

以 2002 年上海市价值型投入产出表计算为例，事件活动产业（从会展旅游统计口径切入）转化为别产业的行业的价值量（增加值）在数量上要占到总产值的 61.9%，达到 41.1 亿元，具体分解为：印刷业和记录媒介的复制业 3.2%、铁路旅客运输业 5.8%、城市公共运输业 22.4%、航空旅客运输业 10.9%、信息传输服务业 18.9%、计算机服务和软件业 2.6%、批零贸易业 2.4%、房地产业 3.9%，其他行业 29.9%。根据上述统计，在总共 155 个行业中，有 96 个行业要消耗事件业的产品，这是事件业的后向关联，而事件业要消耗 59 个行业的产品，这是其前向关联，正是由于事件业所创造的最终产品绝大部分转移到了其他行业，促进了集群内部的企业创新、功能提升以及商业吸引力增强，从而形成了一种整体的产业优化联动，使相关社会经济系统在集群中强化发展。可见，"事件活动产业集群"已不只是一个科学概念，而是一个前后关联紧密（有交叉）结合 155 个行业的现实存在。[1]

二、事件管理

（一）定义

事件管理产生于 20 世纪 80 年代的美国，是适应爆炸式增长的政府和非政府组织开展的各级各类的政治经济活动、体育赛事、主体旅游、会议会展、娱乐狂欢等需要而产生的一项具有鲜明的管理特征——既不同于普通政府行政管理也不同于商业企业管理——的跨组织的高度综合性的管理活动。

美国乔治·华盛顿大学节事活动管理专业创始人及首任主任戈德布莱特博士（Dr. Goldblatt）在他的专著《现代节事活动管理的最佳实践》（*The Best Practice of Modern Event Management*）一书中将其描述为：以庆祝、教育、营销、宣传、娱乐为目的的各种公众聚会是事件管理的产品，事件管理涵盖了各类经精心策划的文化、娱乐、体育、政治和商业事件，在迅速地改变了受众的习惯、品味和记忆、理解的同时，完成了事件品牌、形象、概念的成功营销。

（二）内涵

1. 事件管理是一种跨组织的高度综合性的管理活动，涉及诸多组织及其利益相关者的协调和利益最化化。

2. 事件管理是适应会展区域集群产业发展新阶段的产物，有助于集群内企业优势整合，使其与外部相比更具竞争优势。

3. "事件管理"是用以统一营造会展目的地，并以城市为单元对外整体营销的一种管理工具和商业模式。

第二节　会展目的地整体营销

事件活动产业化集群在区域选择上往往发生在大型城市，由于大型城市的综合实力和产业基础，提供了各关联行业和企业之间相互渗透、交叉、融合运动，这种运动不是简单的产业叠加，它从根本上改变了产业的原始形态，逐步形成新产业的动态发展过程，这就是以获取集群价值增量为竞争优势的城市会展目的地系统。事件管理区别于会展行业活动管理的重要标志，就是摆脱了传统以行业为单位的营销和管理，取而代之的是以城市为单位的会展目的地整体营销。

---

1 根据上海旅游节组委会办公室提供资料整理。

一、城市营销的基本理论

城市不仅可以创造性运用市场营销的基本原理像企业一样营销自己，而且城市营销本身已成为城市发展战略转型的一个重要特征之一。

（一）城市营销的三"W"

在引入城市营销的概念之前，先来了解城市营销的三个"W"，即 Why，Who，What。

Why，即为什么要进行城市营销？有竞争需要有营销，企业营销是为了卖产品或服务来获取利润维持组织的发展和壮大，而城市营销是为了获取城市的更多资源如政策、资金、技术、人员等。在公平竞争的市场经济条件下，城市营销获取资源赢得竞争的唯一手段，只有把城市"卖"出去，才能得到城市的资源消费。

Who，即把城市营销给谁？在全球化的背景下，一个城市应该营销给全世界，包括企业和个人，但是首先应该营销给本地的企业和个人，充分运用各种营销手段来吸引他们到城市来投资。通过城市形象的广泛宣传，城市文化的塑造，城市品牌的提炼，把城市推向市场，"卖"给企业和相关的利益组织。

What，即城市营销什么？城市营销的主题是环境，既有硬环境，包括道路交通、水电、通信等基础设施，也有软环境，包括城市政府的廉洁程度、办事效率、社会治安等。城市营销的目的是获得资源，无外乎三种方式：一是消费，二是投资，三是出口，就城市消费和城市投资两点来说都离不开城市环境的优化，所以必须经营好城市环境。

（二）城市营销的概念

城市营销（Marketing City）起源于 20 世纪 80 年代的西方，其理论基础是市场营销的相关理论。菲利浦·科特勒（Kotler）等人在深入研究城市竞争的经验之后，提出了"场所营销"的概念：将场所（地区）视为一个市场导向的企业，将地区未来发展远景确定为一个吸引人的产品，借此强化地方经济基础，突出营销地区特色，更有效率地满足与吸引既有和潜在的目标市场（主要包括产业投资者、定居人口、观光客与会议人士等）。"城市营销是指为满足城市目标市场的需求而进行的规划和设计，成功的城市营销应使市民、企业对其所在的社区感到满意，游客和投资者对城市的期望得到满足。"

城市营销的本质是利用企业市场营销的理念和方法管理城市和城市政府，把投资者、旅游者和居住者当作顾客或消费者，把城市软硬环境当作"城市产品"，改进"城市产品"的生产和服务，了解、满足顾客需求，吸引顾客消费更多的"城市产品"。

（三）城市营销的意义

按照成功实现跨式发展的城市的经验，可以看出，在日益激烈的竞争态势中，城市的发展应该是一种主动进取的结果。虽然产业的发展更多依靠的是市场的力量，是企业自发的空间积聚，但随着各类软性环境因素对地区竞争优势作用的上升，一个城市可以通过优化制度环境、制定灵活和优惠的政策等来增加城市的吸引力。特别在我国，政府主导的地区发展模式特征非常显著，城市发展战略计划的制定和实施，尤其关系到城市命运的兴衰。因此，无论从市场还是政府的力量来看，城市营销都是促进城市发展、提升城市价值的有效战略途径。

1. 城市营销：产业发展的拉动力

根据需求创造本地有吸引力的城市产品，是城市营销的初衷。人口和产业是城市发展的两个基本内容。其中，人力资源和基础设施是吸引产业的重要因素，产业则带动就业机会，是人口迁入的最大诱因。能否吸引产业进入城市，除了人力资源市场和基础设施外，还包括城市形象吸引和相关的营销渠道的配合。而居民能否在本市定居，则与生活环境、生活品质等社会生态系统的质量密切相关；另一方面，产业的蓬勃发展，使得居民收入增加，居民和外来游客又会促使消费性产业的增长。在这种良性互动中，城市扩大了收入，完善了设施，提升了服务，从而使城市的吸引力得以持续的强化（图6-2）。[1]

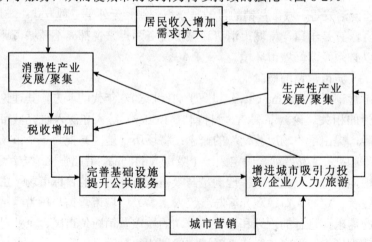

图 6-2　城市营销与产业发展的联系

2. 城市营销可以有效地打破城市增长悖论

走出城市困境，实现营销突围，是城市营销理论的重要出发点。一方面，

---

1 李齐放，郑浩吴，宗世芳. 城市营销：城市发展的新动力. 三峡大学学报，2007年第5期.

通过机会分析与捕捉、重新定位、产品开发、战略联盟或营销推广等营销手段的运用，城市就有可能扭转衰败的形象，从而迈向复兴之路；另一方面，通过制定和实施目标生产营销战略，以及强化城市的顾客价值、网络价值和品牌价值等综合措施，能在一定程度上克服城市增长带来的潜在危机，减弱或规避生产和生活成本上升、基础设施紧张和公共服务需求上升等可能导致城市衰退的陷阱。作为一种主动和积极的策略，城市营销能够开启具有高附加价值的城市良性增长之路（图6-3）。[1]

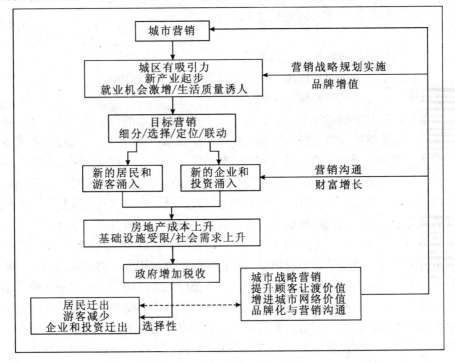

图6-3　城市营销促进城市良性循环

3. 城市营销促进城市发展的持续性与和谐度

传统的市场营销观念经历了从生产观念、产品观念、推销观念、营销观念、客户观念到社会营销观念的演进，营销在企业效率和社会效益相统一方面的促进作用越来越受到重视。就城市营销而言，对城市不同顾客需求的满足，本身就含有对城市利益相关者的利益进行协调之意。同时，城市营销理论的一个基本假设，就是将城市视为一个市场导向的企业，如何合理开发和利用城市内外资源，尤其是发挥各类软性环境因素对地区竞争优势作用，保障和促进城市的

1 李齐放，郑浩昊，宗世芳. 城市营销：城市发展的新动力. 三峡大学学报，2007年9月第5期.

可持续发展，也是城市营销的功能和目标之一。良好的自然及产业生态环境、优越的生活品质与和谐的社会环境等，本身就是有价值的城市产品。由城市识别驱动的城市品牌的建设，更是城市获取持续竞争优势的有力保障。因此，在促进城市财富增长、经济发展的同时，城市营销亦追求人与自然关系的可持续性以及人际社会关系和谐性，换句话说，城市发展的可持续性、城市社会的和谐度以及城市居民的幸福感，同样是城市营销的核心诉求之一。因此，城市营销对城市价值的促进和提升，是指对包括城市经济价值、人文价值、社会价值等在内的各种价值的综合的和系统的提升。

二、事件活动与城市营销的关系

成功的事件活动对城市经济发展有以下几方面促进作用。

（一）事件活动提高城市的知名度

事件活动对于举办城市的政治意义主要表现在城市的声望及知名度上。举办事件活动能够扩大举办城市的知名度，提高城市声望，这一观点已经被诸多实例所证明是毋庸置疑的。昆明世界园艺博览会提高了昆明的国际知名度，博鳌论坛提高了博鳌这个从前名不见经传的小城镇在国内外的知名度。事件活动是以城市的安定团结、经济的稳步发展为前提，通过政府的大力支持，相关行业的通力配合，市民的积极参与本身才能顺利举办的，事件活动的开展体现出了举办城市的综合能力。成功举办好一个事件活动，其本身就使人们对于这个城市产生认可，提高了城市的声望。在正式的举办过程中，为扩大此活动的吸引力，事件活动的主办方会开展大量的宣传推广工作，吸引人们关注这个活动参与这个活动。这样的广泛宣传不仅提高了事件活动的晓喻度，更是大大提高了举办城市的知名度。同时，参与这个成功的事件活动的人们会在闲暇之余，参观游览举办城市，将亲身经历口耳相传，从而扩大举办城市的知名度。

（二）事件活动增强民族凝聚力

事件活动能够加强民族凝聚力，其中以大型事件活动尤为明显。一场大型的国际性的事件活动，通常是由各个国家的重要城市竞相举办的。在举办之前，各大城市会展开一场激烈的申办竞争。若能申办到此次活动，就能够彰显举办城市的综合能力，提高国际地位，因此每个申办城市都会倾尽全力。为能成功申办到这样一个具重大意义的事件活动，申办城市的居民都会团结在一起，关注活动支持活动，顿时整个城市将会拧成一股绳，城市凝聚力达到顶峰。

2008 年北京奥运会的申办极大地增强了北京市民的民族凝聚力。在盖洛普调查的 1 626 位北京市民中，有 94.9%的北京市民表示支持申奥。据统计，18～30 岁北京市民申奥支持率为 95%，31～60 岁为 94%，61 岁以上的为 99%；在城乡标准上，城区和农村的支持率都是 95%；在性别方面，男性支持率为 94%，女性则为 96%。

（三）事件活动对于城市发展的社会影响

1. 事件活动促进城市基础设施建设

城市的基础设施建设在市政府的合理规划下，每个发展阶段都会有所改变，其改变的规模和速度也是根据不同的实际情况决定的。当有迫切需求推动时，改变就会加速。事件活动就是城市基础设施建设强有力的助推器，能够加快基础设施建设的步伐，扩大其改变的规模。

无论事件活动开展与否，某些城市基础设施建设也会被逐渐完成，但是耗费时间也许很久，而事件活动的举办却有效地缩短了这段时间，加快了城市基础设施建设的步伐，推动城市更快更好发展。如为促进上海世博会的顺利召开，上海市政府投入大量资金全面完善城市基础设施建设。为配合世博会交通保障，缓解中心城区道路交通矛盾，开工建设轨道交通建成 7 条轨道交通线，于世博会前实现 11 条线路全线结构贯通，运营里程将超过 400 公里。建设临港大学城、中环沪太路、静安寺等 17 个重要公交枢纽。建设 2 个公交停车保养场，新增公交停车泊位 700 个。2007 年底，全市灯控路口将达 3 900 个，有行人信号灯控制的路口达 1 500 个以上，市区交通标志总量达到 10 万块，指路标志覆盖率达到 90%。中心城区主要公共活动区域全部完成人行道无障碍设施系统建设。新建公厕 100 座，改建 1 500 座，设置废物箱 1.2 万只。

2. 事件活动塑造城市品牌形象

一些成功的城市，在公众心目中都有一个较深刻的品牌形象。它们大多数都是依靠城市自身的优势资源、文化特色和差异化发展来塑造城市品牌形象的。当这些城市的形象模糊，逐渐被人习以为常时，具有地方特色的事件活动开展就能广泛吸引众人的目光，强化城市自身的魅力，从而有效地提升城市品牌形象。

小商品交易会塑造了浙江义乌的国际品牌形象，世界帆船大赛树立了山东青岛美丽滨海的城市形象，昆明世界园艺博览会加深了云南昆明山水花草之乡的品牌形象。这些案例都充分说明了，一个事件活动的举办就是城市树立并加深自身品牌形象的重大契机。事件活动能够吸引媒体及群众广泛关注，宣传效应较大，集中体现城市的形象特色，扩大城市形象的影响力。把握良好契机，策划并持续举办这种具地方特色的典型的事件活动，加深人们对于城市形象的印象，从而塑造并提升城市品牌形象。

3. 事件活动提高城市居民文明水平

事件活动在一个城市举办，会给这个城市的居民带来许多的积极影响，其中一点就是它能提高城市居民文明水平：

一方面源于事件活动本身。事件活动作为一个新世纪的交流平台，各种新科学、新技术、新产品、新理念会在活动中互相交流，其中也不乏文化方面的交流。艺术节、电影节、音乐盛典能提升举办城市居民的文化欣赏水平，史实类的展览能加深人们的文化底蕴，事件活动中出现的各种精心设计建造的建筑物能让人们感受到各国各地的民俗文化风情以及相应的建筑特色，从而提高城市居民的文化水平。

另一方面源于参与者与城市居民之间的跨文化交流，这样的交流包括价值观以及生活理念等。事件活动的参与者来自世界各地，不同文化背景的人流短期内在一个特定空间的高度集聚，必然会引发文化碰撞和交融，促使目的地城市以一种更开放、更包容的心态和价值观融入国际社会，提升城市的文明水平。

4. 事件活动可能的负面效应

事件活动给这个城市带来的社会负面影响可以表现在多个方面，包括城市整体规划、城市环境、生活理念等。在城市基础设施建设方面，配合大型事件活动会建造一批专门场馆和配套工程，结果可能有两种：一种是它们在事后仍具有社会经济效益，另一种是它们完全成为一种毫无任何价值的摆设，这两种可能性取决于其规划建设的合理性。不合理规划的建设会影响城市的整体格局，产生资源浪费。过度的投入也会使这个城市的其他方面的建设放缓甚至停滞；在城市环境方面，消极影响可表现在为建设事件活动专项场地而损毁历史古迹，大兴土木产生环境污染，人流涌入产生交通拥堵；事件活动亦会产生生活理念的改变，适当的改变有益人们提升生活质量，过度夸张的改变会引起不良的效果。为吸引人们眼球，事件活动会展示一些国内外先进的高消费的产品，若公众一味地追求会产生不合理消费或沉迷其中而扭曲生活理念；只为盈利的事件活动也会制造一些单纯歪曲事实低俗的娱乐项目而降低公众的品味。事件活动对于城市发展的社会影响完全取决于一个"度"字，范围之内就会产生积极影响，而过度就会产生消极影响，影响程度与"度"成正比例关系，使量变产生质变，因此要合理把握其中的尺度。

关于事件活动对于城市政治领域的负面影响，一般是来自事件活动的严重失败，而且那结果会是相当严重的，因为一个能影响政治的事件活动通常是具重大意义的国际性事件活动。它的失败会严重影响城市乃至国家的形象，降低外界对于这个城市的认可度，判定它的发展情况不够良好，管理机制存在严重问题；内部人民也会产生消极思想，对居住城市发展丧失信心。

三、会展目的地整体营销系统

事件活动与其主办地城市营销是密不可分的，两者的结合便是会展目的地整体营销系统。会展目的地是一个集会展吸引物、设施、服务于一城的综合体，又是一个包含着众多利益相关者的区域集群；会展目的地整体营销系统则是以城市为营销对象，整合各类事件活动资源，以发挥优势、统一形象、统一执行机构、统一传播系统来运作的"事件活动"管理系统。

（一）发挥优势

会展目的地系统内的产品、服务、设施分属于不同的利益相关者，每个利益相关者都代表了各自不同的利益群体，他们的行为和看法会直接影响目的地整体定位和运作；然而，他们又都依托目的地城市综合实力和形象，要共同面对国际国内市场，尤其在国际市场上，任何企业层面的单一营销策略是难以奏效的，这就决定了从目的地营销的组织者和每一个利益相关者矛盾统一的共同点，这种共同点是非行政的，当然也不可能是纯商业的，而是建筑在"系统"优势基础上的"利益联盟"。

系统优势表现为：

1. 促进企业创新

尽管事件活动产业的创新不像制造业那样频繁发生，并且有时候因为呈现不同的特征而难以识别，但是事件活动业的竞争力和创新程度密切相关。集群为企业提供了良好的创新氛围，从而具有较高的创新效率和动力。

首先，因为地域的接近和管理阶层间的密切联系，形成共同的正式或非正式的行为规范和惯例，容易建立密切的合作。

其次，地域的接近，公共部门与企业之间的联系更为紧密，公共部门能及时把握集群内企业的需要，从而进行有针对性的开发、研究和人才培养。而群内企业也必然会不断加强与公共部门的合作，向公共部门投入更多的资源。

再次，集群把旅游专门人才吸引到目的地，使企业较容易获得所需要的人才，由此提高了企业对新的经验、知识的反应能力。创新活动的发生和积累除了空间的临近性外，另一重要路径是知识的外溢。区域内聚集的与事件活动产业相关的企业愈多，有关的信息在目的地内传播就愈快，传播的程度就越彻底。尤其区域内大学、研究机构与企业之间的学习互动，增大和积累了该区域持续创新的能力和容量。

2. 促进企业合作，完善系统功能

集群使得同一部门或同一区域的企业和实体能够进行竞争性合作。本地企业为了获得并保持市场份额和利益，相互之间进行激烈的竞争，但同时又与竞争者进行合作来增强整个区域和部门的实力。

首先，企业从集群里获取资源而不是从外部获取资源，降低了交易成本，有助于降低供应商抬高价格或违约的风险。地理位置的相近性有利于改善通信联络，有利于供应商提供辅助性服务，有利于获取政府和其他公共机构的投资，能提高企业的生产率。

其次，集群内企业之间的互动行为产生的某种信任机制，大大减少信息的非对称性，促进信息的流动，大量市场、技术和竞争信息的积累，都能提高企业的生产率。这种合作不但可以分担某些领域内巨额的开发费用，还可以达到知识共享、人力资源和技术优势互补的协同效应，对合作双方以及整个集群的创新能力都是一个极大的促进。

再次，旅游企业在一定地域范围内聚集有助于完善的服务和业务范围，有益于空间对旅游者的吸引力的最大化。事件活动产业的产业链较长，而且产业关联度较大，某一功能的实现，必须有一集群相关辅助产业的强力支撑。事件活动产业集群中，相关参与者的经历不仅取决于基本吸引物的吸引力，还取决于互补性企业的质量和效率。因此有学者认为，"开发依赖于聚集而不是分散，依赖于功能的组合而不是隔离，依赖于多种功能环境而不是单一功能。成功取决于多目标集群中的设施的功能组合，因此关注其综合的本质至关重要"。

3. 产生商业吸引力

集群能够提高会展目的地的商业吸引力，包括对需求者、开发投资商、供应商、专门人才等的吸引力。

首先，事件活动在时间上具有继起性，在空间上具有共存性，企业的空间布局是根据会展吸引物的区域分布和需求者的位移路线设计的。每个单独的要素都能影响事件活动的规模和市场认知的可能性。集群能够放大这种影响。

其次，企业集聚主要建立在本地和社区层次上，在这一层次上，社会、家庭、种族、宗教、学校和其他专业机构能帮助建立社会资本，包括诚信、对话、正式和非正式的联系。这些社会资本反过来又有助于集群为本地创造财富，同时也对经营者、潜在的投资者选择区位时产生影响。

再次，事件活动的产品和服务开发、生产通常需要使用专门的设备和配套服务（如环保、信息、运输）。单个企业不能产生如此大的需求，也不能提供如此多样的供给，只有大量相关企业集中在一起，才可以提供一个大的市场。事件活动产业集群能够吸引大量的企业、专门设施落户目的地。

最后，在有活力的产业群内，各个相关企业云集了众多专业化的、有经验的人才，营造了一种特别的规范、经验和文化氛围。因此在这里，人们较容易通过"干中学"，提高自己的技能和素质，从而有益于吸引人才和新的技术。

（二）统一形象

传统的营销是各个利益相关者各自进行，传播目的的局限和采用手段的各自为政，导致向市场传递信息的无序和杂乱，当单个企业市场营销时，会出现其他搭便车的现象，影响需求者对目的地选择决策。而实施集群战略，易于塑造会展目的地整体形象，形成区域营销优势。事件活动产品兼具公共产品的一般特征。

发达国家（地区）会展开发的成功经验是以城市为单元、提炼一个统一形象，塑造整体城市形象，如香港城市的营销。香港会展业的先天不足是众所周知的，而现今的香港已然成为会展业的神话。香港政府牵头整合营销，以打造城市品牌为引领龙头，从 2000 起，香港政府新闻处就开始负责统筹策划与建立香港的新品牌形象。为此新闻处向多家国际公关公司征集建议书，最后组成了一支跨国顶尖的专业的品牌顾问团，成员包括国际品牌形象设计公司——美国朗涛设计顾问公司、全球最大的品牌策略顾问与设计公司。在多方商榷之后，最终将香港定位于亚洲国际都会，并花费 900 万元港币设计了城市形象标志——飞龙（图 6-4）。

图 6-4　香港城市标志

飞龙标志巧妙地把"香港"二字和香港的英文缩写 H 和 K 融入设计图案中，寓意香港是一个东西方文化汇聚的城市，设计构思突显了香港的历史背景和中国传统文化。标志图形的设计富有动感，充满时代气息，代表香港人勇于冒险创新、积极进取的精神；飞龙的流线型姿态予人以前进感和速度感，象征香港在百年历史的长河中不断蜕变演进。正如香港政府制订的品牌手册所说：香港的形象标志并非只是一个图案，它是香港新的资产。随后围绕飞龙，香港推出了一系列营销活动，在财富论坛上向世人推出飞龙标志之后，不仅出动名人推广，而且政府官员也在各类活动向大家介绍这一形象标志。这些营销手法大大提升了香港的知名度，使香港在内地、亚洲乃至世界都受到广泛关注。直接受益的就是在随后的香港购物节中，直接参与人数比往年翻了一番。也使得香港电影节、赛马节等一跃成为国际性的节事活动。

（三）建立目的地整体营销的执行机构

会展目的地整体营销是一种在城市层面上进行的营销方式，在这种方式下，城市将代表区域内所有的企业及机构，以一个会展目的地的整体加入到事件活动市场的竞争中。由于整体营销涉及系统内各方利益，这就需要城市从系统利益最大化为基点，建立保证系统进行良好运行的统一执行机构，它代表着各方利益，也代表着整个目的地。会展目的地整体营销的执行机构要从下列五个方面进行规划和建立：第一，规划和建立高效的市场资讯系统和服务平台。如上海旅游事业管理委员会属下的会议推广中心，主动向国际组织和航空公司提供上海城市的整体宣传资料，在互联网逐月公布上海举办的重大活动及饭店、交通等动态资讯；第二，规划和整合营销策划系统，将分散化的各种营销活动有机地、合理地整合和统一，达到最大的整合效果，具体做法，一是统一城市目标和形象，二是传播渠道的整合和一致，三是与目的地产品、服务、销售、档期等方面经营活动保持联贯和一致；第三，规划和设置统一执行管理系统。除了城市层面有一个以政府组织为主的管理协调机构外，还要扶植一批专业目的地管理公司和策划运作公司；第四，规划和建立评估反馈系统；第五，规划和整合专业传播系统。

在大多数国家和地区，政府组织目的地整体营销历来担纲了主要角色，例如，新加坡旅游局在1974年成立展览会议署，该机构不是管理机构，其主要职责是协调配合企业开展工作，不收取任何费用。展览会议署每年都会制定专门的推广计划，到全世界各地介绍本国会展和旅游发展情况，并且举办相关研讨会，向与会者尤其是国际会议或展览会的组织者宣传新加坡举办会展活动的优越条件。香港地区旅游局联合贸易发展局和展览会议协会，以一个整体对外开展目的地营销活动，有效地推进了香港旅游业和会展活动的开展。上海旅游事业管理委员会也成立了会议推广中心，到国际上去"争会"。应该坦率地承认，由于旅游与会展的天然联系，在目的地整体营销方面，旅游部门相对主动和强势。由于事件活动除涉及会展外，还有体育、文艺、传媒等诸多行业和组织，要整合如此多的利益相关者，至少在执行管理机构层面上统一还有难度，唯有以城市为对象整体营销可调动各方积极性，兼顾局部和整体利益的统一。

第三节　事件活动管理与运作

大型事件活动的管理和运作涉及诸多领域，除了由各活动形态所决定的相关行业自身管理和运作外，事件活动还涉及赞助、媒体传播、安全及公共关系等管理与运作。

一、赞助管理与运作

活动赞助在许多方面已经开始代替广告在市场上的地位，成为众多企业的全新选择。企业现在只在平面媒体或电视媒体上做广告，已远远不能跟上时代。广告的表达方式只是企业对消费者的概念与信息的灌输，属于单方面倾诉。与之相比，事件活动则可以谋求在企业与消费者之间建立一种充满感情的沟通。同时，赞助活动持续性强，经常是一周乃至一两个月的周期，传播面很广，可获得长期关注。这正是广告鞭长莫及的地方。广告见效固然很快，但对于企业品牌的塑造而言，则有所欠缺。同时，无论是与消费者、社会、媒体，还是与政府机构的沟通，事件活动几乎都能够顺利完成，并进一步达到品牌塑造、美誉度与信誉度建立的目的。因此，通过事件活动强大的政府支持、良好的社会效应以及与消费者充分互动等优势来打造企业品牌，成为众多的首选。

来自美国得克萨斯州圣安东尼奥嘉年华委员会的查尔斯·布立施总裁就如何使赞助商和事件活动举办方互利的问题，发表了自己的看法，他认为：突出赞助商能够接触观众的优势作为促销重点，活动能提供很多对赞助商有利的东西，从而取得双赢。事件活动通过对赞助品牌曝光，创造了一个强大而又集中的品牌存在事实。"曝光也许不会改变人们的观念或行为，也并不能卖出很多产品。但新品牌必须争取大量的曝光率。"布立施坦言："我们希望通过活动可以协助建立相关的赞助商品牌，并使之产生这样的情况——人们决定这就是他们想要的品牌，并且这些品牌正在改变着他们的生活。"通过与活动共同打造的合作关系，赞助商可以为消费者提供一扇开放的大门，并建立长久的关系。

同时，赞助商为活动带来的现金或实物用品等财政捐赠也使许多活动组织者能够为提高节庆质量做很多有益的事情。赞助商可以通过宣传活动和他们参与的广告来抵消他们产品宣传费用的一部分。大型公司投资大量资金资助事件活动，以获取冠名权或赞助商这种"软广告"的做法，越来越被市场所看好，活动赞助将赞助企业与事件活动联结成一种整体识别。PROMO 杂志在进行的活动销售的研究中发现：美国商人在 2003 年花费了 152 亿美元在活动销售上，从 2004 年起以 15%增长，平均 10.6%的销售预算被指定用于活动赞助。

（一）事件活动赞助的含义

1. 赞助定义

国际知名调研机构 DREES 在 1989 年对赞助所下的定义如下：赞助者向其所选定的被赞助者提供金钱、实物或劳务，并从被赞助者处取得回报，以达到某些大多属商业性的目的。

McCarville 和 Copelandy 于 1994 年对赞助所下的定义如下：赞助应是一种交换过程，其中包括有形的资源（如金钱、物质等）及无形的资源（如地位、技术、服务等)。赞助者与被赞助者在双方交换过程中达到互利。不论双方在赞助活动中是采取主动或被动,都是一种双赢的组合。

可见,事件活动赞助是指企业为节事活动组织者提供经费、实物或相关服务等支持,而节事组织者以允许赞助者享有某些权益(如冠名、广告、专利、促销等)或为其进行商业宣传(如广告等)作为回报。其实质是赞助商与活动组织者双方资源或利益的交换与合作。因此,一项成功的赞助必须是双方互惠互利的是符合市场经济规律的。赞助绝非是简单的买卖关系,而是双方资源在深层次上的重新配置。成功的赞助是双赢,充分照顾及保证双方的权益是获得赞助应遵守的基本准则。

2. 城市事件活动赞助营销

"城市事件活动赞助营销"是指:城市事件活动的所有者,把营销原理和过程专门运用到"城市事件活动"这一产品上,从而获得企业赞助支持,并有效率和有效益的创造出竞赛产品和服务,以达到事件活动目的的过程。具体来说,城市事件活动管理与运作,涉及主体——产品——客体这三个层面。

(1)事件活动的参与主体

事件活动的参与主体主要指活动的所有者(主办、承办、协办单位或公司)。企业、协会、政府相关部门等都可能单独或共同成为城市事件活动的所有者。随着事件活动的发展和市场化的需求,越来越多的中介组织或者专业节事经营管理机构开始参与进来,他们多是以节事推广组织的名义涉足事件活动,在其中发挥着组织和管理的重要作用。

(2)事件活动具有"产品"的特质

事件活动是以城市为营销对象,通过不同事件的组合来营销城市的会展吸引要素,因而具有产品的特质。既然是产品,就需要对其进行设计(策划、组织宣传等),这也是事件活动举办者的责任,事件活动设计和包装上,作为政府和事业单位等相关组织往往是主题和创意的发起者,将主题和创意用"产品"形式表达出来,这时就需要专门的经营管理服务机构进入,从而与活动的主办方和承办方共同成为活动的所有者,并且根据他们各自的优势进行事件活动的组织、宣传策划、媒体公关、赞助协调等方面的分工,扬长避短,整合资源。同时要用协议的方式把他们之间的责权利关系明确,从而防止事后的法律风险,事件活动的所有者在管理的过程中也贡献着自己的劳动,并形成产品价值,因此从某种意义上讲,他们既是事件活动的所有者也是生产者。

(3)事件活动的客体

赞助商是最主要的主体,也是事件活动营销最主要的客户。传统上赞助被认为只是简单解决资金问题,但现代商业赞助变成组织之间的一种更高级的合作营销形式，他们为城市节事活动提供资金、实物、服务或技术，其最终目的在于希望通过这些活动获取对该企业有利的商业价值，比如，通过获得节事冠名权、特许经营权、礼遇权或者营销机会等项权利以提升企业形象、增进企业与政府之间的关系以及提高企业产品的销售量。节事活动赞助营销所针对的是顾客，是节事产品的实际消费者，事件活动产品质量好坏，产品能否满足赞助企业的需求以及满足的程度都将直接影响他们赞助与否。赞助商往往想用最小的投入得到尽可能多的回报，节事所有者往往想在回报一定的情况下得到尽可能多的赞助。这里有一个原则把握，即节事所有者不能为了眼前的经济利益而选择同一个行业中的两个企业赞助节事活动，这样会损害赞助商的利益，也不利于节事活动的长远发展。

（二）我国事件活动赞助营销分析

1. 我国事件活动赞助营销存在的问题

（1）观念相对滞后

事件活动缺乏中长期系统的发展规划，项目设置专业性、娱乐性、参与性、可观赏性均不高，不能充分吸引赞助商眼球，赞助商的稳定性不够。不少地区当地领导将事件活动当作政绩设立，随着政府领导人的变更，这些事件活动的地位、主题、内容、举办场地都会随之变化，甚至被取消，不利于事件活动赞助市场的培育。同时，在举办的过程中长官意识浓，赞助回报质量差，导致一方面办节资金紧张，事件活动难以为继，另一方面赞助企业也存在很多怨言。有些活动通过政府"看得见的手"进行调节，赞助活动成为不平等的"摊派"，赞助很容易沦为进行"政府公关"的隐秘手段。此外对事件活动资源、价值的过分低估，活动过度依赖政府的状况也时有发生。

（2）赞助市场开发难

造成这种状况的原因有来自自身的，也有来自大环境的。对于自身而言，由于对外宣传力度不够，受宣传的地域局限，只能是以当地企业为主。而且由于组织者和举办者多从政府部门抽调而来，缺乏招商等市场化运作经验，缺乏对事件活动的商业潜力进行深度挖掘，缺乏对目标企业的发展战略和赞助标准进行前期研究，也缺乏能切中赞助商需求的专业的赞助权益回报方案。对于大环境而言，赞助市场没有成熟的商业模式，如没有专业的机构专门策划运作节事活动，没有专门的中介机构承接各项节事赞助事务，没有事件活动的管理咨询机构等，都是造成赞助市场开发难的因素。

（3）公众参与不理想，效益不显著

由于多数城市事件活动由政府主办，当地居民和普通游客的参与程度不高，有些活动缺乏与传统文化和生活方式的连接，知名度不高，种种原因导致事件活动参与者人数偏低的现象。由于参与人数未达到理想的门槛人数，导致活动成本过高，效益不够显著。通过对 70 个城市的事件活动绩效评估（活动参与人数）样本的统计分析（图 6-5），可以发现，我国多数城市活动参与人数一般不超过 30 万人次，其中 5 万人次以内的占样本总数的 35.15%；5～10 万人次的占 16.11%；10～30 万人次的占 25.18%。三者合计占总样本的 77.14%。而 100 万人次以上的仅占 6.15%。对于一个 13 亿人口的大国，这样的参与人数并未达到理想水平。

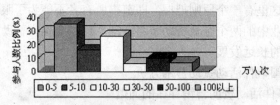

图 6-5　中国城市节事活动参与人数分布

（三）赞助管理的几个重点环节

1. 提高城市事件活动的质量和观赏度，形成多赢的良性循环局面

事件组织者要站在所有者的角度，积极开发城市事件活动的潜力，打造优秀的活动项目，提供优秀的服务，提高事件活动的精彩度和观赏度，只有这样才能吸引更多的观众和媒体，才能达到赞助商的商业目的，从而达到多赢的局面。

2. 以赞助商的需求为导向——寻找事件活动赞助营销突破口

（1）赞助商的考虑因素

是否参加一个活动或资助一个正在举办的活动取决于一个组织的目标。赞助商的目标在于看到：①提升公司知名度；②观众多且符合目标客户；③赞助提案有针对性；④赞助金额可以承受；⑤媒体报道充分，可以扩大宣传力度和广告力度；⑥活动组织机构健全；⑦有产品的促销机会。

（2）满足赞助商经济效益和社会效益兼得的需求

企业经营的目的有两个：一个是经济效益，一个是社会效益。经济效益体现在以较小的投入取得尽可能多的回报，社会效益体现在为社会公益事业慷慨解囊从而获得社会声誉，进而提高顾客对自己品牌的忠诚度，社会效益和经济效益相辅相成，相互促进。在社会效益方面，赞助不仅可以扩大企业和品牌的知名度，美化企业和品牌形象，还可以有针对性地与目标顾客沟通，增加顾客对企业和产品的好感，而这些正是企业增加产品的市场占有率、扩大销售额从而获得经济效益的有利条件。

（3）以观众的需求为导向——探索观众市场培育的途径

观众是商家看重事件活动的一个重要因素，要吸引观众，则要针对观众参的动机，对事件活动进行有效地设计：①合理设计活动的流程，减少观众不喜欢的环节。②增加与观众之间的交流。

二、媒体与传播

（一）媒体在事件管理中所起到的作用

事件活动期间主要媒体为各个赞助商所做的广告宣传，其中包括品牌及公司标志曝光频率、发布数量、活动安排等，其效果是惊人的。以上海龙之梦购物中心投资 400 万元赞助上海旅游形象大使评选活动为例，根据双方协议，除获活动冠名权外，龙之梦购物中心获得相应的媒体宣传权益：电视台从 7 月初起高频次滚动播出 30 秒大赛活动宣传片；播出龙之梦相关活动 30 秒电视宣传片 100 次（为期 3 个月左右）；享有全程活动电视播出荧屏下方龙之梦角标；所有宣传资料前缀和比赛现场舞美背景呈现龙之梦品牌或 LOGO 标志等；龙之梦可以在比赛现场规定范围内发放资料和陈列企业产品，并派代表出席由相关嘉宾及主流媒体出席的大赛新闻发布会；安排参赛选手到指定场所活动以配合商场促销活动和形象宣传。通过这一系列活动，开业一年的龙之梦购物中心的公众知晓度、商场的营业利润呈现递增趋势。2006 年上海旅游节期间共有境内外 54 家电视台、电台、报纸和网站等宣传媒体机构对旅游节进行了不同程度的报道，其中以报纸为主，电视台、电台、网络媒体为辅（表 6-2）。媒体的多视角、高频率宣传是赞助商打造声势、推广品牌的重要和有效的途径。

表 6-2　2006 上海旅游节参与报道媒体机构

媒体类型	数量（单位：家）	说明
报纸	36	境外 8 家：美联社、法新社、日本朝日新闻、读卖新闻、香港大公报、香港商报、香港南华早报 境内 28 家，其中上海 17 家
电视台	10	境外 5 家：香港凤凰卫视、澳门莲花卫视、台湾东森电视、TVBS 卫星电视、日本关西电视 境内 5 家，其中上海 4 家
网络媒体	5	携程网、东方网、网易、搜狐、上海旅游网
广播电台	3	中央人民广播电台、上海人民广播电台、东方广播电台

资料来源：根据上海旅游节组委会办公室提供资料整理。

（二）整合营销传播

1. 整合营销传播的含义

整合营销传播有其丰富的内涵。整合营销传播的第一个内涵，即是将消费者定位为受播对象。第二个内涵便是营销与传播彼此交融。应该强调的是，第二个内涵与第一个内涵有着深刻的内在联系。鉴于消费者地位的凸显，企业不仅要制订有效的营销策略，而且必须向消费者进行传播。否则，广大消费者便不了解产品或品牌的质量、用途，甚至不知道产品或品牌的存在。因此，企业若要在强手如林的竞争中占有一席之地，不仅要建立一套卓有成效的营销策略，而是应该建立一套面向消费者的传播策略。上述分析突出了传播与营销融为一体的理念。可以毫不夸张地说，在当今世界，营销是传播，传播亦是营销，两者你中有我、我中有你。

2. 营销与传播之间的关系

顺应营销与传播结盟的趋势，学术界进一步探讨两者结合的规律。美国广告学专家威廉·阿伦斯与库特兰·博维在《当代广告学》（第五版）以大量篇幅对整合营销传播学进行论述，着重阐述整合营销传播学中营销与传播之间的联系。[1]这本专著描述了一个倒金字塔模式，以此反映营销与传播结合过程中的逐步升级（见图6-6）。

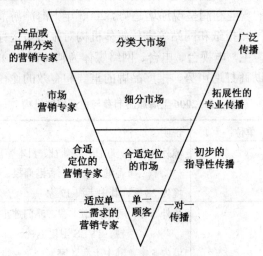

图 6-6　营销与传播结合的倒金字塔模式

但是，必须指出的是，在整合营销传播学中，营销与传播的交融，重点在于传播，尤其于在传播的分层次实现。具体而言，传播若要收到理想效果，必

1　William F. Arens & Courtland Bovee: *Contemporary Advertising* (Fifth Edition), Irwin, 1994, p. 493.

须由里往外、由窄到宽。美国卡罗莱纳大学整合营销传播学项目主任托姆·邓肯教授根据上述原则，设计了整合营销传播四层次模式。第一层次，在企业内部精心策划，设计统一形象。第二层次，企业向外传播连贯一致的信息。第三层次，传播扩大为双向传播，旨在与顾客建立长期关系。这里，邓肯教授将擅长吸纳顾客意见的企业比喻为"良好倾听者"。第四层次，通过企业文化延伸传播范围，从社区到国内社会再拓展至世界各国各地区。邓肯教授将传播范围向国际社会延伸的企业，称之为"世界公民"。以下是邓肯教授传播四层次模式（表6-3）。[1]

表6-3 传播四层次模式

传播层次	传播特点
第一层次	形象统一：单一外观、单一声音、重点建立强劲的品牌形象
第二层次	信息一致：向各种有关人士（顾客、贸易商、供应商）传播基调一致的协调信息
第三层次	良好倾听者：进行双向传播。通过电话、调查、贸易展示，获得反馈，重点在于与顾客建立长期关系
第四层次	世界公民：强调社会与环境意识，建立企业文化，重点在于不断扩大传播范围

3．整合营销传播在事件管理中的应用

整合（Integration）是一个关键内涵。整体之和大于局部之和。协调各种活动的全面影响大于各自单独活动或时而彼此冲突的活动所产生的影响。现代会展集群的构成包括众多的形态和行业，各行业的结构和提供的产品、服务、设施又各不相同，每个行业都有着各自不同的运行方式和利益追求点，任何一种形态都取代不了其他形态。各形态在各自发展过程中，当行业结构足够稳定并达到一定规模时，各结构之间的相互作用和互为条件就会形成以利益相关者为纽带的有机系统。系统并不是各要素和结构的简单加总，也不能取代各要素及其结构。它是源于要素结构、又高于要素结构的系统构造，该系统应该是包含着众多利益相关者的集合体，是各方利益相关者利益平衡与共同发展的结果。从国内外会展发展的实际及趋势看，"事件业"是对这种系统构造正确表达。事件管理运用整合营销传播这一工具，可以将各分散的会展活动整合成一个系统事件，借助于媒体将其效应成倍放大。在经济全球化的背景下，人们不可能太多关注在一个城市中举办的各种分散活动，只有以城市为整体的重大事件活动，才会被各种媒体关注并进入全球视野。

---

1 William F. Arens & Courtland Bovee: *Contemporary Advertising* (Fifth Edition), Irwin, 1994, p. 54.

美国学者威廉姆·阿伦斯非常重视媒体在整合营销传播学中的作用。在他看来，广告信息、促销信息必须"通过各种媒体"向消费者传播。所谓"各种媒体"，指的是印刷媒体（报纸、杂志）、广播、电视，以及新兴的互联网。以报纸而言，其最大优势在于灵活性。较短的制作时间使报纸成为时效性较强的媒体。报纸还可根据广告主要求，插入大小、形态不同的广告。广泛的覆盖域与触及率，是报纸又一优势。杂志在所有媒体中最为专业化。各种杂志面向各种读者与消费者。制作质量的精良使杂志具有较强的吸引力。电视兼有音频视频，声容并茂，是当代社会较受欢迎的传播媒体。广泛的覆盖域使电视成为有效的媒体。电台广播是一个十分普及的媒体。早在电视问世之前，人们便充分利用电台广播了解信息。即使在当代社会，电台广播也是人们生活中不可或缺的组成部分。在发达国家，电台广播与汽车家庭化、私人化同步发展。在中国，人们亦往往在上下班乘车同时收听广播以调节紧张的工作节奏。由于成本低与制作简单，电台广播受到广泛青睐。作为最新媒体，互联网具有交互性。这是互联网优越于其他媒体的特征所在。互联网上，企业与消费者彼此互动。企业在网上发布产品广告或促销信息，消费者则根据需要与兴趣，在网上点击甚至作出购物决定。在互联网上，消费者显得更为主动、更为游刃有余。上述分析表明，当今世界，正是媒体的多元化，使得各种媒体有可能各显其能，为整合营销传播提供多种选择。在整合营销传播过程中，媒体选择颇有余地。只有具有足够吸引力、内容和形式丰富多元、不同民族和文化背景做人都乐于参与或关注的大型、系列事件，才有可能被各种媒体关注并传播。这也是奥运会、世博会、世界级体育赛事、品牌文艺演出、著名节庆活动成为城市营销的奥秘所在。

复习思考题

1. 事件的含义是什么？为什么我们不能将节庆、展会等单项活动称为"事件"？

2. 事件管理的含义是什么？为什么说事件管理区别于会展行业活动管理的重要标志，就是摆脱了传统以行业为单位的营销和管理，取而代之的是以城市为单位的会展目的地整体营销。

3. 何为 OL 产品？

4. 目的地（城市）营销为什么要借助事件活动？

5. 整合营销传播在事件管理中的应用原理是什么？

6. 赞助管理对事件活动的作用有哪些？

第七章

城市经济与会展

学习目的

城市经济的发展是会展经济重要的支持和支撑条件，也是条件具备城市的一种必然产业选择。通过本章学习，理解城市经济发展的一般规律并由此决定的城市会展格局和各种模式。

主要内容

城市经济发展规律，城市会展模式；区域经济发展规律，会展经济区域化发展。

第一节　会展与城市经济的社会发展

一、城市经济发展规律

会展业的发展是城市经济发展到一定规模和水平的结果。事实上只有当城市经济发展到一定程度，会展的产生才具备前提条件，而会展的产生和壮大又反过来成为城市发展的"助推器"，这种发展序列首尾相接，形成一个螺旋状向上发展的良性循环。必须指出的是，并非所有城市经济发展到一定规模和水平后都会发展会展业。城市经济发展有自身内在的规律，而会展业的发展只是其共性规律在一定时空条件下的表现形式之一。

（一）报酬递增城市经济产生经济集聚

根据国外学者福格地（Fogarty）和加罗法洛（Garfalo）1988 年对美国 13

个城市的制造业所作的实证分析发现，报酬递增是城市产生的最重要原因。劳动生产力最大的增进，是分工的结果。当工业从农业中分离出来，造就了城市化进程。当城市人口不超过 290 万时，城市规模和制造业的产出正相关。城市内存在大量的企业，从而地方的产出具有多样化的特点，吸引了更多消费者会选择居住在城市。相应地，当地潜在的消费者数量的增加会诱使更多的销售者进入该城市，继而出现类似"滚雪球"式的经济集聚效应。当城市人口突破 290 万以后，由于居住地分散而导致的城市交通、运输成本等增加，会催生其他行业的发展，城市人口很有可能不会继续进入制造业而转向其他的商业流通服务业，导致互补性产业的产生和扩展。这些经济集聚因子达到一定产业规模时，会降低整个社会生产成本而出现规模报酬递增，经济发展越快，则城市规模越大，规模经济效应越明显。

（二）规模报酬递减城市经济必须进行结构调整

格莱泽（Glaeser）1992 年对美国 170 个城市中的六大产业部门所作的实证分析表明，当城市规模突破一定临界点后，昂贵的土地租金、城市交通的超负荷、环境恶化和污染、过高的商务成本等又会使集聚经济的规模报酬递减，城市经济必须进行结构调整，转移和淘汰那些产出负增长的产业，保留和发展产出正增长产业。如上海现有 133 个产业，有 96 个产业要朝外转移，其生命周期已进入衰退期，对城市经济持续增长的贡献率必然是下降的，不具备持续发展的动能。[1]

（三）城市产业结构从制造业向服务业的快速转移，并导致城市经济结构转向服务经济

企业内部分工受市场规模的制约，出现了成本递增和规模效益递减的趋势。[2]越来越多的企业舍弃了"小而全"的内部分工体系，在着力打造核心能力的同时，将附加业务大量外包，同时充分利用社会专业分工所产生的公共服务和研发成果，使存在于社会中这些"外部经济""内部化"，从而催生了现代金融、信息、物流、咨询、会展等一大批为生产者服务的现代服务业。据相关研究，上海现有 55 个产业（含新兴产业）有大量的商务活动向服务业转移，并实现从"制造基地"到"总部基地"的重大经济转型，总部经济的发展，对国际化城市建设具有举足轻重的作用，对实现城市产业升级、提升现代服务业具有非常重要的作用。在纽约、东京、香港等发达大都市，服务业对经济的贡献已占主导地位，其 GDP 的 80%以上都集中在现代服务业。国务院总理温家宝 2007 年在上海主持召开长三角地区经济社会发展座谈会上指出：要在新的更高起点

1 周伟林. 城市经济学. 复旦大学出版社，2004 年 11 月版. 第 29 页.
2 舒尔茨. 报酬递增的源泉. 北京大学出版社，2001 年 8 月版. 第 94 页.

上谋划长江三角洲地区的更好更大的发展，视野要宽，思路要新，起点要高，看得更远，想得更深，其中重要一点是推进产业结构优化升级，加快转变经济增长方式，切实加强资源节约和环境保护。当服务经济在当地国内生产总值中占据60%以上，就意味着工业型城市转变为后工业化现代城市。

（四）城市分工体系的形成和区域经济一体化发展

城市由于信息技术发展和服务经济比重的上升，城市规模的一味扩大肯定会带来生产不经济，规模效应转而表现为区域经济的一体化发展，其直接结果是城市经济的专业化发展和城市分工体系的形成。根据中心地带理论（Central Place Theory），这些城市的地理分布是有一定规律的：国家内部一般都由几个最大的主要城市来负责该国大部分产品的生产，从区位上看，它往往坐落在这个国家人口稠密的地区；这些城市的周围分布着一些规模相对小一些的城市，根据同样的逻辑，这些规模小一些的城市又会被规模更小的卫星城市所围绕。城市间存在着一个类似"等级系列"的布局结构，处于顶端的是"主要城市"或"大都市"，它的产出除为自身所用外，还要成为大中型城市的供给，即大都市在集聚产出效率高的产业和行业的同时，又成为区位中心的辐射源。[1]

二、现代会展与城市功能优化

城市功能是指城市这种特定的组织形式对社会经济发展的影响及发挥的作用。现代城市的功能是综合性、多元化的。一个城市可以同时具有作为工业中心的生产功能，作为科教基地的文化功能，作为贸易中心的商业功能以及作为信息中心的服务、管理功能，等等。城市的各种功能并不是等量齐观、平分秋色的，而是存在着主导功能与辅助功能之分、内部功能与外部功能之别。从城市发展史的角度看，城市的主导功能经历了从单纯的消费功能向生产功能，再向服务功能、管理功能和创新功能转变。

（一）城市功能优化的基本内容

城市功能优化包括两个方面的内容，一是优化城市功能结构，二是优化城市的主导功能。

1. 城市功能结构优化

城市是国民经济的重要地域构成单元，多元化、叠加性发展是城市功能的一个基本发展趋势。城市产业结构是城市功能结构的物质载体，要实现城市功能的优化，就要从优化城市产业结构入手，着力提高城市的自主创新能力，大力发展高新技术产业，提升城市产业的技术水平；要大力发展现代服务业，充

---

1 周伟林. 城市经济学. 复旦大学出版社，2004年11月版. 第91页.

分发挥城市的服务功能和管理功能对经济社会发展的促进作用。

由于城市土地资源的稀缺性，城市发展第一、第二产业都有聚集不经济的影响，城市会展经济的发展为城市发展第三产业——服务产业、信息产业、文化产业带来契机，城市会展产业的发展最终促使城市产业结构的优化调整，城市产业结构的优化调整则驱动城市功能转型。

经济全球化和知识经济的发展正在打破原有的由自然资源区位所决定的国际地理贸易格局，形成了由金融和专门服务业为主要内容、由外国直接投资为主要方式、以产品生产和服务国际化为主要特征的国际交易新格局，这种新国际贸易格局的形成强化了全球制造业区位向发展中国家转移，金融、信息管理区位向国际化城市集中的趋势。经济全球化和知识经济的发展，正在摧毁工业经济主导时代以"中心地"等级体系为主要构架的旧世界城市体系，建立以"全球——地方"垂直联系为原则的全球城市网络体系。处于最高层级的全球或世界城市集中着跨国资本的决策权力，主要的国际银行、金融市场、多国公司、通信网络以及其他至关重要的全球服务位于这些支配世界的城市里。较特殊的支配性城市集中了能够左右世界经济格局的特定的产业，如底特律的汽车工业和休斯敦的石油工业；全球等级中较低层次的城市承担着劳务移民的征募、自然资源和剩余价值的提取、以及市场深化所必需的消费类型的扩散等任务。[1]

从总体上看，我国城市在全球城市网络体系中处于获利低的节点。面对这一现实，我国城市功能转型必须坚持"跨越式转型"的战略。所谓城市功能的"跨越式转型"，并非是指跨越工业化阶段，而是在集约发展工业经济的同时，启动知识经济，依靠技术进步提升产业技术层次，依靠自主创新增强产业的竞争力，依靠信息化提高工业发展效率，用较短时间走完西方国家较长时间走完的工业化之路。"跨越式转型"可以开创城市工业生产功能与生产服务功能并驾齐驱、相互促进的良好局面。"跨越式转型"可以根据我国城市经济发展的地区不平衡性，按照经济全球化的模式构建国家城市体系，并由处于国家城市体系顶端的城市以及国际专业化城市承担衔接国家与全球城市体系的功能，最终实现即由制造业城市向服务业城市的转型、由传统城市向信息城市的转型；由单一功能城市向多元功能城市的转型、由国家城市向跨国区域城市乃至全球城市的转型、由"城市"的城市向"区域"的城市的转型。

2. 优化城市的主导功能

城市是具有多种功能的复杂体，城市的多种功能不是彼此孤立的，但每一个城市都要有自己的主导功能处于引领地位。区位条件不同城市，主导功能存

---

1 石正方，李培祥. 城市功能转型的结构优化分析. 生产力研究，2002 年第 2 期. 第 1 页.

在差异，处于不同的发展阶段，由于各种社会、经济、历史条件的不同，城市的主导功能也应有所变化。城市的主导功能是由城市的主导产业决定的，城市主导功能的优化实质上就是对城市主导产业的优化。在我国，东部沿海发达城市在确定主导功能时，重点要突出增强自主创新能力、突出带动内部地区融入经济全球化的龙头作用，中西部地区城市在确定主导功能时，重点要突出提高资源的利用效率，突出特色产业的培育。

（二）现代会展对城市功能优化的促进作用

会展经济是城市发展到一定阶段的产物，一个城市会展和城市优势产业互动发展，对城市优势产业发展、城市总体经济实力的提高具有十分重要的作用。会展活动是集信息及经验交流、发展成果展示、先进技术传播、创新集成等功能于一体的复杂经济活动，通过会展活动自身的关联带动性促进产业结构优化升级，会展经济对产业结构优化升级、对城市功能优化更为重要。

1. 会展经济促进城市提高其投入产出效率

会展经济是一种重要的资源配置活动，会展活动给各类资源所有者提供了一个比较资源利用效率、发现资源的更优利用途径的舞台，资源利用效率的提高直接表现为城市投入产出效益和城市价值的提高。

2. 发展会展经济有助于提高城市的可持续发展能力

会展经济的繁荣、会展经济占城市经济总量比例的提高降低了城市对以资源的耗竭性消费为基础的产业的依赖，这有利于提高城市的可持续发展能力。

3. 会展经济有助于城市内部各功能的协调

城市内部各功能的协调常常因城市内部不同主体之间缺乏沟通合作而受到障碍，举办会展往往成为城市的凝聚核心，共同筹备会展活动，有助于加强各方的沟通，消除制约城市内部各功能统筹协调的障碍。

4. 会展经济有助于城市经济学习创新

借助于会展活动的交流展示作用，不同经济主体可以学习借鉴其他主体的文化建设、制度安排等不易通过有形物质形态外化的经验，从而改善创新激励的制度安排，进而推进产业结构优化升级、推进城市功能的优化。

三、有关国际组织对会展城市的条件界定

（一）国际展览协会（UFI）对会展城市提出了四个条件：

（1）该地区城市综合实力强，人均 GDP 高；（2）区位条件优越，如有航空港海港及健全、便利的交通设施；（3）一个设施先进的展馆；（4）现代服务业发达。

（二）国际博览会联盟（UFI）对会展城市的形成条件表述：

"一个城市或地区如果基础设施相对完备、人均收入在世界中等以上、服务业在 GDP 中的比重超过制造业且过半、外贸份额占 GDP 的比重接近或超过10%、行业协会的力量相对较强，那么会展经济就会在该城市或该地区得以强势增长，并发挥积极作用。"

第二节　我国城市化进程与城市会展发展的几种模式

城市化是社会分工、社会生产力高度发展的产物，是工业化的必然结果，城市化水平是一个国家社会经济发展水平的重要标志。在市场经济条件下，城市化水平较高的地区往往也是会展经济活跃的地区，会展经济发达的地区往往又是城市化质量较高的地区。

一、我国城市化的历史变迁对会展经济的启示与借鉴[1]

（一）我国城市化进程

从总体上看，我国城市化进程经历了三次大的历史变迁：第一次变迁发生在新中国成立至党的十一届三中全会召开这段时期；第二次变迁发生在十一届三中全会至党的十六大召开这段时期；第三次变迁发生在党的十六大召开以后。各阶段的具体情况如下：

第一阶段：1949 年至 1978 年，即新中国成立至党的十一届三中全会召开这段时期。由于新中国是在过去一穷二白的基础上建立起来的，建国初期，人均国民收入水平低，储蓄率低，资本积累能力不足，整个社会的建设资金严重匮乏，传统农业在国民经济中所占比重较大，技术落后，劳动生产率低下，产出水平也较低，支持工业化的能力有限。为迅速改善积贫积弱的现象，我国试图通过重工业的优先发展来带动整个国家的快速工业化。由于我国是在经济发展水平十分低下的基础上推进工业化的，作为资本高度密集性的重工业得到了发展，但它却是以牺牲农业的长远发展为代价，造成了农业生产长期低速增长。再加上国家又是实行由政府统一调配资源的统购统收制度，强化城乡户籍管理，限制人口流动，以减轻工业化过程中由于劳动力的转移而形成的城市化压力，使得农业内部的剩余劳动力不断积累，农村人口的隐性失业严重。这一时期的城市化主要呈现两个阶段性的变化：一是 1949 年至 1957 年城市化发展处于稳步上升态势，恢复重建和旧城改造成为该时期城市化建设的中心工作；二是

1　曾佳武. 现代会展与区域经济发展. 四川大学出版社，2008 年 1 月版. 第 228 页.

1958 年至 1978 年城市化发展处于曲折缓慢态势，减少城镇人口和撤销部分城镇、限制城镇发展成为该时期城市化发展的主要内容。

第二阶段：1978 年底至 2002 年，即党的十一届三中全会至党的十六大召开这段时期。在这个时期的初期即 1979 年，我国的二元经济结构强度高达 6.08 倍（二元结构强度一般用农业与非农业间的相对国民收入差距来衡量），这反映出我国如果再不采取相应措施，城乡二元的对立将会越来越严重。因此十一届三中全会以后，我国逐步调整战略方向，提出要从传统的中央计划经济向市场经济过渡，建立有中国特色的社会主义市场经济。这种由发展战略的调整和经济体制改革所带来的经济运行机制的变化，推动了我国二元经济结构的转换。在这个时期内，工业化与城市化相互作用，城市化率明显提高。从城乡居住人口这个城市化指标来看，2000 年我国城镇人口所占比重达到 36.22%，比 1978 年提高了 18.3 个百分点，而 1949 年至 1978 年的 29 年里，城镇人口比重仅提高了 7.3 个百分点。城市化水平从 1978 年的 17.92%上升到 2002 年的 39.1%，年均提高约 0.88 个百分点，城市数量从 1978 年的 193 个增加到 2000 年的 663 个，建制镇则从 2 176 个增加到 2.03 万个。

第三阶段：2002 年以后，即党的"十六大"召开以后。在"十六大"上，我党提出了走新型工业化道路和全面建设小康社会的宏伟目标，指出未来 20 年是我国经济发展的重要战略机遇期，是城市化的快速发展期，也是中国实现由农村化社会向城市化社会转型的关键时期。在这个时期内，我国的二元经济结构将逐步过渡到一元经济，伴随着经济结构的转变，我国将始终坚持大中小城市和小城镇协调发展，走中国特色的城市化道路，不断提高城市化水平。根据对中国经济增长的潜力和中国人口增长的综合分析，学术界普遍接受了一个基本的预测数字——未来 20 年我国城市化水平将提高到 60%左右。与 2003 年的城市化率 39.1%相比，这意味着今后每年城市化率需提高约 1 个百分点。但不管怎样，未来二十年的城市化，将会一改以往的盲目扩张面貌，呈现的将会是合理而有序的城市化。

（二）城市化进程对会展经济的启示和借鉴

1. 会展经济是区位选择非常强的经济活动

各国城市化的历程表明，城市化必须和工业化的进程相适应，不能无视经济发展水平，试图通过政治动员，或者通过城乡利益格局的调整，人为地加速城市化进程。会展经济是市场经济高度发展的产物，会展活动是区位选择性非常强的经济活动，城市会展经济的繁荣，是城市会展经济发展条件不断积累和改善的结果，城市政府对会展经济的超前规划对城市会展经济的发展固然重要，但是，不顾城市会展经济发展条件的超前规划不但不能促进会展经济的发展，反而会对会展经济的发展造成不良的影响。

2. 会展经济发展战略以及表现形式应城市发展差异而不同

我国城市化的模式多样，大城市发展带动、小城镇发展带动的城市化等城市化模式自身并不存在孰优孰劣的问题，问题的关键在于区域的发展条件适宜采用哪种模式。试图用一种模式，在全国范围内推进城市化，是不现实的。我国地域广阔，不同区域间经济社会发展的水平存在很大的差异，不同区域推进城市化的遇到的难题和城市化战略要解决的重点问题是不同的，因此，从全国的范围看，推进城市化的政策设计是多样的。就会展经济的发展来看，现代会展的具有不同的发展层次，不同区域发展会展经济的基础和条件不同，会展经济发展战略以及会展经济的表现形式也应该存在差异。一些区域适宜走以大型会展场馆为支撑的资金密集型发展道路，一些区域则适宜依托区域特殊资源，大力发展灵活多样的小型会展，以小取胜。当前，在会展经济的发展中，广泛存在一种贪大求快的浮躁现象，许多区域盲目引用发达地区发展会展经济的经验，不顾自身条件，大力修建高标准的大型会展场馆，对场馆依托性的会展经济发展模式过分依赖，结果适得其反。

二、我国城市会展发展的几种模式[1]

中国拥有直辖市 4 个，地级市近 700 个，县级城市的数量要超过 2 000 个，总数达 3 000 个左右。不同的城市，由于其所拥有的区位、资源状况、经济发展水平的不同，其产业形成动因和发展模式是不一样的，并非所有的城市都需要或适宜发展会展业的。中国目前有 34 个城市提出要"将会展业发展为支柱产业"，其中有些中小城市的做法和经验值得关注。

模式一 南宁："中国—东盟"会展之都

首届和第二届中国—东盟博览会、中国—东盟投资与商务峰会的成功举办，不仅成为促进中国与东盟国家之间政治、外交、经贸、文化等各领域交往的重要场所，加快了区域经济一体化进程，也推动了承办方和举办地——广西的经济社会良性发展，受益最为直接的是广西的会展产业，博览会成为广西会展经济发展的巨大牵引力，南宁有望成为中国—东盟会展之都。

1. 博览会为广西会展业注入了东盟主题

除了中国—东盟博览会，由政府主导的中国—东南亚农业博览会、南宁国际民歌节、南宁国际学生用品交易会，每年定期举办，已成为南宁会展品牌。

---

1 王春雷. 第四次浪潮：中国会展业的选择与明天. 中国旅游出版社，2008 年 1 月版. 第 23 页.

首届博览会举办，为广西引来大批会议展览。由政府部门、行业协会牵头主办的中国—东盟国际旅游合作论坛，中国—东盟青年企业家见面会，中国—东盟自由贸易区法律事务论坛，中国—东盟商务理事会，中国国际（东南亚）粮农发展论坛，中国—东盟标准研讨会，中—越国际电力电工电气自动化产品展览会，东南亚食品与生产、包装机械交易会，东南亚水产畜牧国际博览会，东南亚国际妇幼保健和计生用品展览会，越南—中国经贸论坛、越中企业论坛，中国—东盟当代舞蹈文化发展国际研讨会，中国—东南亚京剧爱好者国际演唱会，中国—东盟国际汽车场地越野赛南宁分站赛以及城市可持续发展南宁国际会议等一系列会展先后进驻南宁。

　　2. 博览会催化了广西会展产业市场的成长

　　博览会成功举办的积聚效应，使广西会展产业迅速形成，会展经济得以快速成长。2005 年 8 月，广西会展行业协会成立，首批会员 32 家，涉及与会展业相关的众多企事业单位，将着力培育广西的会展市场，树立广西会展业的良好形象，建立诚信、高效、优质的服务规范，打造品牌，提高竞争力。博览会引起广西对会展配套软硬件设施建设的重视和加强，南宁市建设了四大会展场馆，室内展览面积达 7.45 万平方米，可搭建国际标准展位 4 900 个，可以满足不同规模的展会需要。桂林国际会展中心、东兴国际会展中心等大型场馆也将相继落成并投入使用。据南宁市贸促会统计，2004 年南宁共举办各类展览 43 场，参展商约有 8 300 家，观众人数达 100 万左右。其中境外参展商达 660 家左右。仅 2005 年上半年，南宁就举办各类展览 38 场，参展商达 5 600 多家，观众人数达 65 万左右。2006 年将有首届中国—东盟国际汽车拉力赛、中国—东南亚农业生产资料（广西）交易会等一大批大型会展在南宁举办，南宁正在向全国优秀展会城市、东南亚重要博览会城市的方向迈进。

模式二　宁波：产业导向，创新制胜

　　宁波把会展业作为全市优先发展的产业，通过招商引展、联合办展、积极组织自办展等多种渠道，力求走出一条会展业发展新型之路。

　　1. 政府：整合资源，强力推动

　　宁波市政府在会展业的发展过程中，主要是担纲了资源整合的角色。在人才资源、市场资源、政策资源、组织资源的整合上，纵向理顺组织资源，将政府各部门对会展的管理、服务和协调职能理顺；横向采用谁承办谁负责的办法，放手让企业按市场法则贯通外部资源，政府不陷入具体事务，主要起协调和服务作用。全市还创办了宁波会展网，通过统一平台向全球推荐宁波会展，充分发挥政府公共服务功能。宁波还整合了宣传体系，市内各大媒体统一签发新闻，广泛宣传重要会展活动。同时，政府十分重视调动公共资源，为会展做好相关配套活动。如服装节有 30 多个配套活动，最多的展览会配套活动有 100 多个。这些活动由宣传、旅游等部门联手组织。

在展会整合方面，先后对 9 个展会作了整合，提升了展会的档次和水平。如"2006 宁波工业优势产业博览会"融合了以往在宁波和浙江各地分散举办的中国模具之都博览会、宁波塑机展、长三角电子制造业及自动仪产品展览会等五个展会，收效显著。

宁波市政府还在联合办展、展会评选、品牌展会推广、"黑名单制度"等管理环节上加大力度，通过行政手段、经济手段整合产业链各环节，保证会展业有序发展。宁波市会展办主任俞丹桦开玩笑式地将宁波模式归纳为"加拿大模式"——加起来拿大的。

很多二线城市的会展业界人士认为：政府整合可以加速市场规范，推动会展产业发展。

2. 企业：以经济杠杆推动市场化运作

一是业务创新。与宁波同等规格的展览场馆在全国超过 20 个，在 5 个具有省级经济管理权限的城市中，宁波经济实力仅次于深圳，但影响力和办展规模却不尽如人意。宁波会展企业意识到，重复、抄袭、拷贝是宁波会展发展的大敌，只有不断业务创新，走切合自身特点的发展之路才有前途。如把产业链上几个主题模糊、规模偏小、松散无序、操作不规范的展览会整合在一起，由成熟专业公司统一操作或业务指导；充分利用价格机制错开档期，达到规模和收益最优化；不举办专场开幕式，将开幕式、招待酒会、文艺演出"三合一"同场举办，减少花架子，将线真正用于展会。

二是强化和延伸服务。如宁波会展中心先后完成了从"场馆提供商"——"展会参谋型"——"整体策划服务商"三级跳远，服务从场馆一直延伸到展馆之外，帮助主办者组织专业观众，组织参展商和专业观众对接，提供信息服务等，努力实现参展各方利益最大化。

三是注重展会文化营销。宁波借助服装节契机将大卫塑像落户宁波，成为宁波会展业乃至整个城市的艺术品位寄托物。各展会还十分注重展会吉祥物的设计、推广和场景氛围的营造。

模式三　东莞：合纵联合，突出重围

东莞夹在香港、深圳和广州之间，在会展强手林立的夹缝中，却发展成为令人不容小视的会展城市。东莞拥有展览场馆 9 个，展览面积达 33.25 万平方米。目前，东莞市在专业展的场馆规模、办展数量和质量、全国性和国际性会议数量等，都在广东省排在前三位。

1. 利用地域和产业优势

东莞会展中心在厚街，常住居民 9 万多人，外来务工人员 40 多万人。地处珠三角中心地带，距广州、深圳、香港均在一小时车程，工业以家具、电子、鞋业加工制造为主。20 世纪 90 年代中期，香港、广州的国际家具展因展品体积庞大、场馆成本过高而难以为继，这直接切断了东莞家具的销售渠道。东莞人化被动为主动，利用自身家具制造业基地的产业优势和低成本地价，接手国际家具展，创造性地将工厂和展馆连成一个展示链，大获成功。1999 年创办国际家具展至今已成功举办 15 届，展览面积从 4 万平方米发展到 25 万平方米，并获得全球展览业协会（UFI）的国际化认证。另外，与家具展同时举办的木工机械展已突破 1 000 个展位，成为家具制造的配套展会。如今，东莞利用自己的地域和产业优势，在电子展、鞋类展、印刷展等领域都形成了产业优势。

2. 经营体制和运作模式富有活力

东莞场馆采用现代企业制度，镇政府股份比例约占 30%，余下由集体所有制或民营企业家拥有，采用董事会领导下总经理负责制，独立经营，市场化运作。场馆经营很有活力。

在办展上，注重联合国际著名展览会司的品牌影响力和办展经验，提升本土的办展水平。如与香港讯通展览公司于 2003 年签署《更紧密战略伙伴合作备忘录》，截至 2006 年，讯通公司已在东莞现代国际展览中心举办的展会包括中国（东莞）国际纺织制衣设备及技术展、华南国际平面显示技术展览会、华南国际印刷电路及组装技术展览会、华南线路板及装备和技术展览会、东莞国际鞋机鞋材工业技术展览会。另外，与香港线路板协会、美国电子电路和电子互联行业协会联办的国际践路板及电子组装展，被同业推为华南地区最具代表性的专业展。此外，与杜塞尔夫展览（中国）有限公司、香港雅式展览服务有限公司合作主办的中国东莞国际鞋展/鞋机展，成为亚洲地区唯一获 UFI 认证的鞋类展。

模式四　义乌：以商兴展，独树一帜

1. 义乌：莫名其妙发展起来的地方

义乌是一个特殊的案例，研究义乌展览要从研究"义乌模式"开始。

外界对"义乌模式"或"义乌经验"这种说法很多，义乌是如何在没有优势的情况下实现跨越式发展的呢？其中的奥秘又是什么？浙江省主要领导对义乌的发展历程有一句总结性概括："义乌是一个莫名其妙发展起来的地方。"的确如此，义乌地处浙江中部，既不靠海，又不沿边，更没有享受到特殊的国家扶持政策，但义乌不可思议地发展起来，成为全国、乃至全球关注的一个"焦点"，探源追溯，其背后蕴藏深刻的内涵。

首先，源于深厚的商业文化积淀。义乌历来有重商的传统，早在明末清初，由于人多地少、资源贫乏等因素制约、义乌农民就开始从事"鸡毛换糖"的原始商业活动。通过漫漫征程的历练，义乌人血脉深处流淌着诚信创业的基因，骨子深处蕴含着勇于创新的精髓。

其次，崛起于实施"兴商建市"战略。改革开放后，义乌率新创办了小商品市场，历届党委、政府"不唯书、不唯上、只唯实"的工作作风和坚持深化"兴商建市"的发展战略，主动融入国际市场，积极参与国际竞争，加速与国际接轨进程，大大拓展了市场发展空间。义乌市场已从"买全国、卖全国"跃升为"买全球、卖全球"，成为了国际化的小商品流通中心。

2. 以商兴展：独特的发展道路

有了国际小商品交易中心的基础，义乌发展会展业就是顺理成章的事情了。

中国义乌国际小商品博览会（简称义博会）创办于 1995 年，从 2002 年开始升格为由国家商务部参与主办的国际性展会，是唯一经国务院批准的日用消费品类国际性展览会。展会以"面向世界、服务全国"为办展宗旨，对扩大商品出口、提升小商品制造业水平、促进区域经济发展发挥了积极的推动作用，已成为目前国内最具规模、最有影响力、最有成效的小商品专业展会。

经过十多年的精心培育，义乌成长为全国最具发展潜力的会展城市之一，并发展成为初具规模的国际性小商品流通中心、研发中心和制造中心。以义博会为龙头的义乌会展业得到了迅猛发展。每年近 80 个专业展会为民营中小企业提供又一个产品展示和销售平台。义乌完善的物流体系、便捷的交通运输网络、庞大的海关出口业务量、全省三个"大通关"建设重点都进一步巩固了义乌的区域物流中心地位，义乌作为内陆港的功能逐步凸显。国际商贸城成为全国首家 4A 级购物旅游景区，每年来义乌旅游购物的人次已突破 300 万，使义乌购物旅游成为全省最具吸引力的十大旅游资源之一，有力地带动周边县市的旅游业发展。

近年来，义乌市坚持把发展现代服务业作为加快国际性商贸城市建设、提升城市综合竞争力的战略重点，积极推进提升现代服务业的水平和层次。全市三个产业结构率先实现了由"二三一"向"三二一"的战略性调整，强化新兴服务业发展，推进领域突破；大力培植与市场相关的会展、物流、购物旅游等新兴服务业发展，致力于打造知名会展城市，走出一条以贸兴展、以展促贸的新路子。义博会已成为国内第三大贸易类专业展会，并着力建设区域性物流中心。全市现有货运经营单位 600 多家，并被省政府确定为浙江省三个"大通关"建设重点，全球 20 强海运集团已有 8 家在义乌设立办事处。2005 年，海关义乌办事处办理出口标箱 11.4 万只。

3. 政府：正确处理"无为"和"有为"

义乌市市长吴蔚荣分析，义乌会展业之所以能有今天的成就，有其独特的自身优势。其一是人民艰苦创新的精神，其二是政府在"无为"和"有为"之间扮演了正确的角色。在义乌市政府看来，市场自行配置资源的功能坚决交给市场，该政府管理的事情政府牢牢管住。在市场建设过程中，市场资源牢牢把握在政府手里，物流的场地资源牢牢把握在政府手里，这是义乌市场从无到有、从小到大的奥秘所在。另外，义乌会展组织者还非常善于利用企业投资和业主财力进行市场化运作，政府则在其中扮演了一个很好的"服务者"的角色——在服务过程中选择适当的时机从具体的展览事务中退出，停止直接参与展览的"错位"和"越位"行为，转而采取"补位"和"到位"行为。如果没有义乌市委、市政府有力的主导，很难想象义乌市场能够五易其址、就此扩建，成为现在占地 260 多万平方米、拥有 5 万多个商位的现代化国际商贸城。

义乌市会展业依托小商品市场和地方产业，发展速度令人瞩目，尤其是义博会的展览档次、规模、客商参会活跃程度逐年上升。义乌从中尝到了甜头，决定不遗余力地发展会展业这一朝阳产业。义乌市"十一五"规划中便确定以义博会为依托，提升会展业、旅游业的发展水平。胸怀国际市场的义乌人，在会展经济中就不是讨论"无为"、"有为"的问题，而是要有"大作为"了。

模式五　不成功的案例

据《新华日报》2007 年 8 月 18 日报道，近年来全国掀起了"会展热"，30 多个各类城市瞄准了"国际会展中心"等大兴土木，面积动辄数十万平方米，长沙一个市就建好几个展馆。这些展馆还要成为"标志性建筑"，综合功能还要齐全，几亿、几十亿投资稀松平常。据统计，2007 年底我国较有规模的展馆 230 个，但平均出租率只有发达国家的 1/3，其中 14 个 5 万平方米以上的大展馆全部亏损。

第三节 会展经济区域结构运行和动因

一、会展经济区域结构

所谓会展经济的区域结构是指会展经济在不同区域的分布及其比例关系。会展经济区域结构运行则是指会展经济分布在不同区域的比例关系及其发展、变化状态及规律。

会展经济区域结构运行也存在着均衡与非均衡的矛盾运动，但相对于会展经济的总需求与总供给的矛盾运动而言，会展经济区域结构运行要稳定得多。区域结构可以分为一国之内的区域结构和跨国界区域结构。在国民经济体系中，特别是大国开放型经济体系中，区域发展不平衡是一种常见的现象，如我国东中西三大经济地带发展的不平衡，西方发达国家也存在着经济发展的区域不平衡。区域经济发展的不平衡，不可避免地反映到会展经济发展的区域不平衡上。因此会展经济区域结构运行表现为会展经济发展不平衡的区域变动。

人类在长期物质产品生产过程中，由于地理环境、历史渊源的影响，在政治、经济、自然、宗教等诸多因素的作用下，一些经济联系频繁的居民区渐渐形成各具特色的经济区。同时，一个国家为了执行管理职能，又往往按政治、经济、科学、文化等方面的需要，分设若干行政区，行政区的设置又总是以经济活动的关联为主要依据。因此，经济区划又总是与行政区划相一致的。任何一类经济活动，总是在具体的时间、空间进行的。没有时时刻刻在具体空间进行着的区域经济活动，就没有国民经济的总体运动。彼此联系的区域经济，构成国民经济总体。

二、会展经济运行的区域条件和转化

会展经济区域结构运行表现在如下几个方面。

（一）区域优势与区域劣势

构成国民经济体系的各个经济区域，都存在区域相对优势和相对劣势。会展经济必须结合区域优势，防止区域劣势带来的不利影响。

1. 适合会展经济发展的区域优势方面

一般而言，适合会展经济发展的区域优势包括如下几个方面：发达的交通通信条件；优越的区位环境和资源禀赋；稳定的政治、经济环境；健全的法规制度；开放的经济体系；稳定的外部环境；雄厚的区域经济实力。

经济区域具有优势的同时，也有不适应会展经济发展的区域劣势。这里的

劣势是相对劣势，是相对于会展经济发展需要而言的。

2. 不适合会展经济发展的区域优势方面

不适应会展经济发展的区域劣势包括如下几个方面：经济市场化程度低；基础设施落后；区位条件差，资源禀赋弱化；经济实力弱；社会、政治、经济内外环境不稳定；经济体系开放程度低，制度不健全。

任何一个经济区域，都不可能具备所有会展经济发展的区域优势，也不可能都处于区域劣势状态。因此，会展经济区域结构运行的一个重要内容是同一经济区域的劣势与优势的转化。随着经济发展环境、条件的变化及会展经济自身的发展，一些原来处于劣势的区域特征转化为优势，区域原有的一些优势又转化为劣势，出现了一种同一区域内部的劣势与优势的矛盾运动，如图7-1所示。

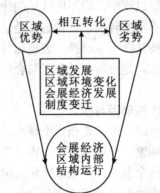

图7-1　会展经济区域内部结构运行

因此，在同一区域内部，适宜于充分利用区域优势、避免区域劣势的会展经济活动得到发展，而不具有优势、劣势突出的会展经济活动不可能得到发展，但随内外条件变化而变化由此形成会展经济区域内部结构运行的主体框架。

（二）区域间优势与劣势转化

不同区域间，也存在相对优势与相对劣势的区分。在特定的时间，特定的生产力条件下，会展经济在不同区域间发展的不平衡，根本原因在于不同区域所具备的区域发展条件不同。适合会展经济发展的区域，会展经济发展较快，而不适合会展经济发展的区域，会展经济发展相对滞后。

劣势区域与优势区域并不是决然分开的，在不同的条件下，劣势区域会转化为优势区域，而优势区域也可以转化为劣势区域。因此，会展经济的区域间不平衡是因时、因地而异的，如图7-2所示。

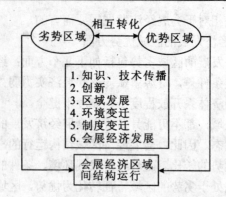

图 7-2　会展经济区域间结构运行——劣势区域与优势区域转换

因此，在会展经济发展过程中，因不同区域的优势与劣势表现不同，在不同时期和不同内外部环境下发生转换，使得会展经济表现为区域差异性和不平衡性。而这种差异和不平衡又会发生转换，表现出复杂性。这就是会展经济区域结构运行的另一表现形式，是分析区域分工与合作的重要依据。

三、会展经济区域合作的动因与模式

一般认为，如果一个区域、通常是指一个城市，具备制造业发达、具有明显的产业优势，经贸活动频繁、市场繁荣，城市功能设施齐全、交通便利，展馆及配套服务设施完善这四个条件，那么该区域发展会展经济的潜力很大。通过会展业的发展，能够有力地促进经贸交流与合作，带动第三产业发展，优化产业结构，提高资源配置效率，从而促进区域经济快速健康发展发展。事实上，就我国的现实情况下，在这四个方面都具备非常明显优势的城市并不多，因此，加强会展经济的区域合作，在一个更广阔的地理空间内配置资源，是促进我国会展经济发展的重要途径。

（一）会展经济区域合作的动因

会展经济区域合作有其内在客观基础和经济动因。区域之间客观存在的区位条件、资源环境、会展经济发展程度、区域会展品牌差异、经济社会整体发展程度等方面的差异是会展经济合作的现实基础。会展经济区域经济合作的经济动因主要表现在三个方面：一是实现区域会展行业经济利益的最大化；二是实现整个经济区域乃至整个经济体系利益的最大化；三是实现经济利益在不同经济区域、不同经济主体以及经济体系之间的分配和调整。

（二）会展经济区域合作模式

在区域会展经济发展的不同阶段、在会展经济区域合作的不同层次，按照

不同的划分标准，会展经济区域合作有不同的模式，以会展经济区域合作的领域为基准，会展经济区域合作可以分为围绕某一特定会展活动的合作、在会展经济的某一领域的合作、全方位的会展行业合作三种模式。

1. 围绕某一特定会展活动的合作

在会展经济发展的初期，在区域的会展品牌尚未形成之时，不同区域会展经济主体之间，特别是同一行政区内不同地区的会展经济主体围绕某一特定的会展活动展开合作，积累会展经济发展经验，探索会展品牌的培育之路，这对于会展经济的持续健康发展至关重要。这种初期的合作一般是在政府推动下，政府和企业共同完成的，合作的内容比较单一，双方的合作关系不够稳定，容易受到双方其他因素的影响而出现波动。这种模式是区域之间开展大规模会展业合作的前奏和铺垫。

2. 在会展经济的某一领域的合作

在会展经济的某一领域的合作通常是一种不同区域优势互补的合作。目前，我国展馆总面积排名世界第二，但空置率却在80%以上，除部分城市取得成功外，许多城市受社会、经济、文化、交通、人才等因素的制约，展会成效非常有限。在这种情况下，会展经济要素禀赋存在较大差异的不同区域之间，围绕会展经济要素的优化配置，在会展经济的某一领域展开深入的持久合作，就显得特别重要。

3. 全方位的会展行业合作

全方位的会展行业合作是区域合作发展到一定阶段的模式，它是在初期合作领域狭小、合作内容和途径单一的模式上不断扩大、提升而形成的较为普遍的会展经济区域合作模式。这一模式的特点是区域合作的内容涉及会展行业的各个领域，包括各类会展企业（展览场馆、会展公司、饭店、会展中介公司、会展咨询服务企业、会展旅游景区），以及能为会展活动提供直接服务的公共设施服务业（交通运输业、环境卫生业等）。会展业区域合作的形式是各类企业在市场利益驱动下通过多种方式进行投资、经营、管理等方面的合作，区域会展业合作呈现出全行业和综合性特点，并且会展行业的合作与其他行业和领域的合作形成相互促进、共同繁荣的互动关系区域会展业合作呈现出加速推进的态势。

（三）区域合作与会展经济互动发展的实证分析

从区域分布来看，中国会展业已基本形成了三大会展经济产业带和中西部会展中心城市的框架，即形成了以北京为中心的"京津——华北会展经济产业带"，以上海为中心的"长江三角洲——华东会展经济产业带"，以广州、香港为中心的"珠江三角洲——华南会展经济产业带"，并随着西部大开发战略的逐步实施和边境贸易的稳步发展,以武汉、郑州、成都、昆明等城市为龙头的中西部会展中心城市和以大连、哈尔滨等城市为中心的东北边贸会展经济产业带也即将形成。区域合作促进会展资源的优化配置,拓展了会展经济的发展空间,而会展经济的发展有利于促进各方加强了解,推动区域合作。本节以"泛珠三角"会展经济发展和中国—东盟博览会为例,从实证的角度分析区域合作与会展经济互动发展。

1. "泛珠三角"会展经济发展实证分析

"珠三角"区域合作经历了从"小珠三角"(包括广州、深圳、珠海、佛山、东莞、中山、惠州七市)、"大珠三角"(包括小珠三角七市和香港、澳门)和"泛珠三角"(包括福建、江西、湖南、广东、广西、海南、四川、贵州、云南九个省区和香港、澳门在内的"9+2"区域)。泛珠三角区域合作,使"珠三角"这一概念的内涵和外延进一步深化,使之在理论上和实践上得到进一步深化。

(1)泛珠三角区域合作框架协议

2004年6月3日,泛珠三角区域各方在广州共同举办了首届"泛珠三角区域合作与发展论坛"(简称9+2论坛),各地政府首脑提出了"9+2"的泛珠三角区域合作理念,并签署了《泛珠三角区域合作框架协议》。

《泛珠三角区域合作框架协议》开宗明义地提出了合作宗旨:坚持区域协调发展和可持续发展,充分发挥各方的优势和特色,互相尊重,自愿互利,按照市场原则推进区域合作,拓宽合作领域,提高合作水平,形成合作互动、优势互补、互利共赢、共同发展的新格局,拓展区域发展空间,共创美好未来;明确了"自愿参与、市场主导、开放公平、优势互补、互利共赢"的合作原则,规定了政府促进区域合作的途径和手段,并具体阐述了基础设施、产业与投资、商务与贸易、旅游、信息化建设、环境保护、卫生防疫、农业、劳务、科教文化十大合作领域的内容,建立了由"行政首长联席会议制度"、"政府秘书长协调制度"、"部门衔接落实制度"构成的合作机制。

(2)泛珠三角区域合作促进会展经济发展

协议指出,"泛珠三角区域合作与发展论坛"是推动区域合作的重要平台,规定按照"联合主办、轮流承办"的方式,每年举行一次论坛和泛珠三角经贸合作洽谈会,这无疑是给我国的会展行业注入了一剂"壮骨针",2004年7月14日召开的首届"泛珠三角区域经贸合作洽谈会"(简称"珠洽会"),让"9+2"概念性框架协议变成共生共荣、互惠互利、优势互补的经济联合体,正是凭借"9+2论坛"和"珠洽会",泛珠三角各省区的企业切切实实体会到"泛珠三角"的魅力、活力、凝聚力。许多企业就表示,会展给他们提供了一个良好的平台,他们可以在泛珠三角找到更大的发展空间。两个"会展"成为了促进区域合作的有效载体和平台，"9+2 论坛"和"珠洽会"的成功举办用事实证明了会展对区域经济的推动作用，与之同时，区域合作也给会展业的发展带来了巨大的空间。

首先，合作扩大了泛珠三角地区的展会资源。"泛珠三角"所属 9 省区和两个特区的经济实力、资源配置、产业优势各不相同，其内部成员之间在经济合作上有很强的互补性，"9+2"概念的提出，使这种合作在产业链、产业门类、物流等方面具有了可行性。大珠三角地区，依托"9+2"把内陆各省市变成更为广阔的经济腹地，成为承接劳动密集型、资本密集型和技术密集型加工业转移的腹部地区，从而达到加快该区域产业结构调整、繁荣各相关区域主体经济的目的。如按照交通业、物流业、旅游业、金融服务业、商贸流通业、制造业等市场经济功能划分，香港的金融、服务业和物流业，广州的制造业、东莞的加工业、澳门的中介服务业和博采旅游业，云南、江西、福建、贵州、四川、广西、海南的农业、工业、旅游业等，可相互实现互补，而"会展"就是实现这一目标的最现实平台。可见，随着区域合作的推进，随着资源优化配置的需要，"9+2"省区间将会衍生举办更多的会展。

其次，区域合作将促进会展业资源的整合。大珠三角地区的广州、深圳、东莞、珠海等城市早就因一些会展品牌如广交会、高交会、航展、电博会而知名，但是其展会总体数量、规模、质量等方面均与国际水平相比存在一定的差距。有专家预测，随着区域经济的发展，以广州为中心的珠三角将形成会展经济带，以广交会（从第 100 届起更名为"中国进出口商品交易会"）为龙头，南接深圳、香港，东接东莞、顺德、珠海、中山等会展城市，泛珠三角（CEAP）的实施使香港会展业和珠三角其他城市会展业将进入一个"整合"时期，市场主体和展会运作的一体化已是大势所趋。拥有良好产业基础、交通便利、物流业发达的香港、深圳、广州将形成三大国际性展览会中心城市，而泛珠各省的省会城市如厦门、昆明、成都、长沙、南宁、福州、桂林将形成区域性的会展中心城市。"泛珠三角"概念对中国会展资源的整合所带来的潮势已经隐约可见。

再次，形成会展业的区域性品牌。"9+2"各省区都认为，应加强区域会展资源的整合，共同打造会展业的区域性品牌，使会展经济成为区域经济发展的强劲动力。2005 年在广州举办的"泛珠三角会展产业发展论坛"上，泛珠三角区域会展城市的会展主管部门及部分企业负责人，就提出区域合作可在品牌、信息资源方面做文章，打造会展区域联动平台，各省应利用自己的优势基础产业和丰富经验，举办各种区域会展，为区域特色产业、特色资源提供一个展示的平台。如成都会展业代表认为，对于泛珠三角城市中举办的同类型展会，展开合作。用资源交换、股份合作、转卖等形式把同类型展会做大做强；长沙市会展业的代表则希望区域内的会展城市能建立辐射泛珠三角的会展信息网络，在区域内实现展会管理、资料统计分析等资源共享。另一方面，"9+2"区域性会展品牌也最有可能为外资公司青睐。据悉，法兰克福、慕尼黑、博闻等外资展览巨头已准备发挥其雄厚的资本和国际性营销网络的优势，在泛珠三角地区展开新一轮的中国会展市场竞争。可以预言，一大批专业行业展览会将随着泛珠三角地区产业结构调整和各个成员之间的深入融合，在规模上、档次上发生新的突破。

总之，"泛珠三角"概念将给会展业带来了更大发展空间，掀起"泛珠三角会展业"新一轮发展浪潮。泛珠三角地区应抓住机会，在中国会展业城市部落群体里提高自己的竞争力。

2. 首届中国—东盟博览会实证分析

（1）《中国—东盟全面经济合作框架协议》主要内容

2002年6月4日，国务院前总理朱镕基同志和东盟10国领导人签署了《中国与东盟全面经济合作框架协议》，决定到2010年建成中国—东盟自由贸易区。《框架协议》是未来中国—东盟自由贸易区的法律基础，共有16项条款，规定了自由贸易区的目标、范围、措施、起止时间，先期实现自由贸易的"早期收获"方案，经济技术合作安排，给予越南、老挝、柬埔寨3个非世界贸易组织成员以多边最惠国待遇的承诺以及在货物、服务和投资等领域的未来谈判安排等内容，总体确定了中国—东盟自由贸易区的基本架构。根据协议，中国—东盟自由贸易区将包括货物贸易、服务贸易、投资和经济合作等内容。其中货物贸易是自由贸易区的核心内容，除涉及国家安全、人类健康、公共道德、文化艺术保护等世贸组织允许例外的产品以及少数敏感产品外，其他全部产品的关税和贸易限制措施都应逐步取消。同时，服务贸易和投资也将逐步实现自由化。在经济合作方面，双方商定将以农业、信息通信技术、人力资源开发、投资促进和湄公河流域开发为重点，并逐步向其他领域拓展。协议还对未来自由贸易区涉及的贸易规则，如原产地规则、争端解决机制等内容作出了原则规定。

（2）首届中国—东盟博览会给中国—东盟区域合作带来的契机

2004年10月3日到10月6日，首届中国—东盟博览会在广西省南宁市召开。这是我国和东盟共同举办的集货物贸易、投资洽谈、服务贸易、文化交流于一体的一次盛会，是我国"睦邻、安邻、富邻"周边外交政策的一个重要载体，也是中国—东盟区域合作的一个重要转折点，给中国—东盟区域合作带来更大空间。[1]

（3）中国—东盟博览会增进了解实现共赢

中国和东盟 10 国企业都积极参与首届中国—东盟博览会，共有 2 500 余家企业报名参展，申请使用展位超过 5 000 个，其中东盟 10 国展位达 767 个。参展范围涉及机械设备、家用电器、电子信息、医药保健、汽车及摩托车、五金矿产、化工原料、轻工工艺、服装纺织等 10 多个行业 200 多种商品。博览会为东盟各国提供了一个非常好的平台，东盟各国和中国的商人可以在一起互相交流增进了解，博览会还使中国和东盟各国的领导人都充分认识到中国和东盟国家在资源构成、产业结构、工农业产品方面存在的明显互补性，充分认识到双方开展全面深入的合作的巨大潜力。

印度尼西亚出口促进署亚洲发展部主任赫尔曼认为，借助中国—东盟博览会，通过双方企业的交流，不仅可以在贸易方面有所突破、有所发展，而且还可以在文化方面增进彼此的了解。比如，印度尼西亚出产可可豆，中国却没有，印度尼西亚只有可可豆出口，没有深加工，中国的商人却大量进口印度尼西亚的可可豆加工再出口。这个量很大，如果通过中国—东盟博览会，把两国生产加工可可豆的企业结合在一起，中国企业在印度尼西亚购买可可豆，建厂加工可可粉、可可油、可可精。中国商人可以获得很大的利润，印度尼西亚的出品产值也会提高，双方都是互利的。印度尼西亚的中草药原料大量输出中国，中草药中的南药就是来自东南亚的药，而东南亚的药几乎都是来自印度尼西亚。有些药材中国没有，通过中国—东盟博览会的平台，让大家了解到中国的中草药的许多原料来自印度尼西亚，那么吸引一些中国的企业到印度尼西亚采购中草药原料，并设厂加工，最后以中国的品牌出口到世界各地。

（4）中国—东盟博览会促进国内区域合作

据中国商务部统计，到 2003 年，东盟已连续 4 年成为中国的第 5 大贸易伙伴，是中国在发展中国家中最大的贸易伙伴。在过去的十几年中，中国与东盟的贸易额以年均约 20% 的速度递增，2003 年的增幅竟达到了 42%。根据广西的地理区位，我们有理由相信，在广西每年一度召开的中国—东盟博览会将有力地促进国内区域合作。泛珠三角经济区位于中国与东盟国家的接合部，广西又是中国唯一一个与东盟国家既有陆地接壤又有海上通道的省区。东南亚至南宁的各条高速公路总里程达 1 000 多公里，沿北部湾的北海、钦州、防城港等海上良港，既是中国西部地区的出海口，也是距离东南亚最近的港口，东盟国家的商品可以从这里走向"泛珠三角"九省区，因此，广西作为中国—东盟贸易

---

1 中国—东盟全面经济合作框架协议. 深圳商报，2004 年 11 月 05 日；人民日报—华南新闻，2004 年 10 月 28 日第五版.

区中的物流枢纽的地位十分显著。"服务东盟，服务全国，面向世界"是广西承办中国—东盟博览会的宗旨，借助博览会，广西将充分发挥西南出海通道的作用，与华南、西南各省区市进行大合作、大联合，联手共建区域大市场，开发优势资源，推进产业对接，盘活存量资产，开拓东盟市场，最终促进泛珠三角经济区与东盟经济圈的对接互动，开创两大经济区联合发展的新局面。由此观之，中国—东盟博览会的举办及其作用的充分发挥，不仅可以有力地促进中国—东盟自由贸易区建设，还将大大推进国内区域经济一体化进程，扩大泛珠三角经济区合作，共享自由贸易区商机提供了更为广阔的空间。

第四节　会展经济带与城市群

近年来，城市群作为区域经济运动的一种新形式，引起了人们的广泛关注。城市群是在特定的地域范围内具有相当数量的不同性质、类型和等级规模的城市，依托一定的自然环境条件，以一个或两个超大或特大城市作为地区经济的核心[1]，借助于现代化的交通工具和综合运输网的通达性，以及高度发达的信息网络，发生与发展着城市个体之间的内在联系，共同构成一个相对完整的城市"集合体"。城市群的形成有其内在的动力，市场经济条件下，一座城市不是一个孤立、封闭的体系，它与邻近的区域和许多城镇有着密切的联系，城市群的形成正是城市间的这种密切联系的结果。目前，我国经济带与我国的城市群在地理空间上呈现一种重合的趋势，本节则以对我国的会展经济带的实证分析为基础，阐述会展经济带和城市群的互动发展。

以会展经济的发展为纽带，我国基本形成了分别以北京为中心的环渤海城市会展经济带、以上海为中心的长三角城市会展经济带、以广州为中心的珠三角城市会展经济带、以大连为中心的东北地区城市会展经济带，以及以成都、西安、昆明等为中心的中西部地区城市会展经济带等五种基本格局。而我国的区域经济格局也呈现出以环渤海经济带、长江三角洲经济带、珠江三角洲经济带、东北经济带（东北老工业基地）、中部经济带和西部经济带的板块运动格局，由此，可以初步断言，会展经济带的形成和城市群的形成呈现一种明显的正相关。

一、环渤海城市会展经济带
环渤海城市会展经济带，从地理空间上是指以北京、天津、河北、山东、

1　胡进祥. 论统筹城乡发展的三个层面. 现代经济探讨，2004 年第 2 期. 第 11 页.

山西、内蒙古等有关城市所形成的会展经济带。从这种界定来看,环渤海会展经济带所包括的范围就要大于京津唐、京津冀、大北京会展带这些范围。而且从实际来看,将山东、山西、内蒙古等省市纳入环渤海范畴,更有利于我国全国范围内的会展经济带布局。

作为中国的首都,北京发展会展经济具有得天独厚的优势。首都是全国政治、经济、文化中心,大量国家重要机构、全国性的行业协会均集中在此。作为以行业协会为主办单位的大型展示展览,北京具有不可替代的优势。同样由于这种全国性机构的聚集,各种大型、全国性的会议均选择在北京召开。相比较而言,在会议与展览中,北京首都优势对于会议的支持更为明显。从目前北京所举办的会展内容和规模来看,中国国际展览中心的机床展、纺机展、冶金铸造展和印刷展已进入国际同类展会前四;按面积计算,北京汽车展是全球第六大车展。从中不难看出,北京发展会展经济具有得天独厚的优势。[1]

对于北京会展业的发展,北京市政府已经确定了会展业发展的总体目标,即把北京建设成为亚洲最有影响力的国际会展城市和世界著名的会展中心。随着北京加速建设国际化大都市的进程和 2008 年奥运会的举办,北京会展经济将加速进入快车道,并以其强大的区域辐射功能,带动整个环渤海城市会展经济带的发展。同时,北京也利用其具备的会展吸纳作用,使更多的资源向北京流动。在这种辐射及吸纳的双重作用下,北京作为环渤海区域内中心会展城市的城市定位更加稳固。同时,从会展经济综合实力和知名度来看,环渤海区域内的城市也都远无法与之相提并论,北京作为环渤海城市会展经济带核心城市的地位将在很长一段时间内都无法撼动。而这种高等级的城市地位也决定了北京会展将向着更为国际化和高端的会展市场发展。

天津作为北京的门户,也是国际性现代化港口城市,近几年天津会展经济取得长足发展,每年举办的各类会展活动达 70 余次,交易规模超过百亿元,在全国会展业产生了一定的影响,并对相关产业起到了明显的拉动作用。尽管与北京相比,天津的会展经济起步相对较晚,会展经济总体规模还偏小,核心竞争能力还不够强,但是发展潜力和空间很大,天津完全可以利用处于环渤海经济区几何中心和与北京毗邻的区位优势,通过整合会展资源将天津培育成环渤海仅次于北京的二级会展中心城市。

该会展经济产业带中的核心部分——京津地区是世界上 6 个绝无仅有的在直径不足 100 公里的地域内集中了两个超大型城市的区域,拥有各类科研院所近千所,高等院校近百所,科技人员 150 余万人,是全国知识最密集、科技实力最强的区域。

另外，在北京周边和环渤海湾的城市当中，河北的唐山、廊坊、石家庄，山东的青岛、济南、烟台、潍坊，内蒙古的呼和浩特，山西的太原等城市未来的动作都值得关注，会展经济发展潜力无限。例如：山东烟台作为国家重点开发的渤海经济圈内的重要城市，APEC（亚太经合组织）频频在烟台举办重大经贸活动，从国际贸易博览会到中小企业技术交流暨展览会、电子商务博览会，烟台成为了中国最负盛名的 APEC 会展城。河北廊坊伴随着河北经贸洽谈会的一次次召开顺势而上，把一个几乎没有任何经济亮点和旅游资源的冀东小城，逐步打造成了一个以旅游、会展、高新技术及生态环保为主的新兴城市。

根据上述特点，"环渤海城市会展经济带"应形成以北京举办大型国际会议、论坛和高技术含量、高附加价值的展览会为主，以天津的经贸交易会为补充，区域联动的展会结构。

二、东北边贸会展经济产业带

随着中俄经贸合作的稳步发展，沿"京津—华北会展经济产业带"向北，即将形成以大连、哈尔滨、长春、沈阳为中心的东北边贸会展经济产业带。东北地区与中国其他经济区域相比，最大的优势就是与俄罗斯、韩国、朝鲜相邻，边境贸易具有相当大的发展潜力。因此，东北地区这几大城市可以利用自身的特色产业开发对俄、对韩经贸类展会，培育地区特色的会展经济。目前，以大连的服装节，沈阳的装备展，长春的汽博会、电影节、农博会，哈尔滨的体育赛事、中国企业家论坛等为代表的东北会展业已步入了一个快速成长期。

特别是在中央提出"振兴东北老工业"的口号后推出的 100 个重点项目，必然推动东北老工业基地产业结构的调整和经济格局的变化，而大连、长春、哈尔滨、沈阳以及吉林等城市则可以紧紧抓住这个机遇，促进城市会展经济的发展。可以预见的是，东北会展经济带将会出现一些会展城市的联动，展会也会有新的、符合东北经济发展方向的主题出现。城市会展向区域会展过渡已成大势所趋，东北各城市会展经济要在激烈的市场竞争中立于不败之地，携起手来，构建"东北中心城市会展联盟"看来是必然选择。

在该会展经济产业带中，大连会展业虽然与北京、上海无法相比，但因其作为港口城市具有较强的经济优势和区位优势，其可列为中国二级会展中心城市。黑、吉、辽三省的省会城市哈尔滨、长春、沈阳应通过依托当地产业特色，重点开展对外贸易洽谈会和体现地方产业特色的专业展览会。

2004 年，由长春、大连、哈尔滨、吉林、沈阳五城市会展管理部门共同发起的中国东北中心城市会展联盟在长春市成立。这是东北五城市市长峰会后五城市经济合作的又一实际行动，标志着东北会展经济合作迈上一个新台阶。在这个会议上，东北中心城市会展联盟共同发表了《中国东北中心城市会展联盟宣言》。《宣言》提出五市要坚持真诚合作、优势互补、互利互惠、协调发展的原则，向国内、国际两个市场，以提高本区域会展经济质量、效益为目标，争取国家支持与加快自身发展相结合，打破行业壁垒，清除地方保护，优化资源配置。

三、长江三角洲——华东会展经济产业带

就中国目前几个经济区域的经济发展状况来看，以上海、南京、杭州、宁波、苏州为代表的长江三角洲城市群，汇聚了中国 6%的人口和近 20%的国内生产总值，堪称中国经济、科技、文化最发达地区之一。据统计，截至 2001年底，上海、江苏、浙江已累计批准三资企业 7 万多家，合同利用外资金额累计 1 500 亿美元，世界 500 强企业中已有 400 多家进入这一地区。

长江三角洲区域经济的龙头——上海的会展经济整体实力在全国居于前列，与北京不相上下，而且大有超过北京之势。上海作为中国的经济中心、金融中心，是我国重要的出海口，国际化程度比较高。由于上海具有长三角城市中最高的城市地位，大量国外会展品牌首先选择在上海登陆，很多在上海召开的国际会展已经是在国外运作成熟的会展，其市场定位及所针对的客户群体十分明确。而且这些国际会展的运作者很多也是有国外展览公司直接操作完成。可以说，上海不仅是国际展览的第一登陆地，也是国外展览公司在中国的第一登陆地。国外品牌会展的登陆，为今后上海会展向着国际化方向的发展铺平了道路。在上海举办的各类型会展中，既有展示上海形象的国际经济会议，如"上海五国"峰会和 APEC 领导人非正式会议等。此类国际会议虽然直接经济效益不明显，但在国际国内都会产生深远的政治影响。也有具有全球战略对话意义的发展会议，如 99《财富》论坛 500 强浦东年会、2001 年的 APEC 工商领导人峰会和工商咨询理事会会议等。此类会议影响也相当巨大，其组织者往往是像世界银行、国际货币基金组织、亚洲开发银行甚至世贸组织之类的对全球或亚太地区的经济事务有重要影响力的国际权威机构。还有具有产业联系的综合性会展，如每年春季的华交会和秋季的工博会等。此类会展对上海和邻近地区经济景气影响极大，对企业的当年业务和翌年潜力亦具有决定性的意义。随着上海申办 2010 年世博会的成功，更将极大地促进上海会展经济的发展。据有关媒体报道，世博会门票、餐饮、旅游纪念品等的直接销售收入将达 90 亿元人民币。上海城市内的展馆、旅店、交通等配套设施也将不断完善，以满足世博会的需要。因此，上海是名副其实的中国一级会展中心城市。在"十五"规划中，

上海提出"十五"末要建成亚洲特大型国际城市，经济总量接近洲际经济中心城市的水平，并强调国际航运中心的建设，筹划建设21世纪采购中心。可以预见，在上海加快向国际化大都市迈进的过程中，上海将成为亚洲乃至世界会展中心城市，并以其与周边城市紧密的经济区位联系，通过各城市之间相互协调和配合，形成一体化区域会展经济，使长江三角洲会展经济产业带与德国的慕尼黑、法兰克福、杜塞尔多夫和科隆等城市一样，成为亚洲最大的会展城市群。

除上海外，长三角的其他城市会展经济发展也十分迅速。2003年南京举办的会展有70个，杭州有100多个，宁波有50个。杭州的"西博会"、宁波的"服装节"、常州的"中小企业商品博览会"、宁波的"旅游商品展览会"等展会都已颇具实力，苏州作为后起之秀，以产业为依托打造的"电博会"，几年内一跃成为国内知名展会。长三角会展经济带内，宁波、温州的制造业展会，杭州的休闲、会议、旅游三位一体的会展定位，苏州的外贸、外资类展会的定位，都显示出比较明确的分工和品牌优势，各城市之间冲突性不大。

"长江三角洲——华东会展经济产业带"因其城市大部分都是沿海城市，经济国际化程度比较高，将适合发展各种形式的以经济为主题的会议和展览。但是有一点需要引起注意，长三角会展城市的市场氛围和运行规则均不如珠三角，从这种意义上来说，长三角会展城市之间"整合"和"联动"还需要一定的时间。可以预见，在未来5~10年，长江三角洲会展经济产业带通过将会展业定为动力产业，提高科技含量，加强区域合作，将实现区域经济向更高层次整体推进。

四、珠江三角洲——华南会展经济产业带

以广州、香港为中心的"珠江三角洲——华南会展经济产业带"与其他地区相比，具有较强的产业优势、区位优势和开放优势。

首先，珠江三角洲——华南地区发展会展经济具有强大的产业支撑。目前，珠江三角洲地区一些新的中心城市，如深圳、东莞、顺德等城市因其经济的发展已率先成为我国重要的电子信息、生物技术、光机电一体化、新材料等领域的高新技术产业群。主要发达的产业有钟表、玩具、建材、家用电器、石油化工、医药制品、化工制品、纺织服装、食品制造、电子通信、信息产业和高新技术产业等，其中尤以有"东莞停工，世界缺货"一说的东莞"三来一补"加工中心，首屈一指的顺德家电业、中山的灯饰和服装、佛山的陶瓷业最为著名。这些发达的产业为华南地区展览市场提供了丰富的项目资源，使其适合发展具有地方产业特色的专业会展。

其次，具有与香港地区毗邻的区位优势。众所周知，香港地区是著名的国

际会展之都，在举办会展方面有着丰富的国际经验。珠江三角洲的城市，如深圳、东莞可以与香港地区合作，提升会展层次，迈向国际市场。整体而言，"珠江三角洲——华南会展经济产业带"中的各城市依据自身特色开发各类展会，将形成多层次、相互补充的会展市场结构：广州作为华南会展业的中心城市，以继续举办"广交会"这样大型的综合性的展览为主，以"规模大、参展商多"见长；深圳以举办高科技专业展会为主；其他珠三角各城市依托特色产业，举办具有浓厚的产业色彩的展会，如虎门的服装节、东莞的民博会等；而海南三亚和博鳌将以大型论坛和研讨会为主，南宁和桂林以专业会展，突出"小而精"为特色。

再次，该区域是我国对外开放最早的地区之一，也是目前中国会展经济发展最为繁荣的区域。广州广交会、深圳高交会，各种大型会展在珠三角地区"百花齐放"的局面已经维系了好几年，除了一直居龙头地位的广交会与新锐力量高交会之外，还有东莞的电博会、顺德的家博会、佛山的陶博会、中山的服装节，等等。这些会展的举办，无不显示出珠三角会展的勃勃生机。广州作为广交会的所在地，每届广交会到会客商约有几十万人，成交金额高达数百亿美元以上，国际化影响极大。从会展的市场环境、规模、服务水平等来看，广州会展业已经进入了一个相对成熟期，涌现了一批像美容展、家具展、建材展、医疗器械展等品牌展会。从展会的层次来看，广州既有国家级的中国进出口商品交易会，也有国外的来华专业展，还有民营展览机构所办的各类专业展。可以说，广州的展览业给了每个相关经营者以同等机会，任何有实力的办展机构，只要摸准市场，在广州都有发展的机会。香港作为珠三角城市中，也是中国所有会展城市中发展最早、成熟最早、国际影响最大的会展之都，会展经济的发展取得了傲人的成绩。深圳经济特区借助高交会，在会展硬件设施上不惜重金，为深圳会展业发展奠定了良好的基础。其他如东莞、顺德、中山等城市也陆续修建了一批高档次的会展中心，举办了一些知名会展，逐渐形成了自己的品牌。总的来说，广州、香港、深圳、东莞、珠海、顺德、中山等会展城市的会展资源实现整合和综合利用，将加速整个珠三角会展经济带的良性发展。特别是随着"泛珠三角"（CEPA）的实施，将会扩大珠三角地区的展会资源和广阔的市场空间。

五、中西部会展中心城市

中西部会展中心城市的发展与京津地区、长江三角洲和珠江三角洲不同，不是以谁为龙头，形成集群效应会展经济产业带，而是要突出个性，培育地区特色展会。从地理范围来看，中西部地区城市会展经济带所包括的地域空间最广，涉及湖北、湖南、安徽、河南、四川、重庆、广西、云南、贵州等省市，其中以成都、昆明、西安、武汉、重庆、南宁等城市为中心。

成都市作为历史文化名城，有着深厚的文化底蕴，同时它也是国务院确定的西南地区商贸中心、科技中心、金融中心和交通、通信枢纽，是中国西部和西南最大的消费市场与信息中心。在成都市委、市政府提出"构建辐射全国、面向世界的会展之都"的目标后，几乎每两天就有一场大型会、节在成都举行，大量海内外客商云集蓉城的热闹与喜庆，助成都揽下了"中国十大最具经济活力城市"、"中国城市品牌营造大奖"、"中国内地十佳商务城市"等诸多殊荣。如今，成都的会展经济已初具规模：展场馆面积 10 余万平方米，注册会展企业 30 余家，每年举办大中型会展 150 余次，参展外地客商 40 余万人次，带动相关产业、增加消费超过 100 亿元，已经形成了成都美食节、糖酒会、家具展、医疗器械展、西部国际博览会等知名会展品牌，会展经济总量位居西部第一。

广西南宁自 2004 年起成为中国—东盟博览会的永久会址之后，俨然成为西部会展经济的又一块热土。首届博览会期间，南宁市宾馆入住率同比增长 107%，餐饮收入同比增长 84%。以博览会为中心，广西形成了一系列突出"东盟"特色的会议群，拉动了广西会展经济的发展。据统计，除了中国—东盟博览会，2004 年南宁共举办各类展览 43 场，参展商 8 300 多家，其中境外参展商达 660 家左右，观众人数 100 万左右。广西展会经济在中国与东盟地区产生了良好影响，档次、规模已跃居西部地区前列，南宁和桂林也正向全国优秀展会城市、东南亚重要博览会城市的方向迈进。

郑州因其具有得天独厚的区位优势，能够使大批货物大进大出、快进快出，使广大客商节约时间，节约费用，因此郑州会展业的发展依托这一优势，举办了不少大型机械、建材、农产品等物流量大的会展。

相比于其他几大城市会展经济带，中西部城市会展经济带的集群效应并不是非常的明显，但是借助于几大中心城市的会展辐射作用，以点带面，应该是中西部会展经济带以后的发展方向。

复习思考题

1. 城市经济发展的一般规律是什么？
2. 为什么说并非所有城市都适合发展会展经济？
3. 中国会展城市群的大格局是怎样构筑的？
4. 二线城市会展发展模式有哪几种？
5. 会展经济区域合作的动因是什么？
6. 会展经济区域合作的主要模式是哪几种？

第八章

现代会展与区域可持续发展

学习目的

了解现代会展与区域经济发展的辩证关系，掌握会展经济可持续发展的原理，能运用原理分析会展实践中的案例和问题。

主要内容

区域经济与会展发展的关系；会展经济的可持续发展；绿色会展；现代会展资源可持续利用的问题探讨。

第一节　现代会展与区域可持续发展的关系

可持续发展理论本身还处于不断发展完善的过程中，本节首先回顾人类对可持续发展的认识史，并对理论界关于实现可持续发展必须坚持的发展原则进行简要的评述，然后对现代会展促进区域可持续发展的途径进行初步研究。

一、可持续发展理念的演进和可持续发展原则

可持续发展是人类面对发展带来的问题，反思自身的行为方式而提出的一种思辨理念，可持续发展理念经历了一个从产生、普及到现在被广泛认同的过程。

（一）可持续发展理念的演进

工业化虽然推动了人类文明的进步，但同时也带来了环境污染、人口爆炸、生态失衡、资源、能源的枯竭等诸多问题，从而需要寻求一种建立在环境和资

源可承受基础上的长期发展模式。"可持续"的概念来源于生态学，最初应用于林业和渔业，指的是对于可再生资源的一种管理战略：如何实现将全部资源中的一部分高效、合理地加以利用，使得资源不受破坏，而新成长的资源数量足以弥补所收获的数量。经济学家由此提出了可持续产量（由可再生资源的一定的最优存量所得）的概念，这是对可持续性进行正式分析的开始。

1972 年，联合国在瑞典首都斯德哥尔摩召开了有 114 个国家代表参加的"人类环境会议"，发表了历史上第一个"人类环境宣言"。这次会议被认为是人类关于环境与发展问题思考的第一个里程碑。

1981 年，美国农业科学家、世界观察研究所所长莱斯特·R. 布朗出版了《建设一个可持续发展的社会》，对"可持续发展观"作了首次系统的阐述，指出解决人口爆炸、经济衰退、环境污染、资源匮乏等世界性难题的根本出路在于控制人口增长、保护资源基础、开发可再生资源，建立一个可持续发展的社会。

1987 年第 42 届联大"环境和发展会议"，由挪威前首相 G. H. 布伦特兰夫人主持、由世界环境与发展委员会（WCED）和联合国环境规划署（UNEP）合作研制的《我们共同的未来》的报告，对当前人类发展与环境保护方面存在的问题进行了全面和系统的评价，并阐释了可持续发展的基本概念，即"可持续发展是指既满足当代人的需要，又不损害后代人满足其需要的能力的发展"，指出可持续发展使人类社会从根本上克服危机的唯一可行途经。

1992 年 6 月，在巴西里约热内卢召开了有 183 个国家和 70 多个国际组织参加的联合国环境与发展大会，通过和签署了 5 个文件，为面向 21 世纪人类的具体行动制定了准则。从此，可持续发展成为联合国有关发展问题一系列专题国际会议的指导思想。

（二）可持续发展原则

在对人类发展史以及导致人类发展面临的诸多问题的由来进行反思的过程中，人们提出并不断完善了可持续发展必须坚持的原则。

1. 公平性原则（Fairness）

强调本代人的公平，即指任何人（企业）在合理追求经济效益以达到利润最大化（即内部经济性）的同时，必须约束自己的外部不经济行为，不得将环境成本外推给他人或社会来承担，防止产生"公地悲剧"。强调代际间的公平，即指在时间上遵循社会的理性分配原则，不能在赤字状态下发展，保证代际协调公平。要认识到人类赖以生存的自然资源是有限的；这一代人不要为自己的发展与需求而损害人类世世代代满足需求的条件——自然资源与环境。一些学者认为，可持续发展的公平性不仅体现在纵向的时间维上，还应该体现横向的空间维上，由此，要求发达国家对落后国际的援助、要求发展国家在解决人类面临的共同的环境问题过程中承担更多责任的政策主张也就产生了。

2．发展原则（Development）

可持续发展的核心是发展，发展既是可持续的出发点，也是其归宿点。为了满足人们的基本需求和日益增长的物质文化需要，必须保持较快的经济增长速度，并逐步改善发展的质量，以便满足当前和未来发展的需要和综合国力的增强。只有当经济增长率达到一定水平，才可能消除贫困，提高人民生活水平，才能为持续发展提供必要的物质基础和条件，才有能力持续发展。

3．持续性原则（Sustainqbaility）

持续性原则是指人类的经济建设和社会发展不能超越自然资源与生态环境的承载能力。在发展的过程中必须满足如下几个不等式：一是人类对非再生资源的消耗速度不能大于非再生资源的可替代速度；二是对可再生资源的消耗速度不能大于可再生资源的可再生速度；三是对环境的污染强度不能大于环境的自净能力（将废弃物和排泄物自然分解和消化的能力），即不能大于环境容量；四是对环境的破坏强度不能大于环境自我恢复能力，即生态系统的自组织能力；五是对环境的建设（如绿化、水土保持等）速度不能小于环境的退化（沙化等）速度。

4．共同性原则（Common）

现代经济是市场全球化，竞争全球化的经济，国家与国家之间，地区与地区之间相互依赖程度不断提高。在开放条件下，可持续发展必须是各个国家和地区的共同发展。各个区域（国家或地区）的发展是不平衡的，欠发达区域若得不到适当发展，发达区域的资本和商品出路受到限制，其持续发展必将受到制约甚至没有可能。地球是一个不可分割的整体，地球上的水域是相通的，大气环流并不囿于国界，气候是全球动态现象，空气污染也不止于本地，而会产生大范围乃至全球性后果，生态灾难不能人为划定疆域。

5．主权原则（Sovereignty）

1989 年 5 月，在联合国环境规划署（UNEP）理事会期间，通过了《关于可持续发展的声明》（又称《里约宣言》），该声明在认可布伦特兰夫人定义的同时，阐明了可持续发展的主权原则："可持续发展，系指满足当代人的需求，又不对后代人满足其需求的能力构成危害的发展，而且绝不包含侵犯国家主权的含义"。《里约宣言》称："各国拥有按照其本国的环境与发展政策开发本国自然资源的主权，并负有确保在其管辖范围内或其控制下的活动不致损害其他国家或在各国管辖范围以外地区的环境的责任。"可持续发展是没有国界的，但以什么方式去实现可持续发展则是一个国家的主权。

6. 人本性原则（Humanity）

人的发展不仅是发展的目的和标志，还是发展的先决条件。1994 年在开罗召开的世界人口与发展大会明确提出"可持续发展的中心是人"。可持续发展的关键在于人，在于人的素质的提高，在于人的生育观，消费观的转变，在于人的伦理观、价值观、文明观、自然观和发展观的升华，以及在此基础上对人类社会政府行为，市场行为和公众行为的协调和调控。

二、现代会展与区域可持续发展

区域可持续发展是一个综合性的、长期的、渐进的完整体系。它包含"建立可持续发展的经济体系、社会体系和保护与之相适应的可持续利用的资源和环境基础"。[1]也就是要实现区域内"生态—社会—经济"三维复合系统协调发展。在我国的基本国策之一——可持续发展理论的指导下，中央领导人相继地提出有关可持续发展问题系列理论，如科学发展观、五个统筹、节约型社会、环境友好型社会、和谐社会、自主创新、主体功能区，等等。这些理论对于我国会展经济和区域经济的发展都具有现实的指导意义。

现代会展是一种新型的经济现象。现代会展与区域可持续发展的关系包括两个方面的内容：一是现代会展的发展促进区域的可持续发展，二是作为现代经济体系的一个重要组成部分，现代会展自身的可持续发展问题。

（一）现代会展对区域可持续发展的影响

现代会展从区域产业结构配置、促进区域产业技术水平的提高、居民生活习惯的改善等方面对区域可持续发展施加影响。区域可持续发展要求，在区域的产业体系中，要尽量降低对自然资源耗竭性消费产业的比重，降低污染产业的比重，大力发展清洁型产业。现代会展对产业结构优化升级具有促进作用，现代会展首先通过促进区域产业结构优化升级对区域可持续发展施加影响。区域可持续发展要求不断提高产业技术水平、污染治理和环境保护的技术水平，并积极倡导一种资源节约和环境友好的生产生活方式，而现代会展则通过信息、技术的交流传播，激发技术创新、促进社会生产技术的提高，倡导宣扬先进的理念，以促进资源集约型和环境友好型社会的建设，进而促进区域可持续发展。

总的说来，现代会展促进区域可持续发展的关键在于帮助区域实现"生态—社会—经济"三维复合系统协调发展。从生态的角度来讲，就是要减少环境污染和资源的浪费，维护生态平衡，维护植物的多样性和动物的多样性，保护和加强环境系统的生产和更新能力；从社会的角度来讲，就是要消除贫困，

---

1 参见《中国 21 世纪议程》，1994 年 3 月 25 日由国务院批准。

缩小贫富悬殊，加强和完善城市的服务功能系统，实现五个统筹，构建和谐社会；从经济的角度来讲，就是要以生态学为指导，实现经济增长方式由粗放型向集约型的转变，以信息化带动工业化，以高新技术来改造传统产业，尤其是要注重新能源、新材料的使用，大力发展生态型服务业，走新型工业化道路。

（二）现代会展自身的可持续发展

由于会展活动的事件性和离散性特征，与其他生产性的产业不一样，生产性的产业可以在一个地区的时空上实现聚集，但会展业只能在会展活动期间实现生产要素的瞬间聚集和瞬间放大。由于会展的这种瞬间聚集和瞬间放大的效应，使得会展效应的延伸和可持续发展问题，也就是会展活动的后续发展问题，简称为后会展经济研究的重要内容。由于会展活动是多元要素的组合，是人流、物流、商流、信息流瞬间放大的过程，而这一过程的实现，需要大量的人力、物力、财力的投入，比如需要修建大型场馆、主题公园以及配套设施等基建工程。如果随着会展活动的结束，这些基建设施也随之闲置，那无疑是一种极大的浪费，因此会展经济的可持续发展问题是一个非常紧迫的问题。要实现会展经济自身的可持续发展，各区域必须注意以下几个方面的问题：

首先，对区域会展经济的发展要进行准确定位。现代会展的是一个多层次的复杂系统，区域会展经济究竟属于这个系统中的哪一个层次，是由区域的会展资源，区位条件等因素客观决定的。不顾区域会展经济的发展条件，不顾区域所举办的会展活动的市场需求、市场影响力，盲目加大对高档场馆的投入，不仅不能促进会展经济的可持续发展，反而会因巨大的浪费影响整个区域经济的健康发展。

其次，培育区域会展品牌。培育竞争力强的会展品牌，使某些会展能够定期在区域召开，尽量减少会展活动的离散性对会展经济可持续发展的负面影响。

再次，加强会展经济区域合作。加强区域间在会展场馆的使用等方面的合作，竭力避免区域间的恶性竞争，共同致力于做大会展经济蛋糕，是促进会展经济可持续发展的重要途径。

第二节　后现代性与区域会展的可持续性

可持续发展之所以成为当今世界非常紧迫而重要的问题，与人类在追求现代化过程中对现代性的理解不全面有着密切的联系。近年来，哲学界兴起的后现代主义对人类曾孜孜以求的现代性提出了反思，其研究成果对区域会展的可持续发展有着重要的启示。

一、现代性的产生及其缺陷

现代性起源于文艺复兴时期人本主义取代神本主义的转折。以笛卡儿、牛顿为代表的现代机械论世界观作为"现代性"的奠基，指导了现代科学技术和工业化的发展，从根本上改变了世界的面貌。在笛卡儿那里，世界是一台机器，动物和人也是一台机器，它们由可以分割开来的部件组成，也可以还原为最基本的部件。机器不是活的，它没有思维，因而这种哲学主张思维和物质分离和对立的二元论。

从笛卡儿起，贯穿着整个启蒙运动及其后继者，所有关于现代性的理论话语都推崇理性，把它视为知识与社会进步的源泉，视为真理之所在和系统性知识之基础。人们深信理性有能力发现适当的理论与实践规范，依据这些规范，思想体系和行动体系就会建立，社会就会得到重建。这种启蒙运动的设计也在美国、法国以及其他一些国家的民主革命中发挥了作用，这些革命旨在推翻封建社会，建立一种体现理性和社会进步的公正平等的社会秩序。现代性借以产生一个新的工业世界的动态过程，可以描述为"现代化"——一个标示了精英化、世俗化、工业化、商品化、城市化、科技化和理性化等过程的词汇，所有这些过程共同构成了现代世界。

随着大工业的生产规模不断扩大，科学技术不断发展，代表现代性根本特征的科技理性和人文精神产生了分裂和对立。正如布莱克在《现代化的动力》一书中所说："现代性带来的问题与其所提供的机会一样大。""这是一个创造与毁灭并举的过程，它以人的错位和痛苦的高昂代价换来新的机会和新的前景。"科技的发展改变了人们的生活方式，但也带来了地球有可能遭受严重破坏的危险；现代工业改善了人们的生活，但却带来了环境污染和能源枯竭；现代商业促成了社会的繁荣，却也俗化了人的精神领域；现代自由的争取，则引发了无休止的暴力。人口膨胀、经济发展失衡、饥荒、核威胁，乃至人的异化，这一切都足以破坏自然环境的平衡和人类社会的和谐。

现代性表现的是工业化盛期的一种状态和性质。主张凡事遵循科学化、规范化、程序化、规定化的主体性原则，核心是物，强调理性思考和机械化操作。

二、后现代主义的萌芽与发展

由于现代性的缺陷，20世纪六七十年代，后现代主义开始出现在新前卫现代主义运动和波西米亚文化中，它们反对工业化与理性化的异化过度，试图改造文化和现有的价值尺度，从而寻求创造性的自我实现。他们对"现代性"提出反思，哲学基础是尼采的怀疑主义和萨特的存在主义，对西方的形而上学、本质主义、总体特征持一种激进的批判态度，同时也动摇了主体、理性、真理、语言、历史等概念的稳固的现代性内涵，其代表人物是法国哲学家米歇尔·福科和雅克·德里达。与激进的后现代主义哲学不同，反对解构、摧毁、否定现代性建设性后现代哲学，从怀特海的过程哲学出发，通过对现代精神和现代社会的反思，提出自己的后现代世界观。该世界观强调内在关系的重要性，倡导有机主义，注重历史的连续性和统一性，主张人与自然的和谐统一。

哈贝马斯的交往行为理论也是一种建设性的后现代主义。他认为，所有的语言都包含着一种产生自由社会的潜力，因为作为一种普遍实用者，语言体现出对于真、善、美的肯定。交流活动包含着一种理性，人们可以从中感受到，讲话人意在表达真理，表现自己，并受到正义标准的驱动。交流理性的基本规则是交流双方努力达成一致。它们的分歧在追求思想和目的的统一中消融。交往行为理论正是在同一性和差异性之间寻求一种沟通行为获取新的统一性，给现代性思想注入了新的活力，而成为一种建设性的后现代主义思潮。

后现代性表现的是后工业化时代的状态和性质，是对现代性反思后的升华和提升，是一种以未来为导向的现代性，主张凡事遵循有机性、系统性、客观性的原则，核心是人，强调人与自然的有机性和事物的内在联系，注重历史的连续性和统一性，主张人与自然的和谐统一，指出社会生活应向着生态化、人文化；本土化、全球化；多元化、创新性；交叉性、边缘性发展。而这些理念和可持续发展理论所宣扬的许多理念都不谋而合，后现代性里的后福特主义、结构主义、人文主义也非常符合可持续发展的理念，因此，将哲学和经济学相结合，我们将发现全新的实现会展经济可持续发展的有效途径。

三、后现代性趋势对会展经济可持续发展的影响

会展业作为一种交叉性的、新型的产业形态，要实现可持续发展，就必须深刻把握整个社会发展的后现代性的诸多特征，才能顺势而动，蓄势而发，才能把握会展经济发展的动向和命脉，从而实现会展经济的可持续发展。实际上，从某种意义上来讲，把握了会展经济后现代性的趋势，也就是把握了会展经济可持续发展的方向。

（一）生态化与人文化

趋势代表了事物未来的发展方向，要成功必须把握趋势，并且把握最大的趋势。生态化、人文化就是会展旅游最大的趋势。2008 年奥运会提出的"绿色奥运"和"人文奥运"的目标和口号，以及 2010 年世博会提出的"绿色世博"都是与会展旅游的后现代生态化、人文化的趋势相吻合的。会展与旅游结合，就决定会展旅游的生态化和人文性。从世界范围看，由于自然环境和生态平衡遭到破坏，环境矛盾日趋突出，20 世纪 70 年代至 80 年代人类环境意识觉醒，

提出可持续发展战略。可持续发展的定义是在不损害后代人利益的前提下，又能满足当代人的利益和愿望的一种发展观。这个定义指出了生态性和人文性的不可分性，人文关怀激发了生态回归，生态回归又促进了人文关怀。会展经济也应顺应此趋势，开始走"生态化"和"人文化"的道路。无论是自然资源还是历史文化资源，它们的生命力都在于其原汁原味的生态性和原始性。但近年来，我国会展旅游界在这方面还做得不够，旅游界盲目提倡"人造可创性"、"旅游资源永不耗竭"，而盲目开发、组合、克隆人造景观，结果是"画虎不成反类犬"，造成许多人造景观门可罗雀。同时，会展经济方面也出现了类似的情况，有些地区（如北京、天津等）为了某个会展项目，盲目投资建场馆和主题公园，结果现在许多场馆和主题公园都处于经营不善、不饱和经营、甚至闲置的状态。

在会展方面，也有一些业内人士提出了会展绿色设计和绿色会展管理。会展的人文化首先体现在会展是一种人际活动。从会展的目的来看，会展活动是为了促进贸易，促进特定资源和信息交流，需要人的积极参与，即使在网络经济十分发达的时代背景下，会展仍然会以面对面的交流为主要形式。因此会展活动是一种人际活动，以人的集聚、人的交流、人的交往、人的活动为主要内容。会展通过一些体验式的交流活动，缩小了彼此间心理距离，强调了人与人之间语言沟通和心理默契，符合哈贝马斯所描述的"理想言说情景"，有利于人的本能释放和潜能发挥，有利于人们在短时间内接受和学习大量信息，激发潜能，各抒己见，而产生"交往理性"。现代会展中所强调"体验式"互动的会议展览设计，以及行为艺术在现代会展中的运用，使会展活动更具备了产生交往理性的特质。人文化的第二层含义就是要将文化作为生产力融入会展经济与会展活动中去。人本会展须与区域的地缘文化、民风、民俗有机结合，丰富人们的精神生活，实现文化搭台，经济唱戏的会展模式，将企业文化、会展文化、区域文化有机的结合起来，充分发挥文化的引导功能、凝聚功能、激励功能和整合功能。

（二）本土化与全球化

民族文化是会展走向世界的通行证，只有实现了本土化，才有了与全球对话的语言和利器。商务游客不远万里前来参加会展，就是来看当地的特色，因此，会展活动应与当地的特色文化、特色旅游资源、特色（优势）产业相结合，经典会展活动是本土化和全球化的有机结合的产物。悉尼奥运会开幕式就是利用了本土的土著人精彩表演而吸引了世界的目光；北京奥运会吉祥物福娃也是本土化和全球化结合的产物，五个福娃代表着中国的五行（金、木、水、火、土），也象征着奥运五环，受到了大家的喜爱。九寨天堂会议中心及配套酒店都是采取的羌族建筑，但它 2004 年里却迎接了三百多场国际会议。

后现代性强调本土民族文化作为多元文化的一种范式存在，这一策略也成为东方与第三世界国家批评家用以反对文化殖民主义和语言霸权主义，实现经济上的现代化的一种文化策略。在这个意义上，后现代主义成为一种悖论，本土化、特色化是后现代性对现代性精英文化的批判，而全球化又是后现代性对现代性的一种延续。会展的经济全球化主要还体现在会展旅游资本、项目、管理技术和人才的全球流动使世界会展经济结构进行重新调整，会展资源得到了优化配置，从而加剧会展市场的竞争，促进了会展经济的发展。

（三）多元化与学习性

会展活动的过程就是一种多元要素重组的过程，会展文化也是一种海纳百川的文化，具有很强的包容性和创新性。会展经济促进事物多元化的重组，它是新产品、新科技的汇集和传播，它打破了我们固有的单一思维模式，使我们对问题的思考也变得复杂起来，对价值标准的追求也突破了简单的非此即彼模式的局限。因此，它具有后现代性的多元思维模式的特性。我们可以看到大凡会展业发达的国家或城市都具有多元的文化，会展目的地也是将其具有的多元文化作为一个重要的砝码对外宣传的。我们可以看到，20世纪以来，几乎所有的奥运城市的申奥陈述中都强调了该城市多元文化的特征。巴塞罗那、悉尼、北京、伦敦都无一例外地强调本城市开放的文化环境和多元化的城市文化特征。

会展活动正是给我们提供了一个这样的学习空间和学习网络，会展活动为我们营造了一种集聚学习的"空气"，这就是面对面的交流、学习、信任、协同的氛围，由此，参加会展的行为主体之间的信息和知识循环得以迅速改善。它通过举办各种会议和展览，让人们的智慧成果汇集到一起，让人们充分地学习，它缩小了彼此间时空，它营造了一个高强度、高密度的学习空间和轻松的对话式的学习环境，这种环境有利于人们在短时间内接受大量信息，通过学习，激发潜能，实现创新。它通过共享式和体验式的学习达到共享式的礼仪、规范和道德范式，从而进一步地造就共享式的创新理性。会展是传播和学习最新科技资讯的最佳途径。由于现代会展的便捷性、集中性、直观性和快速性，它已逐渐成为促进国内外的政府与企业、企业与企业、企业与消费者以及社会其他各主体之间学习与交流的重要平台。从科技发展史来看，许多划时代的发明创造，如电话机、留声机、蒸汽火车、电视机等都是在展览会上首先进行展示和推广的。我们可以通过发展高层次的会展活动，打通向世界学习的"快速通道"，可以极大提高生产率和扩大营销网络，有利于培育学习和知识溢出的环境，有利于个体和组织学习、交易学习、网络学习、空间学习，从而提高个体和组织的创新能力，进而实现区域经济的跨越式发展。

（四）交叉性与边缘性

会展业与旅游业的交叉和有效对接，就产生了会展旅游业，会展旅游是指借举办各种类型的会议、展览、节事活动，为会展受众者提供当地或邻近的特色旅游和相关旅游服务，以促进会展业与旅游业的良性互动的新型旅游产品。由于会展和旅游是一对孪生姐妹，会展旅游业的发展是会展业发展的必然趋势，这种交叉性使会展旅游产生了非中心性、边缘性等后现代的特征。纵观会展业的发展，为了迎合会展参与者对下榻环境、会展旅游产品的需求，由于城市的密集，交通的拥挤等客观因素，会展举办地与活动地已出现明显的区域边缘化特征。现在，越来越多的会展旅游活动的举办者选择一些特殊场所作为其会展目的地，如运动场所（如足球场）、文化娱乐场所（如乡间豪宅）、旅游景点、交通设施（如游船）等地，这些现象都预示着会展旅游的边缘化的趋势。尤其在场馆建设方面有明显的非中心化的特征，国内外许多新建的会展场馆多建在城市郊区和城市边缘，如德国柏林会展中心选址城市近郊，莱比锡会展中心选址城市远郊，上海的新国际博览中心选址浦东边缘地带、广州国际会展中心落户广州东南部新城市副中心琶洲、北京的新中国国际展览中心也规划在北京市东北郊的现代高科技园区内。以成都为例，位于市中心，曾一度享有盛名的成都省展览馆现已衰落，现定位于科技博物馆，而成都国际会展中心和即将新建的新世纪国际会展城、花博会会展馆都在成都市的边缘。这种边缘性、非中心化将有效地促进会展旅游的发展，进而促进城乡一体化的发展，因为随着场馆的建设，会展活动的举行，必然有效地带动相关市政建设和产业的发展，从而实现统筹城乡的目标。

第三节　现代会展资源的可持续利用

会展活动是一项高度整合资源的系统工程，对会展资源利用不当就会造成人力、物力、财务及技术的极大浪费。因此，对会展各种资源综合利用的适时利用、适度利用、永续利用也成为会展可持续发展的重点所在。会展活动作为一种资源集中型的区域经济活动，怎样使资源集中向资源集约型转变，怎样培育节约型会展，是摆在我们面前的现实课题。

一、会展资源"可持续利用"的提出

在谈及现代会展对区域可持续发展的影响和作用时，我们一般都认为会展是"城市的面包"，强调会展对区域经济的正效应。实际上，会展活动在区域经

济发展过程中虽然起到了催化剂的作用，但也会产生一些负效应。大型会展活动给区域经济发展带了极大机遇的同时，也相应产生区域可持续发展的问题。

一方面，会展活动促使当地基础设施建设不断完善，优化了产业结构，进一步促进了城市化的进程，促进了区域经济的发展；另一方面，为了举办会展活动，举办地政府投入了大量的人力、物力和财力，但会展活动过后，由于受需求的制约，可能会产生制造业衰退、房地产闲置、旅游业不景气等"低谷效应"。以奥运经济的带动效应为例，根据德国学者霍尔格—普鲁施的计算，各届奥运会的投资乘数效应都呈现前高后低的巨大反差。比如对国际货币基金组织的有关数据进行分析发现，在 1952 年至 2000 年间，奥运会主办国的 GDP 在奥运会开始前的 4 年里都呈现强烈的增长态势，而在奥运会结束后的 7 年里 GDP 增速明显趋缓。这种波动主要是由于短期需求的剧烈变化所致。在奥运会前的建设期内，需要在短短几年时间里建设大量的奥运会场馆和设施，短期需求膨胀，投资迅速增长。即使是 2000 年悉尼奥运会，曾被誉为"最为成功的奥运会"，其直接投资就达 84 亿美元，大部分都集中于奥运会开幕前的 5 年间，结果澳大利亚这 5 年的平均 GDP 增长率达到 4.35%，远高于该国过去 30 年 GDP 增长率的平均值 3.5%。但在奥运会结束后，需求迅速萎缩，投资急剧减少，投资增长率从 2000 年的 14% 锐减到 2001 年的 8%，增长也随之趋缓。[1]

会展的可持续利用问题是贯穿整个活动的，如果会展活动前没有仔细地研究和讨论会展可持续发展问题，那么可能就会造成极大的资源浪费，产生会展活动的负效应。考察我国现有的会展活动，会展业形成的资源浪费主要体现在场馆资源的浪费、参展物资的浪费、重复办展造成的浪费以及会展资源和会展信息的浪费。由此，本节分为五个方面来谈会展资源可持续利用的问题，即场馆资源的可持续利用、主题公园的可持续利用、参展物资和废弃物资的可持续利用、无形会展资源的可持续利用以及塑造"绿色会展"的其他举措。

二、场馆资源的可持续利用

（一）场馆资源的浪费及其原因分析

大型的会展活动，特别是那种并不固定在某一地点举行的规模大、影响力大的会展活动，东道城市申请举办成功后，一般就会大兴土木，对会展场馆和城市基础设施进行修建和改造，投入巨大的人力、物力和财力。而这种大型的会展活动往往持续时间为一星期到半年，且不论投入的资金能不能在会展期间收回，单就为会展活动兴建的场馆来说，就会遭遇到会展活动之后门庭冷落的

---

1 年炜. 警惕奥运经济的负面影响. 特别策划·中国接力，2004 年第 1 期.

局面。我国会展业最大、最触目惊心的浪费也首先体现在场馆的浪费上。近年来，我国场馆建设每年投资 40 个亿以上，年均增幅 20%以上。截至 2003 年底，我国展馆面积已达 251 万平方米，超过了会展超级大国德国（德国为 250 万平方米）。另一方面，我国平均展馆利用率却低于 30%，就连展馆利用率较高的北京也只有 35%，上海为 50%，而国际上展馆利用率一般可达到 60%～70%（这也是单体展馆发挥出最佳市场价值的比例）。在场馆装饰上，国外的场馆的建设投资一般都是几千元/平方米，而我国却高达 2～3 万元/平方米，与我国的会展经济发展水平和区域经济发展水平不相匹配。而这些豪华型的场馆，个个都是耗能大户，如果闲置，其运营费用和管理费用就是一笔不小的数目。这些展馆的闲置不仅造成资产和资源的浪费，更为重要的是造成会展场馆之间的无序竞争和恶性竞争，从而影响会展业的持续发展。亚运会给我们留下了大量的无法运营的场馆设施；昆明的世博园的持续经营也不容乐观，世博园内的超豪华的固定厕所，今天看来无疑也是一大浪费。

究其原因，主要有两点：一是盲目地认为只要修建了场馆，就会产生会展经济 1:9 的带动效益，就会形成会展经济的增长极，从而极大地推动区域经济的发展，但实际上，会展经济的发展还与区域经济的市场要素、区位要素、产业要素等诸多要素相关，因此，并非场馆的建设就能带来会展经济和区域经济的发展；二是我国许多地方政府把会展场馆当成城市的一个标志性建筑，把会展场馆的修建当作一项政绩工程来抓，因此，造成了场馆修建的不计成本，贪大求洋，甚至形成盲目攀比之风。

（二）大型场馆建设的经验借鉴

大型会展活动场馆的可持续利用是几乎所有东道城市都会遇到的问题，为了解决这个问题，世界各国也都使出了浑身解数，出现了许多成功的场馆经营案例，同时也有很多经营失败的教训。2000 年悉尼奥运会被誉为"最为成功的奥运会"，它的场馆运营过程自始至终遵循了可持续发展的原则。

首先，悉尼奥运会尽量使用已有场馆。悉尼奥运会实际利用了原有的 11 个场馆，占总场馆数的 44%，并承担了 40%的比赛项目，也就是说，有大约 1/3 以上的比赛项目利用了原有设施。

其次，悉尼奥运会尽量使用临时场馆。悉尼奥运会还将一些其他设施改建成临时性比赛场馆，这些临时性比赛场馆既可以满足比赛的要求，又可以在比赛之后拆除或改为他用。如鲁斯圆顶综合体育馆就是临时改建作为篮球、手球、现代五项、羽毛球和艺术体操的比赛场馆。奥运会结束之后，该体育馆立刻恢复了原有风貌，成为水果、蔬菜、毛织品、谷类等产品的综合展览馆。另外的例子还有邦迪海滩的沙滩排球比赛场、悉尼会议中心、悉尼展览中心、悉尼娱乐中心、世纪公园等。在奥运会结束后，这些场所也都恢复了自己的原有风貌。这样一方面避免了不必要的浪费，另一方面也有利于环境保护。

最后，悉尼奥运会对新建的场馆十分注意把握可持续发展的原则。悉尼奥运协调委员会主要负责对体育场馆进行统筹规划和构思，并制定了一个奥运场馆建设和开发的主计划。该计划是在广泛听取了环保组织、各单项协会、旅游文化部门，以及借鉴巴塞罗那场馆建设经验的基础之上完成的，宗旨是要使新建和改建的场馆除了能满足奥运会和残奥会的比赛要求外，更为重要的目标是符合悉尼和新南威尔士州当地居民对体育文化的长期需求，改善其体育文化生活。该计划充分论证了新建场馆的可行性，并严格控制了新建场馆的规模，充分考虑场馆的多功能性。例如，悉尼国际水上运动中心有两个标准池，固定座位 4 400 个，奥运会比赛期间可增至 17 000 个。它的设计别具特色，可多功能利用，奥运会后将作为市民休息、游乐场所，水池上加盖更可改造为餐厅和舞池[1]。

在筹划会展活动时，必须对会展场馆的可持续利用问题进行综合的分析和判断，场馆的后续利用目标应该十分明确，否则就会形成资源的巨大浪费。例如，1970 年大阪世博会的规划就是一个典型的失败案例。大阪世博会选址在当时大阪市城郊，而按照设计规划，在本届世博会结束后，将在郊外建设一个大阪的新城区，世博园则成为新城区"住宅用地和公园"。令人遗憾的是，在设计时，园区内的设施与日后新城区的市政规划没有有机协调，导致世博会结束，在 350 公顷的土地全部归还市民后，不得不重新进行规划和建设，其中包括基础设施和配套的设施。在 115 个展馆逐步丧失效用和效益后，只能拆除或移往他处，其代价十分高昂，浪费相当惊人。再如，斯堪的纳维亚馆，最初的建造费用只有四千万日元，展后迁到北海道，迁移的相关费用，总计高达二亿七千万日元。这些费用包括：直接迁移费用、为使建筑能够适合北海道严寒气候而增加的抗寒措施、建筑内暖气管道铺设的费用，等等。再如，澳大利亚政府赠送给三重县的澳大利亚馆，因为三重县无法负担总数超过四亿日元的巨额迁移费用，最终只好搁置。由于一开始的规划不够详尽、科学，展会结束后再重新进行设计利用的代价和费用十分高昂，最后，日本只好被迫中止对大阪世博会展馆再开发利用的计划，将剩余的建筑实施拆除。可是，拆除的费用也是一个十分庞大的数字。比如，苏联馆、美国馆和加拿大馆的拆除费用分别高达一亿六千万日元、三千五百万日元和四千七百万日元。即使是勉强保留到 1976 年的日本馆，最后也因为再利用和改装费用太高，不得不于当年拆毁，留在日本馆原址上的是一片绿地。曾经经过再三研究，一度在 1975 年决定作为展会结束后

1 年炜. 警惕奥运经济的负面影响. 特别策划·中国接力，2004 年第 1 期.

唯一永久保留的标志性建筑"太阳之塔",尽管随后进行了修复和永久性处理,但由于在开始建造时,对建筑物的材质要求没有顾及到永久性保存的需要,最后,由于安全隐患和过于高昂的维护费用,不得不于 1999 年实施拆除。所以,在实施了一系列的再开发利用计划和进行善后处理,并浪费了巨额的国民财富之后,大阪世博会原址上,没有留下 1970 年世博会时的任何痕迹,一切都消失殆尽。大阪世博会的总规划师丹下健三先生坦承,世博会没有任何经典建筑保存下来,已经成为他毕生的遗憾。当今日本建筑学会会长仙田满教授一针见血地指出,大阪世博会一结束,原先的规划马上成为毫无利用价值的东西。如果不考虑 1970 年大阪世博会的的直接盈利,以及对日本经济的间接正面影响,而仅仅考虑世博园本身的规划和利用效益,由此造成的巨额资源浪费,无疑给大阪乃至整个日本,都形成了一个十分沉重的财政负担和经济包袱。

大阪世博会的规划无疑是失败的。失败的的主要原因在于,后续利用目标不明确,整体上没有达到统一和协调的程度,展会规划与城市规划发生冲突。从布局上分析,尽管大体上有世博会结束后用作住宅和公园用地的一些考虑,但在具体规划中,对未来城区的布局要求没有充分体现。从建筑方面分析,展馆过多强调和注重设计的新奇,结果无论是永久性建筑还是临时性建筑,它们的区分和分布布局,对后续利用的要求都没有进行充分考虑和兼顾。从设施方面分析,也存在同样的问题,所有设施基本专门为当时世博会而配置,展会结束后,就再也没有后续利用的价值,甚至成为城市的累赘和包袱。在世博会结束以后,相关方面十分惋惜这些精心设计和建造的展馆,采取了许多事后补救措施,包括拍卖、迁移、低价出售等计划,但所有这些尝试,都无法使展会的场馆设施继续得到有效的利用。

因此,在会展规划中,只有将后续利用作为优先和重点因素予以考虑,并予以高度重视,才能避免造成国民经济财富的巨大损耗,才能避免使会展在某种程度上延迟、阻碍城市建设发展的步伐。在对会展活动进行规划时,目标一定要十分明确,对大型的会展活动尤其如此。只有这样,相关的再利用方案和后续利用计划才能在会展结束后得到有条不紊的有效实施。同时,按照会展的事先规划,对场馆开展有序有效的后续利用,可以充分发挥会展活动的长期效益,使会展活动真正有效地促进城市和国家的发展,提供交流沟通平台,创造经济活动机会,让会展经济的所有功能得到真正有效的发挥。

(三)会展场馆的可持续发展

1. 会展场馆设计要遵循绿色设计的原则

会展场馆的可持续发展主要体现在场馆设计自始至终都要遵循绿色设计的原则和"自然—社会—经济"复合系统协调统一的原则。绿色设计(Green

Design）是 20 世纪 80 年代末出现的一股国际设计潮流。所谓绿色设计，就是设计师在设计产品时，就考虑到当它完成使命时可被重复利用，或可被安全地处理。绿色设计是一个内涵相当宽泛的概念，由于其含义与生态设计（Ecological Design）、环境设计（Design for Environment）、生命周期设计（Life Cycle Design）或环境意识设计（Environmental Consciousness Design）[1]等概念比较接近，都强调生产与消费需要即一种对环境影响最小的设计，因而在各种场合经常被互换使用。绿色设计反映了人们对于现代工业文明所引起的环境及生态破坏的反思，同时也体现了设计师道德和社会责任心的回归。它与城市规划设计、建筑设计一样，其总目标是人与自然和谐共存，人类与地球可持续发展。

会展场馆绿色设计主要体现在三个方面：

（1）会展场馆在设计时要保护生态环境，遵循循环经济的 3R 原则，即：减量化原则、再利用原则、再循环原则

减量化原则（Reduce）就是指尽量减少对材料资源及能源的需求，保护地球的矿物资源的可持续利用。如可根据会展场馆的性质、规模设计人工空调系统，使之达到优化的节能；通过有效设计，充分利用自然光热能量照明保暖或利用自然天气条件降温；在选择会展场馆的建筑材料上，与钢、铝、混凝土等高内含能量相比，尽量使用天然材料和地方材料将从制造或运输角度降低整个场馆建筑的内含能量。因此，对于一些大型的会展活动，如奥运会、世博会等，应该像悉尼奥运会一样尽量使用原有的场馆设施，减少对资源的浪费。

再利用原则（Reuse）和再循环原则（Recycle）就是针对临时展馆和参展时使用的材料，尽量使用可回收的、可循环利用的材料，对于旧场馆建筑的重复利用和对一些建筑材料、构件、配件与设备的重复使用。特别是一些大型的会展活动，由于其存在事件性的特征，因此，会展活动一结束，就会面临大量的基础设施的运营和处置的问题。所以，应借鉴悉尼的做法，尽量改建或搭建临时性的场馆设施，会展活动之后，又恢复成原貌。

（2）要有利于人们的身体健康

这主要指人工环境中的防火、防灾、无毒、无害等方面的问题，使用的材料也应注重低辐射、低污染。应通过设计引导人们培养健康的生活方式，减少建筑废弃物或工艺生产的三废排放、避免光与噪声污染和热污染。建筑装饰材料中辐射性物质、甲醛等有害性气体物质应控制在允许的指标内。

（3）要有利于使用者精神愉悦和谐

这主要指设计应加大艺术感染力度，用生态美学思考设计问题。也就是运

---

1 徐佳，顾锋. 上海世博会规划与场馆后续利用研究. 技术经济与管理研究，2005 年第 1 期.

用生态学的理念，在产品的生命周期内优先考虑产品的环境属性，在考虑产品性能质量和产品回收处理的同时，还考虑到产品的经济、功能和审美等因素。

2. 大型会展活动场馆后续利用的方式

按照世界上大型会展活动场馆后续利用的不同实践和探索，可以将场馆后续利用大体分成三种方式：拆除、改建与恢复、保留。针对这三种不同的场馆利用方式，作者结合世界上正反两方面各种不同的案例，对它们的优缺点和利弊得失，分别进行比较深入的剖析。

（1）拆除

以拆除的方式来解决会展场馆的后续利用问题，一直广受争议。一般来说，公众会质疑，这种拆除的方式是否使国民资源受到了浪费，决策者因此要承担很大的公众压力。在普通国民或市民看来，比较著名和大型的会展活动在自己居住的城市举办，那是一种骄傲和荣耀。如果会展活动的相关建筑和设施能够永久保留，使之成为人们永久的记忆，并变成东道城市的一种名片和标志，市民一般会感到有一种满足感，也是他们的普遍期望。但是，从另一个角度来看，前期为会展而专门新建的一大批场馆，会展活动之后，很可能成为东道城市的一个巨大包袱。原因在于，保留会展场馆无非有两种出路，一是让场馆空闲，成为城市的摆设和花瓶，但那样就会持续耗去大量的维护费用；二是向社会公众开放，而这，又涉及免费还是收费的问题，因为在开放后，管理和维持上的投入必然会加大。如果采取开放的方式，也有不少问题需要在分析后决定，比如展馆的定位，面向大众和面向专业人士，是完全不一样的。这些问题，都要予以明确。

在悉尼奥运会场馆后续处理的案例中，很多实施了拆除方案。针对有关浪费的质问，有关人员发表看法认为，对浪费要作辩证的分析。从表面来看，一个大型的场馆新建起来，需要花费大量的人力物力和财力，而这个辛辛苦苦建造的场馆，只是在比赛期间发挥了半个月的效用，然后就要被拆除，感到十分可惜，形成了一种巨大的浪费。但是，这仅仅看到了问题的表面和一部分。如果再深入分析就会发现，如果这些场馆在赛后的继续利用没有充分保证，需要继续追加投入维护管理费用，这样的话，不仅前期的建设费用无法发挥效用，后期的管理维护费就成了更大的新的浪费，可能成为一个越背越重的包袱。悉尼为了举办奥运会，在郊外的一个垃圾场建造了十余个比赛场馆，这其中包括主体育场。正是基于上述考虑，悉尼奥组委果断决定，奥运会结束后，拆掉这些场馆，其目的就是为了避免持续地为这些场馆投入维护资金，坚决卸掉这个包袱，不造成新的浪费。悉尼奥组委的做法，成为赛后场馆利用的一个典型案例。

爱知世博会是另一个展会后场馆拆除的典型案例。日本爱知世博会的场馆，全部采用模块化的方式建造，装配、拆除和再利用均十分方便，全部按照临时建筑建造。爱知世博会的主会场本来是一个公园，世博会结束后，只是将日本馆和少部分日本企业馆保留下来，其余的场馆都要实施拆除，将来这些地方有可能作为仓库使用，也有可能用作临时车间。这样，就恢复了公园的原有本色，世博会会场再次成为绿色主题公园，土地的利用十分充分。这种处理方式，使世博会"自然的睿智"主题，即使在会后，也得到了真正的体现和贯彻。

澳门政府在1999年澳门回归祖国的时候，修建了用于澳门政权交接仪式的专门场馆。该交接仪式场馆用地约6 000平方米，高度为20米，大概能够容纳2 500人。虽然交接仪式场馆不是按照永久性的建筑来规划的，但在政权交接仪式结束后，马上成为澳门的一个重要旅游景点。尽管如此，根据事先的规划，这个交接仪式场馆还是于2000年8月被拆除，场馆原址建成为一个澳门回归纪念公园。

上面分析的案例基本发生在其他发达国家或地区，其实即使在中国国内，也存在对会展场馆进行拆除的典型案例。2008年北京奥运会的曲棍球场、射箭场位于奥林匹克森林公园南区，奥运会曲棍球与射箭项目的预赛和决赛，都是在这里进行的。这两个比赛用场地的规模分别为：曲棍球场占地约11.87公顷，包括两块场地，能容纳观众17 000人；射箭场占地约0.922公顷，包含5 000个座席。按照规划，两个场地均是临时性场馆，在2008年北京奥运会结束后，这两个场馆便重新恢复为奥林匹克森林公园绿地。此外，北京奥运会的沙滩排球场，位于朝阳公园，是2008年奥运会沙滩排球的比赛用场地，该场地包括一块主比赛场、两块热身场、6块训练场和12 000个观众席位。这个沙滩排球场，坐落在朝阳公园北湖水岸线旁，占地15公顷，于2007年8月竣工。依据规划，沙滩排球场的所有看台和一部分功能性用房，都不是永久性建筑，奥运会比赛结束后便予以拆除。

（2）改建与恢复

为了避免对场馆建设投入更多的资金，国际国内经常采用的一种办法是，将已经使用比较成熟的场馆，进行简单和必要的改造后，继续开展会展活动。在会展活动结束后，再将场馆恢复成会展之前的使用功能。这样，场馆的后续利用问题就不再存在了。目前，国内外采用这种方式的很普遍，尤其对一些中小型会展活动而言，基本就是充分利用原有的一些场地，包括各类会展中心、体育场（馆）、公园，等等。在采用这种方式的大型会展活动中，体育赛事是最为典型的。作为会展活动的体育赛事，其特点之一就是频繁举办。恰好，作为会展场馆而言，体育场馆是相对最为容易改建和恢复的。为了适应各种各样不同类型的比赛，国际上体育运动开展比较好的国家和城市，兴建了资源非常丰富的体育场馆，这些场馆包括多种大小不同的规模和各不相同的功能。从场馆准备上而言，具备这些丰富体育场馆资源的国家，举办会展活动将变得十分便利。

每四年举办一届的奥运会，是体育赛事中场馆改建与恢复最典型的例子。举办奥运会比赛，需要数目很大的体育比赛场地，为了达到这一目标，只好将原来已经存在的很多体育场馆或者其他场馆进行改建，奥运会一结束，就将这些场馆恢复到奥运会之前的使用功能。例如，美国亚特兰大奥运会的主体育场，奥运会前是一个棒球场，为了奥运会改建成主体育场，在奥运会结束后，又恢复为原来的棒球场。

当然，改建和恢复场馆的利用方式并不是万能的，也存在一些局限性，有些局限性甚至是很关键的。由于需要占地面积巨大的、固定的和功能统一的场地作为支撑，对综合性和专业性很强的大型世博会一类的会展活动而言，基本就不存在利用原有场馆进行改建的可能性。比如，一片开阔的场地是现代世博会所必需的，然后将临时性或永久性的会展场馆建造在这片场地上。如果世博会原址本来就是在原有公园的基础上，这类大型会展活动可以最大限度利用的，就是将原有的公园场地进行改扩建，会后，将部分场馆拆除或者迁移，恢复原址的公园功能。遗憾的是，这种案例并不多，绝大多数世博会的场馆建设，均是另外开辟一片新的场地来进行的。

（3）保留

保留会展场馆，是上述两种方式以外最为适用和符合中国国情的一种方式。在场馆后续利用方面，基于国内外大型会展活动的成功经验，按照规划体现的不同特点，可以将会展场馆后续利用采取全部或部分保留的方式分为三类。具体讨论如下：

1）作为时代印记，纪录历史辉煌时刻，最终演变成城市、甚至是国家的象征，以保留标志性建筑为目标的方式。之所以采用这种方式，标志性建筑的代表性是主要的考虑因素。下面是保留标志性建筑的部分案例：1851年伦敦的首届世博会，保留了世界著名的"水晶宫"；1889年巴黎世博会留下的艾菲尔铁塔，现在已经成为巴黎甚至整个法国的标志和象征；前后共6届世博会给巴黎留下了许多永久性的标志性建筑，这些建筑是巴黎世博会的珍贵纪念，例如：夏乐宫、巴黎工业宫、亚历山大三世桥、人工艺术创造院、奥德赛宫、荣誉军人院、国民广场、机械宫、博览会纪念门，以及塞纳河两岸的一些建筑物，等等。1958年布鲁塞尔世博会留下的标志性建筑，就是现在仍耸立在布鲁塞尔市中心的原子能结构球形博物馆，这座博物馆是人类进入科技进步新世纪的一座丰碑的象征。

只有将会展活动的内容、国际影响力、知名度、场馆建筑风格、设计者及设计等重要影响因素，统一协调规划，整体上达到十分完美的程度，才有可能使大型会展活动的场馆成为城市乃至国家的象征，成为永久保留的标志性建筑的愿望才有可能实现。

2）会展场馆作为以后某种功能性园区的建筑主体，发展为某种产业基地或研发中心，以保留大部分场馆建筑为目标的方式。为了保证以后运营基础设施和交通等方面的需要，大部分保留建筑的功能协调性和一致性成为这种方式的主要考虑因素。1985 年的筑波科技专业世界博览会园区，现在已经成为日本的国家科技城，就是根据其特点逐步演变成日本主要的科研中心的。1999 年昆明园艺世博会的旧址，保留下来后如今成为著名的旅游景点"昆明世博园"。1992年的西班牙塞维利亚世博会，现在当时的世博会原址上，落户的相关科技公司、科研单位和大学等机构，达到 160 多家，当年的世博会旧址已经成功转型为科技研究开发中心。

影响展会场馆是否成功转型为某种产业基地或研究中心，有许多重要的影响因素，这些因素包括：场馆在城市规划中的地位、地理位置、建筑本身的功能定位、区域内的产业结构和布局状况、基础设施，等等。因此，要使大型会展活动场馆成功发展成某种产业基地和研究中心，并不是每一次大型会展简单和必然的结果。

3）会展场馆的选址位于需要改造的区域

会展场馆布局和设计建造与城市整体发展融为一体，成为城市发展的一个有机组成部分，以改造或扩展城市区域为目标的方式。采用这种方式对社会的影响力很大，达到后续利用目标的再投资较多、实现时间较长。按照这种目标规划的大型会展活动场馆，其基础设施、配套设施和主体建筑，本身就是一个城区的基本框架，是一个具有完整功能的综合性城市区域，因此，在展览结束之后，就能够以较低成本很快地实施改造，达到市民工作、生活以及休闲娱乐的需要。具体来说，包括如下特征：

①选址

在选址方面，将需要重点改造的城市区域或城市规划的新城区，作为重点考虑对象；在投资方面，着重考虑与周边地区的长期兼容性和协调性，优先规划展馆范围周边和范围内的基础设施；在主体建筑方面，园区的主体建筑应该是永久性建筑，事先规划好展后利用方案，其中的会展场馆能够长期持续盘活，布局必须与城区规划相协调，场馆的性能应该符合展后利用的要求；在基础设施方面，园区内的主要交通通道和基础设施，必须达到永久性建筑的长期使用要求；在临时建筑方面，园区内非永久性建筑的建造应该依据从简的原则，用非永久性质材来建造，以达到减少拆除难度和降低拆迁成本的目的。

例如，纽约当年争取承办世博会的主要原因之一，就在于希望以世博会的承办为契机，将一片位于郊区的沼泽和垃圾场，建成为纽约昆斯区最大的休闲场地。如今，这片当年的沼泽和垃圾场，已经成为纽约昆斯区的法拉盛草坪·可乐娜公园。而这一梦想，是在举办世博会的过程中逐步实现的。1939 年，纽约首次举办世博会，借机将废地改造成公园的设想在世博会结束后初见雏型。1964 年，纽约再次在同一地点举办世博会，当时世博园占地面积 25 万平方米左右。几十年来，经过不断的整修扩建，现在公园面积已经扩大到 56 万平方米，拥有众多公众娱乐设施，例如水上乐园、溜冰场、动物园，等等。还有包括网球场、高尔夫球场、足球场等在内的诸多体育运动场所。目前仍保留在该公园中的昆斯艺术博物馆、公园剧院、科技馆等，都是当年世博会留下的展馆。每年一届的美国网球公开赛的比赛场地，阿瑟·阿什运动场和路易斯·阿姆斯特朗运动场，就在位于法拉盛草坪·可乐娜公园内的美国国家网球中心。

再比如，塞维利亚世博会会址，本来是一个被废弃的人工岛，后被列入新城区规划，被选定作为世博会会址，展后，该世博园成功转型为科技中心。这个原来废弃的人工岛，正是在成为世博会会址后，才开始改头换面的。现在，人工岛与城市相连的大桥建起了 6 座，展馆中的大约 75%成功转型为展后科技中心的建筑，当年世博会期间的人行道，通过改建已经成为目前区域内的车行道。又比如，已经成为葡萄牙里斯本高档生活区的原世博会旧址，现在既是旅游胜地，又是本地居民居住生活的向往之地，越来越多的市民搬迁过来。1998 年，葡萄牙里斯本举办了世博会，世博会期间建造的许多建筑和设施都保留了下来，成为该高档社区的重要组成部分。例如，原海洋知识馆略作修整，成为现在的海洋科研中心，世博会原馆成为今天的海洋馆。当然，该社区与世博会期间相比，也发生了很大的变化，主要表现在增添了许多商店和生活娱乐场所。如果以每天参观的人次计算，现在每天的游客人数，比起当年世博会期间每天参展的人数，要高出好几倍，展会发生了持续的影响力。

在规划上，可以考虑将处于郊区的相对孤立场馆，采取综合开发的方式，通过中长期发展，逐渐形成聚集效应，把附近周边区域开发成居民区或者商业区。例如，1987 年广州为了召开全运会而修建的天河体育场，通过多年的积聚发展，现在该区域已经演变成一个十分繁华的商业和居住区。

诚然，上述以改造或扩建城市区域为目标的场馆利用方式，无疑解决了会展场地的后续利用问题，但是，对于建造在会展区域内的展览馆，要解决后续利用，则必须进一步开发设计出与城市区域发展相协调的利用规划。关于展览馆后续利用的规划，大致可以分成两种方式来实施，即活动促进经营和项目实现经营。

②活动促进经营

尽管巴塞罗那为奥运会兴建了 15 处奥运场馆，但这些场馆，现在每年都有相当多的音乐会演出和体育比赛活动。有关资料统计表明，1989 年至 2003 年，巴塞罗那奥运场馆举办的各类展会等活动达到 4 100 多项，其中：体育赛事活动比例占 38%，音乐演出活动比例占 24%，家庭活动比例占 11%，其他各类活动，包括展销会、产品发布会、宗教活动、公司活动、政治活动等所占比例为 27%。这些丰富的活动，让巴塞罗那奥运场馆得到了充分的利用，运营这些场馆的商业公司获得了很好的经济效益，因此，场馆的运营和维护，进入了一个良性的后续利用轨道，从来不需要市政府的任何补贴。那么，运营巴塞罗那帕劳·桑特·霍尔迪体育场等主要奥运场馆的商业公司，是如何考虑运营奥运场馆的呢？公司认为，运营中需要着重考虑的因素包括：场馆的复杂性、活动带来高就业率、开展多样化的活动、吸取其他奥运会主办城市的经验，等等。总之，场馆运营"需要一个非比平常的管理"，为了达到奥运会投资效益最大化、实现经济利益与社会效益双丰收的目标，最佳的选择是建立政府属下的私有企业。这样，有利于拥有灵活的预算管理，建立充满活力的组织结构，便于举办推广商、俱乐部以及协会的各类活动。据资料显示，1989 年至 2003 年期间，市政府没有贴补任何经费用于场馆的运营和维护，而且，在 1992 年至 2003 年，该公司还在运营奥运场馆的商业活动中，获得了经济回报。

2008 年北京奥运会结束后，387 个奥运场馆和相关设施就全部由社会来经营。柳春秀，作为韩国异空建筑师事务所会长、2002 年韩日世界杯汉城主体育场的设计者，也曾经专门谈及体育场馆的赛后利用问题。他的观点是："场馆是奥运史上的纪念馆，在设计上要尽可能美观和尽可能具有象征性。但是在我们的经验里，赛后利用肯定是更重要的标准。"柳春秀以他自己的设计为例，对这一赛后利用更重要的观点，进行了进一步的阐述和说明。在设计汉城奥林匹克公园的室内体操馆时，采用了可伸缩性的座椅，可以使赛后活动平面球场具有多种用途，同时采用了自然光照明，目的就是考虑到奥运会结束后，白天使用场馆，可以节约能源。在设计汉城世界杯体育馆时，他建议增加和设计了包括购物大厦、电影院、戏院等在内的许多巨型商业设施。现在，这些商业设施平均每月可为汉城（现已更名首尔）市政府带来一百多万美元的收入，发挥了很好的经济效益。专门为 2008 北京奥运会修建的五棵松体育馆，后续利用计划的主要内容是，弥补北京西部缺少大型展览场所的不足。体育馆的管理当局预计，通过 15～20 年的运营，可以收回成本并开始实现盈利。五棵松体育馆的具体后续利用方式包括举办各类大型活动，如大型重要比赛和篮球赛事、文艺活动、大型的展览会，等等。此外，五棵松体育馆还将向全体市民开放，市民能够在该体育馆开展许多体育活动，包括打羽毛球、网球、篮球，进行健身和游泳活动。作为后续利用的功能完善和补充，除体育馆和文体产业外，五棵松体育馆还将建造商场、写字楼、酒店和室外体育公园，具备商务和休闲功能。会展场馆通过改扩建之后，成为周边社区居民体育和休闲活动的重要场所，为各类文体活动服务成为后续利用计划的重要课题。同时，场馆还可以承办展览、演出、各类大中型会议，在节假日期间向社会公众开放。

③项目实现经营

2000 年德国汉诺威世博会结束后，在博览会举办的原址建起了一个规模很大的多媒体职业学校，对职工进行职业培训，因为在德国，职业培训是在学校里进行的，比如通过高等学校、高等专科学校或者在职业学校来完成。大众汽车公司是最大的私人顾主，也是提供工作岗位最多的公司，该公司将一种新型客车的制造迁移到汉诺威来进行，仅此一项，汉诺威就增加工作岗位 1 500 个，获得投资达 1.2 亿欧元。世博会之后，许多大型企业将开发研究中心迁到汉诺威，其中包括生产汽车轮胎和生产电池的大型企业。此外，世博会原有场地上不仅建立了一所规模较大的职业学校，还落户了一些代表未来的高科技 IT 企业。在 2000 年世博会的全部占地中，展出场地比例为 60%。现在，这 60% 的展出场地，已经全部 100% 地被充分利用了，后续利用进行得相当成功。

希腊雅典奥运会时的卡雷斯卡基斯体育场，现在成了足球劲旅奥林匹亚科斯俱乐部的新主场。在奥运会时，该体育场进行过女足决赛，能容纳 3 万名观众。但是，未来欧洲的最大游乐场，将可能建造在雅典奥运会举办垒球、曲棍球、棒球和击剑比赛的场地上，原来的场馆建筑可能会被拆除。

三、主题公园的可持续利用

（一）主题公园造成的浪费及其原因分析

主题公园作为文化经济的载体，实际上，在某种意义上来讲，也是会展的一种形式，纵观主题公园的建设的主题，有很大一部分是基于对自然景观（如荷兰的马都洛丹、深圳的"锦绣中华"）、民俗文化（如深圳、云南等地的民俗文化村）、世界名胜（如深圳的"世界之窗"、上海佘山的"欧罗巴"等）、某一历史时期（如无锡的"唐城"、杭州和香港的"宋城"）或某一文学名著（如三国城、大观园等）的浓缩和展现，它是一种固定的主题展览。它强调的"参与性、娱乐性、冒险性"等特征也是现代会展所追求的主题。近年来，由于大型的会展项目而修建的主题公园也不少，但多少存在主题雷同、重复建设的倾向。据不完全的产品数量统计和不精确的产品定性统计，全国至今已累计开发主题公园旅游点 2 500 多个，投入资金达 3 000 多亿元。然而，在大开发的浪潮中，我们明显地看到了一种非常严峻的现象：大多数被定为主题公园性质的开发项目存在一系列严重问题，如：缺乏科学的项目策划和论证、园区规划和产品设计不合理、投资不到位、开发及经营管理薄弱、市场推广工作跟不上等，导致许多项目开园后，经营效益远没有达到预想的结果，大部分（70%以上）处于亏损状态，一些项目甚至已经破产倒闭或关门停业。最为典型的要数上海的福禄贝尔主题公园，投资 8 亿元，开业不到两个月就宣告破产。吴江的东方真正迪斯尼乐园，投资 8 个亿，开业一年就惨遭关闭；海南通什民族文化村（投资 1.3 亿元）、珠海珍珠乐园（投资 3 000 万美元）、河南中牟官渡古战场（投资 2 300 万元）等都是主题公园建设惨败的实例。据报道，全国压在主题公园上的资金就超过 3 000 亿，80%的主题公园举步维艰[1]。而一些由于会展项目开发的主题公园，比如昆明世博园、温江花博会所开发的"国色天香"、"天府花城"等主题公园都不同程度的出现了一些闲置现象。

究其原因，主要是因为大部分的主题公园没有进行充分的市场调研，没有经过充分的论证，也没有结合自己的地缘优势、旅游资源和历史文化资源进行仔细的定位。多数是一哄而上，盲目的模仿、抄袭，而缺乏自主创新的能力和源泉从而造成许多主题公园的夭折。

（二）昆明 99 世博会经验借鉴

1999 年 5 月 1 日至 1999 年 10 月 31 日，在中国昆明隆重举行第 14 届世界园艺博览会（以下简称"99 世博会"），后又延展 5 个月，至 2000 年 4 月结束。云南省政府用近 20 亿元的总投资，修建昆明世界园艺博览园（以下简称"世博园"）作为第 14 届世界园艺博览会主会场，以迎接这次盛会。世博园选址在昆明北部金殿风景名胜区旁，占地 218 亩。世博园产生了巨大的经济社会效益，带动了周边地区及旅游、住宿、交通、餐饮等相关产业的发展，使昆明变得更加文明、开放和美丽。相关统计表明，99 世博会期间，世博园产生了 3.4 亿元人民币的门票收入，接待了 942 万人的海内外游客。然而，世博会一结束，世博园的持续发展立即变得举步维艰，游客数量锐减，而巨额运营成本则是需要继续天天负担。[2]因此，这一问题引起了各方的重视，进行了不少积极的探索，以期实现世博园在展会结束后达到可持续发展的目标。讨论昆明世博园探索出的一些成功做法，对主题公园的可持续发展有一定的借鉴作用。通过认真仔细的调研分析和诊断，世博园相关方面认为，造成世博园经营面临困境的主要原因是，世博会结束后，吸引力下降、运营成本高昂、游客数量骤减、管理体制

---

1 芦宝英. 国内主题公园开发存在的缺憾与反思. 西华师范大学学报（哲学社会科学版），2005 年第 1 期.

2 宋丁. 中国主题公园发展中的价值取向分析. 特区经济，2003 年第 1 期.

不畅、发展方向不明。基于上述原因，为了推动世博园的可持续发展，世博园聘请了相关领域的专家和世界著名的设计策划公司，来共同出谋划策。世博园采取了如下一些基本措施：

1．明确世博园主题公园的定位

将世博园可持续发展定位于以园林园艺为依托的大型主题公园，是十分合适的。因为，世博园无论在投资总额还是在占地面积上，都远远超过国内大型主题公园的标准。国内大型主题公园的标准是，投资达到 8 000 万人民币、占地在 0.2 平方公里以上。[1]世博园无论从项目活动内容，还是从资源结构和规划设计来分析，本质上是一个完完全全的主题公园。在世博会期间，世博园作为99 世博会的主会场，成为世界各国园艺交流的场所，人们很容易忽视世博园的本质。还有，世博园的初始投资建设，被当作政府的一项重大政治工程，成为一项政府行为，不包含商业企业的行为，也是造成忽视世博园主题公园本质的主要原因。

2．确立世博园可持续发展的基本思想

世博园可持续发展的主要思想，在经过充分的比较研究后，确定包括以下内容。

主题：人与自然、人与未来。

理念：天地人和、世界同乐。

形象：99 世博会、永久世博园。

基本使命：传播现代园林、园艺文化，获得可观的经济社会收益。

基本观念：特色资源的永久性保持（品牌、规模、建设方式、自然条件）、雅俗共赏、老少同乐、人人享有；云南特色、中国气派、世界一流；综合效益最优，直接效益平衡，注重环境的综合利用；多元开发、全面互动、主次分明、协同发展；坚持调整、完善、充实、提高开发方针，做到动静结合、好看好玩、主体不变、协同开发；项目设计别出心裁、力求创新、整体和谐，创造游客的人生经历。

市场定位：在充分进行市场调查的基础上作出适当的市场定位。[2]

3．建立完全市场化的运作体制

2000 年，云南省政府在世博会历史上，首次实施了创新性的举措，将总投资近 20 亿元的世博园这块巨额资产，按照股份制形式实行企业化运作。为了开

---

1 主题公园（Themepark）是指具有特定主题，由人创造而成的舞台化的休闲娱乐活动空间。国内对其投资规模和占地面积有量化标准。

2 金波．张茵．世博会后昆明世博园的可持续发展．云南社会科学，2001 年第 4 期；金波，张茵，王如渊．试论世博会后昆明世博园的可持续发展．地域研究与开发，2001 年第 9 期．

创性地全面开展世博园的可持续发展工作，2001年3月，世博会相关企业和实体联合，组建了"云南省园艺博览集团"（以下简称"园艺博览集团"），独立管理经营世博会的产业。按照规划要求，园艺博览集团需要在四个转变方面实现重点突破：（1）政府行为向企业行为转变；（2）会议展览型向旅游经营型转变；（3）维持粗放型向集约规范型转变；（4）数量型增长向质量效益型转变。在确立了园艺博览集团的基本发展方针之后，需要进一步找到世博园的特色依托，以作为企业经营的依据。江泽民同志曾经指示："世博园不仅应该成为我们参观游览的公园，而且应该成为满足人们热爱大自然、增强环保意识的课堂，成为进行爱国主义教育的基地。"园艺博览集团明确了世博园可持续发展建设的总体构想，内容包括：建设世界名园、爱国主义基地、生态环保科普教育基地、生物资源开发创新展示基地和旅游业的龙头骨干企业，即"一园三基地一龙头"。为了实现世博园可持续发展总体构想，园艺博览集团通过市场化运作方式，采取了一系列的有效措施。为了创造出神奇的"世博梦之夜"，园艺博览集团完成了夜景工程，将水幕电影、音乐喷泉、人造月亮等交织在一起，堪称一绝，投资达4 000万元。2001年3月，名花艺石园完工，占地60余亩，使园林园艺的艺术品位再次得到提升。此外，为了将世界各地的游客不断吸引到这奇妙的世界之中，实现世博园内天天有活动，月月有节庆的目标，对原有景点和活动内容进行了进一步的改进和丰富，编排创作了新颖独特的开园仪式花车巡游、国内国外风情展示、民族大游演、歌舞联欢等动态的文化艺术展演活动。

由于按照市场化方式运作，并采取了这些有效措施，世博园运营改进的成效相当明显，可持续发展取得了良好的经济和社会效益。据统计，2000年"五一"黄金周期间，世博园掀起了世博会结束后新的入园高峰，共接待了70万人次的中外游客，获得了900万元的门票收入。2001年，世博园创造出了世博会后最佳的经济效益，全年共接待入园游客180万人次，运营收入同比增长26.8%。2000年，中央文明办、建设部、国家旅游局将世博园列为"全国文明风景旅游区示范点"。2001年，世博园又被国家旅游局命名为"全国AAAA级风景旅游点"。可见，世博园可持续发展取得了经济效益和社会效益的双丰收。

4. 加强旅游项目选择与合作，积极拓展市场

世博会结束后，各种活动也相应落下帷幕，而世博园内现有的旅游资源更多地属于静态的，因此，增加一些合适的旅游项目就显得十分必要。即使在增加旅游项目方面很迫切，世博园还是坚持，项目必须要契合主题公园的定位，在项目选择上不盲目追求数量。在确定新增旅游项目方面，世博园自始至终坚持贯彻四个基本原则：世界性、主题一致性、参与性与娱乐性、合作性。

（1）世界性。世博园的34个精美国际室外展园，全部由各国自行设计建

造，基本可以最大限度地反映了建造国园林的本来风貌。这样，世博园作为主题公园，"原汁原味"的世界性特征就得到显著保持。同时，在进一步的发展过程中，世博园特别注意保留其世界性，丰富文化内涵，将园林形态与文化项目有机结合。

（2）主题一致性。"人与自然"作为世博园的主题，必然在各种旅游项目的设计方面得到有效的贯彻和体现，因此，将这一主题作为红线，贯穿在不同的旅游项目中，使人与自然的相互关系从不同层面和不同角度得到充分展现，从而让世博园的旅游项目不再相互独立和凌乱，而是有机和协调地整合在同一个主题下。

（3）参与性与娱乐性。丰富的参与性娱乐活动和表演能为主题园带来生机，同时也为主题园带来效益。主题公园的骨架是建造在主题公园内的静的景物，主题公园的活力源泉，则必须来自于各种各样的娱乐项目、参与性活动、和节庆艺术表演。一个成功的主题公园一定要始终充满活力，达到"新、奇、特"和雅俗共赏的双重目的。

（4）合作性。世博园积极合作争取，加强与周边旅游景区的合作，将其纳入到云南省和昆明地区的旅游路线整个体系中，并成为云南旅游线路必备的景区之一。这样，就避免了世博园只作为一个孤立的旅游景点而存在，从而使它一直保持旺盛的生命力。这种合作的好处是显而易见的，世博园能够树立崭新的形象，可以建设新的旅游项目，能够重新整合旅游资源。同时，捆绑式销售合作方的旅游产品，将更加丰富旅游线路，共同增加合作双方的收益，达到双赢的效果。

（三）主题公园的可持续发展对策

1．充分论证，科学选址

由于主题公园产品的特殊性，它具有投资大，维持费用高、游客需求数量大等特点。因此，主题公园在建设之前必须进行充分的论证和市场调研，作出科学的选址。主题公园是一种高投入和娱乐性强的旅游产品，其存在需要有足够的客流量，即对项目所在地区的人口规模、密度和城市化水平有较高的要求。

它的这种产品特性也决定了它们首先和主要依托的是本地及周边市场，通常情况下，本地及周边市场游客数量能够占到游客总量的 8% 以上（随着主题公园品牌知名度的提升，远程游客的比例会有一定程度的提高）。按照国际上比较有共识的观点，一个较大规模的主题公园要想维持正常经营，需要在其周边方圆 200～300 平方公里的范围内居住有数百万的城市人口，形成主题公园的基本消费群，另外再加上一些外部客流的输入，才能使主题公园基本维持经营。深圳世界之窗的游客抽样结果，深圳市游客占 17.2%，珠江三角洲占 39%，香港占 5%，三者之和为 61.5%。[1]因此，本地及周边地区的国民经济整体发展水平如何，城市化水平、人口规模等因素就应成为考核能否开发相应的主题公园的基本条件，这是因为它决定着所在地区居民的收人及消费水平。一般来讲，凡是人口规模大、密度大、城市化水平高的地区，往往成为主题公园理想的选址目的地。同时，由于主题公园的占地面积较大，而城市边缘的地价相对便宜，因此，大型的主题公园一般建在特大城市或大城市的边缘区。考虑到客源的交通可达性和利用城市现有的交通运输网络，大型主题公园的选址一般也要考虑按交通干线分布，如主要公路的干道，地铁口、高速公路口，临近飞机场、火车站等。

2．明确定位，选好主题

要明确主题公园的市场定位，就必须考察主题公园产生的历史背景，也就是考察主题公园的存在价值。主题公园实际上是体验经济的一种产物，工业化的进程解放了人类的双手，完善了人类的生活，但也造成了人类的异化，甚至退化。生活节奏单一化和生存竞争的压力使人们更加追求一种人性化、参与式、体验式的生活方式，主题公园应运而生。因此，与传统的景观不同，除了观赏性以外，主题公园更为强调"4E"原则，即 Entertainment（娱乐性）、Enjoyment（参与性）、Enterprising（冒险性）、Excitement（兴奋性）。因此，主题公园的目标受众应该大部分是年轻人，通过主题公园的一些参与性和娱乐性的活动，掌握知识，体验人生，放松心情，激发潜能。明确了主题公园的市场定位，才能与传统的旅游市场进行错位竞争，相得益彰。主题是主题公园的灵魂所在，主题的确定及其创意的新颖性是主题公园成功的一半，考察中外成功的主题公园都是个性鲜明，各有千秋，每一个主题公园都能给游人留下难忘的印象，迪斯尼乐园的主题是希望"人们在乐园里找到快乐和知识"，迪斯尼乐园通过讲故事方法，将米老鼠、唐老鸭、白雪公主等电影卡通形象的神奇故事通过游戏、娱乐的方式再现在游客面前，让游客置身于童话世界中感受新奇和快乐。深圳华侨城的"欢乐谷"，以"感受惊险与刺激"为主题的构想理念，依托现代高科技手段，构筑了童趣浪漫的卡通城、激情洋溢的冒险山、闲情雅致的欢乐岛和神秘荒蛮的玛雅海滩等现代休闲娱乐的拟态环境,让旅游者在参与中感受惊险，在游玩中体验刺激，在活动中享受欢乐，在休闲娱乐中品味人生的奇妙与真谛。

我国的大部分主题公园之所以经营惨淡，主要问题就是主题重复，缺乏创意，而且，我国的主题公园大多数还停留在观赏性加机械游乐的水平，参与性和娱乐性差，策划水平低，对游人不具有强大持久的吸引力，因而回头客源也

---

1 李植斌，梁萍. 我国城市主题公园的持续发展研究. 经济工作导刊，2000 年第 7 期.

较少。[1]主题公园的主题和内容选择也可依托当地的历史文化资源进行选择。这类型的主题公园一定要注意与当地的历史文化、风俗习惯、城市性格、城市的综合感知形象相适应，相匹配。例如，在杭州仿《清明上河图》建"宋城"就和城市总体感知形象相协调，而建"世界城"就不大合适。又如，在无锡建设"吴文化公园"和其江南文化名城的形象相协调，而建设"唐城"则不大合适，若在西安建一座"唐城"显然更为适宜。再如，拿深圳的"世界之窗"和北京的"世界公园"作一比较，深圳给旅游者的形象是经济特区，是了解和接触世界的窗口，到深圳游览"世界之窗"就很自然；而北京是我国的政治、文化中心，历史悠久，名胜众多，相比之下，"世界公园"的吸引力则要比名胜小得多。主题公园的主题定位于本地的历史文化，是对传统文化的传承、梳理和展现，是对传统文化进行提升和重构，对社会的可持续发展提供了重要和有益的精神食粮。

还有一些主题公园是依托一定的自然资源进行选址的，比如澳大利亚的黄金海岸，空气清新，气候宜人，海水湛蓝清澈，沙质洁净柔软，沙滩平缓宽阔。为了提高黄金海岸的旅游品位，增加游客在黄金海岸的停留时间，增加旅游收入，黄金海岸的经营者对漫长的海岸线进行了全方位、多功能的综合开发，除了开发游泳、冲浪、钓鱼、开游艇、阳光浴等水上运动外，还在岸上建有迪斯尼式游乐园——梦幻世界（Dream World）和海洋世界（Sea World）主题公园等各种游乐设施。梦幻世界占地84公顷，内有世界上最长的双圈滑行铁路，屏幕两层楼高的爱麦克斯戏院，电脑控制的机器动物演出。海洋世界是澳大利亚著名的海洋旅游景点，有以逗趣表演为特点的海豚、鱼和海狮表演，有威尼斯船队旅行、冲浪滑车旅行、螺丝锥式三圈滑车旅行等游乐项目。黄金海岸还有许多富有情趣的艺术节目供游人观赏，如：水上芭蕾技术高超，不用滑水板的光脚滑水，载人的大风筝飞翔，人上架人的水上叠罗汉，花样百出的滑稽小丑等。整个黄金海岸，静者垂钓休闲，阳光沐浴；动者冲浪滑行，游憩娱乐。海岸如同一个快乐的王国。此类开发在我国也有许多成功的例子，如无锡的"吴文化公园"、"三国城"、"欧洲城"，苏州的"苏州乐园"，杭州的"未来世界"和"宋城"等主题公园和游乐园便是依托在太湖、西湖等风景名胜区的基础上，才获得较大的旅游效益的。[2]可见主题园与自然风光互为包容，你中有我，我中有你，就给地方旅游业的发展带来整体效益，促进地方旅游业持续发展。

主题公园围绕特定的主题，通过一些娱乐性、参与性的活动、游戏的设计，

---

1 郑维，董观志. 主题公园营销模式与技术. 中国旅游出版社，2005年版. 第3页.
2 宋平. 对主题公园的经济学与美学思考，中国园林，1998年第3期；严国泰. 主题公园建设的理性思维与可持续发展. 主题公园研究，1998年第4期.

促进了传统的观光旅游向体验旅游，文化旅游，服务旅游，会展旅游的转变，促进了旅游产品的升级换代；同时，主题公园通过历史故事、文学作品、传统文化、现代文明，科技成果，典故为载体，通过游玩、服务、活动等方式营造了一个学习的大课堂，使之学习生活化，生活学习化，有助于帮助人们在快乐中学习知识，激发潜能，培养自主创新的能力和精神。因此，主题公园实现可持续发展的一条重要路径就是实现校企联合，成为大、中、小学生的活动课堂、游戏课堂和创新课堂。

四、参会参展物资的可持续利用

（一）参加会展活动中形成的物质浪费

参加会展活动的过程中同样会形成各种各样的浪费，比如，由于没有实现信息化而造成的纸张的浪费，有些会展活动盲目讲究排场，在接待、餐饮方面的浪费也很大，在会展搭建方面的浪费也越来越严重。目前，国内展览搭建奢华成风，每有会展便要特别装修，大量使用豪华装饰材料，而且多为一次性，几天之后，这些价格不菲的豪华装饰材料却随着会展项目的结束而变成了废品。国内搭建展台采用的多是木材，如果展台造型比较复杂和奇特的话，木材的用量相当大，造成的浪费也就很大。同时大量使用空调、音响，甚至会展场地大，展会内容小，在能源与原材料的浪费却并未减少。[1]

探究其中原因，一是一些企业缺乏可持续发展意识，缺乏环保和节约的观念，贪大求洋，不计成本，面子观念重。二是我国许多会展是政府主办的，政府把办会展活动当作是政绩工程和形象工程，认为会展就是"大场面、大投入、大开销"，就是"烧钱"；而且政府主办的会展活动又缺乏专业化和市场化的运营，因而更加造成了会展活动的浪费。

（二）参会参展物资的可持续利用

在展会活动的运营方面，我们要尽快促使会展活动的商业化和市场化进程。政府要逐步退出直接办会办展，即使是政府资金投入，也要有节制、有计划地进行，而不能以政绩工程和形象工程为理由，把大型会展活动搞成浪费工程，会展运营的每个环节都计入成本，切实搞好会展财务预算。

在展场搭建方面，可学习国外的展会，采用国外比较流行的专用搭建展材，如铝合金材料、轻型材料等，虽然价格贵些但可重复使用，可拆分、可折叠，装卸快、操作容易、投入人工少，并且使用寿命长，产生极小的展会垃圾。使用一般的展架多数是标准化的，这就便于运输、租赁和重复使用。在解决大型

---

1 宋秀卿，沈丽. 节约会展经济的软肋. 中国会展，2005 年第 17 期.

会议纸张浪费方面，可以使用电子邮件或电子文本由主委会统一收录，然后再由组委会统一拷贝至与会者的 U 盘或电子邮件，或者刻录在光盘或电子卡上，发给每一个与会者。

要实现参展物资的可持续利用，并减少废弃物。会展活动也必须实行绿色采购。绿色采购就是在对供应商进行评估与选择时，需要考虑的因素不仅有产品质量、价格、交货期的准确性和品种的多样性以外，环境因素也是考虑的重要因素之一。即在采购过程中选择对环境友好的原材料，降低会展过程中的垃圾产生量。绿色采购包括两个方面：选取绿色原材料和绿色包装物。选取绿色原材料就是要做到两个优先：一是优先选用与环境友好兼容的材料和零部件来替代有毒、有害及有辐射性的材料，降低产品对人体健康的危害，减少安全风险；二是优先选用可再生、可再循环利用的新材料或易于降解和再加工的材料。选取绿色包装物的原则是：优先选择可循环使用的包装物，采用低密度或可回收再生的包装材料，在满足运输要求的前提下，尽量减少包装物。

五、无形会展资源的可持续利用

（一）无形会展资源的浪费

我们常说会展是人流、物流、商品流、信息流的大汇集，是流量经济的有效载体。除了上述一些场馆资源、配套设施等有形资源以外，还有会展活动所带来的一系列会展隐性资源，比如巨大的社会资本、网络资源、市场资源、项目资源、技术资源和人才资源等也是不容忽视的资源。但在实际当中，我们却对这类无形的软资源没有进行认真的梳理和整理，但往往这些正是我们会展实现可持续发展的重要源泉，这种浪费才是最大的浪费。比如，1999 年昆明世博会可以说是我国的一大盛会，世博园在展会期间共接待海内外游人 942 万人次，这其中包括许多国际政要、社会名流、大型企业的总裁出席盛会，带来许多的社会资本、网络资源以及许多潜在的项目、技术资源，但由于没有及时地整理、反馈，丧失了许多商机，留下不少懊悔。[1]

（二）无形会展资源的可持续利用

对无形资源的可持续问题的解决主要把握人脉的因素，因为无论是社会资本、网络资源、媒体资源、技术资源、项目资源等都掌握在人的手中。主要应在会后对一些国际组织的关键人物、名流政要和一些演讲者、甚至客串明星（影视明星、歌坛明星）都要建立人脉资源库，由专人负责关系维护。因为这些人都是社会枢纽人物，具有广阔的信息来源，把握住这些人脉关系，也就把握了

---

1 刘民坤. 会展旅游绿色管理研究. 中南林学院硕士论文，2005 年 8 月网络投稿. 第 80 页.

重要的信息枢纽。比如 2005 年 9 月在成都温江召开的中国第六届花博会，吸引了 36 个国家和地区，全国 31 个省、市、自治区及香港、澳门特别行政区和台湾地区民间组织前来参展，创下历届花博会之最，也吸引了 3 位国家领导人、30 多位副省部级干部、1 600 多名参会嘉宾和 140 多万游客来到温江旅游参观。而这些人中的 VPI 级人物就无疑应该成为花博会后续发展的重要源泉，温江花博会就应对此进行系统的人脉关系的整理，建立重要人物的资源库和联系方式，并及时定期地进行回访。相应地梳理媒体资源库、技术资源库、潜在项目资源库等，这些也将成为促进区域可持续发展的宝贵财富。

六、塑造"绿色会展"的其他相关举措

"绿色奥运"的提出以及"绿色世博"的提出为"绿色会展"提供了丰富的内涵。以绿色奥运为例，"绿色奥运"内涵丰富，既包括了种草植树、绿化城市、改善生态环境，也包括了节能、节水、太阳能的利用，乃至无公害建材制品的应用。如设计的奥运村将广泛采用清洁能源，运动员居住的房间包括地板、天花板、墙面的油漆涂料，以及家具、陈设等都将是环保产品。"绿色奥运"的理念，还体现在广泛采用了环保设备和无公害建材制品，如太阳能生态厕所、太阳能电话装置、太阳能智能照明、纳米涂料、纳米防水吸声板、纳米空气净化器等。因此，塑造"绿色会展"除了要做到上述所说的场馆的可持续利用、参展物资和废弃物的可持续利用、无形会展资源的可持续利用这几个方面以外，还要培养绿色会展人才、塑造绿色会展企业，打造绿色会展环境等。

（一）培养绿色会展人才

现在全国已有 20 多所高校设置会展专业培养市场急需的会展人才，还有许多短训班的培训机构，但所有的会展学校和会展培训机构都未把"会展可持续发展"列入课程设置，这无疑是课程设置的一大缺陷。即使没有设置专门的课程，也应将会展可持续发展作为课程设计的指导思想，并要求教师在授课中的环保导向。培养会展人才的可持续发展观念，培养会展人才绿色意识，绿色职业素质，强化学生的绿色行为，讲授环保知识、环保法规、环保科技，增强学生的环保能力和实现会展业可持续发展的能力，培养优秀的绿色会展人才无疑是当今会展教育界义不容辞的责任。

（二）塑造绿色会展企业

这里的会展企业主要指会展场所企业和专业会展组织者（PCO、PEO 等）。它们是会展产业链上的枢纽，是实现会展资源配置的主力军，并提供资源配置的场所。我们说会展业是一种先导产业和主导产业，具有很强的产业拉动效益。如果在会展企业率先实现绿色化，并由会展企业来传播绿色文化、绿色科技，

从而实现整个会展产业链的绿色化，甚至推动区域经济的可持续发展，无疑是实现区域可持续发展的一条捷径。

塑造绿色会展企业，首先要塑造绿色会展文化，会展企业要将"实现环境——社会——经济的协调可持续发展"作为企业的使命和核心价值观，并将此融入到企业的精神文化、制度文化、行为文化和物质文化中去。

其次，塑造绿色会展企业，要注意培养绿色会展企业家和绿色会展员工，除了学校是塑造绿色会展人才的基地外，同时，会展企业作为国民经济中的重要基层组织，也是一所"社会学校"，对于企业家来讲，树立可持续发展的长远观念，将生态环境保护作为企业的基本任务，以可持续发展理论为指导开展经营活动，并将"生态环境"纳入资源范畴和资本范畴，将环境恶化带来的损失和环境治理带来的费用计入成本；作为"无烟产业"领头羊的会展企业家，要自觉遵守环保法规，以高度的社会责任感，积极投入到保护环境，促进生态经济发展的事业中。对于员工来讲，就是要积极开发，创建绿色会展产品，在实践中注意节约原材料和能源，尽量使用环境友好型的、符合循环经济减量化、再利用、再循环的原则的材料和新能源；对内不断提高自身的绿色职业素质和业务技能，提高劳动效率、提高服务质量、增强团队精神；对外积极参与环保公益活动，自觉进行环保宣传，提高参展商、观众以及合作伙伴的环保意识。

（三）树立会展企业的绿色形象

会展企业的所有外观形象，包括企业标志、环境布置、企业交通工具、企业员工制服、企业代表色的运用、企业产品、企业的信封、信纸等外观设计，会展场馆还要注意主题建筑的造型和硬件设施等元素，都要注意运用 CIS（企业识别系统）进行统一设计和统一传播，以不同的方式和方法充分地体现绿色会展企业的核心价值观，一方面获得社会的认同，促进会展企业的可持续发展，另一方面，也借此传播可持续发展的理念和精神。

第四节　现代会展可持续发展的保障

构建与会展产业发展现状和发展趋势相适应、与社会主义市场体制相适应的会展经济运行体制，是确保会展产业持续、快速、健康发展的根本。建立起政府主导、行业自律、企业自主经营的会展运行体制是促进现代会展可持续发展的必然要求。会展运行体制的第一层次是具有唯一性、服务性和权威性的政府主管机构，其主要职能在于宏观调控和政策扶持，制定会展业法律法规，制定优惠政策，规划、投资和管理会展基础设施，支配使用政府会展预算，代表政府参与会展营销。第二层是具有民间性、代表性、服务性、非营利性的行业协会，主要负责行规的制定，行业间的协调和管理，基础数据提供、人才培训、资质评定等工作。第三层次是具有自主性、营利性和竞争性的企业，其主要职能是办会办展，创立品牌，提高核心竞争力。具体来说，构建现代会展可持续发展的保障体系，需要注意以下几个方面的问题。

一、政府对会展经济的管理

同别的产业一样，作为现代新型服务产业的会展业也要经过孕育、成长、成熟、衰退四个阶段。中国会展产业正处于成长期，政府要运用好监管和服务等手段，实现其宏观调控目的。每个会展城市设置权威会展业管理机构，对会展业实行依法管理，强化服务理念，改变多头管理、多头审批的状况，推行会展办"一站式"服务，由审批制转向登记备案制。就我国当前的实际情况看，政府对会展经济的管理要从制定会展业发展规划、制定会展法律法规等方面着手。

（一）制定会展业发展规划

制定会展业发展规划，明确区域会展业的发展方向，使政府对会展经济的管理从直接管理转向间接的规划管理。科学规划、合理布局会展场馆和会展活动，切实起到总揽大局的作用，避免重复办展，造成会展资源的浪费。统筹基础设施、旅游、文化、物流、宾馆、餐饮、娱乐等各相关产业的建设和管理，统筹工商、税务、海关、公安、交通、城管、会办等相关部门，增强会展意识，确定它们各自在会展业发展中的职能分工，协同发展会展产业。在市场调查与预测的基础上，根据本地会展和旅游资源状况，以及经济、交通、信息、人才、科技、服务等方面的条件，明确会展的目标定位，引导和培育会展品牌。

（二）制定会展法律法规

政府要根据国家法律、行政法规的基本原则，并结合城市会展业发展的实际，尽快制定、组织实施行业的法律、法规、指导行业协会建立行业公约，完善自律机制，对会展市场进行有效的规范和监控，使会展业走向法制化的道路。

（三）制定引导和扶持会展产业健康发展的优惠政策

在资金筹措、土地征用、税务、工商管理、招商引资、交通运输、出入境管理等方面对会展业以政策倾斜，重点扶持，强化其城市的会展功能，引导与推动会展业持续、快速、健康发展。

（四）建立和完善会展统计制度

会展正在成为一个独立的行业，从长远来看应正式纳入国民经济行业分类体系。当前，可从调研入手，由统计部门设计调查方案、确定调查内容、建立调查制度、规范统计信息的发布和使用，并在此基础上，建立会展业的统计调查体系，统一会展业的统计口径。要进行会展业统计指标体系和报表设计，使之全面、系统、完整、有效地反映会展行业发展规模、经营水平、经济效益、行业特点等情况，使之更为有效地服务于会展市场和会展企业。

（五）代表目的地进行市场营销工作

充分发挥政府主导作用，利用政府丰富的社会资本存量，直接参与重大国内外招展、竞展活动，主动参预城市间的竞争，积极争取举办更多的国内外大型会议、展览。

1. 积极同全球性协会进行沟通协调

主动融入国际专业组织以获得更丰富的会展资源，国际会展业通常是由国际协性会组织和管理的，全球性协会主要有：国际大会和会议协会（CIAC）、国际会议专业组织者协会（IAPCO）、会议策划者国际联盟（MPI）、国际协会联盟（VAI）、国际展览局（BIE），国际展览管理协会（IAME）、贸易展览参展协会（TSEA）和国际展览联盟（UFI）等。亚州相关协会主要有亚州太平洋地区展览会议联合会（APECC）和亚州会议旅游局协局（AACVB），加入这些协会可迅速、准确掌握国际会展信息和发展趋势，因此，作为会展主管部门应有选择加入这些协会，融入国际专业组织。一些会展旅游资源较为丰富的城市，如成都、昆明等，还可选择与国际会议与观光局联合会、会议与观光局（CVB）、国际会议旅游局协会（ACVB）、会展旅行社、会展咨询公司（如英国的 XCUFF）等国际组织联系，借鉴优秀的作业方式，并争取尽早加入这些国际组织，与国际会展旅游接轨。

2. 加强招展力度，建立招展网络

建立会展项目库，在对外招商时推出相应的会展项目。收集整理国内外各大协会、学会等组织信息，建立会展资源库。充分利用会展资源库，与主要会展组织者建立密切关系，争取更多的会展资源，多办会展，办高规格展会，办出更多的有影响、有实效的展会。根据不同国家（地区），分别采取组建招展队伍和招展网络，加入相关国际组织，寻找招展同盟等方法招展。在招展手段上，综合运用电视、报纸、杂志、直邮、互联网等媒体组合，并通过相应的促销活动，全方位地开展招展活动。进一步提高会展信息网络的质量。通过设立办事机构、合作主办展览、移植品牌展会、合资兴建展馆等形式对外招展。

二、充分发挥行业协会的作用

根据互惠互利的原则，在首都成立"全国会展行业协会"，并在各级会展城市成立"会展行业协会"。由行业协会来实施行业管理和行业自律，以维护行业合法权益，协调会员之间的关系，为会员提供服务，维护市场公平竞争，沟通会员和政府之间的关系，促进同行业的经济发展为宗旨。从全国会展业的现状来看，中国贸促会在逐渐担任起全国会展行业协会的旗帜，现在贸促会正在逐步开展会展国际合作、会展调研、会展统计、审计等工作，积极促进全国会展行业协会的成立，推动统一、开放、竞争、有序的会展市场的形成。同时，北京、上海、广州、大连、成都等地都相继成立了会展行业协会，并出台了一系列的政策规范当地会展市场的发展。具体说来，行业协会的职能主要可归纳为以下几点：

（一）制定会展行业公约，规范和自律行业内的主体行业

由于我国会展运行市场机制还很不完善，在市场环境、行业秩序和服务质量等方面都不可避免地存在诸多问题。会展行业协会应协助会展管理机构，加强监督管理，同时制定行业公约，建立大家都能认可并需共同遵守的行业道德与行为准则，以及会展违反行业规定所应受到相应制裁措施，通过会员自律行为和行业的制裁措施，实行行业自身的自我约束和自我协调。防止会展业的无序竞争，建立公开、公平、公正的展览环境和竞争秩序，使之走上健康发展道路。

（二）负责对展会资质进行评估和认证

会展的举办不在多而在于精，最重要的是形成高质量核心展会。因此，会展行业协会应借鉴国际性会展协会的成功经验，根据会展业的发展现状建立展会资质评估和认证制度，构建展会资质评估指标体系和会展业服务标准体系，以控制会展质量，保护品牌展会合法权益，有效防止会展的低水平重复举办，使会展业更上一个档次。

（三）提供会展信息和咨询服务

会展行业协会应充分利用自身条件为会员单位做好信息系统和咨询工作，如出版会刊、举办研讨会，开展会展调研、会展信息交流，提供管理和技术咨询，促进会员单位与国际会展同行的交流与合作，使会员单位能及时、准确地获得如会展组织者需求情况，同行业的竞争态势等信息，并为会展主管部门提供决策咨询和参谋。

（四）充当着会展企业与政府的桥梁作用

一方面将政府及会展政策传达给企业；另一方面，也通过适当的渠道，向有关部门反映会员单位的建议和意见，维护会员单位正当权益。同时，也要协调会员单位与旅游、文化、海关、税务等相关部门间的关系，加强会员企业与政府的沟通，通力合作，共同打造品牌会展。

三、积极培育会展市场主体

培育和壮大市场主体，是建立会展市场运行体制的又一关键。要把会展交由专门的展览公司进行市场化运作，由政府主导逐步退居幕后，推动会展业的市场化、专业化和规范化。逐步由政府办会办展，过渡到政府办会、企业办展，最终实现企业办会办展。就我国的实际情况看，培育会展市场主体，建立健全会展市场化运作机制，要注意以下几个方面的问题：

第一，积极推进会展企业的战略重组，鼓励实力强的会展企业以资本为纽带通过收购、兼并等形式整合会展资源（人才、硬件设施、营销网络等），组建大型会展企业集团，形成一批实力强、素质高的展览公司，充分发挥其龙头带动作用。

第二，采取横向联合、纵向联合、跨行业合作等灵活多样的组织形式，鼓励中小会展企业组建会展集团，联合招展、办展，优势互补，发挥各自管理或品牌优势，实现规模化、网络化、专业化发展，积极发展品牌会展产品，避免恶性竞争和重复办展。

第三，政府根据相关政策，对现有国有展馆实行经营权和所有权的分离，采取公开招标的方式，选择一家或数家实力强、专业化水平高的企业作为经营者，使会展经济各要素之间按照市场化的运作机制进行公平竞争。

第四，积极发展会展经济产业链的上、中、下游专业公司。如专门的策划公司、招展公司、会议公司、组展公司、咨询公司、物流公司、搭建公司、会展超市等，提供专业化的服务，提高展览业每个环节的服务质量。着力培育会展旅游服务公司，如会展旅游咨询公司、会展礼仪公司、会展旅行社、目的地管理公司、会展旅游行业协会等，并给予相应的政策倾斜措施，如税收减半，在金融系统设立相应的风险投资基金等。加快会展审计、评估、律师等会展中介机构的发展，促进会展产业配套服务体系的建立和完善。

第五，政府要加强宾馆饭店业、旅游业、交通运输业、通信业、礼品业、广告装潢业等会展辅助产业的建设和管理，引导、扶持会展辅助企业，规范服务行为，提升服务质量，做好会展业的配套服务工作。

四、夯实会展业的资本实力

会展业是资本密集型行业，努力夯实会展业的资本实力，使会展经济市场主体具有从长计议会展业发展经济实力，避免会展业发展中的"杀鸡取卵"现象发生。

（一）建立"会展发展基金"，加大会展投入

基金筹措可根据谁受益谁投资的原则，由政府、会展企业及相关行业分别按规定比例共同出资。在基金使用上，部分可用于品牌会展、创新会展和成功会展的奖励基金，部分可以用于对外促展、招展。建立会展风险投资基金，对优秀会展项目、具备良好商业计划的会展企业引进风险投资基金或引进风险投资公司。基金管理方面设专门的会展基金管理部门，或由会展行业协会统一管理。

（二）实行税费改革，扶持会展业的持续发展

对本地会展企业，允许以扣除实际代付的场租费、展台搭建费和参展客商差旅费后余额为营业额，照章征收营业税，对于异地会展企业的税收优惠，建议按照旅游业营业税的征收规定执行。各级财政、金融部门对重点的会展项目或品牌项目给予资金支持，如可优先安排贷款，提供低息、贴息贷款等支持。

复习思考题

1. 比较现代主义与后现代主义的主要理念，分析现代性的主要缺陷。
2. 可持续发展的"3R"原则是哪些内容？
3. 场馆资源可特续利用的主要内容有哪些？
4. 参会参展物资可特续利用的主要内容有哪些？
5. 无形会展资源可特续利用的主要内容有哪些？

第九章

会展主要国际组织概要

学习目的
了解国际会展组织的相关知识。
主要内容
从事会议的主要国际组织；从事展览的主要国际组织；从事奖励旅游的主要国际组织概览。

第一节　会议的主要国际组织

会议是具有国际性的经济活动，它不仅促进了国家或地区的经济发展，而且推动了各国之间的相互了解和友谊。由于会议也会产生许多复杂的国际问题，这就需要会议业涵盖的各细分市场的国际会议专业组织作为协调的机构，制定相关细分市场各企业机构共同合作的各种规范。实践证明，与会议业有关的国际专业组织在组织和管理世界会议业市场化的发展中，发挥了重大的作用。了解这些国际会议专业组织，积极地建立和它们的联系，成为它们的成员，参加它们的活动，将有更多的机会获取国际会议业发展的各种信息，更快地开发国际市场和发现业务机会，更好地借鉴会议业市场化发展的国际经验，融入国际会议市场参与竞争，并在竞争中与国际市场同步发展。

一、国际大会和会议协会

国际大会和会议协会（ICCA: International Congress & Convention Association）

是最主要的国际专业组织之一，是全球唯一将其成员领域涵盖了国际会务活动的操作执行、运输及住宿等各相关方面的会议专业组织。ICCA 创建于 1963 年，总部位于荷兰首都阿姆斯特丹。其目标是，通过合法的手段，促进各种类型的国际会议及展览的发展，评估实际操作方法，以促进旅游业最大限度地融入日益增长的国际会议市场。到 2004 年，ICCA 在全球拥有 80 个国家的 650 多个机构和企业会员，中国已有近 30 家单位成为其成员。

作为世界主要的会议专业组织，ICCA 包含了所有当前以及未来的会议领域专业部门，协会肩负的使命是：（1）提高协会成员举办会议的技巧及对会议行业的理解；（2）为协会成员间的信息交流提供便利；（3）最大限度地为协会成员提供发展机会；（4）根据客户的期望值逐步提高专业水准。国际大会和会议协会将其成员按所属会议产业专业部门分类，并以一个英文字母作为成员类型的代号（表 9-1）。

表 9-1　ICCA 成员分类体系

成员类型	代表字母	成员数量
会议/旅行/目的地管理公司	A	68
航空公司	B	10
专业会议展览组织者	C	115
旅游及会议局	D	149
会议信息及技术专业机构	E	53
饭店	F	56
会议场所及展览中心	G	179
荣誉会员	H	5

资料来源：ICCA（2004）。

ICCA 采用一种区域性的组织结构，该协会不仅致力于促进同一会议产业专业部门成员之间的协作，而且还要突破成员所属会议产业部门类型的限制，促进在同一地理区域的不同会议产业部门成员之间的合作。基于此，ICCA 成立了区域分会、国家和地方委员会。ICCA 将全世界划分为 9 个区域，设立了 9 个区域分会：非洲分会、法国分会、北美分会、亚太分会、拉美分会、斯堪的纳维亚分会、中欧分会、地中海分会、英国/爱尔兰分会。此外，ICCA 在全球 17 个国家和地区设立了委员会，即澳大利亚委员会、以色列委员会、瑞士委员会、奥地利委员会、日本委员会、泰国委员会、巴西委员会、马来西亚委员会、慕尼黑委员会、中国台北委员会、荷兰委员会、维也纳委员会、德国委员会、葡萄牙委员会、国际会议协会欧洲理事会、印度委员会、斯里兰卡委员会。

各种会议公司或机构必须交纳会费和年费才能成为 ICCA 的成员，并享受该协会提供的产品与服务。国际会议协会提供的产品和服务有：（1）协会数据库说明；（2）协会数据库报告书；（3）协会数据库提供的按客户要求特制的表格名录；（4）公司数据库说明；（5）公司数据库提供的按客户要求特制的表格名录；（6）国际会议协会数据专题讨论会资料；（7）国际会议市场统计资料。

ICCA 提供的产品和服务对于帮助其会员了解国际会议市场，获取行业信息、开展会议行业教育和调研活动，以及制定会展发展计划和策略，有着重要的参考价值。

二、国际协会联盟

国际协会联盟（UIA: Union of International Association）于 1910 年在比利时布鲁塞尔召开的国际组织第一届世界大会上正式宣告成立。以后，国际协会联盟又根据 1919 年 10 月 25 日比利时法律，正式以一个具有科学宗旨的国际协会登记注册。1951 年，国际协会联盟章程作了修改，成为一个世界聚焦的有个人正式会员的机构。

UIA 是一个独立的、非政府的、无政治色彩的可帮助 4 万个国际组织和客户交换信息的非营利性组织。国际协会联盟用书面、光盘和互联网的形式为广大用户提供了有关会议国际组织的大量数据资料，UIA 的宗旨和活动是：（1）在人类尊严、各国人民团结和沟通自由的基础上为建立全球秩序作出贡献；（2）在人类活动的每一个领域里，特别是在非营利和志愿者协会里，促进非政府网络的发展和效率的提高；（3）收集、研究和传递有关信息，如政府和非政府国际机构、它们之间的关系、召开的会议及它们面临的问题与采取的策略；（4）国际协会联盟尝试用更有意义、更切实有效的信息传递方法，将其所提倡的联合活动和跨国合作发扬光大；（5）促进国际协会就法规政策、协会管理和其他问题开展研究。

UIA 每两年召开一次大会，选举国际协会联盟执行委员会。该执行委员会由 15～21 个成员组成，每个成员任期最长 4 年，也经常有短期工作人员签订短期项目合同。UIA 的正式会员不超过 250 个，要由全体大会根据候选人的兴趣和他们在国际机构中的作用选举产生。通常候选人都在某个国际机构中发挥过积极的作用，正式会员包括外交家、国际公务员、协会管理人员、国际关系教授和基金负责人。正式会员不需交纳年费，但要在各自的领域内为维护 UIA 的利益、进一步扩大联盟的影响作出努力。对 UIA 的宗旨和活动感兴趣的法人团体和个人，只要交纳年费，并经过国际协会联盟执行委员会批准，就可以成为国际协会联盟的非正式会员。该联盟年预算约为 80 万美元，通过成员的预订刊物费、联盟的研究和咨询合同收入、出版物的销售及服务达到 95%财务自立，其余部分来源于比利时、法国、瑞典政府及一些官方和私人机构的捐款和赞助。

三、会议产业委员会

1949 年四家社团组织的领导人在一起讨论会议业的发展形势，这个团体建立了一个委员会，并制定了一套贸易标准，这就是著名的会议联络委员会（Convention Liaison Council）。这四家创始组织为：美国住宿业与汽车旅馆协会、美国社团组织经理人协会、国际服务业市场营销协会、国际会议和旅游局协会。2000 年更名为会议产业委员会（CIC: Convention Industry Council）。会议产业委员会制定了以下 4 个基本目标：（1）达成这些组织间对各自责任的相互理解和认同；（2）通过研究项目和教育项目，为处理会议程序创造一个坚实和稳定的基础；（3）在会员组织间举行大家共同感兴趣的教育项目和活动；（4）让众人知晓，会议对整个社区和国家经济的必要性。

多年来，该委员会一直是这个行业中的教育领导者，它创建了注册会议专业认证项目（CMP: Certified Meeting Professional Program）。CMP 认证项目从 1993 起在国际推广，平均每年有 1 000 个项目得到 CMP 认证。1961 年出版的会议联络委员会手册介绍了会议中涉及的三方——赞助组织、饭店和会议局各自的具体责任。该手册现在已经重印了 7 次，内有实用的清单、表格和行业词汇。目前，该委员会由 29 家会员组织构成，一半代表买方，一半代表卖方，共代表着 1 300 个公司和机构。

四、国际专业会议组织者协会

国际专业会议组织者协会（IAPCO: The International Association of Professional Congress Organizers）成立于 1968 年，其前身是英国专业会议组织者协会（ABPCO, The Association of British Professional Organization）。这是一个由专业的国际国内会议、特殊活动组织者及管理者组成的非营利性组织，服务于全球的专业会议组织者，其总部设在英国伦敦。

IAPCO 成员遍及全球，每年举行各种活动。其成员质量保证受到全球会议服务商的认知。不管它们是独立的专业会议组织者，还是一个单位内部的专业会议组织者，是为公司、协会和政府会议市场服务，还是为教育和科研会议市场服务，所有的国际专业会议组织者协会成员，都需要有丰富的办会经验和经历，都应该是熟练的国际和国内会议活动策划和协调的咨询者和管理者。

IAPCO 的标志意味着质量，对专业会议筹划和管理者而言，它就是一个全球性品牌。IAPCO 的成员，作为这个杰出标志的代表，在全球会议行业的供应商和经营商中获得普遍承认。IAPCO 成员分为普通会员、荣誉会员、邀请会员、项目经理会员、分支机构会员 5 类。

IAPCO 设有会议管理职业学院，致力于通过教育及与专业人员的沟通，不断提高其成员和会议行业人员的服务水平。IAPCO 在会议教育方面有着空前的纪录。每年为专业会议组织者举办的国际专业会议组织者协会讲座，即广为人知的 Wolfsberg 讲座，最早开始于 1975 年。从那时起，来自 70 多个国家超过1 000 名学员参加了为期 1 周的讲座，并获得国际专业会议组织者协会讲座证书，这是世界上为专业人员（包括会议组织、国际会议目的地促销、周年活动举办）进行的最具综合性的培训项目。此外，IAPCO 也举办各种中高级管理讲座，主要是关于会议业作为一个服务性产业的运作。这些先进的管理课程内容涉及了影响当今会议产业的新趋势等热点话题。IAPCO 的国内和地方性的讲座，主要由当地主办方邀请进行，通常在欧洲以外的国家，例如亚洲的各种联合性的国际专业会议组织者协会讲座。所有由国际、专业会议组织者协会的会议管理职业学院资助的活动，都对国际专业会议组织者协会的成员开放，其会员可以较低的费用参加。

随着亚太地区在国际会展市场份额的增加，IAPCO 会员正在亚太地区不断发展壮大。IAPCO 正在亚洲举办各种教育项目，支持会议产业在其他新兴会议目的地的良好发展。除香港特区外，中国国内还没有企业或个人成为IAPCO 成员。

五、会议专业工作者国际联盟

会议专业工作者国际联盟（MPI: Meeting Professional International）成立于1927 年，是全球会议和活动取得成功的主要依靠力量，其使命是致力于成为会展行业中策划和开发会议这一领域内的未来领导性的全球组织。为了获取更多的专业和技术资源，赢得专业发展和网络工作的机会及抓住战略同盟、折扣服务和分部成员之间互相沟通的优越性，越来越多的企业、机构和组织加入了该组织。

MPI 总部设在美国的达拉斯，目前 MPI 在全球 60 个国家有近 2 万个成员。他们分别属于 61 个分部，另有 3 个分部正在筹建。成员共分 3 类，即策划协调管理会议的会议策划者、提供会议业所需产品和服务的供应商及大专院校会展专业或接待业的全日制在校学生。其中，会议策划者成员占总数的 46%，其余的 51% 为后两类成员。他们通过参加或赞助 MPI 会议，在《会议专业工

作者》（*The Meeting Professional*）杂志或在 MPI 网页上刊登广告及购买 MPI
成员标签来获取商机及发展机会。《财富》杂志评选的 100 家公司中有 71 家
公司参加了 MPI。

　　MPI 主办了会议专业工作者绝大多数的集会，其中包括世界教育大会
（WEC: the World Education Congress）、北美专业教育大会（PEC-NA:
Professional Education Conference North America）、欧洲专业教育会议
（PEC-EU: Professional Education Conference Europe）等。MPI 开发的全球
会议管理证书强化培训项目（CMM: Certification in Meeting Management）通
过让其参与者进行特别设计的各种课程和练习，来提高他们的战略思考、领
导和管理决策的能力，为其成员和其他有志于进入会议业的人士提供了继续
学习和提高的机会。目前，在世界范围内已有 250 多名会议专业工作者获得
了这一证书。

六、专业会议管理人协会

　　专业会议管理人协会（PCMA: Professional Conference Manager Association）
是一个非营利性的国际组织，1957 年成立于美国费城。2000 年，PCMA 将其
总部迁移至芝加哥，该协会为协会经理人提供了一个交流平台，其使命就是通
过提供高质量的教育来提升专业会议管理的价值与水平。

　　PCMA 从成立至今，该协会经历了如下几个重要的发展过程：（1）1980 年，
PCMA 会员投票决定将其会员范围扩大到会议业的供应者，如酒店、会议与旅
游局、视听公司等，并将其称为附属会员。（2）1985 年，为了保证会议业的发
展，需要有足够数量的受过良好训练的专业员工，PCMA 成立了教育机构。
PCMA 教育机构从成立至今，其教育范围已涉及全球 90 多所学院和大学。该
机构出版的一些参考资料，如《专业会议管理》已经第四次出版，被称为“会
议业的圣经”。该机构还通过几项自学课程为会议业从业人员提供继续教育。（3）
1986 年，PCMA 开始发行该协会的刊物 *Convene*。在 1996 年，该杂志被认为
是会议业杂志中“最具有信息价值的”，并于 1997 年荣获希尔顿荣誉奖。（4）
1987 年，PCMA 会员投票决定将其会员范围扩展到科学、教育以及工程界。（5）
1990 年，PCMA 决定将其会员范围扩大到所有非营性协会会议策划者与首席执
行官。（6）1992 年，PCMA 董事会同意设立分会。今天，PCMA 在美国与加拿
大共有 16 个分会。（7）1997 年 6 月，PCMA 设立了网站 www.pcma.org。（8）
1998 年，PCMA 会员同意对其内部章程增加附加条款，附加条款对组织的使命
进行了修改，澄清了 PCMA 的核心任务作于为协会提供支持和教育。（9）2000
年，PCMA 将其总部迁移至芝加哥。

PCMA 会员的类型包括：（1）专业会员。专业会员所在的组织其全部职责就是负责发展、组织与管理会议展览业务，会费为 325 美元。（2）供应商会员。该类会员所在的组织主要为与会议或展览有关的业务提供产品与服务，会费为 450 美元。（3）协会会员。该类会员主要为协会或非营利组织的雇员、代理商或其他代表，会费为 165 美元。（4）教师会员。会费为 195 美元。（5）学生会员。会费为 40 美元（距毕业时间不足 6 个月的学生不允许申请学生会员）。（6）分会会员。分会会员的会费为 30 美元。

七、专业会议组织者 PCO

专业会议组织者又称专业活动管理公司，简称 PCO（Professional Conference Organization），专业会议组织者 PCO 的主要职能有：评估和推荐会议举办地点，帮助策划会议及相关社会活动项目，为与会者预订住宿和旅行机票，策划与会议同时举办的展览和展示会，编制预算和处理会议的全部财务问题，等等。

专业会议组织者 PCO 是会议的专业经营和代理机构，公司具有丰富的会议的举办经验和最先进的会议举办技术，公司一般参与客户的招投标竞争活动，通过竞争接受客户的委托，根据客户的要求提供会议的"一条龙"服务，与此同时，委托单位要向专业会议组织者 PCO 缴纳一定的费用。

目前，专业会议组织者 PCO 所提供的服务内容多种多样，内容极为丰富，除了一些基本的服务以外，有的专业会议组织者 PCO 公司还提供一些能够满足客户需要的一些特殊服务。尽管如此，专业会议组织者 PCO 为客户提供的基本服务项目是必不可少的，其基本内容包括如下：会议选址、预订和联系；与会代表住宿的预订和管理；活动的营销，包括会议程序利宣传材料的策划、公关和传媒的协调以及向管委会和董事会提交报告；会议程序的策划、发言人员的选择和情况简介；提供会议的秘书，处理代表的登记事务、会议人员的招聘和情况介绍、协调代表的旅游安排；组织展览和展示，包括销售和营销；咨询和协调视听服务和活动的开展，包括提供多语种的翻译服务；策划会议的招待服务工作，联系要人、参加会议和宴会的人员，以及独立的招待服务公司；安排社会活动、旅游项目和技术性的参观访问；安排安全事务，咨询健康和安全问题。

八、目的地管理公司

目的地管理公司（DMC: Destination Management Company）是奖励旅游市场中的专业会议组织机构，其服务对象一般是国际性的会议举办方。DMC 作为一种地方特色的会议服务组织，一般具有其他组织不具有的优势，他们对举办地的情况较为熟悉，能够为客户提供咨询服务，举办有创意的活动，并提供适合客户需要的会议管理。由于 DMC 能提供专业性都很强的服务，所以一些国际会议往往聘请他们作为会议的代理人，在一般的情况下，他们所收取的费用要高于一般的会议中介机构，因为他们提供的服务更有地方特色，更具有魅力和吸引力。

当某个单位想在某个特殊举办地组织一次奖励会议时，最好是聘请当地目的地管理公司 DMC 来为其提供服务。这样一来，举办单位就节省了许多成本和不必要的麻烦。当地目的地管理公司 DMC 会为委托单位寻找会议地点、预订客房、帮助安排交通工具、计划旅游线路和社会活动项目，有的目的地管理公司 DMC 还为大会准备了奖品（当然，这些奖品的费用最终是由举办单位来付的）。在这里，可以看出 PCO 和 DMC 的服务职能有许多是相同的，不过 DMC 的要求比 PCO 更加严格，DMC 常常必须具有 PCO 的某些专门知识，除此之外，DMC 还必须具备为客户提供特殊服务的本领。

九、国际会议旅游局协会

为便于会议旅游局（CVB: Convention Visitor Bureau）之间互相交流信息，提高会展业招徕与服务水平而成立的国际会议旅游局协会（IACVB: International Association & Convention Visitor Bureau），其主要职责就是为其会员提供教育资源与网络关系，并将会议业的信息传递给大众，其使命就是要提高世界各地会议组织者的专业水平与形象。

IACVB 的网址为 www.iacvb.org，通过登录该网站，可以了解到有关 CVB 的信息，而且可以超链接到 IACVB 分布在世界各地的会员网站。IACVB 会将目的地的旅游景点、设施以及服务等信息提供在网站上，会议策划者与旅游者都可以通过登录该网站而获取相关的信息。此外，在 IACVB 的网站里没有一个被称为会议信息网络的数据库，该数据库记载了以往会议的资料。

IACVB 的功能还体现在以下方面，（1）教育培训。IACVB 为全球各地的目的地管理公司提供教育与培训。（2）绩效评估。IACVB 有助于实现会议业务绩效的标准化与评估数据的统计。（3）品牌效应。IACVB 为世界各地目的地管理公司所提供的产品与服务建立一个值得信赖的品牌。

全球重要的国际会议组织标记（Logo）如表 9-2。

表9-2 全球的主要国际性会议组织标记（Logo）

全球重要的国际性会议组织		
会议组织名称	国际大会和会议协会（ICCA: International Congress & Convention Association）	国际协会联盟（UIA: Union of International Association）	会议产业委员会（CIC: Convention Industry Council）
Logo	ICCA	INTERNATIONAL TRANSNATIONAL	Convention Industry Council
会议组织名称	国际专业会议组织者协会（IAPCO: The International Association of Professional Congress Organizers）	会议专业工作者国际联盟（MPI: Meeting Professional International）	专业会议管理人协会（PCMA: Professional Conference Manager Association）
Logo	IAPCO	MPI	pcma
会议组织名称	国际会议与旅游局协会（IACVB: International Association & Convention Visitor Bureau）	奖励旅游管理者协会（SITE: The Society of Incentive & Travel Executives）	
Logo	IACVB INTERNATIONAL ASSOCIATION OF CONVENTION & VISITOR BUREAUS	site	

第二节 展览的主要国际性组织

一、国际展览局

国际展览局（BIE: The Bureau of International Exposition）是专门从事监督和保障《国际展览公约》的实施，协调和管理举办世博会并保证世博会水准的政府间国际组织，其宗旨是通过协调和举办世界博览会，促进世界各国经济、文化和科学技术的交流与发展。

1928 年 11 月，31 个国家的代表在巴黎开会签订了《国际展览公约》，该公约规定了世博会的分类、举办周期、主办者和展出者的权利及义务、国际展览局的权责、机构设置等。《国际展览公约》后来经过多次修改，成为协调和管理世博会的国际公约。国际展览局依照该公约的规定应运而生，行使各项职权，管理各国申办、举办世博会及参加国际展览局的工作，保障公约实施和世博会水平。

国际展览局总部设在巴黎，成员为各缔约国政府。联合国成员国、不拥有联合国成员身份的国际法院章程成员国、联合国各专业机构或国际原子能机构的成员国均可申请加入。各成员国派出 1～3 名代表组成国际展览局的最高权力机构——国际展览局全体大会，该机构决定世博会举办国时，各成员国只有一票资格。

国际展览局目前共有 88 个成员国，下设执行委员会、行政与预算委员会、条法委员会、信息委员会 4 个专业委员会。国际展览局主席由全体大会选举产生，任期 2 年。国际展览局成员国遍布欧洲、北美洲、中美洲、南美洲、非洲、亚洲和大洋洲。1993 年 5 月 3 日，BIE 通过决议，接纳中国为其第 114 个成员国。同年 12 月 5 日。在巴黎召开的国际展览局第 114 次成员国代表大会上，中国被增选为 BIE 信息委员会的成员。1999 年 12 月 8 日，在法国召开的 BIE 第 126 次会议上，中国首次当选为执行委员会成员。

由国际展览局主办的世界博览会，是一项由主办国政府组织或政府委托有关部门承办的有较大影响、悠久历史、水平最高的国际性展览会。一百多年来，尤其是近几十年以来，世界各国都积极争办世界博览会，主要原因在于：一是主办国可以把自己的产品和技术推向国际市场，发展国际贸易和技术合作，寻求更大发展；二是可以扩大国际交往，提高主办国的国际地位和声誉；三是可以开阔眼界，学习别国的先进技术，拓展本国的创造途径；四是带动、促进主办国的城市建设和经济的发展；五是可以借举办世界博览会的商业机会获得较好的经济效益。

世界博览会分为综合性世界博览会和专业性世界博览会两大类。综合性世界博览会是由参展国政府出资，在东道国无偿提供的场地上建造自己独立的展览馆，展示本国的产品或技术的世界博览会。专业性世界博览会是参展国在东道国为其准备的场地中，自己负责室内外装饰及展品设置，展出某类专业性产品的世界博览会。按照国际组织的规则评定，综合性世界博览会分为一般博览会和特殊博览会两种；专业性博览会分为 A1、A2、B1、B2 等 4 个级别，其中 A1 级为国际园艺博览会，A2 级为国际专门展示会；B1 级为国内园艺博览会，B2 级为国内专业展示会。

申办世界博览会的主要程序如下。

一是申请。按国际展览局（BIE）规定，有意举办世博会的国家在举办前的 9 年内，向 BIE 提出正式申请，并交纳 10%的注册费。申请函包括开幕和闭幕日期、博览会主题，以及组委会的法律地位。BIE 将向各成员国政府通报这一申请，并告知他们自通报到达之日起 6 个月内提出他们是否参与竞争的意向。

二是考察。在提交初步申请的 6 个月后，BIE 执行委员会主席将根据规定组织考察，以确保申请的可行性。考察活动由一位 BIE 副主席主持，若干名代表、专家及秘书长参加。所有费用由申办方承担。考察内容包括：主题、开幕日期与展期、展览场地、面积（总面积，可分配给各参展商面积的上限与下限）、预期参观人数、财政可行性与财政保证措施、申办方关于参展成本的预算及财政拨款的方法（以降低各参展国的成本）、对参展国的政策和措施保证、政府和相关组织的态度，等等。

三是投票。如果申办国的准备工作获得考察团的支持，全体会议将按常规在博览会举办的 8 年之前选择举办国家。如果申办国不止 1 个，全体会议将采取无记名投票形式表决。若第一轮投票后，某申请国获 2/3 赞成票，该国即获得举办权。若任何申请国均未获 2/3 赞成票，将再次举行投票，每次投票中票数最少的国家被淘汰，随后仍按 2/3 多数原则确定主办国。当只有 2 个国家竞争时，根据简单多数原则确定主办国。

四是注册。获得举办权的国家要根据 BIE 制定的一般规则与参展合约（草案）所确定的复审与接纳文件对世界博览会进行注册。注册申请应在举办前 5 年提交给 BIE，注册意味着举办国政府正式承担起申请时承诺的责任，认可 BIE 提出的标准，以确保世博会工作的有序开展，保护各成员国的利益。BIE 在收到注册申请时，将向申办国政府收取 90%的注册费，其金额按 BIE 全体会议通过的规则确定。表 9-3 列示了各届世界博览会的举办情况。

表 9-3　历届世界博览会一览表

举办年份	博览会名称	宣传主题	参观人数（人次）
1851	伦敦世界博览会	万国工业	6 300 000
1853	纽约世界博览会	-	-
1855	巴黎世界博览会	农业、工业和艺术	5 162 330
1862	伦敦世界博览会	农业、工业和艺术	6 096 617
1867	巴黎世界博览会	农业、工业和艺术	15 000 000
1873	维也纳世界博览会	文化和教育	725 500
1876	费城世界博览会	庆祝美国百年独立	8 000 000

续表

举办年份	博览会名称	宣传主题	参观人数（人次）
1878	巴黎世界博览会	农业、工业和艺术	16 156 626
1883	阿姆斯特丹世界博览会	-	-
1893	芝加哥世界博览会	纪念发现美洲 400 周年	27 500 000
1900	巴黎世界博览会	新世纪发展	50 860 801
1904	圣路易斯世界博览会	纪念路易斯安娜 100 周年	19 694 855
1915	巴拿马太平洋世界博览会	庆祝巴拿马运河通航和旧金山建立	19 000 000
1926	费城世界博览会	庆祝美国独立 150 周年	36 000 000
1930	列日产业科学世界博览会	-	-
1933~1934	芝加哥世界博览会	一个世纪的进步	22 317 221
1935	布鲁塞尔世界博览会	通过竞争获取和平	-
1937	巴黎世界博览会	现代世界的艺术和技术	31 040 955
1939~1940	纽约旧金山世界博览会	建设明天的世界	45 000 000
1939	金门世界博览会	-	-
1958	布鲁塞尔世界博览会	科学、文明和人性	41 500 000
1962	西雅图 21 世纪世界博览会	太空时代的人类	9 640 000
1964~1965	纽约世界博览会	通过理解走向和平	51 670 000
1967	蒙特利尔世界博览会	人类与世界	50 306 648
1970	日本世界博览会	人类的进步与和谐	64 218 770
1975	冲绳海洋博览会	海洋——充满希望的未来	3 485 750
1982	诺克斯威廉国际能源博览会	能源——世界的原动力	11 120 000
1984	新奥尔良国际河川博览会	河流的世界——水乃生命之源	11 000 000
1985	国际科学技术博览会	居住与环境——人类居住科技	20 000 000
1986	温哥华国际交通博览会	交通与通信——人类发展与未来	22 111 578
1988	布里斯班国际休闲博览会	科技时代的休闲生活	18 574 476
1990	国际花与绿博览会	花与绿——人类与自然	27 600 000
1992	塞维利世界博览会	发现的时代	41 814 571
1992	热那亚国际船舶与海洋博览会	哥伦布——船与海	1 694 800
1993	大田国际博览会	新的起飞之路	14 005 808
1998	里斯本国际博览会	海洋——未来的财富	10 128 204
1999	昆明世界园艺博览会	人与自然——迈向 21 世纪	9 300 000
2000	汉诺威世界博览会	人类—自然—科技—发展	18 000 000
2005	爱知世界博览会	超越发展——大自然智慧的再发现	22 000 000
2006	杭州休闲世界博览会	休闲——改变人类生活	20 405 500

资料来源：国际博览局（2006）。

二、国际展览管理协会

国际展览管理协会（IAEM: The International Association for Exhibition Management）成立于 1928 年，总部位于美国得克萨斯州的达拉斯市，是当今展览业最重要的行业协会之一，管理和服务于全球展览市场。成员来自近 50 个国家，总数超过 3 500 个。其使命是通过国际性网络为成员提供独有和必需的服务、资源和教育，促进展览业的发展。

国际展览管理协会的基本目标包括以下主要方面：一是促进全球交易会和博览会行业的发展；二是定期为行业人员提供教育机会，提高其从业技能；三是发布展览业相关信息和统计数据；四是为展览业人员提供见面机会，交流信息和想法。

国际展览管理协会拥有的成员另外包括，展览经理、准会员、商业机构成员、学生成员、教育机构成员、退休会员、分部成员等。国际展览管理协会由 13 名成员组成的董事会领导。

国际展览管理协会提供展览管理的注册培训认证项目，即 CEM（Certified in Exhibition Management）的培训认证项目。该培训项目的必修课程包括：项目管理、选址、平面布置与设计、组织观展、服务承包商、活动经营、招展。选修课程包括：展示会开发、计划书制定、会议策划、住宿与交通、标书的制定与招标。高级课程为：经营自己的业务（包括策划与预算）、经营展会的法律问题、安全与风险问题、登记注册、成人教育等。高级课程专为取得 CEM 认证，并可能使用 CEM 培训认证项目再去开展培训认证的个人所开设。

三、国际博览会联盟

国际博览会联盟（UFI: Union des Foires Internationales 或 UIF: The Union of International Fairs）是世界主要博览会组织者、展览场所拥有方、各主要国际性组织及国家展览业协会联盟，于 1925 年 4 月 15 日在意大利米兰市由 20 个欧洲主要的国际展会发起成立的。目前已从代表欧洲展览企业和展会的洲际组织，发展成为重要的全球性的展览业国际组织。目前代表着分布在五大洲近 80 个国家的 154 个城市的 237 个正式成员组织（其中 190 个成员为展会组织者，10 个成员为展馆拥有者，37 个成员为展览业的协会和合作者）。

国际博览会联盟没有个人成员，只有团体成员，包括公司协会、联合会等。国际博览会联盟吸收两类成员：正式成员（Full Member）和非正式成员（Associate Member）。国际博览会联盟的正式成员有国际展览会的一国或跨国的组织者（包括组织展会及提供展会服务的公司）、全国展会的组织者、不是展会组织者的展馆拥有者和管理者的协会，以及进行展会数据统计和研究的组织。国际博览会联盟的正式成员有权在它和它举办的经国际博览会联盟认证的展会的所有印刷和其他宣传材料上使用国际博览会联盟的标志，以反映企业和展会的质量。未经国际博览会联盟认证的展会不得使用国际博览会联盟的标志。

此外，国际博览会联盟有一套成熟的展览评估体系，对由其成员组织的展览会和交易会的参展商、专业观众、规模、水平、成交等进行严格评估，用严格的标准挑选一定数量的展览会和交易会给予认证。国际博览会联盟认证（UFI Approved Event）是高质量国际展览会的证明。由于国际博览会联盟在国际展览业中的权威性，达到标准并被国际博览会联盟认可的展览会，在吸引参展商、专业观众等方面具有很大的优势，它向展览商和观众保证了他们能从专业化策划和管理的展会中获益。国际博览会联盟标志和质量标记被用作标记经国际博览会联盟认证的国际展会。要想取得国际博览会联盟认证的国际展会，必须符合国际博览会联盟制定的认证条件。

中国已有 34 个展会企业和组织加入了国际博览会联盟（表9-4）。

表9-4　加入国际博览会联盟的中国会员

会员名称	会员类型	所在地	加入时间
中国国际展览中心集团公司	展会组织者和展览中心业主	北京	1988
中国机械工具和工具制造商协会	展会组织者	北京	1993
CMP 亚洲有限公司	展会组织者	香港	1995
香港展览会议业协会	展会协会	香港	1998
香港旅游局业务开发部	展会合作商	香港	1999
北京国际展览中心	展会组织者	北京	2000
香港贸易发展局	展会组织者	香港	2000
中国国际展览有限公司	展会组织者	上海	2000
中国国家建筑机械公司	展会组织者	北京	2000
香港会议展览中心	展览中心业主	香港	2001
大连国际服装博览会有限公司	展会组织者	大连	2002
中国贸促会纺织分会	展会组织者	北京	2002
中国展览馆协会	协会	北京	2003
厦门国际会议展览中心	展览中心业主	厦门	2004
深圳会议展览协会	展会合作机构	深圳	2004
中国国际贸易中心	展会组织者和展览中心业主	北京	2004
广东现代展览中心	展览中心业主	东莞	2004
东莞名牌家具协会	展会组织者	东莞	2005
中国商务部投资发展处	展会组织者	北京	2005
中国商城展览中心	展览中心业主	义乌	2005
北京振威展览有限公司	展会组织者	北京	2005
苏州国际博览中心	展览中心业主	苏州	2005

资料来源：国际博览会联盟（2005）。

四、世界场馆管理委员会

世界场馆管理委员会（WCVM: The World Council for Venue Management）成立于1997年。为促进公共集会场馆行业内的专业知识提高和互相理解，它积极地致力于场馆信息和技术交流和沟通，以促进展览业发展。世界场馆管理委员会的现有协会成员是：会议场馆国际协会（AIPC: Association Internationale des Palais de Congres）、亚太会展委员会（APECC: Asia Pacific Exhibition and Convention Council）、国际会议经理协会（IAAM: International Association of Assembly Managers）、亚太场馆管理协会（VMA: The Venue Mnagement Association, Asia and Pacific, Limited）和体育场馆经理协会（SMA: Stadium Managers Association）。

世界场馆管理委员会的目标是，（1）有助于世界更好地了解公共集会场馆行业；（2）鼓励成员协会的互相帮助和合作；（3）促进有关公共集会场馆管理专业信息、技术和研究的分享；（4）推动成员协会之间的沟通，以提高和改进全世界公共集会场馆管理行业的知识水平和了解程度；（5）为成员协会提供与世界场馆管理委员会所代表场馆和个人直接有效的途径与通道；（6）召开由世界场馆管理委员会主办的周期性会议，以便分享与公共集会场馆管理经营专业有关的信息和教育/专业开发活动。

五、国际展览运输协会

国际展览运输协会（IELA: International Exhibition Logistics Association）于1985年由来自5个国家的7个公司发起成立，1996年增加到36个国家和地区的73个成员。总部设在瑞士，代表展览运输者的利益。协会设标准和职业道德委员会、海关委员会、组织者委员会、新闻委员会和会员委员会。该协会是在会展业不断发展、展会越来越专业的形势下成立的。协会的目的是使展览运输业专业化，提高展览运输的效率，更好地为展览组织者和展出者服务。此外，为展览运输业提供一个交流信息的论坛，向海关及其他部门施加影响。

六、国际场馆经理协会

国际场馆经理协会（IAAM: International Association of Assembly Managers）是比较"老"的场馆协会，一些展览场馆和设施经理加入该协会。但是，由于这里所指的场馆主要是体育馆，与展览场馆有所不同，因此，也有不少展览场馆和设施经理加入其他有关国际组织。

七、欧洲主要展览中心协会

欧洲主要展览中心协会（EMECA: European Major Exhibition Centers Association）于 1992 年成立，协会在 1993 年有 14 个成员，展场面积超过 200 万平方米，每年举办 800 多个展览会，约有 30 万个展出者。该协会建立的目标包括加强欧洲会展业以抵御亚洲和美洲的竞争，简化有关会展业的法规，协调展览技术标准等。

八、亚太地区展览会议联合会

亚太地区展览会议联合会（APECC: Asia Pacific Exhibition and Convention Council）于 1989 年在韩国创建，目前有会员 24 个。它每年举办一次年会，在主席、副主席领导下，下设秘书处、章程委员会、会员委员会、使用标准码委员会、筹划指导委员会。秘书处常设在汉城韩国展览中心。其宗旨为通过密切合作，推动太平洋周边地区会展业的发展，提高会员的商业利益。出版物有 APECC 新闻通信、宣传手册等。该联合会的资金主要靠会员入会费、会费、年费、出版物中的广告费来筹集。

除上述会展管理组织以外，国际博览会联盟（UFI）、国际展览会管理协会（IAEM）、国际园艺生产者协会（AIPH）和总部设在美国的贸易展览商协会（TSEA）都是著名的会展管理组织。

九、CeBIT

以 CeBIT 全球展览会为例，可以在世界的几大重要和新兴市场上，同时看到 CeBIT 的名字，如土耳其伊斯坦布尔（CeBIT Bilisim Eurasia plus CeBIT Broadcast Cable and Satellite），中国上海（CeBIT Asia），澳大利亚悉尼（CeBIT Australia）和美国纽约（CeBIT America）等。

全球的主要国际展览组织标记（Logo）如表 9-5。

表 9-5 全球重要的国际性展览组织标记

全球重要的国际性展览组织		
展览组织名称	国际展览局（BIE：The Bureau of International Exposition）	国际博览会联盟（UFI：Union des Foires Internationales 或 UIF：The Union of International Fairs）	全球展览会（CeBIT）

全球重要的国际性展览组织		
Logo		ufi	CeBIT
展览 组织 名称	国际展览管理协会（IAEM: The International Association for Exhibition Management）	世界场馆管理委员会（WCVM: The World Council for Venue Management）	国际展览运输协会（IELA: International Exhibition Logistics Association）
Logo	IAEM International Association for Exhibition Management	WCVM WORLD COUNCIL FOR VENUE MANAGEMENT	
展览 组织 名称	国际场馆经理协会（IAAM: International Association of Assembly Managers）	欧洲主要展览中心协会（EMECA: European Major Exhibition Centres Assosiation）	亚太地区展览会议联合会（APECC: Asia Pacific Exhibition and Convention Council）
Logo	iaam INTERNATIONAL ASSOCIATION OF ASSEMBLY MANAGERS, INC.	EMECA	APECC ASIA PACIFIC EXHIBITION & CONVENTION COUNCIL

第三节　奖励旅游的主要国际组织

奖励旅游管理者协会

奖励旅游管理者协会（SITE: The Society of Incentive & Travel Executives）成立于 1973 年，是全球唯一的非营利性的、致力于综合效益极高的奖励旅游产业的世界性组织。该协会为那些设计、开发、宣传、销售、管理和经营奖励旅游的机构提供教育研讨会和信息服务。目前奖励旅游管理协会有 2 000 个会员，遍布 82 个国家，协会还在不同区域设有 28 个分会，协会会员主要来自航空公司、游船公司、公司企业、目的地管理公司、地面交通公司、饭店、官方旅游机构和旅游公司。

奖励旅游管理者协会的会员享有的权利包括：获得与分布在 82 个国家的 2 000 个会员的联系方式；被列入协会的名录；在参加奖励旅游管理协会年会时享受优惠注册费；能够参加奖励旅游管理协会在全世界的分会活动和教育培训项目；在参加奖励旅游交易会时会获得展示台所需的奖励旅游管理协会成员展示材料；可以在个人名片和公司信笺上使用奖励旅游管理协会的标志；有资格参加奖励旅游管理协会水晶奖大赛；有机会获得奖励旅游管理协会认证的称号；能以会员价订购奖励旅游管理协会的出版物，免费获得奖励旅游管理协会提供的研究报告。

奖励旅游管理者协会还设立了专门基金支持世界各地有关奖励旅游的课题研究，对世界奖励旅游的发展起了很大的推动作用。奖励旅游管理者协会在世界下列地区设立了它的分会：美国亚利桑那州、芝加哥、拉斯维加斯、明尼苏达州、纽约、北加利福尼亚州、南加利福尼亚州、南佛罗里达州和得克萨斯州；荷兰、哥斯达黎加、澳大利亚厂新西兰、比利时/卢森堡、加拿大、德国、大不列颠、香港、爱尔兰、印度尼西亚（筹建中）、意大利、马来西亚、马耳他、葡萄牙、苏格兰、新加坡、南非、西班牙、泰国、土耳其。

本章思考题

1. 简述从事会议的主要国际组织及其特点。
2. 简述从事展览的主要国际组织及其特点。

参考文献

1. 彼德·尼茨坎普，区域和城市经济学手册[M]，经济科学出版社，2002年12月第一版.

2. 申葆嘉，旅游学原理[M]，学林出版社，1999年7月第1版.

3. 程红，现代城市"新的经济增长点[M]，经济日报出版社，2003年9月第1版.

4. 尹伯成，西方经济学[M]，上海人民出版社，1999年第2版.

5. 桑德拉·L.莫罗，会展艺术[M]，上海远东出版社2005版.

6. 俞华、朱立文，会展学原理[M]，机械工业出版社.

7. 过聚荣，会展导论[M]，上海交大出版社2006年2月第1版.

8. 中国信息报[J]，2007/9/27 总部经济需要全面认识——专访北京市社会科学院总部队经济研究中心主任赵弘.

9. 国际会议业研究报告[J]，中国旅游报，2006年12月15日，第7版（视野）.

10. 周伟林，城市经济学[M]，复旦大学出版社2004版.

11. 张文建、史国祥，论都市旅游业与会展业的边界融合趋势，社会科学[J]（上海），2007年第7期.

12. 王春雷、陈震 著.展览会策划与管理[M].北京：中国旅游出版社，2006年版.

13. 王春雷，第四次浪潮：中国会展业的选择与明天[M]，中国旅游出版社，2008年1月版.

14. 曾武佳，现代会展与区域经济发展[M]，四川大学出版社，2008年1月版.

15. 张文建，中外会展述论[M]，上海人民出版社，2006年5月版.

16. 舒尔茨，报酬递增的源泉[M]，北京大学出版社，2001年8月版.

17. 史国祥，会展经济[M]，南开大学出版社，2008 年 7 月版.

18. 刘文君等，会展产业综合效益评价指标体系初探[J]. 南华大学学报（社会科学版），2005 年第 2 期.

19. 劳动和社会保障部教材办公室组织编写，中国展览概述[M].，中国劳动社会保障出版社，2006 年 5 月版.

20. 保健云、徐梅，会展经济[M]. 西南财经大学出版社，2000 版.

21. 北京市投资促进局，德国展览业2005—2006年度最新概况[online]，北京市投资促进局网页，2006-12-13.

22. 中国国际贸易促进委员会，中国会展经济发展报告（2004），经济日报出版社，2005.

23. 马克思、恩格斯，马恩选集[M]，第 1 卷，人民出版社，1972.

24. 萨缪尔森，经济学[M]，中国发展出版社，1992.

25. 亚当·斯密，国民财富的性质和原因研究（下卷）[M]，商务印书馆，1997 年.

26. 林肯堂、戴士根，区域经济管理学[M]，高等教育出版社，2004 年.

27. 姚士谋、朱英明，中国城市群[M]，中国科技大学出版社，2001 年.

28. 孙刚，走向新世纪的中国展览[J]，展览与市场，2001 年第 2 期.

29. 王云龙，关于会展经济空间运动形式分析——以北京、上海与广州为例[J]，人文地理，2005 年第 4 期.

30. 张桂文，中国二元经济结构演变的历史考察与特征分析[J]，绍兴文理学院学报，2002 年第 3 期.

31. 刘松萍，梁文 编著. 会展市场营销[M]. 北京：中国商务出版社，2004.

32. 刘文君等. 会展产业综合效益评价指标体系初探[J]. 南华大学学报（社会科学版），2005（2）.

33. 柳静. 会展业对城市及行业经济发展的推动效应分析[J]. 铁道物资科学管理，2005（6）.

34. 马勇、冯玮 编著. 会展管理[M]. 北京：机械工业出版社会性，2005.

35. 马勇、肖轶铁 编著. 会展概论[M]. 北京：中国商务出版社，2004.

36. 毛金凤、韩福文 主编. 会展营销[M]. 北京：机械工业出版社，2006.

37. 施昌奎 著. 会展经济：运营、管理、模式[M]. 北京：中国经济出版社，2006.

38. 苏东水主编. 产业经济学[M]. 北京：高等教育出版社，2002.309-311.

39. 孙明贵 主编. 会展经济学[M]. 北京：机械工业出版社，2006.

40. 王宝伦 主编. 会展旅游[M]. 北京：中国商务出版社，2004.

41．王起静 等编著. 会展项目管理[M]. 北京：中国商务出版社，2004.

42．曾亚强. 会展产业化的经济学思考[J]. 集团经济研究，2005（12）.

43．王肖生、陆晨等 编著. 会展设计[M]. 上海：复旦大学出版社，2005.

44．王云龙. 论会展经济的空间集聚与扩散——以上海、北京和广州为例[J]. 学术论坛，2003（6）：88-89.

45．魏中龙、段炳德. 我为会展狂[M]. 机械工业出版社，2002.

46．杨公仆、夏大慰主编. 产业经济学教程[M].上海：上海财经大学出版社，2002.284-285.

47．吴文婉. 广州："泛珠三角"概念之下的扩张之路[N]. 中国经营报，2006-4-10.

48．吴信菊 主编. 会展概论[M]. 上海：上海交通大学出版社，2003.

49．吾人. 欧美展览会的历史渊源与特点[N]. 国际商报，2005-10-20.

50．向国敏 编著. 会展文案[M]. 上海：立信会议出版社，2006.

51．肖国庆、武少源 编著. 会议运营管理[M]. 北京：中国商务出版社，2004.

52．徐红罡、Alan A. Lew 主编. 事件旅游及旅游目的地建设管理[M]. 北京：中国旅游出版社，2005.

53．姚为群. 生产性服务——服务经济形成与服务贸易发展的原动力[J]. 世界经济研究，1999.3.

54．安昌达人. 展业活动的规划与导演[M]. 光明日报出版社，1986.

55．刘春济. 朱海森. 长江三角洲区域会展联合营销策略探讨[J]. 华东经济管理，2003.2

56．张娟. 珠江三角洲会展经济探析[D]. 2005

57．李海樱. 区域性会展旅游发展模式研究[D]. 2006

58．付桦. 长江三角洲会展业空间格局研究[D]. 2006

59．何建英. 中国会展旅游业运行机制研究[D]. 2003

60．胡斌. 我国城市会展业发展动力系统研究[D]. 2004

61．方敏. 中国会展业潜在比较优势研究[D]. 2006

62．丁春梅. 城市大型会展区的安全规划研究[D]. 2006

63．蔡洁. 论会展旅游的营销策略[D]. 2006

64．周慧颖. 会展业对城市旅游发展的影响研究[D]. 2006

65．周素芬. 会展企业核心能力与多元化发展研究[D]. 2003

66．赵丽. 城市会展业竞争力评价指标体系研究[D]. 2006

67．宋马林. 生产性服务业研究现状及思考[J]. 温州职业技术学院学报，

2008.1

    68. 胡艳苹. 生产服务业的演变规律分析[J]. 广东经济，2004.6

    69. 白仲尧. 服务经济时代已到来[J]. 领导决策信息，1998.10

    70. 曾亚强. 会展产业：现代流通服务业的全新拓展. 中国流通经济，2007.9

注：[D]为中国优秀硕士学位论文全文数据库.